Autodesk Inventor 2015

장진석 · 백용하 공저

  질의 · 응답 카페 http://cafe.naver.com/catiav5

본서는 학습자가 스스로 따라 하기를 통해 기능을 쉽게 이해하고 모델링을 할 수 있도록 관련 내용에 대한 그림과 도면을 첨부하여 각종 국가실기시험 및 산업현장 실무에서도 쉽게 활용할 수 있도록 구성하였습니다. 그리고 방대한 기능을 모두 다루기보다는 가장 많이 사용하고 사용 빈도가 높은 내용들을 위주로 구성하였습니다.

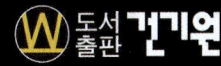

머리말

Autodesk Inventor는 미국의 Autodesk사에서 개발한 3차원 설계 프로그램으로서 전 세계에 수많은 사용자를 보유하고 있으며, 다양한 분야에서 응용되고 있는 범용 소프트웨어입니다.

Inventor는 3차원 Solid Modeling을 보다 쉽고 빠르게 모델링을 할 수 있으며 모델링 변경 또한 쉽게 할 수 있어 제품설계기간을 단축함으로써 설계비용을 절감할 수 있도록 개발되었습니다.

이에 본서는 학습자가 스스로 따라 하기를 통해 기능을 쉽게 이해하고 모델링을 할 수 있도록 관련 내용에 대한 그림과 도면을 첨부하여 각종 국가실기시험 및 산업현장 실무에서도 쉽게 활용할 수 있도록 구성하였습니다.

그리고 방대한 기능을 모두 다루기보다는 가장 많이 사용하고 사용 빈도가 높은 내용들을 위주로 구성하였습니다.

CHAPTER 1에서는 기본적인 Inventor 환경구성 및 옵션, 그리고 중요한 명령들의 사용법에 대해서 기술하였습니다.

CHAPTER 2에서는 부품을 모델링하기 위해서 가장 기본이 되는 스케치 작성방법을 따라 할 수 있도록 기술하였습니다.

CHAPTER 3, 4, 5에서는 국가자격실기시험에서 가장 많이 나오는 부품을 모델링하고 조립하는 방법을 기술하였습니다.

CHAPTER 6, 7, 8에서는 도면 템플릿 작성과 모델링한 부품을 학습자가 쉽게 2D 도면 및 치수기입을 할 수 있도록 기술하였습니다.

CHAPTER 9에서는 조립한 부품을 프리젠테이션 기능을 활용해서 분해하는 방법을 기술하였습니다.
CHAPTER 10에서는 설계자라면 반드시 알아야 되는 무게 산출하는 방법을 기술하였습니다.
CHAPTER 11에서는 앞장에서 배운 기능을 통해 실습할 수 있는 도면을 추가하였습니다.

「Autodeks Inventor 2015」는 각종 국가자격실기시험을 준비하는 학생 및 현장 실무자가 보다 쉽게 모델링, 조립, 도면 등을 작성할 수 있도록 하였습니다.

이 책을 출간함에 있어 설명이 미비하고 부족한 부분들은 차후에 수정 보완할 것을 약속드리며, 학생 및 산업현장 실무자분들에게 조금이라도 보탬이 된다면 더 없는 보람이 될 것 같습니다.

끝으로 본 교재를 출간할 수 있도록 많은 도움을 주신
도서출판 건기원 대표님께 감사의 뜻을 전합니다.

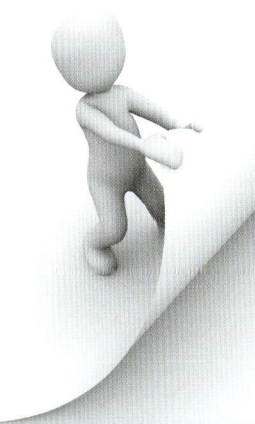

CHAPTER 1 Autodesk Inventor Professional 2015 실행 및 화면 구성   008

- PART 1 Autodesk Inventor Professional 2015 실행 방법   008
- PART 2 파라메트릭 피쳐 모델링   012
- PART 3 프로젝트 작성하기   017
- PART 4 새로 만들기   020
- PART 5 파일 열기   021
- PART 6 파일 저장   023
- PART 7 다른 이름으로 저장   024
- PART 8 데이터 내보내기   025
- PART 9 Inventor 화면 구성   026
- PART 10 3D 지시자(좌표계 지시자)   027
- PART 11 문서 탭   028
- PART 12 샘플 파일 다운받기   029
- PART 13 응용 프로그램 옵션 설정하기   030

CHAPTER 2 스케치 작업하기   036

- PART 1 작성 패널   036
- PART 2 구속조건 패널   049
- PART 3 패턴 패널   062
- PART 4 수정 패널   065
- PART 5 배치 패널   072
- PART 6 삽입 패널   072
- PART 7 형식 패널   073

CHAPTER 3 부품 작성하기 — 084

- PART 1 작성 패널 — 084
- PART 2 수정 패널 — 098
- PART 3 작업 피쳐 패널 — 115
- PART 4 패턴 패널 — 119

CHAPTER 4 모델링 따라 하기 — 124

- PART 1 본체 따라 하기 — 124
- PART 2 축 따라 하기 — 149
- PART 3 V벨트풀리 따라 하기 — 160
- PART 4 스퍼기어 따라 하기 — 166
- PART 5 커버 따라 하기 — 174
- PART 6 스프로킷 따라 하기 — 180
- PART 7 피니언 & 래크기어 따라 하기 — 189
- PART 8 센터드릴 피쳐 따라 하기 — 201
- PART 9 헬리컬기어 따라 하기 — 203

CHAPTER 5 조립품 따라 하기 — 212

CHAPTER 6 도면 템플릿 작성하기 — 230

CHAPTER 7	도면 작성하기	260
	PART 1 부품 투상도 작성하기	260

CHAPTER 8	치수 작성하기	290
	PART 1 치수 스타일 편집하기	290
	PART 2 치수 작성하기	295
	PART 3 중심선 작성하기	310

CHAPTER 9	프레젠테이션 작성하기	316
	PART 1 프레젠테이션 파일 실행하기	316
	PART 2 뷰 작성하기	317
	PART 3 구성요소 미세조정하기	318
	PART 4 동영상 재생 및 녹화하기	331

CHAPTER 10	무게(질량) 산출 방법	334

CHAPTER 11	모델링 실습 과제	338

CHAPTER 01

Autodesk Inventor Professional 2015 실행 및 화면 구성

CHAPTER 01
Autodesk Inventor Professional 2015 실행 및 화면 구성

AUTODESK INVENTOR 2015

PART 1   Autodesk Inventor Professional 2015 실행 방법

윈도우 시작 메뉴로부터 또는 바탕화면에 있는 Autodesk Inventor Professional 2015 단축 아이콘으로 실행할 수 있습니다.

① 바탕화면 맨 아래에 있는 시작 메뉴 아이콘( )을 클릭합니다.
Autodesk Inventor 2015폴더 안에 Autodesk Inventor Professional 2015-한국어(Korean)를 클릭합니다.

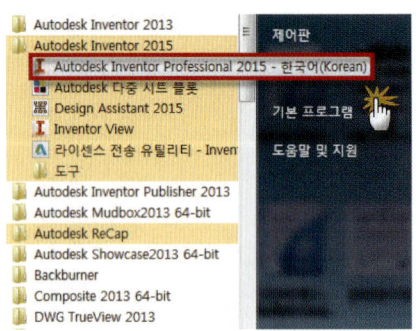

② 또는 바탕화면에 있는 Autodesk Inventor Professional 2015 실행 아이콘( )을 더블 클릭을 하면 실행이 됩니다.

③ 다음과 같은 Autodesk Inventor Professional 2015 로고 이미지가 디스플레이 됩니다.

CAPTER 1. Autodesk Inventor Professional 2015 실행 및 화면 구성

④ 아래와 같이 Autodesk Inventor Professional 2015 초기화면이 나타납니다. Autodesk Inventor Professional 2015부터는 '내 홈 대쉬 보드' 창이 먼저 나타납니다.(2015 버전부터 바뀐 내용입니다.)

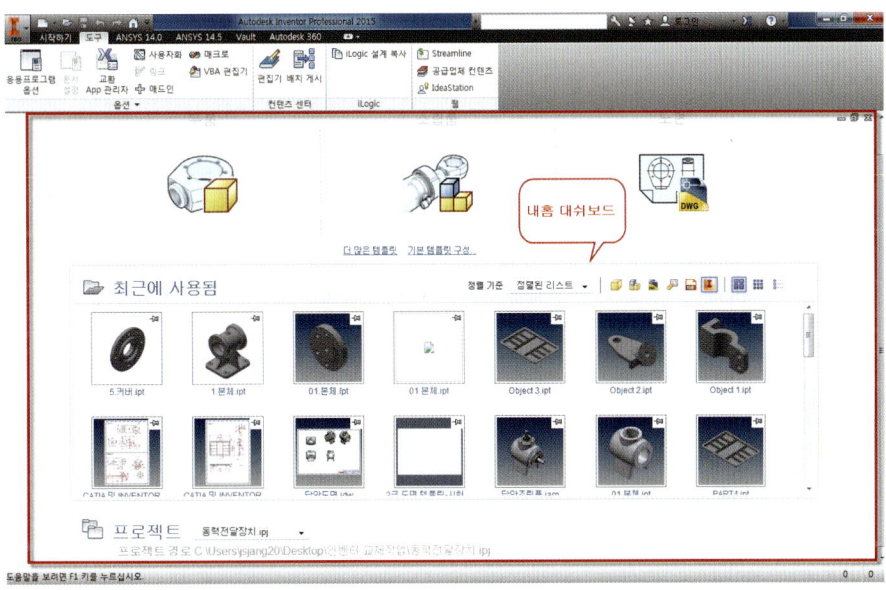

내 홈 대쉬 보드 화면에서는 새로운 창을 열 수도 있고, 프로젝트 파일을 로드할 수도 있습니다. 그리고 가장 최근에 사용한 문서 파일들의 리스트를 볼 수 있습니다.

Tip. Inventor 초기화면에 내 홈 대쉬 보드 화면을 안 나오게 하는 방법
(2014 이하 버전 환경)

도구 패널 → 응용프로그램 옵션 → 일반 탭 → 시작 시 내 홈 표시를 체크 해제를 하면 됩니다. 그리고 내 홈 패널에 있는 '홈 아이콘'을 클릭하면 언제든지 불러올 수 있습니다.

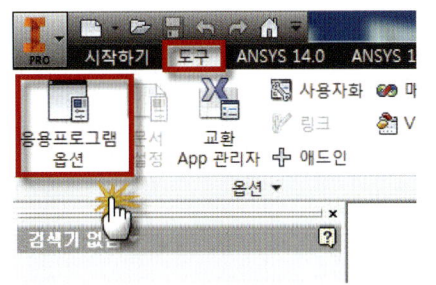

↑ 도구 패널에서 응용프로그램 옵션 선택

Autodesk
Inventor 2015

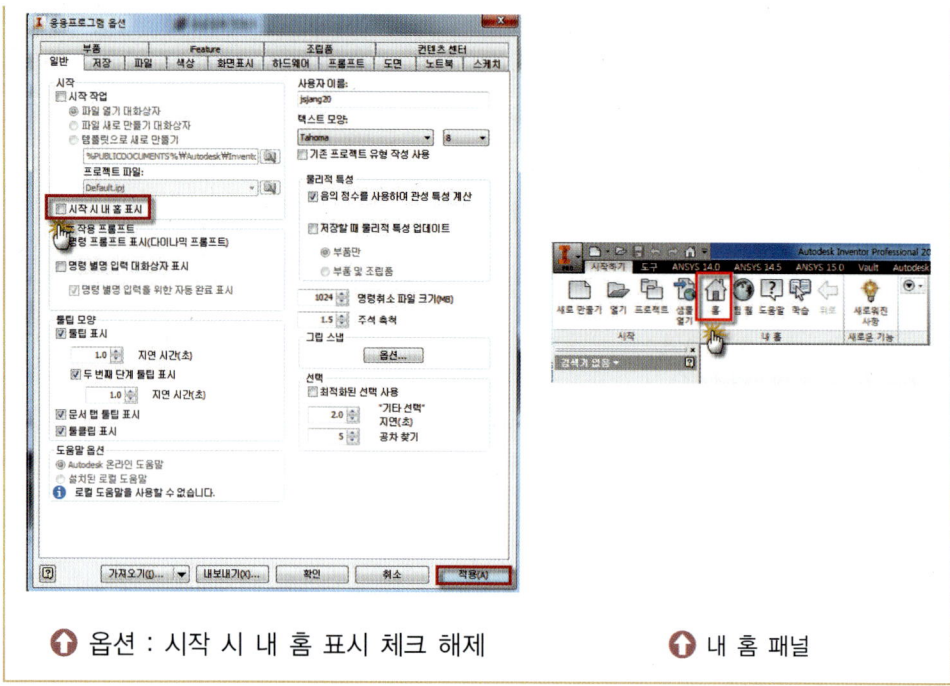

↑ 옵션 : 시작 시 내 홈 표시 체크 해제　　　　↑ 내 홈 패널

5 시작하기 패널에서 새로 만들기 아이콘(▯)을 클릭하면 새 파일 작성 대화상
　　자가 나타납니다.

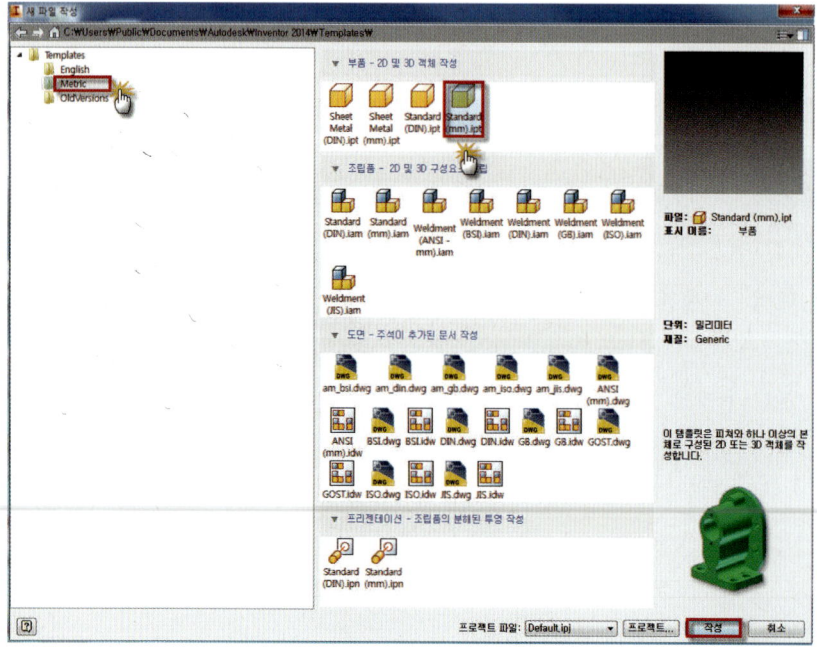

CAPTER 1. Autodesk Inventor Professional 2015 실행 및 화면 구성

⑥ Templates에서 Metric을 클릭하고 부품에서 Standard(mm).ipt를 더블 클릭하거나 또는 하단에 있는 작성 버튼을 누르면 '스케치 피쳐 모드' 화면이 나타납니다.

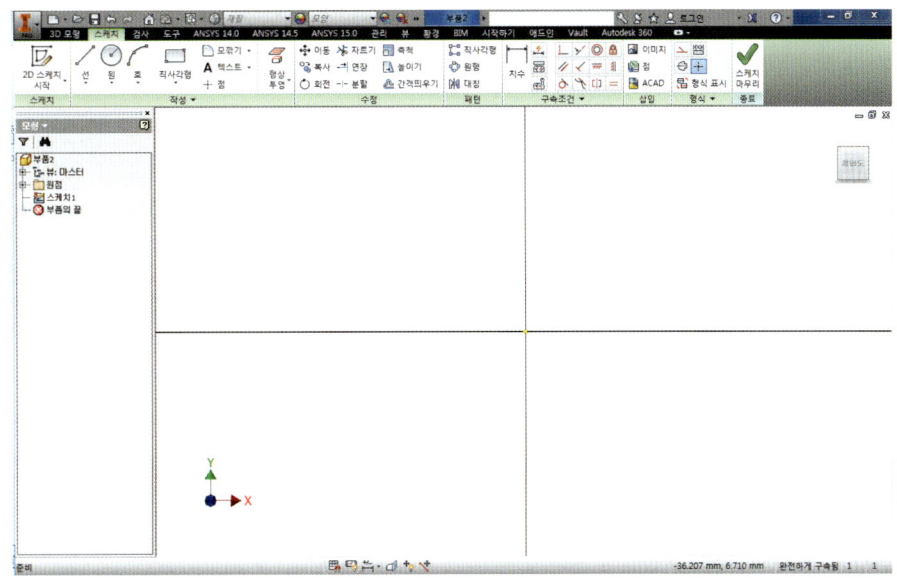

↑ 스케치 피쳐 모드 화면

 Autodesk Inventor Professional 2015 Templates에는 English, Metric, Mold Design으로 구성되어 있습니다.

- English : 인치(Inch) 단위 템플릿을 사용합니다.
- Metric : 미터(mm) 단위 템플릿을 사용합니다. 우리나라에서 주로 사용하는 단위입니다.
- Mold Design : 금형 설계를 위한 조립품 템플릿을 사용합니다.

⑦ 종료 패널에서 스케치 마무리 아이콘(✓)을 클릭하면 '부품 피쳐 모드'로 전환됩니다.

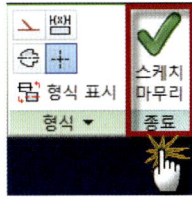

↑ 스케치 마무리 아이콘

Autodesk Inventor 2015

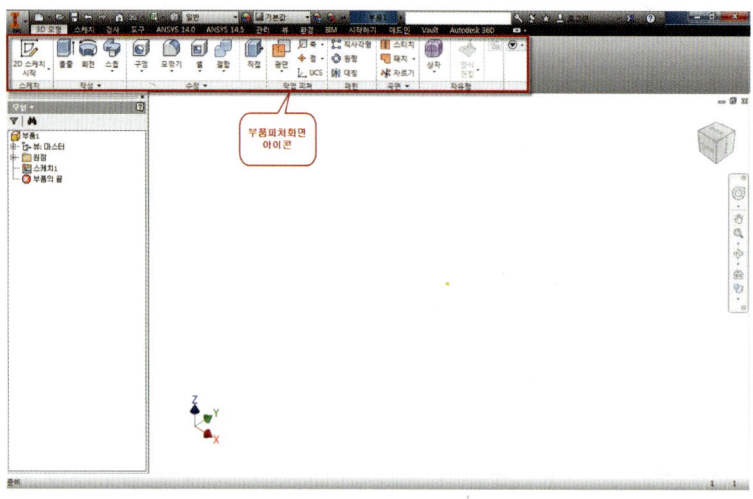

↑ 부품 피쳐 모드

PART 2 파라메트릭 피쳐 모델링

파라메트릭(Parametric)이란 설계를 진행하는 과정이나 완료된 상태에서도 언제나 수정이 가능하도록 가변성을 가지고 있다는 뜻입니다.

아래 그림은 스케치 모드 화면과 부품 피쳐 모드 화면을 동시에 나타낸 그림입니다. Inventor는 초기작업 시에는 '스케치 피쳐 모드'에서 작업을 하고 형상의 두께 등을 작업 시에는 '부품 피쳐 모드'로 전환해서 작업을 합니다.

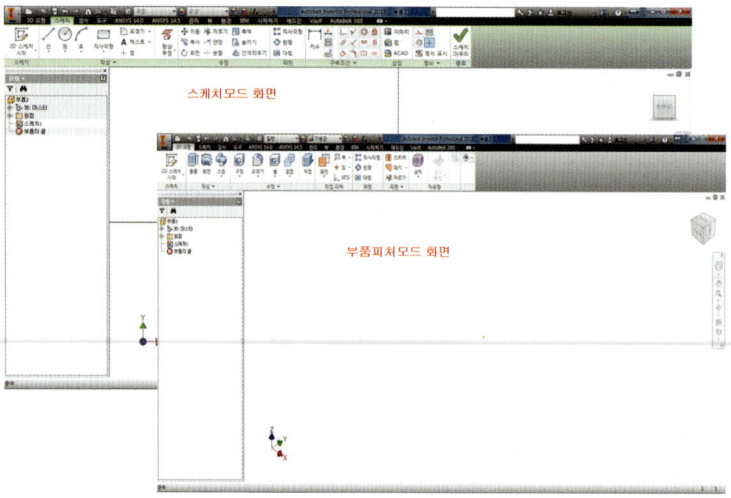

CAPTER 1. Autodesk Inventor Professional 2015 실행 및 화면 구성

01 스케치 피쳐

Inventor는 거의 대부분 2차원 스케치에서부터 시작을 합니다. 쵀에 그려진 스케치를 '베이스 스케치(Base Sketch)'라고 말하고 작업을 하기 위해서는 XY평면, YZ평면, XZ평면 중 한 면을 선택해서 스케치를 할 수 있습니다.

여기에 아래와 같이 임의의 형상을 그리고 치수 및 구속조건들을 기입하는 것을 '스케치 피쳐'라고 합니다.

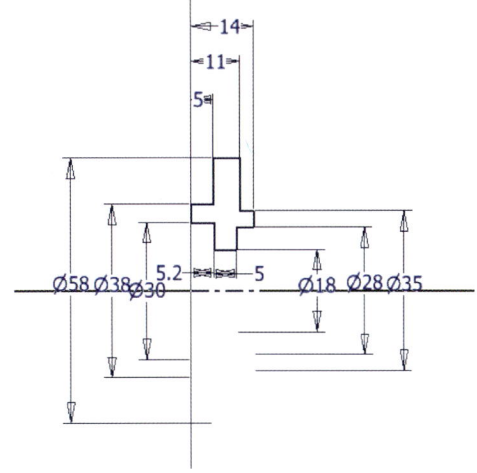

02 배치 피쳐

구멍, 쉘, 모깎기, 모따기 등은 스케치 작업이 필요 없이 피쳐를 선택해서 위치나 속성 등을 수정하여 작업하는 것을 '배치 피쳐'라고 합니다.

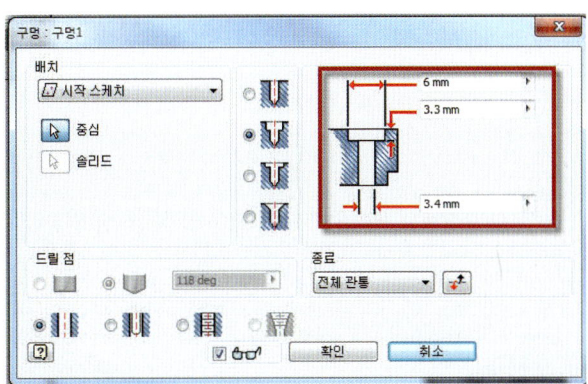

03 작업 피쳐

스케치 피쳐에서 만들어진 형상을 돌출, 회전 등을 이용해서 3차원 모델링을 하는 과정을 '작업 피쳐'라고 합니다. 추가 설계가 진행될 때 작업 평면, 축, 중심점 등을 활용해서 피쳐를 만들어 갑니다.

013

Autodesk Inventor 2015

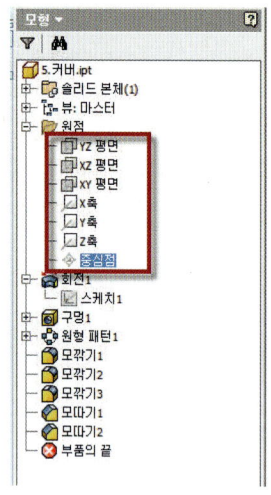

1) Autodesk Inventor의 피쳐 베이스 솔리드 모델링(Feature Base Solid Molding) 의 순서는 다음과 같은 진행으로 작업이 됩니다.
   ① 작업 평면에 2D 스케치를 먼저 작성합니다.
   ② 작업한 스케치에 형상구속 및 치수구속을 주어 완전구속 상태를 만듭니다.
   ③ 2D 스케치를 돌출이나 회전 등의 기능을 이용해서 피쳐를 만듭니다.
   ④ 완성된 피쳐(Feature) 부분에 모따기 또는 필렛 작업을 해서 형상을 다듬어 줍니다.

    Feature Base Solid Molding : 모델링이 완성이 되기까지 순차적으로 피쳐를 작업을 해서 진행해 나가는 방식을 말합니다.

2) 다음 그림은 Feature Base Solid Molding 방식을 이용해서 본체 부품을 완성해가는 과정입니다.

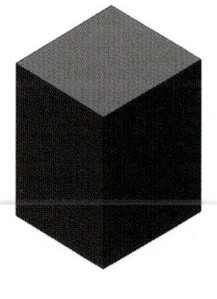
⬆ Base Feature(돌출)

⬆ Base Feature(원통회전)

CAPTER 1. Autodesk Inventor Professional 2015 실행 및 화면 구성

⬆ Base Feature(윗면 구멍 가공)   ⬆ Base Feature(모서리 필렛)

3) 다음은 Autodesk Inventor Professional 2015에서 제공하는 템플릿 파일에 대해서 간략히 소개를 합니다.

   Autodesk Inventor Professional 2015에서는 크게 부품(Part), 조립품(Assembly), 도면(Drawing), 프레젠테이션(Presentation) 4개의 작업공간이 있습니다.

- 부품(Part) : 2D 스케치 및 3D 객체를 모델링하는 공간
- 조립품(Assembly) : 2D 및 3D 구성요소 등을 조립하는 공간
- 도면(Drawing) : 주석(치수)이 추가된 도면작성을 할 수 있는 공간
- 프레젠테이션(Presentation) : 조립품을 분해하고 애니메이션을 할 수 있는 공간

다음 그림과 같이 Inventor에서는 작업된 파일들은 상호 연관성을 가지고 있습니다. 모델링한 부품은 조립작업 및 2D도면 작업, 분해작업 등에도 활용이 됩니다. 만약 부품 파일을 수정하면 조립품 및 도면에서도 즉시 반영(Update)이 됩니다.

Autodesk Inventor 2015

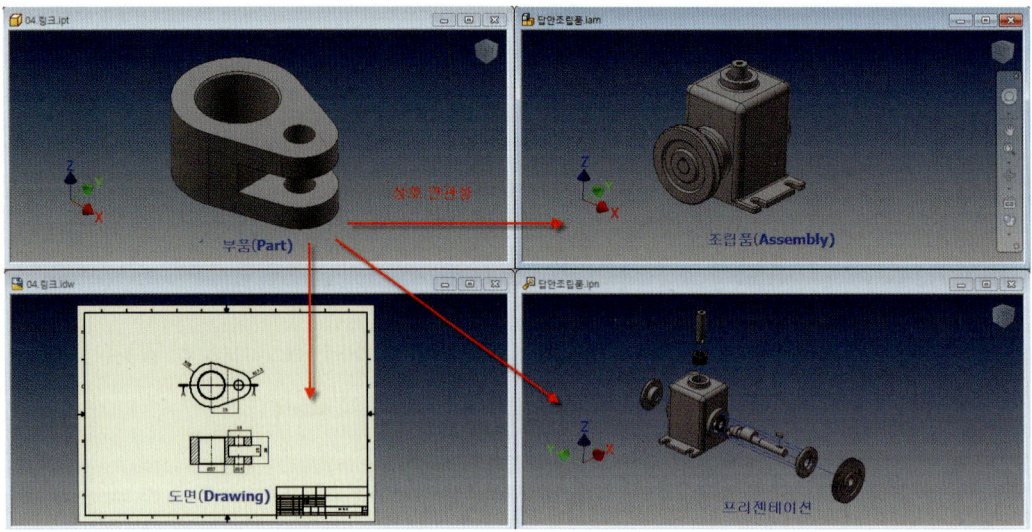

4) Autodesk Inventor Professional 2015에서 제공하는 템플릿의 자세한 내용은 아래 표를 참고하세요.

템플릿 파일	상세 설명
Standard (mm).ipt	새 부품 또는 단품(부품)을 작성할 때 사용하는 템플릿입니다. 단위는 mm이고, 확장자 ipt는 Inventor Part의 약자입니다.
Sheet Metal (mm).ipt	판금을 작성할 때 사용하는 템플릿입니다.
Standard (mm).iam	조립품(어셈블리)을 작성할 때 사용하는 템플릿입니다. 단위는 mm이고, 확장자 iam는 Inventor Assemble의 약자입니다.
Weldment (JIS).iam	용접을 작성할 때 사용하는 템플릿입니다. 단위는 JIS를 사용을 하고 3각법으로 설정이 되어 있으며, ISO는 1각법입니다.
Mold Design (mm).iam	사출 금형을 작성할 때 사용하는 템플릿입니다.
JIS.idw	도면을 작성할 때 사용하는 템플릿입니다. 확장자 idw는 Inventor Drawing의 약자입니다.

CAPTER 1. Autodesk Inventor Professional 2015 실행 및 화면 구성

템플릿 파일	상세 설명
JIS.dwg	AutoCAD 도면 파일을 작성할 때 사용하는 템플릿입니다. 확장자 dwg는 AutoCAD 2D Drawing(도면)의 약자입니다.
Standard (mm).ipn	분해도 및 애니메이션을 작성할 때 사용하는 템플릿입니다. 단위는 mm이고, 확장자 ipn은 Inventor Presentation의 약자입니다.

PART 3 프로젝트 작성하기

Autodesk Inventor에서 작업한 파일들 간에는 링크 구조를 유지하기 때문에 작업 폴더를 우선적으로 잘 설정을 해야 합니다.
프로젝트 파일(.ipj)은 설계 파일의 저장 위치나, 스타일 라이브러리 사용 유무 등을 설정하는 중요한 부분입니다.

① 시작하기 패널에서 프로젝트를 클릭합니다.

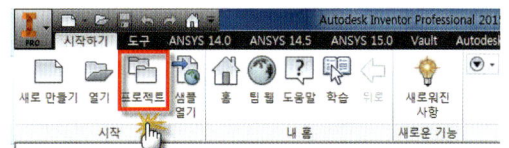

② Default를 클릭하고 새로 만들기 버튼을 클릭합니다.

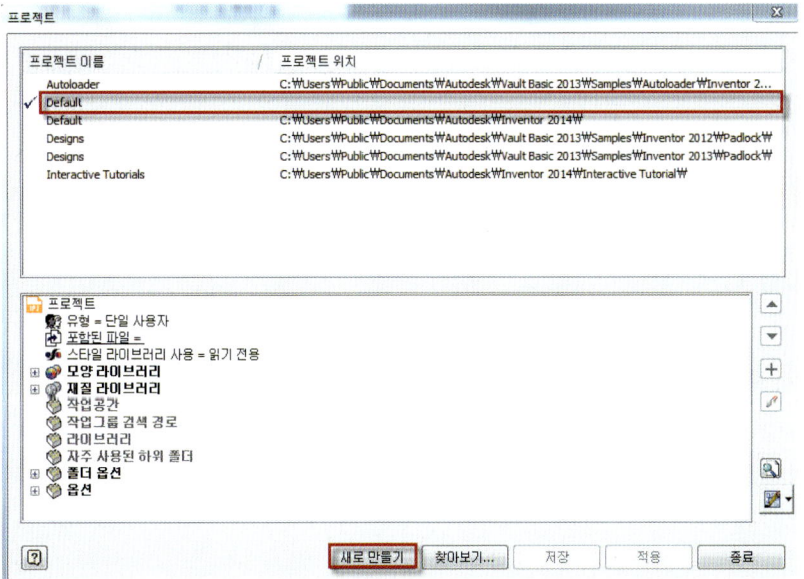

017

3. 새 단일 사용자 프로젝트를 선택하고 다음 버튼을 클릭합니다.

- 새 단일 사용자 프로젝트 : 프로젝트(작업 공간)나 하나 이상의 라이브러리를 만들 때 사용합니다.
- 새 Vault 프로젝트 : 도면 관리 프로그램 Vault를 사용할 경우 선택합니다.

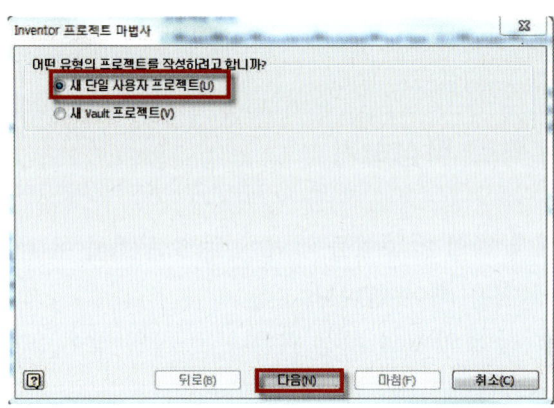

4. 우선 작업 위치를 지정할 폴더를 만듭니다.

① 브라우저 아이콘을 클릭하면 저장할 위치를 지정할 수 있습니다.
② 새 폴더 만들기를 클릭합니다.
③ 폴더 명을 '동력전달장치'라고 입력하고 확인 버튼을 클릭합니다.
④ 이름 필드에 '동력전달장치'라고 입력하고 다음 버튼을 클릭합니다.

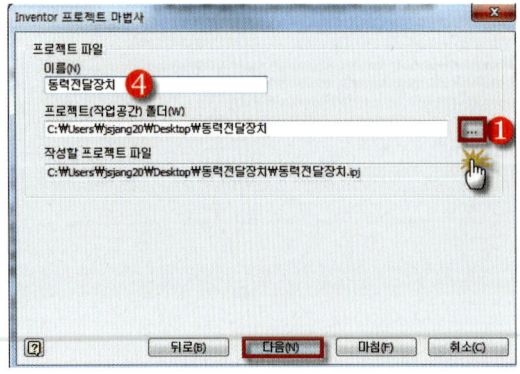 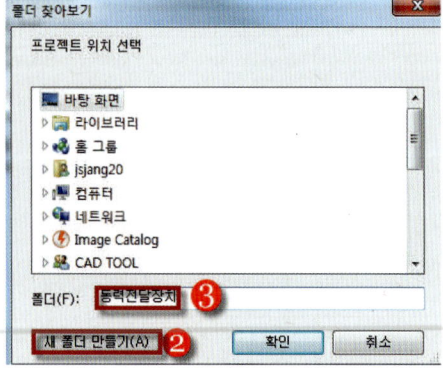

CAPTER 1. Autodesk Inventor Professional 2015 실행 및 화면 구성

5 새 프로젝트에 포함할 기존 라이브러리를 지정합니다. 여기서는 그냥 마침 버튼을 클릭합니다.

6 '동력전달장치' 프로젝트가 완성되었습니다. 종료 버튼을 클릭합니다.

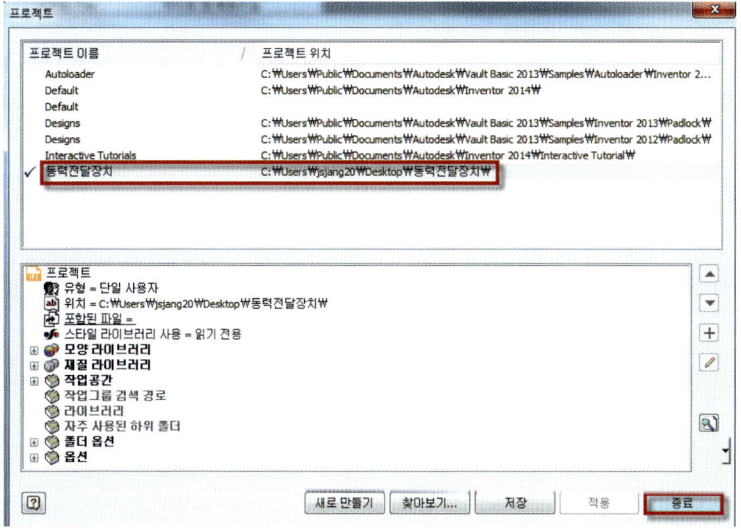

PART 4   새로 만들기

Inventor에서 새로운 작업을 할 경우에는 항상 새로 만들기 버튼을 클릭해야 합니다. 실행하는 방법 4가지를 소개합니다.

① 신속접근 도구막대에서 '새로 만들기' 아이콘을 클릭합니다.

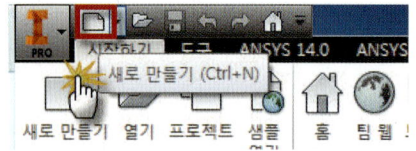

② 응용 프로그램 메뉴에서 새로 만들기를 클릭 → 새로 만들기를 클릭합니다.

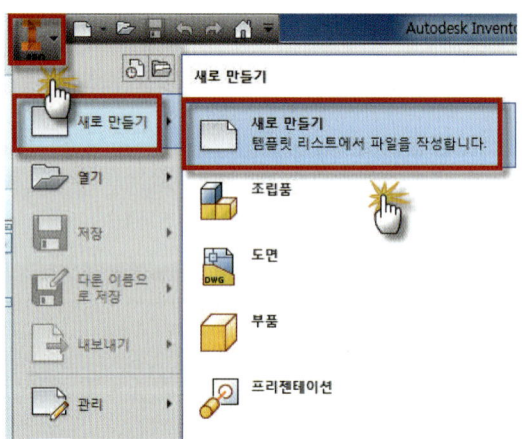

③ 시작 패널에서 새로 만들기 아이콘을 클릭합니다.

④ 내 홈 대쉬 보드 창에서 '더 많은 템플릿'을 클릭한 다음 Standard.ipt를 클릭합니다.

CAPTER 1. Autodesk Inventor Professional 2015 실행 및 화면 구성

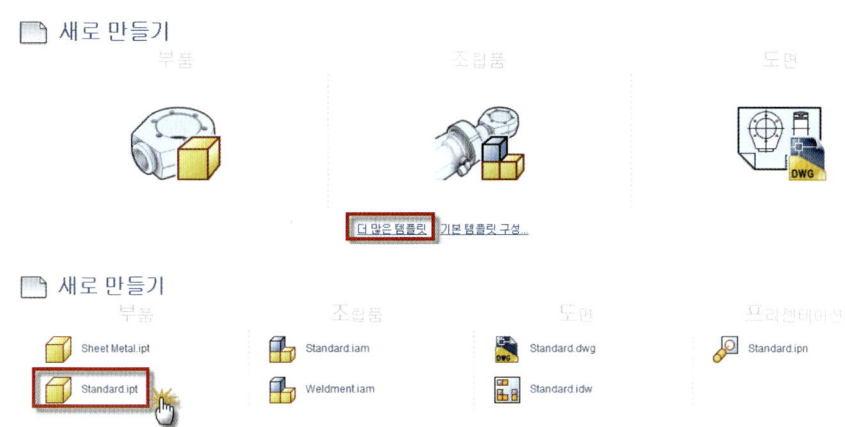

PART 5   파일 열기

저장된 파일들을 불러올 수 있는 기능으로 이전에 작업한 파일을 열 수 있습니다.

① 열기 아이콘을 클릭합니다.

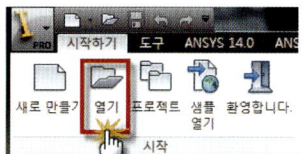

② 파일이 저장된 경로에 가면 파일을 볼 수 있습니다. 원하는 부품을 선택하고 열기 버튼을 클릭하면 모델링이 아래 그림처럼 나타납니다.

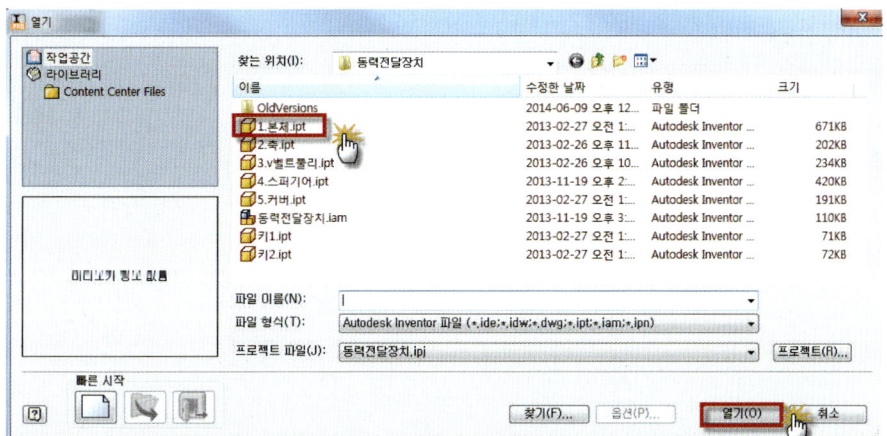

021

Inventor는 기본적으로 Default 프로젝트가 설정되어 있는 파일이 열리게 되어 있습니다. 항상 작업 전에 '프로젝트'가 설정되어 있는지 확인하고 시작하도록 합니다.

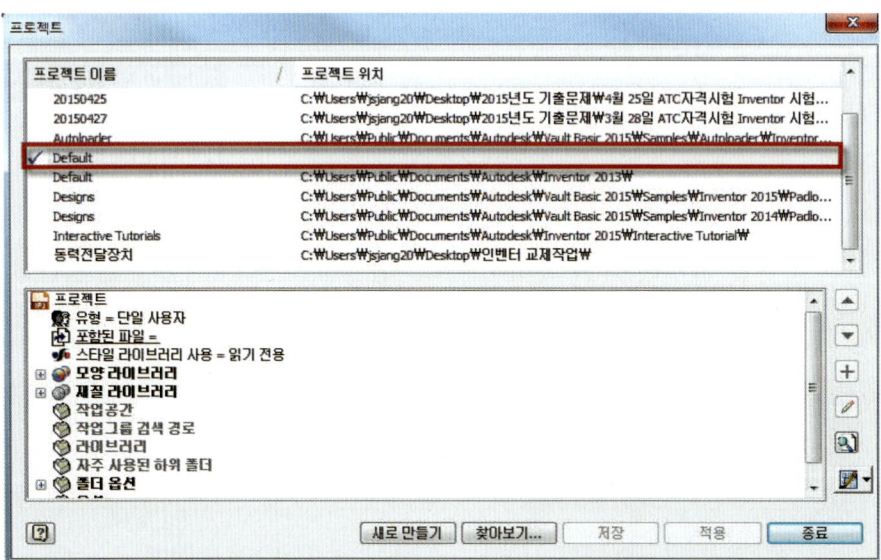

CAPTER 1. Autodesk Inventor Professional 2015 실행 및 화면 구성

PART 6 파일 저장

모델링 작업 시 자주 저장하는 습관을 가지는 것이 좋습니다. 전원이 차단이 되거나 프로그램상에 문제가 발생하여 파일이 삭제되기 전에 안전하게 파일을 저장하도록 합니다.

① 신속접근 도구막대에서 저장 아이콘(🖫)을 클릭합니다.

② 또는 응용 프로그램(I)을 클릭하고 저장을 선택한 후 하위 메뉴에 저장 또는 전체 저장 버튼을 누르면 됩니다.

- 저장 : 한 파일만 저장이 됩니다.
- 전체 저장 : 열려 있는 모든 파일과 종속된 파일들을 모두 저장합니다.

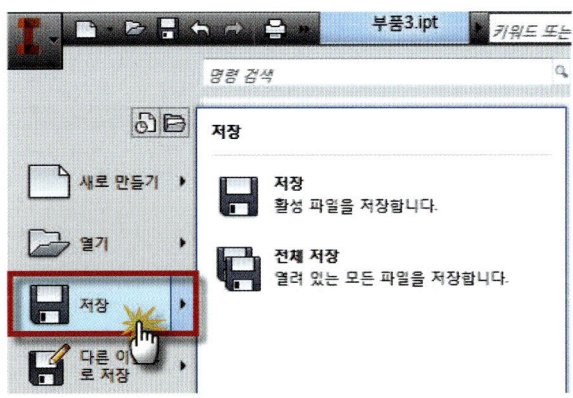

Autodesk Inventor 2015

PART 7 다른 이름으로 저장

01 다른 이름으로 저장

응용프로그램 ( )을 클릭하고 다른 이름으로 저장을 선택하여 하위 메뉴에 '다른 이름으로 저장'을 누르면 작업한 파일을 Inventor 부품(*.ipt) 파일로만 저장이 됩니다.

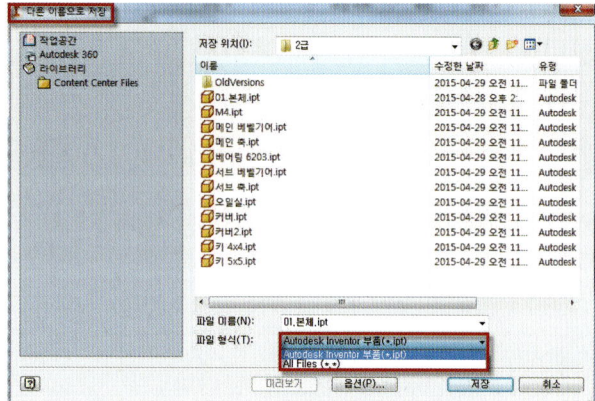

02 다른 이름으로 사본 저장

'다른 이름으로 사본 저장'은 Inventor 외에 다양한 파일 형식으로도 저장을 할 수 있습니다.(타 CAD 파일로 저장 시 유용한 기능입니다.)

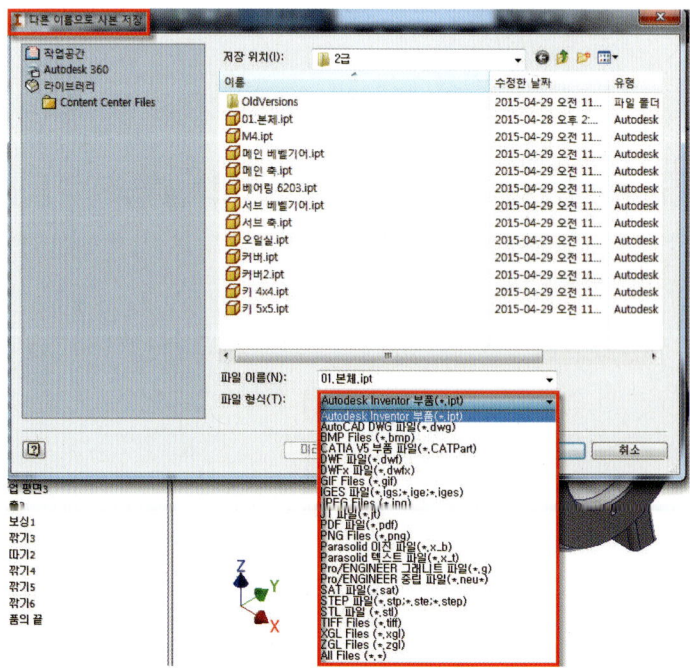

CAPTER 1. Autodesk Inventor Professional 2015 실행 및 화면 구성

03 템플릿으로 사본 저장

템플릿으로 사본 저장은 기존에 만들어진 템플릿을 사용자가 용도에 맞게 설정을 수정하고 나서 저장한 다음 새로운 작업 시 항상 설정한 템플릿으로 사용할 때 유용하게 사용이 됩니다.

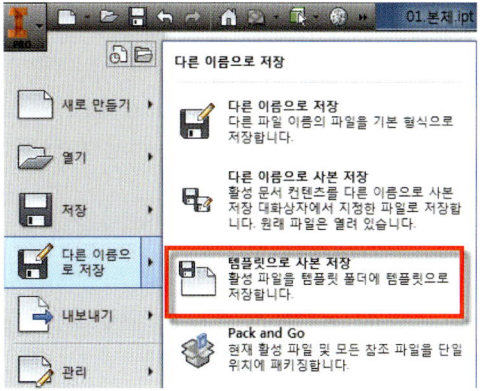

PART 8 데이터 내보내기

작업한 파일을 외부의 데이터와 호환하기 위해서 작업한 파일을 변환할 수 있는 기능입니다. 이미지, PDF, 기타 CAD형식, DWG 내보내기, DWF로 내보내기, DWF보내기 등으로 변환이 가능합니다.

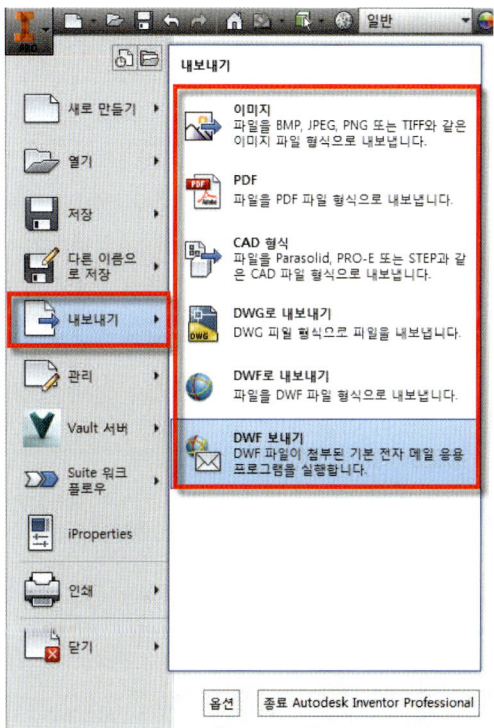

Autodesk Inventor 2015

PART 9 Inventor 화면 구성

새로 만들기를 클릭한 다음 Templates에서 Metric을 선택합니다. 그리고 Standard(mm).ipt를 더블 클릭하거나 작성 버튼을 클릭하면 됩니다.

① 아래와 같은 화면이 나타납니다. 간단하게 명칭을 알아둡니다.

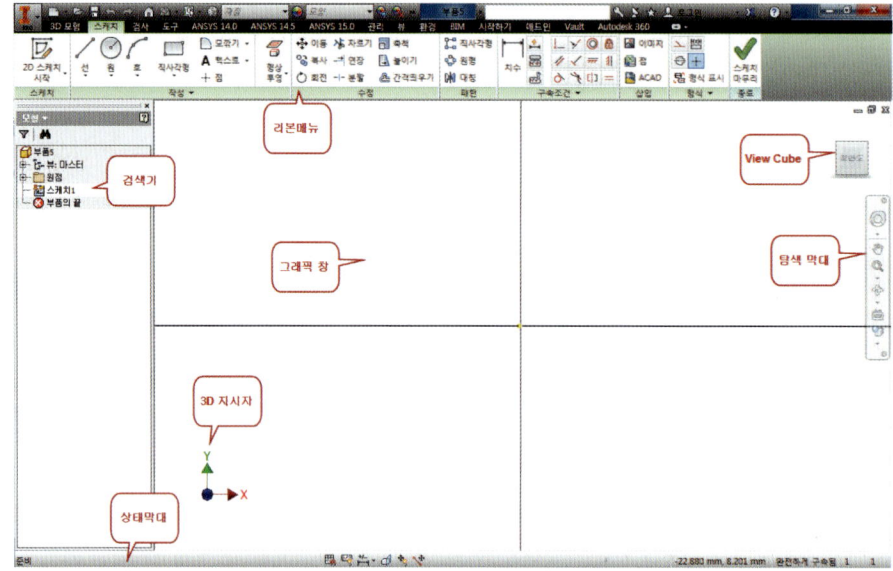

② 검색기 창이 사라졌을 때 *이 부분은 꼭 알아둡니다.

뷰 탭 → 사용자 인터페이스 → 검색기를 체크하면 왼쪽 부위에 검색기 막대가 다시 나타납니다. View Cube 및 탐색 막대도 여기에서 제어(On/Off)할 수 있습니다.

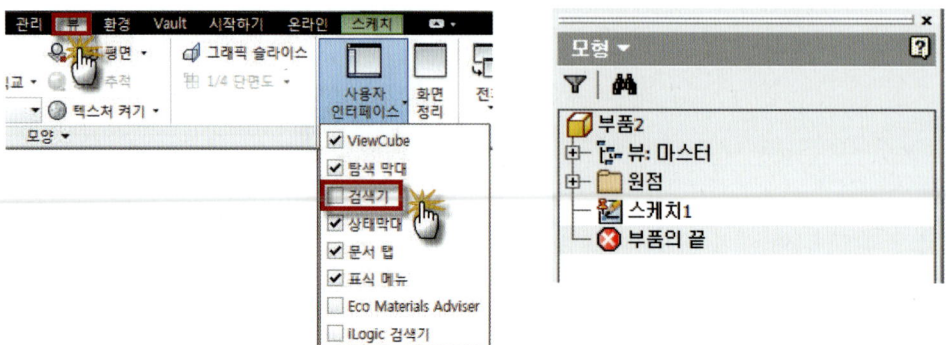

CAPTER 1. Autodesk Inventor Professional 2015 실행 및 화면 구성

⬆ View Cube　　　　　　⬆ 상태 막대

검색기 막대는 설계 작업 시 가장 중요한 부분을 담당하고 있으며 작업한 내용을 표시하고 숨길 수 있으며 스케치한 도면을 편집 및 수정할 수 있는 기능을 가지고 있습니다. 그리고 검색기에서는 모델링한 피쳐의 작업 순서를 순서대로 표시해 줍니다.

PART 10　3D 지시자(좌표계 지시자)

3D 지시자는 모델링 작업 시 X, Y, Z축 및 방향을 표시하는 기능입니다.

빨간색 X : X방향(가로), 초록색 Y : Y방향(세로), 파란색 Z : Z방향(높이)

PART 11 문서 탭

2개 이상의 부품이 열려 있는 상태에서 아래 하단부에 표시되며, 커서를 문서탭으로 가져가면 미리 보기가 표시됩니다.

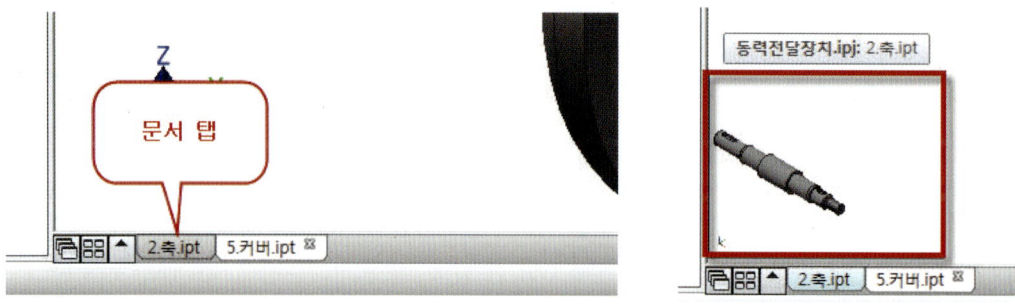

열려진 파일들을 신속하게 전환하려면 'Ctrl + Tab' 키를 눌러 빠르게 화면을 전환시킬 수 있습니다.

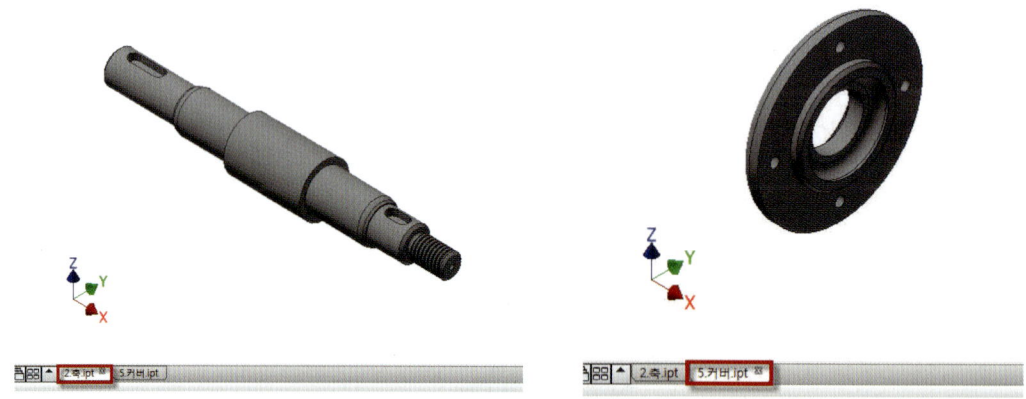

CAPTER 1. Autodesk Inventor Professional 2015 실행 및 화면 구성

PART 12 샘플 파일 다운받기

시작하기 패널에서 샘플 열기를 클릭하면 버전별 샘플 파일을 다운받을 수 있습니다. Inventor 2015 Sample Files을 클릭해서 다운받도록 합니다. 압축된 파일은 압축을 풀어서 사용하면 됩니다.

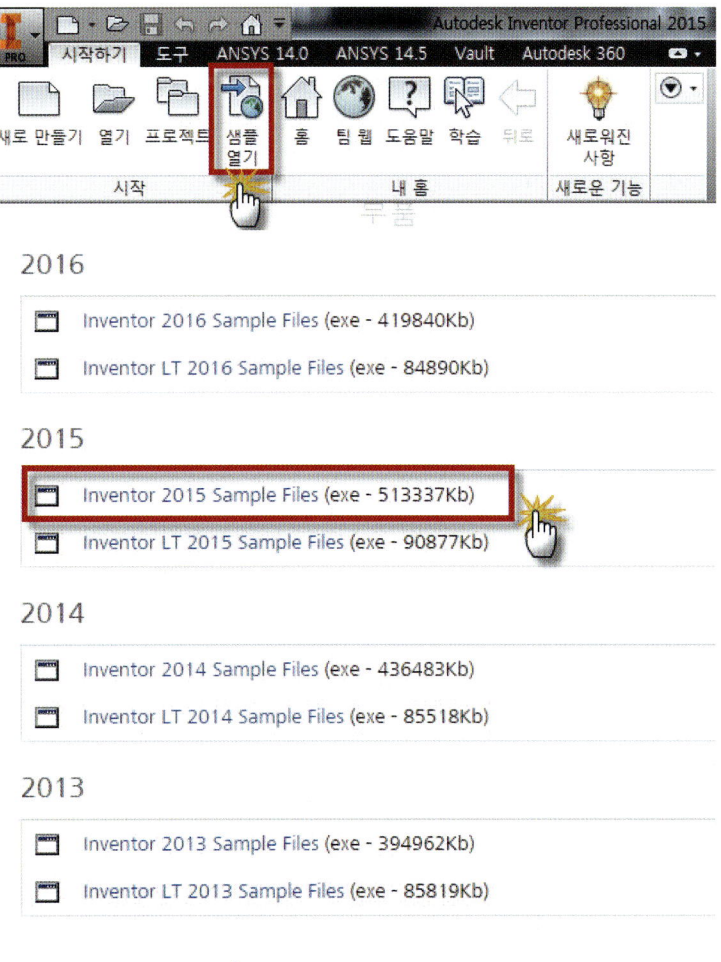

↑ 버전별 Sample 파일

PART 13   응용 프로그램 옵션 설정하기

도구 패널에서 도구 탭 → 응용 프로그램 옵션을 클릭합니다. 여기에서는 꼭 필요한 옵션만 설명합니다.

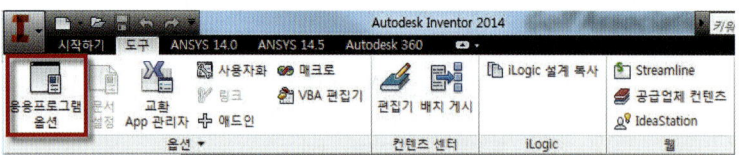

01 일반 탭

주석 축척을 1.5로 설정합니다. 주석 축척은 치수 문자 크기와 좌표계 지시자 표시 크기를 말합니다. 기본 설정은 1로 되어 있습니다. 1에서 → 1.5로 변경합니다. 1인 경우는 치수가 너무 작게 보입니다. 그래서 1.5로 설정하고 사용하면 작업하기가 편리합니다.

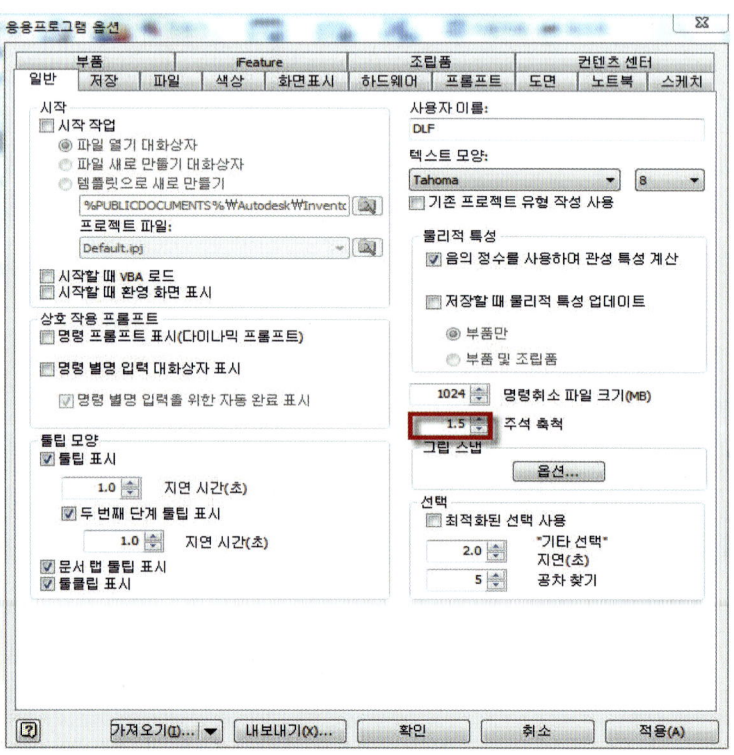

CAPTER 1. Autodesk Inventor Professional 2015 실행 및 화면 구성

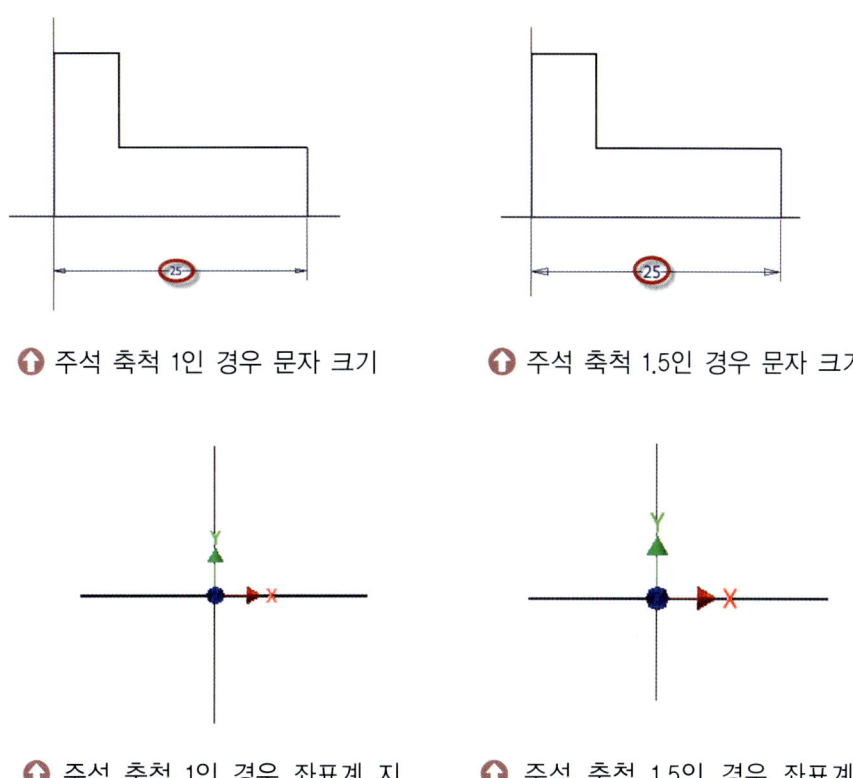

⬆ 주석 축척 1인 경우 문자 크기　　⬆ 주석 축척 1.5인 경우 문자 크기

⬆ 주석 축척 1인 경우 좌표계 지시자의 크기　　⬆ 주석 축척 1.5인 경우 좌표계 지시자의 크기

02 색상 탭

색상 체계에서 '이상한나라'를 선택하고 배경에서 '그라데이션'을 선택합니다. 그라데이션은 2가지 색상이 밝은 부분에서 어두운 부분으로 점차 옮겨지는 듯한 색상을 말합니다.

Autodesk Inventor 2015

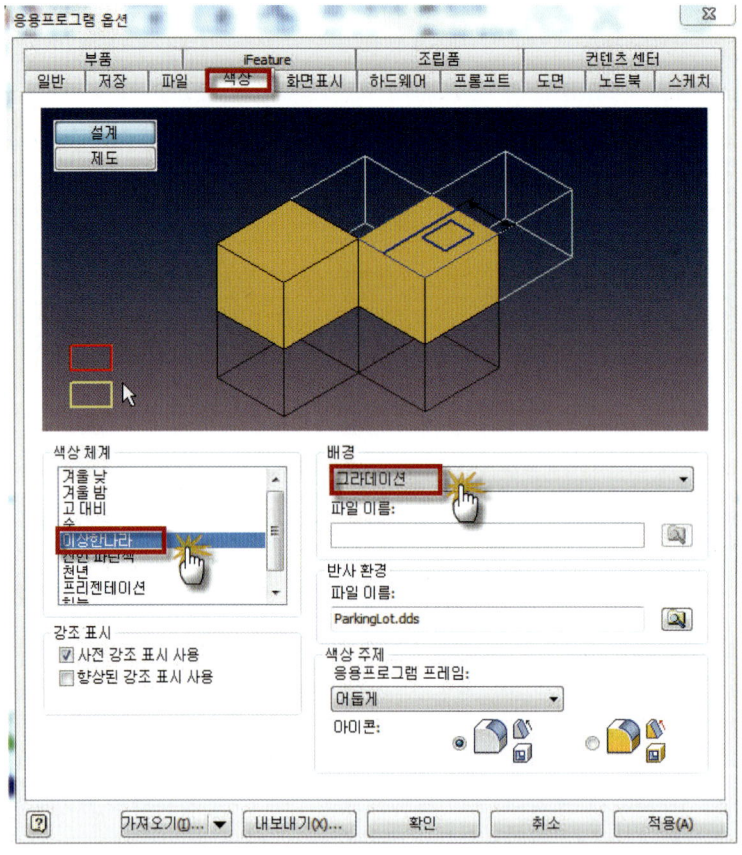

03 부품 탭

부품을 처음 작성할 때 자동으로 사용자가 설정한 스케치 면이 나오도록 설정하는 기능입니다. (보통 X-Y 평면에 스케치를 선택합니다.)

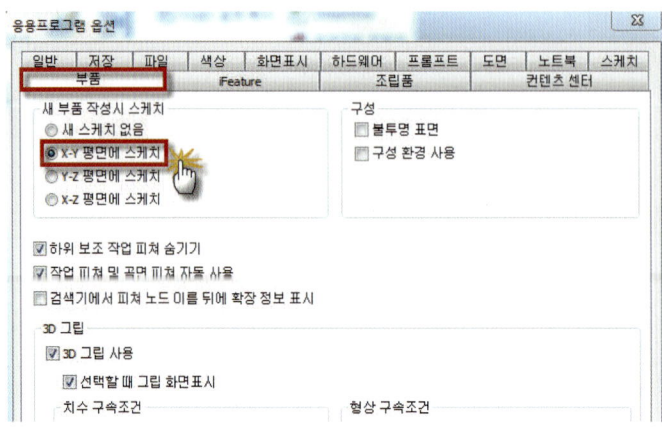

CAPTER 1. Autodesk Inventor Professional 2015 실행 및 화면 구성

04 스케치 탭

화면표시에서 아래 화면과 같이 체크합니다. 만약 좌표계 지시자를 체크를 하면 스케치 화면에 아래와 같은 좌표계 지시자가 나타난다.

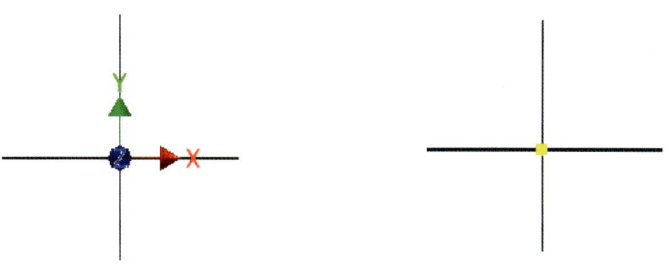

⬆ 좌표계 지시자 On   ⬆ 좌표계 지시자 Off : 원점이 나타남

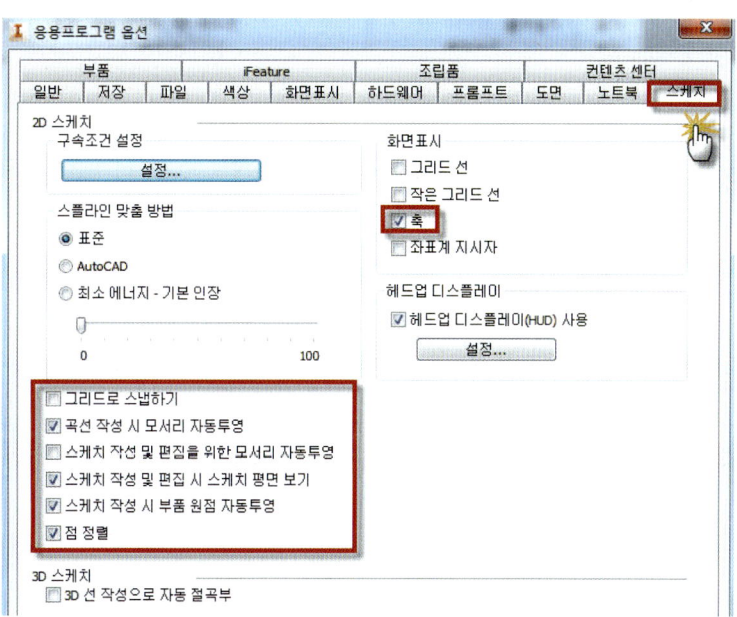

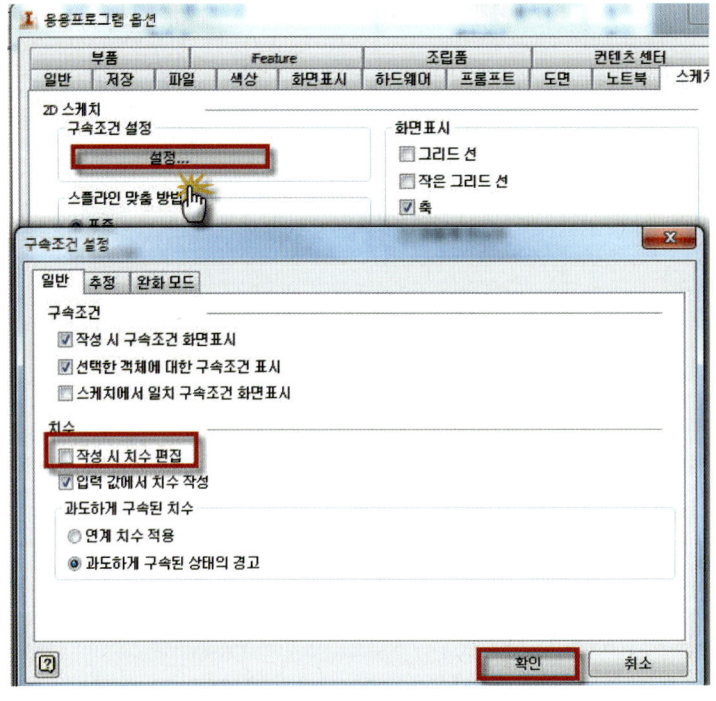

경우에 따라서 '작성 시 치수 편집'의 체크를 해지해도 됩니다. 치수 입력 시 치수 편집 창이 자동으로 나타나게 할 것인지 유무를 체크하는 기능입니다. Off인 경우에는 치수를 클릭하면 '치수 편집' 창이 나타납니다.

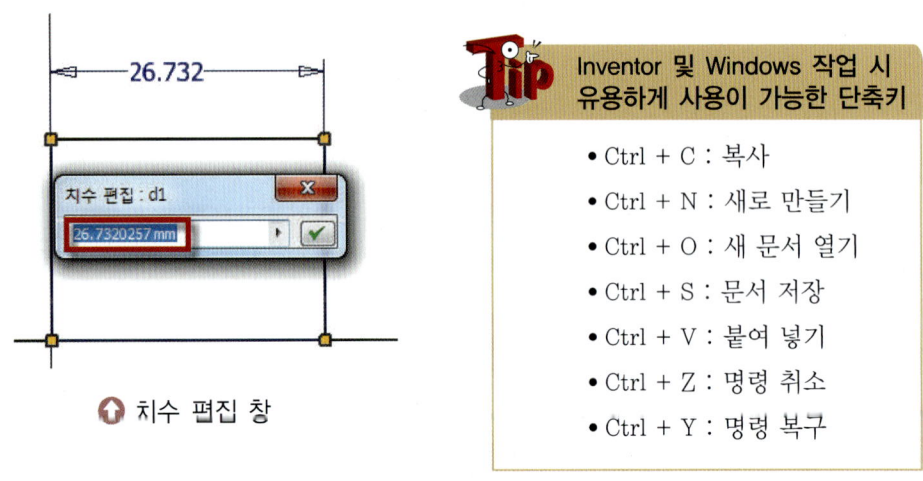

↑ 치수 편집 창

CHAPTER 02

스케치 작업하기

CHAPTER 02 스케치 작업하기

AUTODESK INVENTOR 2015

PART 1 작성 패널

3차원 모델링에서 가장 중요한 부분이 스케치 작업입니다. 그리기 패널에 있는 기능에 대해서 알아봅니다.

01 작성 패널( )

1) 선 아이콘을 클릭합니다. 시작점 위치에 점을 클릭하고 다음 점을 클릭하면 선이 생성됩니다. 여기서 거리 값과 각도 입력 창이 나타납니다. 거리 값을 입력하고 각도로 넘어가려면 'Tab' 키를 누르면 됩니다. 이렇게 작업하면 치수도 함께 나타납니다. 그리고 선의 단축키는 'L'입니다. 'L' 입력 후 시작점과 끝점을 찍으면 선이 그려집니다.

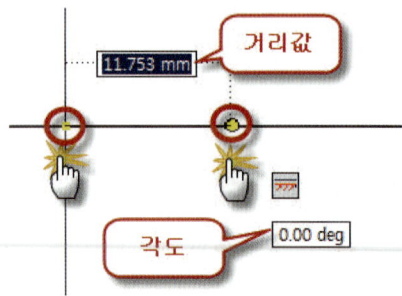

↑ 거리 값 입력

CAPTER 2. 스케치 작업하기

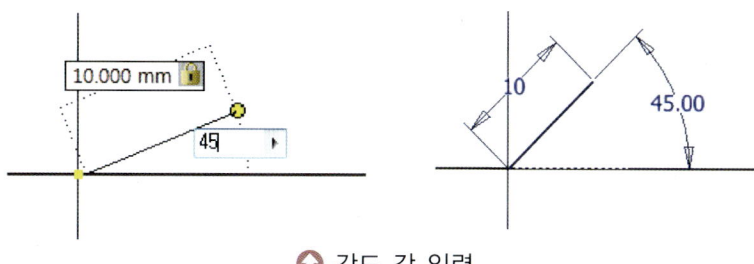

⬆ 각도 값 입력

2) Inventor에서 선의 또 다른 기능은 '호(ARC)'를 그릴 수 있는 기능입니다. 시작점과 끝점을 찍은 다음 마우스 첫 번째 버튼을 누른 상태에서 아래로 '마우스를 드래그'를 하면 호가 생성됩니다.

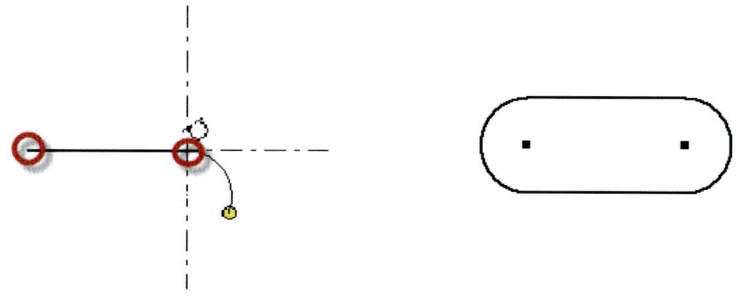

아래와 같은 도면을 그려봅니다.

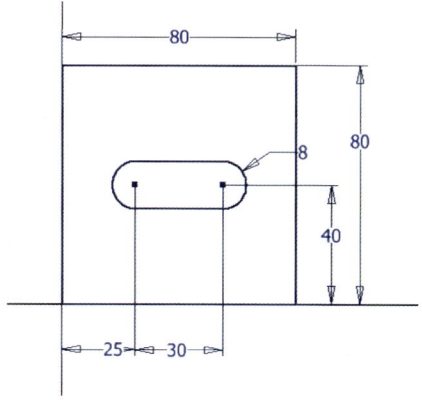

02 원

원 아이콘으로 원을 그리는 방법은 2가지가 있습니다. 중심점을 먼저 찍은 다음 원을 그리는 방법과 3개의 선의 접선을 이용하는 방법입니다.

1) ⌀ 원 중심점 : 중심점과 지름 값으로 원을 작성하는 기능입니다.

　① 중심점 원을 클릭합니다.
　② 원점에 중심점을 클릭합니다. 마우스를 위로 드래그합니다.
　③ 직경 값(80)을 입력합니다. 직경 치수와 함께 원이 그려집니다.

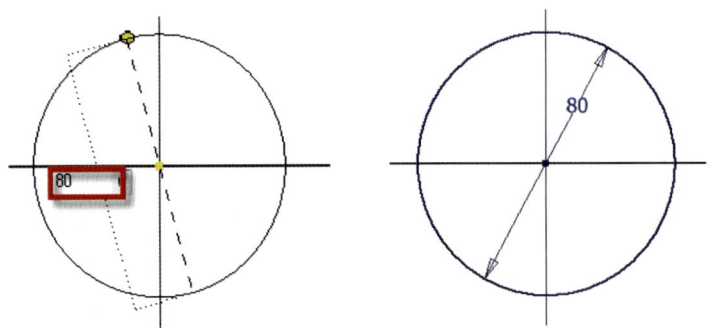

2) ⌀ 원 탄젠트 : 3개의 선에 접하는 원을 작성하는 기능입니다.

　① 탄젠트 원 아이콘을 클릭합니다.
　② 그림과 같이 선을 ❶, ❷, ❸번 순으로 클릭합니다.
　③ 그림과 같은 3개의 선에 접하는 원이 생성됩니다.

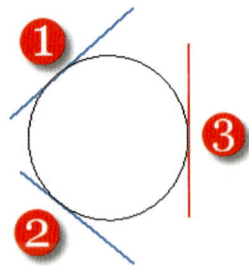

03 호

호를 그리는 방법은 3가지가 있습니다. 세 점 호, 탄젠트 호, 중심점 호가 있습니다.

CAPTER 2. 스케치 작업하기

1) 세 점 호()

> 호의 시작점을 클릭하고 호의 끝점을 클릭합니다.
> 그리고 호의 반경을 지정하면 호가 생성됩니다.

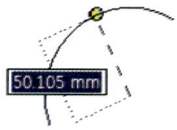

2) 접선 호( )

> 미리 그려진 선을 클릭하고 아래 또는 위로 드래그하면 호가 생성됩니다.

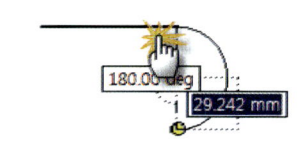   

3) 중심점 호( )

> 호의 중심점을 먼저 클릭한 다음 시작점과 끝점을 찍으면 호가 생성이 됩니다.

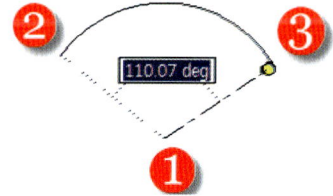

04 직사각형

1) 2점 직사각형( )

> 첫 번째 점과 두 번째 점(대각선 방향)을 찍으면 사각형이 생성됩니다. 가장 많이 사용되므로 잘 익혀 둡니다.

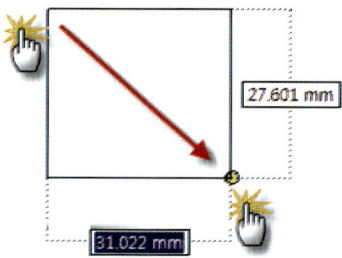

039

2) 3점 직사각형(직사각형 세 점)

첫 번째 점과 두 번째 점을 찍고 나서 방향성을 지정하면 3점 직사각형이 생성됩니다.

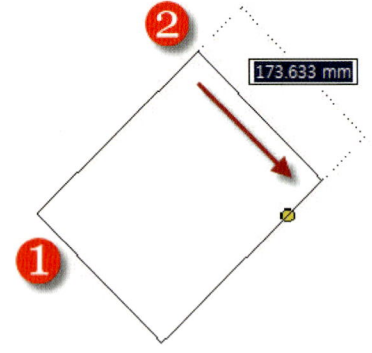

3) 두 점 중심 직사각형 (직사각형 두 점 중심)

사각형의 중심을 찍고 대각선으로 점을 찍으면 두 점 중심 직사각형이 생성됩니다.

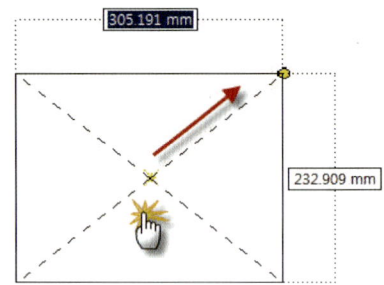

4) 세 점 중심 직사각형(직사각형 세 점 중심)

사각형의 중심을 찍고 사각형의 폭과 높이를 지정하면 세 점 중심 직사각형이 생성됩니다.

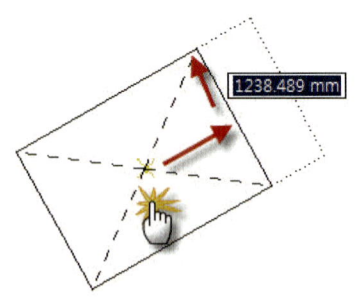

5) 중심 대 중심 슬롯(슬롯 중심 대 중심)

슬롯의 중심과 중심을 클릭한 후 호의 반경을 지정하면 슬롯(장공)이 만들어집니다.

CAPTER 2. 스케치 작업하기

6) 전체 슬롯(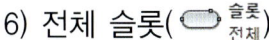)

방향과 길이와 폭을 지정하면 선형 슬롯(장공)이 만들어집니다.

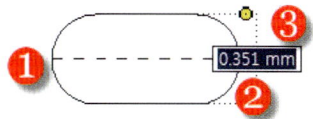

7) 중심점 슬롯( )

슬롯의 중심점을 먼저 지정한 다음, 호의 반경을 지정하면 선형 슬롯(장공)이 만들어집니다.

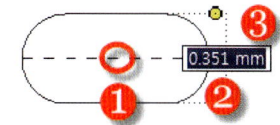

8) 3점 호 슬롯( )

슬롯 중심 호의 시작점과 끝점을 지정한 후 호의 반경을 지정합니다. 그리고 장공의 호의 지름을 지정하면 반달형 슬롯(장공)이 만들어집니다.

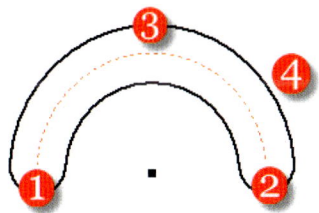

9) 중심점 호 슬롯( )

슬롯의 중심점을 먼저 클릭합니다. 그리고 슬롯의 시작점과 끝점을 지정합니다.
슬롯의 반경을 지정한 다음, 장공의 호의 지름을 지정하면 반달형 슬롯(장공)이 만들어집니다.

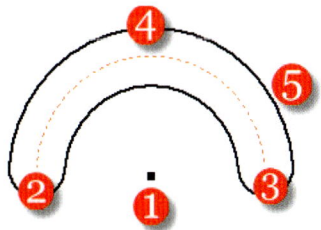

10) 폴리곤( )

최대 120개의 면을 갖는 폴리곤을 생성합니다. 면의 수를 입력하고 폴리곤의 중심점을 클릭한 다음, 내접 또는 외접을 선택한 후 범위를 지정하면 됩니다.

041

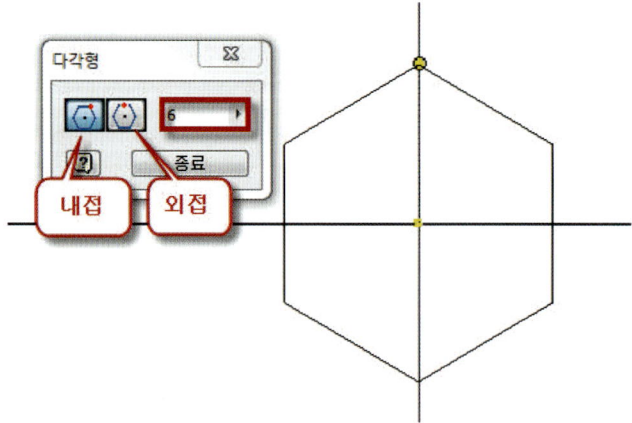

05 스플라인( )

지정된 점을 통과하는 자유곡선이 생성이 됩니다.
시작점을 클릭한 후 다음 점 → 다음 점 → 다음 점을 클릭합니다. 그리고 마지막 점에서 더블 클릭을 하거나 마우스 오른쪽 버튼을 클릭하여 작성을 선택하여 종료하면 스플라인이 생성이 됩니다.

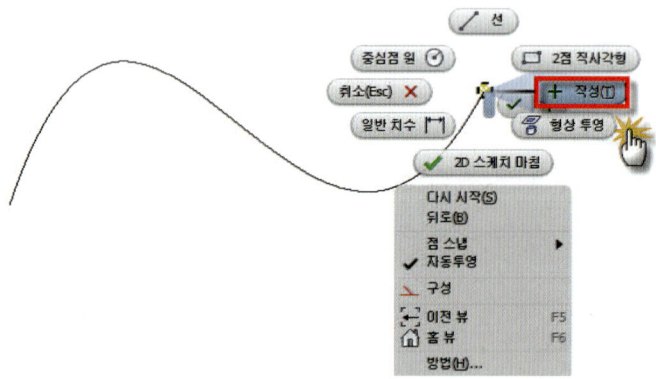

06 타원( )

타원의 중심점을 먼저 클릭한 후 장축을 지정할 방향으로 커서를 이동하여 클릭합니다. 그리고 단축을 지정할 방향으로 커서를 이동하여 클릭하면 타원이 생성됩니다.

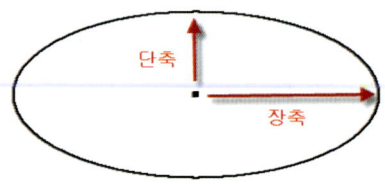

CAPTER 2. 스케치 작업하기

07 점()

스케치 작업 시 위치를 지정할 때 유용하게 사용되는 기능입니다.

점도 완전구속을 줘서 고정을 시켜야 됩니다. 아래 그림처럼 치수구속과 수평구속을 주면 파란색 점으로 변합니다. 파란색은 완전구속을 의미합니다.

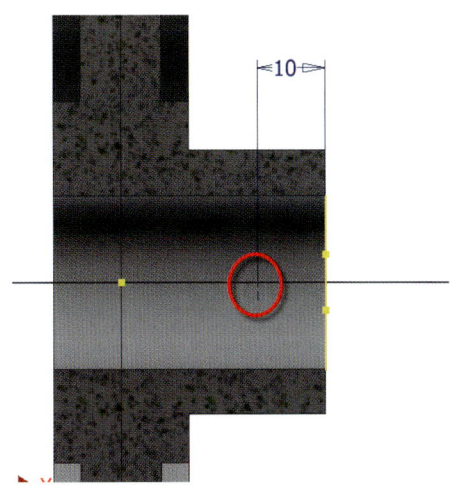

08 모깎기(모깎기)

모깎기 값을 입력을 한 다음 두 선을 클릭하거나, 모서리의 꼭지점을 클릭하면 스케치된 구석 부분의 라운드 작업이 됩니다.

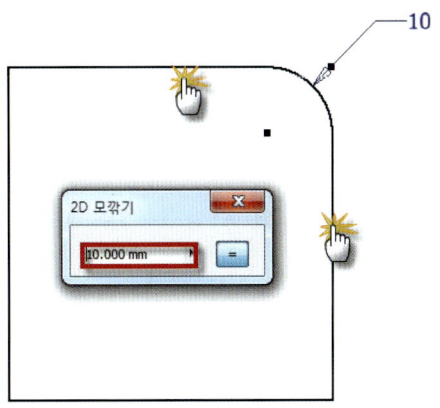

⬆ 두 선을 클릭한 경우

Autodesk Inventor 2015

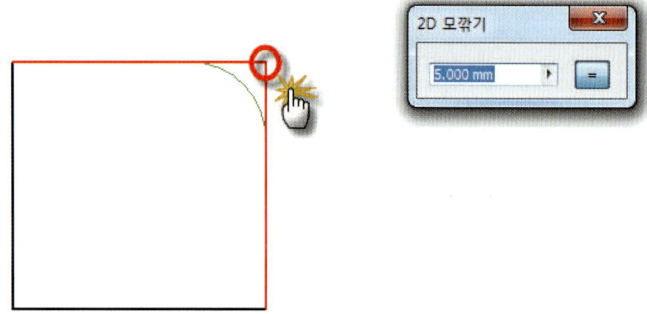

↑ 꼭지점을 클릭한 경우

09 모따기(모따기)

가로·세로 두 선을 클릭하거나, 모서리의 꼭지점을 클릭하면 스케치된 구석 부분에 각진 형태의 모따기가 생성됩니다.

1) : 모따기의 크기를 표시할 때 사용합니다.
2) : 모따기 값을 동일하게 적용 시 사용합니다.

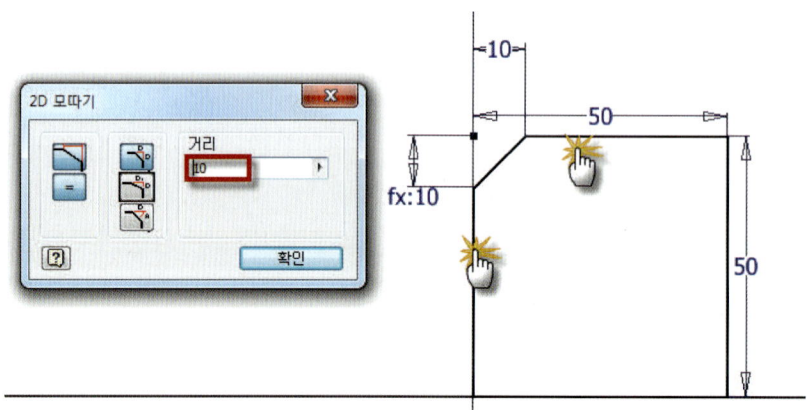

3) : 가로, 세로 같은 거리 값을 적용 시 사용합니다.

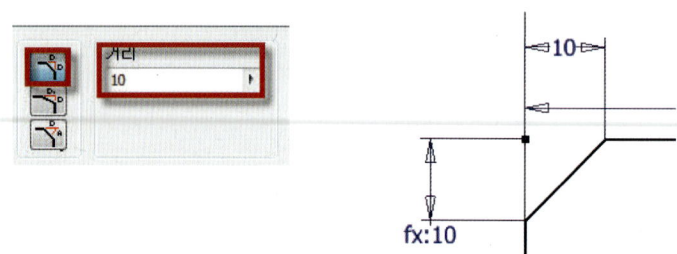

● 044

4) : 가로, 세로 각각 다른 거리 값을 적용 시 사용합니다.

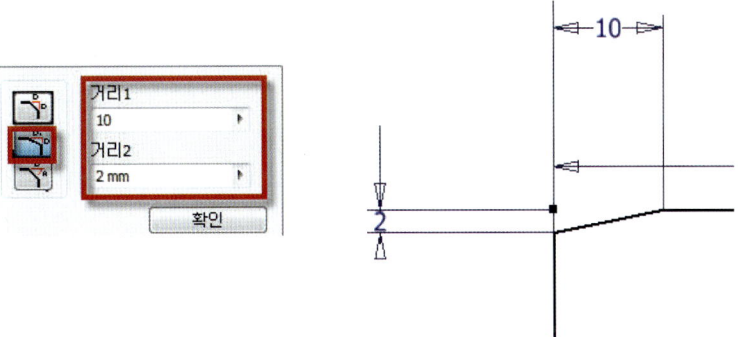

5) : 거리와 각도를 적용 시 사용합니다.

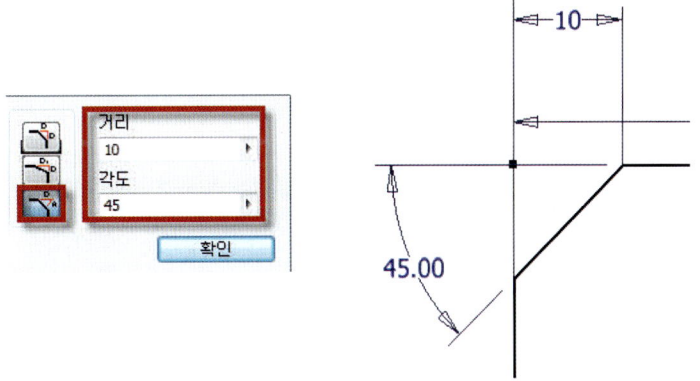

10 텍스트(A 텍스트)

글자를 입력하는 방법으로 텍스트 형식에 글꼴, 크기 등을 설정하여 작업하는 명령어입니다.

① 글자를 입력할 면을 클릭합니다. 텍스트 형식에서 아래 그림처럼 선택한 후 글자를 입력합니다.

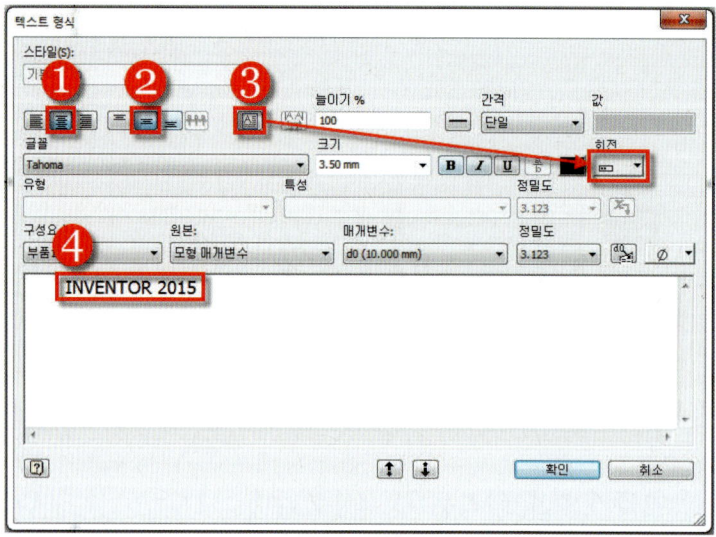

② 글자 중간에 점이 나타납니다. 점을 통해 치수를 입력해서 글자의 위치를 정할 수 있습니다.

11 형상 텍스트(A 형상 텍스트)

선이나 호를 미리 스케치한 후에 그린 스케치의 모양에 따라 글씨를 작성하는 명령어입니다.

형상텍스트 아이콘을 클릭한 다음 곡선을 클릭합니다. 그리고 다음 그림처럼 설정하고 글자를 입력합니다. 그러면 그림처럼 곡선 위에 글자가 입력이 됩니다.

CAPTER 2. 스케치 작업하기

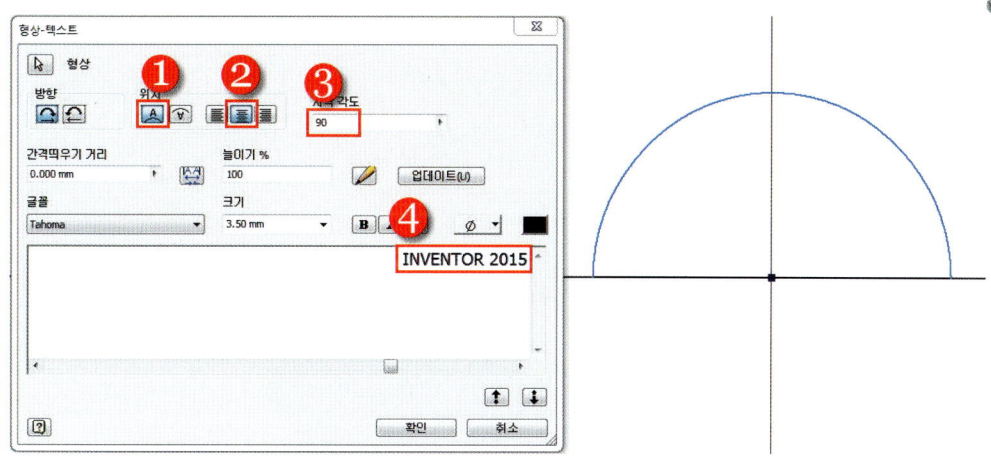

12 형상 투영( )

새로운 스케치 면에 기존의 솔리드 형상의 모서리나 루프 등을 투영하여 스케치처럼 사용할 수 있는 명령어입니다.

① 아래와 같은 면을 클릭한 다음 스케치 작성 아이콘을 클릭합니다.

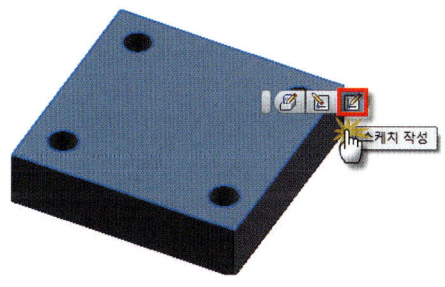

② 형상 투영 아이콘을 클릭하여 모서리를 선택하면 아래 그림과 같이 스케치 면에 기존 사각형상 모서리가 투영되는 것을 알 수 있습니다. 이때 색상은 노란색으로 표시됩니다.

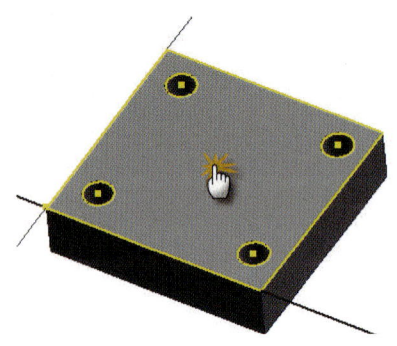

13 절단 모서리 투영( )

스케치 평면에 교차하는 면의 모서리를 자동 투영시키는 명령어입니다.

① 중간 평면인 XY 평면을 선택 후 스케치 작성을 클릭합니다.

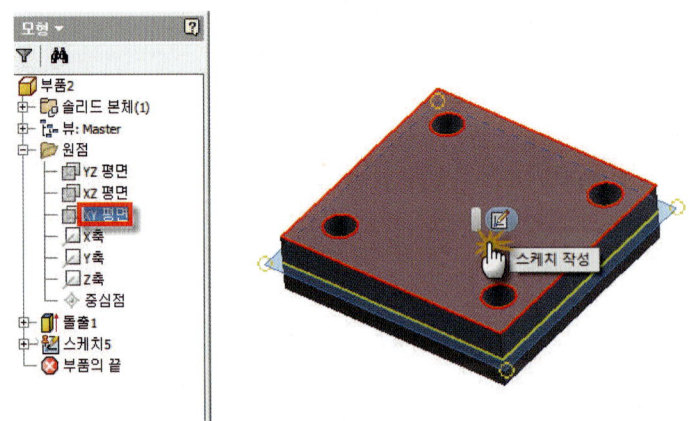

CAPTER 2. 스케치 작업하기

② 절단모서리 투영을 클릭하면 지정한 스케치 면에 기존 솔리드의 절단모서리가 투영이 됩니다.

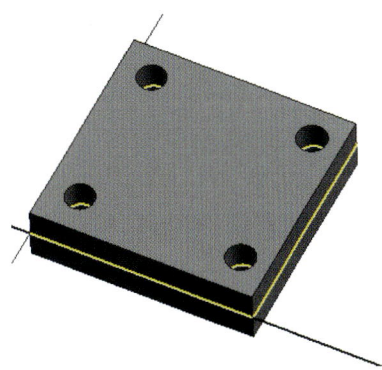

③ F7(그래픽 슬라이스)을 누르면 절단된 단면을 볼 수 있습니다.

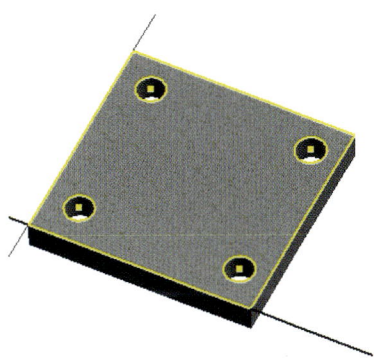

14 3D 스케치에 투영( )

2D 스케치를 원하는 면에 투영시켜 3D 스케치로 사용할 수 있도록 하는 명령어입니다.

PART 2   구속조건 패널

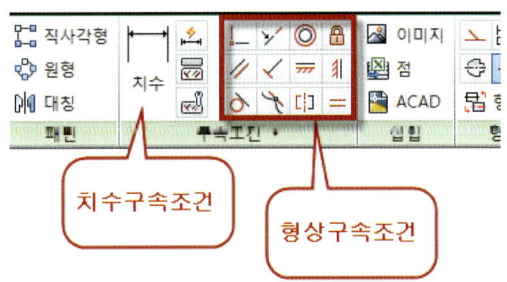

스케치 형상을 제어하기 위해서는 항상 스케치를 그린 후에 치수 구속조건과 형상(기하학적) 구속조건을 적용해야 합니다.

01 치수(┌┐)

스케치한 형상에 선형치수, 정렬치수, 각도, 지름, 반지름 등의 치수를 기입합니다.

1) 선형치수 기입방법

치수 명령어를 클릭한 다음 큰 원의 중심점과 작은 원의 중심점을 클릭합니다. 그리고 '치수 편집' 창에서 치수 값을 입력하고 확인 버튼을 클릭하면 됩니다.

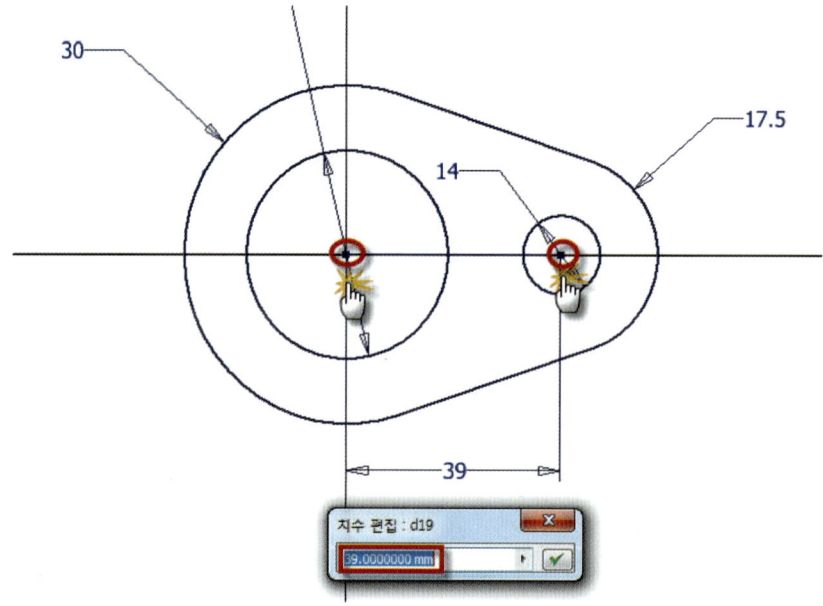

2) 각도치수 기입방법

치수 명령어를 클릭한 다음 수평선과 경사진 선을 클릭을 한 다음 드래그 합니다. '치수 편집' 창이 나타나면 원하는 각도 값을 입력하고 확인 버튼을 클릭하면 됩니다.

CAPTER 2. 스케치 작업하기

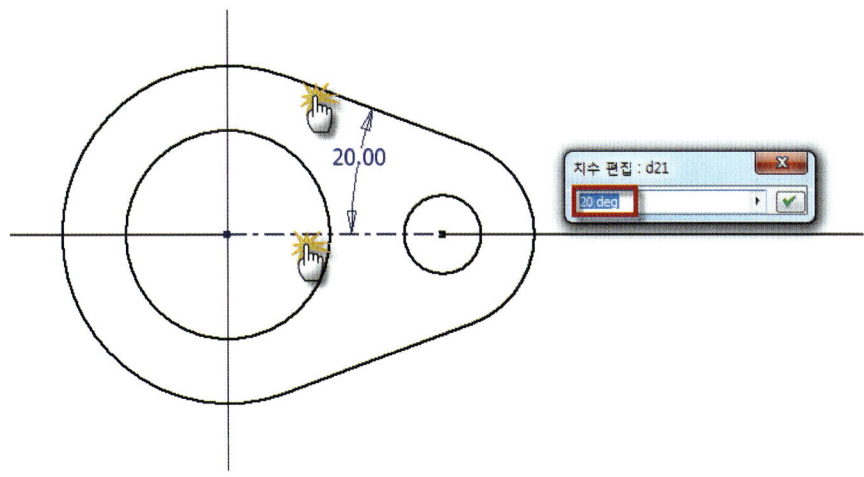

3) 정렬치수 기입방법

치수 아이콘을 클릭한 다음 경사진 선을 클릭하고 드래그하면서 마우스 오른쪽 버튼을 클릭하여 정렬(A)을 선택합니다. 원하는 치수 값을 입력하고 확인 버튼을 클릭하면 됩니다.

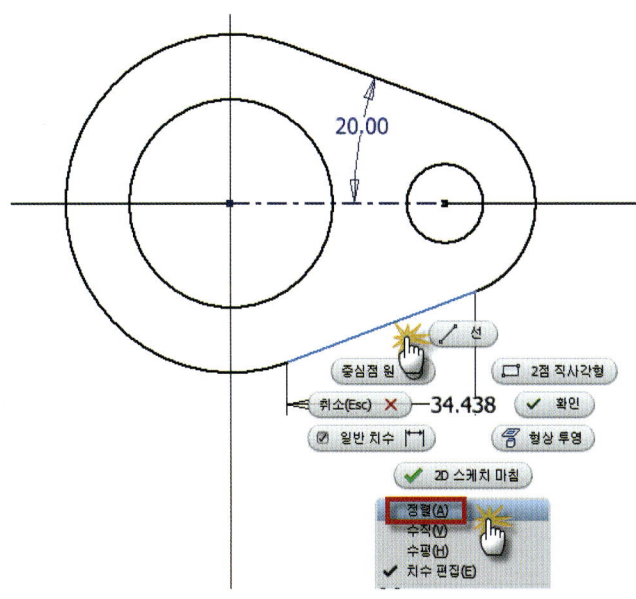

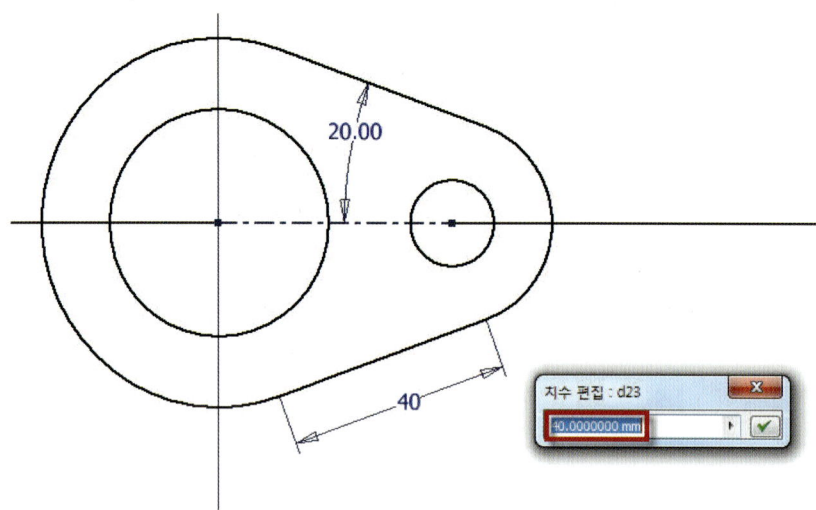

4) 지름치수 기입방법

치수 아이콘을 클릭한 다음 원의 둥근 모서리를 클릭하고, 마우스를 드래그 해서 원하는 지름 값을 입력한 후 확인 버튼을 클릭하면 됩니다.

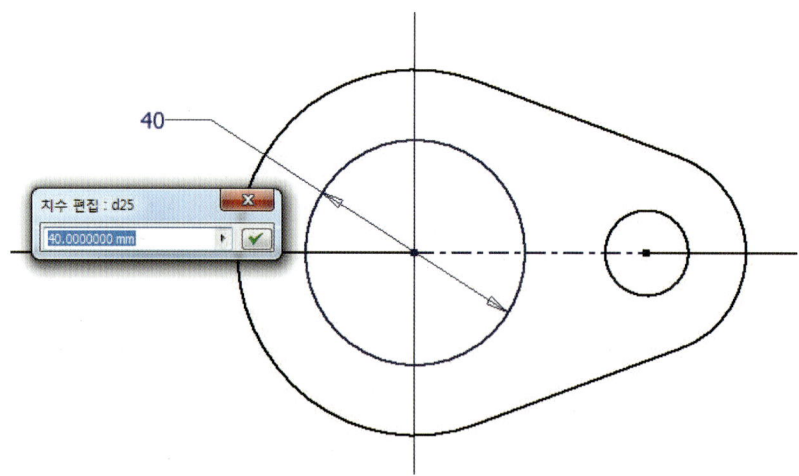

5) 반지름치수 기입방법

치수 아이콘을 클릭한 다음 원의 둥근 모서리를 클릭한 다음, 마우스를 드래 그 해서 마우스 오른쪽 버튼을 클릭하면 치수유형이 나타납니다. 여기서 반지름을 클릭하면 반지름 값이 입력이 됩니다.

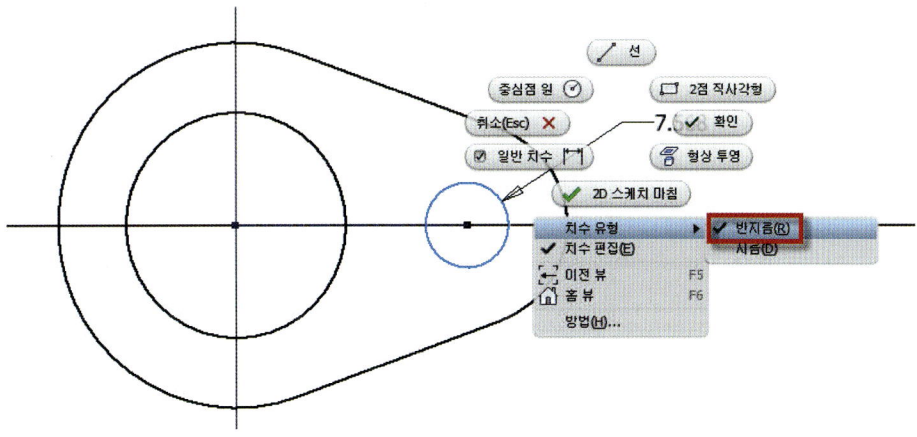

02 자동치수 및 구속조건( ) 기입방법

스케치에서 치수 및 구속조건이 적용이 안 된 부분을 자동으로 치수나 구속조건을 부여할 수 있는 기능입니다.

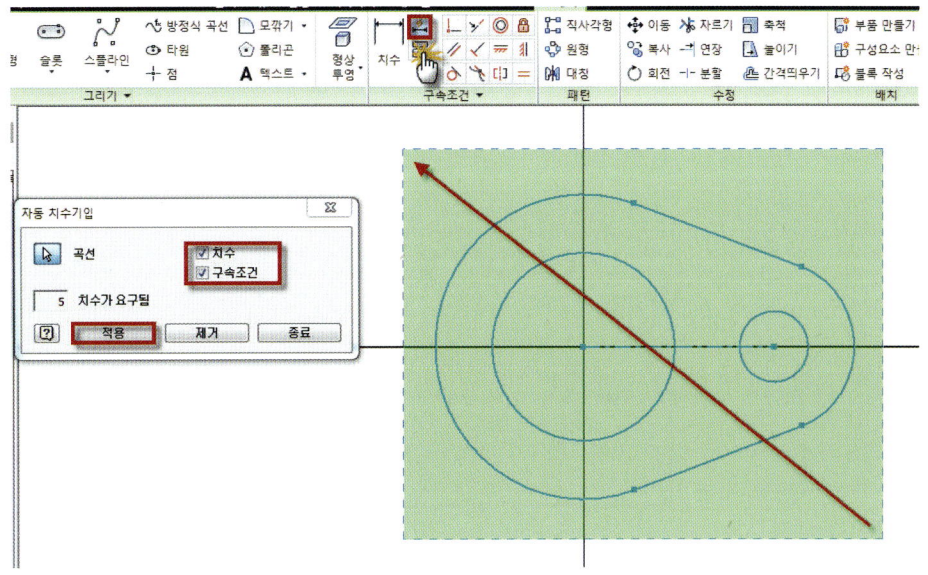

우선 자동치수 아이콘을 클릭합니다. 그리고 형상전체를 아래에서 위로 드래그합니다.

치수와 구속조건을 체크를 하고 적용 버튼을 클릭하고 종료하면 자동으로 치수가 나타납니다.

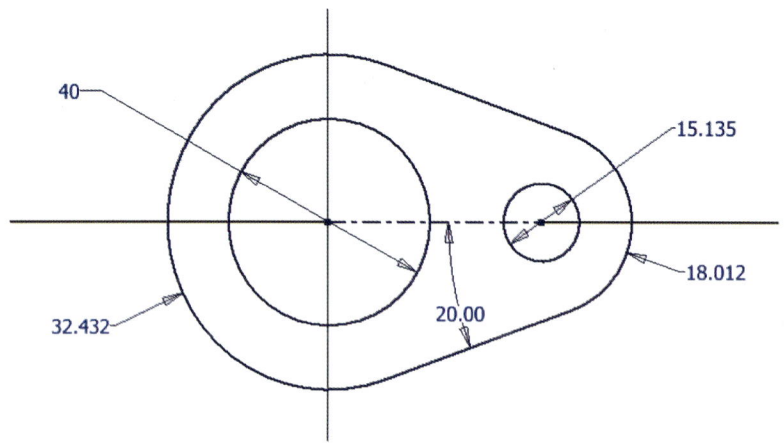

03 구속조건 표시(📛)

스케치 상에서 필요한 구속조건에 대한 표시를 나타나게 하는 기능입니다.

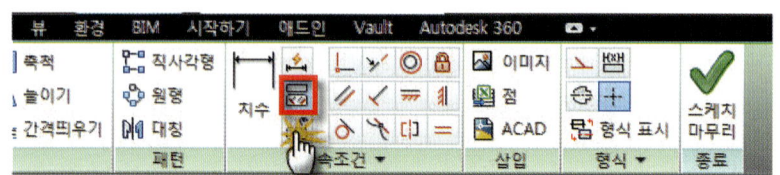

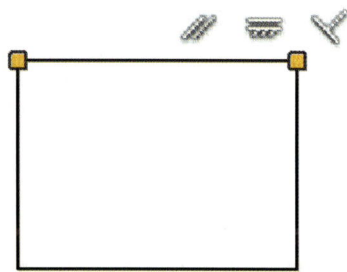

구속조건 표시 아이콘을 클릭한 다음 구속조건을 보고 싶은 선을 클릭하면 구속조건이 표시가 됩니다.

여기서 모든 구속조건 표시를 하고 싶으면 'F8'을 누르면 됩니다.

그리고 구속조건 숨기기는 'F9'를 누르면 됩니다.

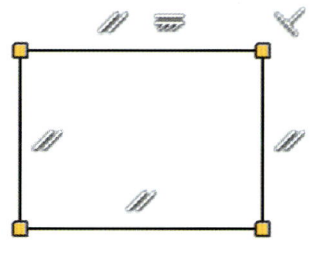

⬆ F8 구속조건 표시 상태

⬆ F9 구속조건 숨긴 상태

04 형상(기하학적) 구속조건

형상에 대한 구속조건으로 일치, 동일선상, 동심원, 고정, 평행, 직각, 수평, 수직, 접선, 부드럽게 대칭, 동등 등의 12개의 기능을 가지고 있습니다.

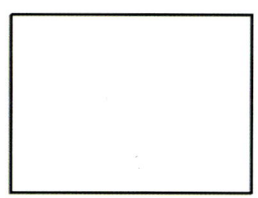

1) 일치(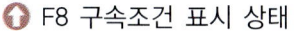)

스케치 형상의 선이나 점을 일치시켜주는 명령어입니다.
일치 아이콘을 클릭한 다음 사각형의 구석 점을 클릭한 후 원점의 점을 클릭하면 사각형의 형상이 원점으로 이동되면서 일치가 됩니다.

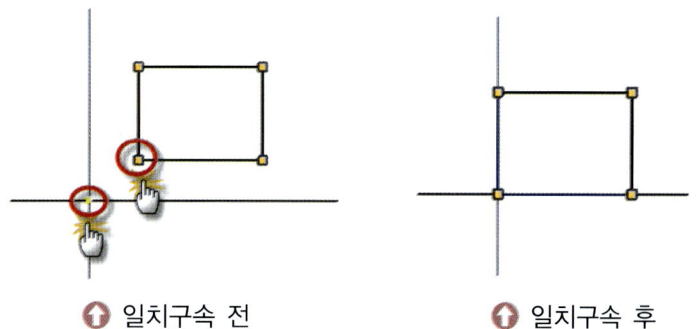

⬆ 일치구속 전

⬆ 일치구속 후

2) 동일선상( )

두 개선의 위치가 서로 다른 경우 동일한 선상에 오도록 하는 명령어입니다. 동일선상 아이콘을 클릭을 한 다음 ❶번을 클릭하고, ❷번을 클릭하면 동일선상으로 됩니다.

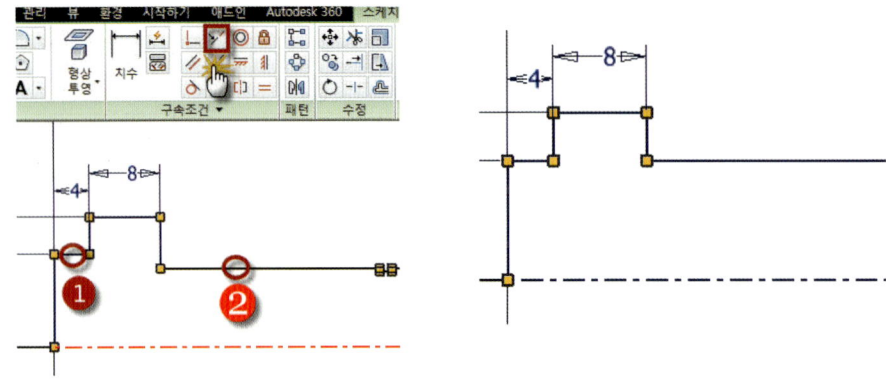

3) 동심원( )

동일 중심점에 원을 구속할 때 사용하는 명령어입니다. 호나 원 그리고 타원 모두 적용 가능합니다.

동심원 아이콘을 클릭을 한 다음 ❶번을 클릭하고, ❷번을 클릭하면 중심점이 일치가 됩니다.

이때 구속이 안 된 형상이 구속이 잡혀 있는 쪽으로 이동됩니다.

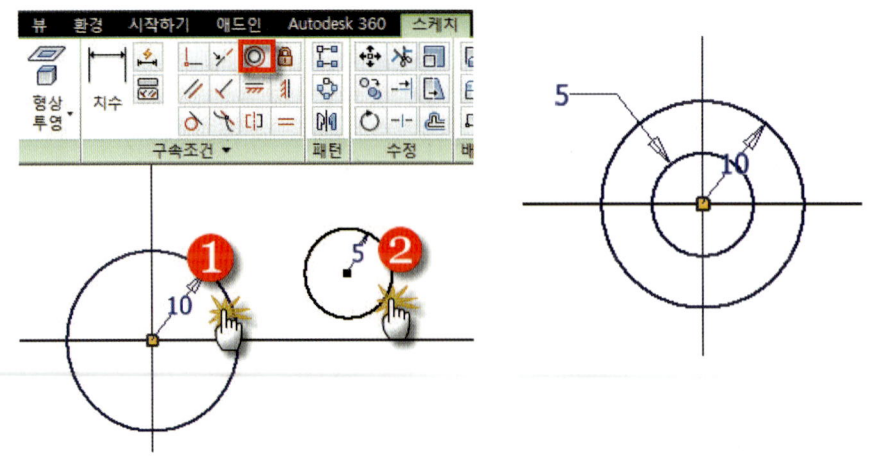

⬆ 원을 동심원 사용 예

CAPTER 2. 스케치 작업하기

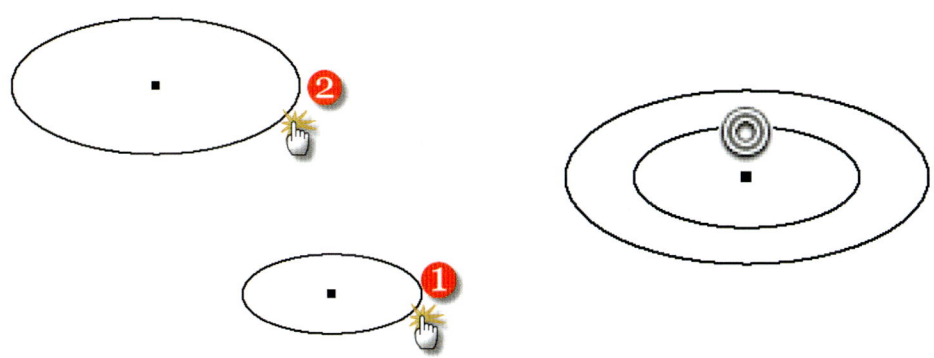

⬆ 타원을 동심원 사용 예

4) 고정(🔒)

고정명령어는 강제로 그 위치에 고정을 시키는 명령어입니다. 고정된 형상은 완전구속 색상(파란색)으로 변합니다.

고정 아이콘을 클릭한 다음 고정할 객체를 클릭하면 완전구속이 됩니다. 이때 색상도 완전구속 색상(파란색)으로 변합니다. 가급적이면 사용하지 않도록 합니다.

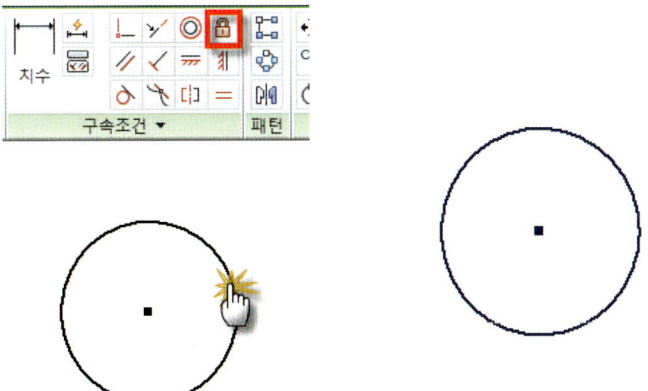

057

5) 평행(∥)

두 선이 서로 평행하게 되도록 하는 명령어입니다.
평행 아이콘을 클릭한 다음 ❶번을 클릭하고, ❷번을 클릭하면 서로 평행하게 됩니다.

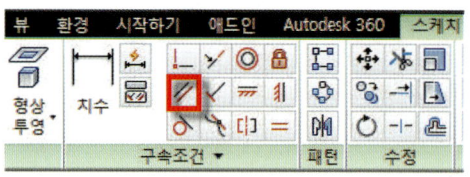

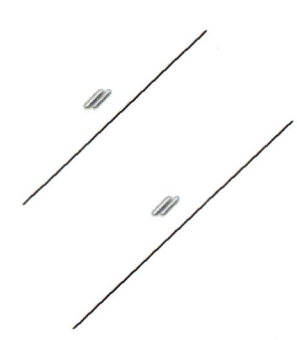

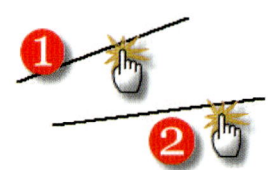

6) 직각(⊥)

두 선이 서로 90°(직각)가 되도록 하는 명령어입니다.
직각 아이콘을 클릭한 다음 ❶번을 클릭하고, ❷번을 클릭하면 서로 직각(90°)이 됩니다.

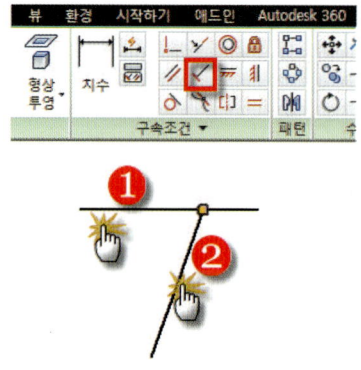

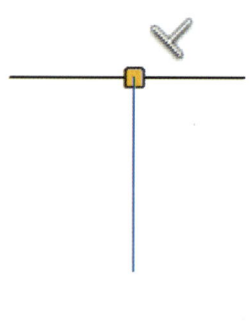

CAPTER 2. 스케치 작업하기

7) 수평()

경사진 선을 수평으로 구속시키는 명령어입니다.

수평 아이콘을 클릭한 다음, 경사진 선을 클릭하면 수평구속이 됩니다.

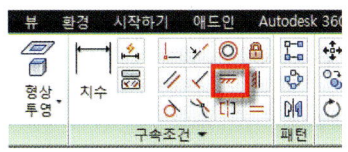

8) 수직( )

경사진 선을 수직으로 구속시키는 명령어입니다.

수직 아이콘을 클릭한 다음, 경사진 선을 클릭하면 수직구속이 됩니다.

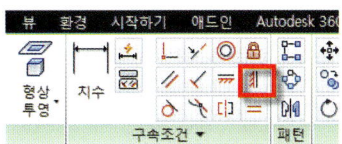

9) 접선( )

직선과 원형이 서로 접하게 구속 시키는 명령어입니다.

접선 아이콘을 클릭한 다음 ❶번을 클릭하고, ❷번을 클릭하면 선이 서로 접하게 됩니다.

그리고 ❸번과 ❹번을 클릭하면 선이 원과 서로 접하게 되어 구속이 됩니다.

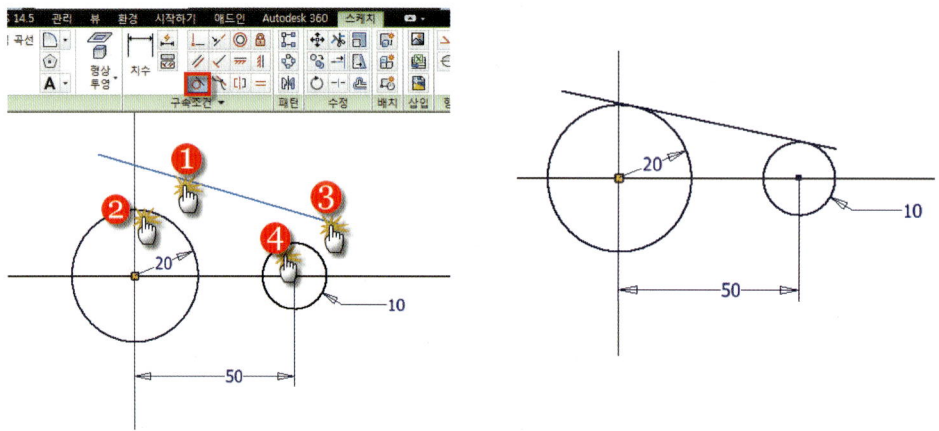

10) 부드럽게( )

스플라인으로 그린 선과 곡선으로 그린 선을 서로 부드럽게 연결시켜주는 명령어입니다.

부드럽게 아이콘을 클릭한 다음 ❶번을 클릭하고, ❷번을 클릭하면 선이 부드럽게 연결이 됩니다.

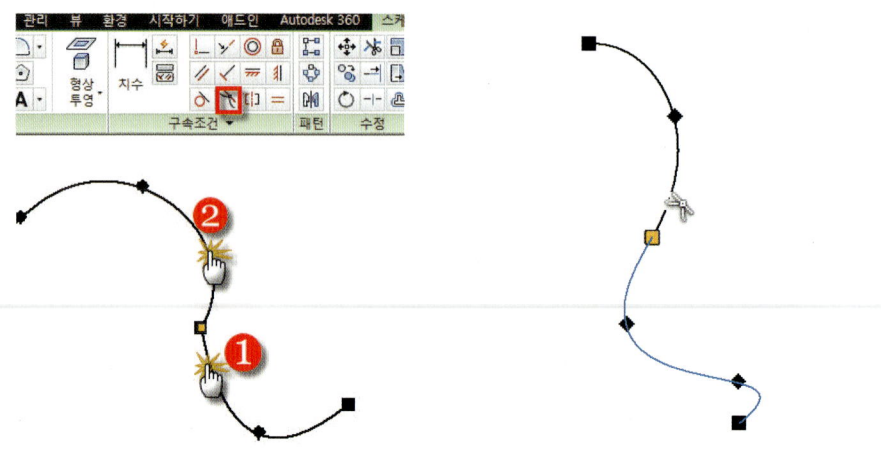

CAPTER 2. 스케치 작업하기

11) 대칭(대칭)

스케치된 객체를 대칭 중심선을 기준으로 서로 대칭시키는 명령어입니다. 대칭 아이콘을 클릭한 다음 ❶번을 클릭하고, ❷번을 클릭한 다음, ❸번 선을 클릭하면 대칭선을 기준으로 서로 형상이 대칭이 됩니다. 원의 크기도 같이 동일하게 변경이 됩니다.

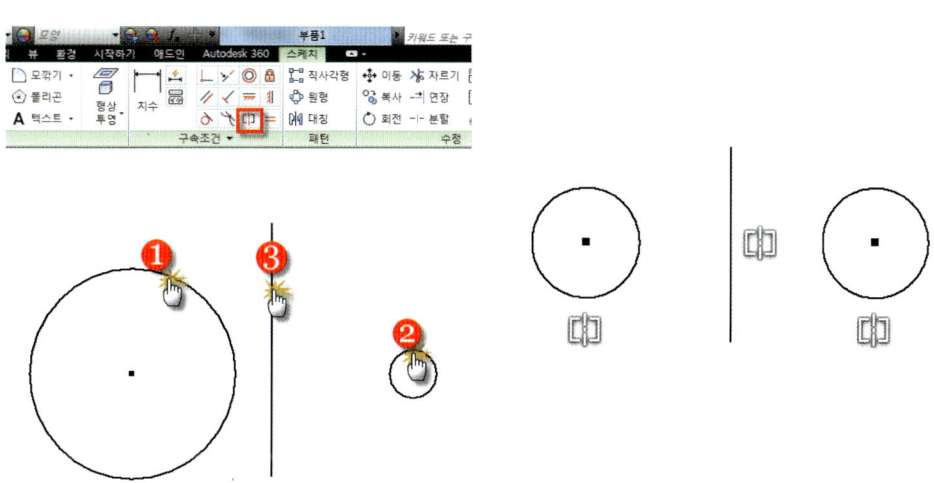

12) 동등(=)

원이나 선 등의 길이를 동일한 길이로 구속시켜 주는 명령어입니다.
동등 아이콘을 클릭한 다음 ❶번을 클릭하고, ❷번을 클릭하면 같은 크기로 구속시켜주는 명령어입니다. 이때 원의 크기 하나만 수정하면 다른 원 크기는 자동으로 동일한 크기로 변경됩니다.

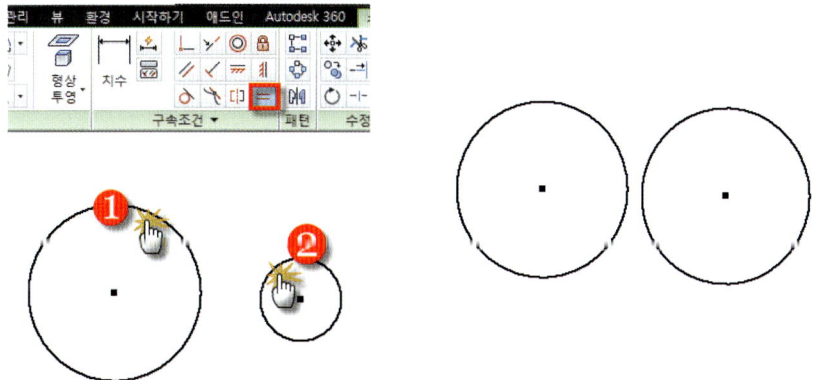

PART 3 패턴 패널

01 직사각형 패턴( )

패턴할 형상을 선택한 다음 방향, 사본 수, 거리 값을 지정하여 행과 열로 스케치한 형상을 복사하는 명령어입니다.

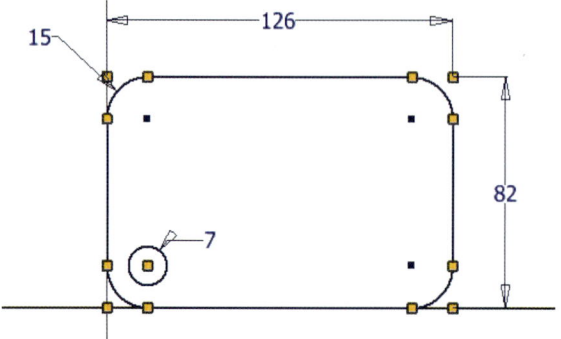

① 직사각형 패턴을 클릭하여 원형 형상(ø7)을 선택합니다.

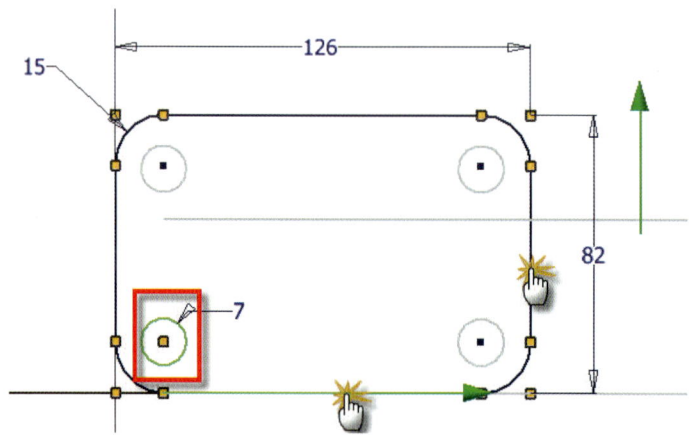

② 가로 방향의 선을 클릭하고 수량(2)과 거리 값(96)을 입력합니다. 그리고 세로 선을 클릭하고 수량(2)와 거리 값(51)을 입력하고 확인 버튼을 클릭합니다.

CAPTER 2. 스케치 작업하기

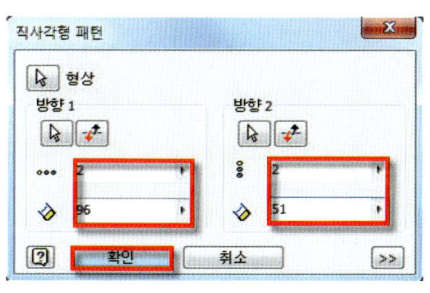 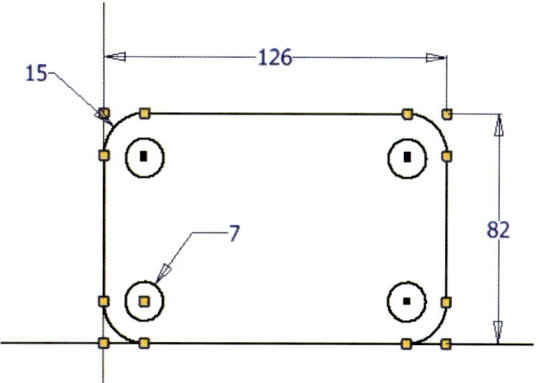

02 원형 패턴( )

패턴할 형상을 선택한 다음 회전중심축을 지정하여 수량을 입력하면 원형모양으로 패턴하는 명령어입니다.

원형 패턴을 클릭합니다.
원형 형상을 선택합니다. 그리고 회전 중심축을 지정합니다. 그리고 수량(6)을 입력하고 확인 버튼을 클릭합니다.

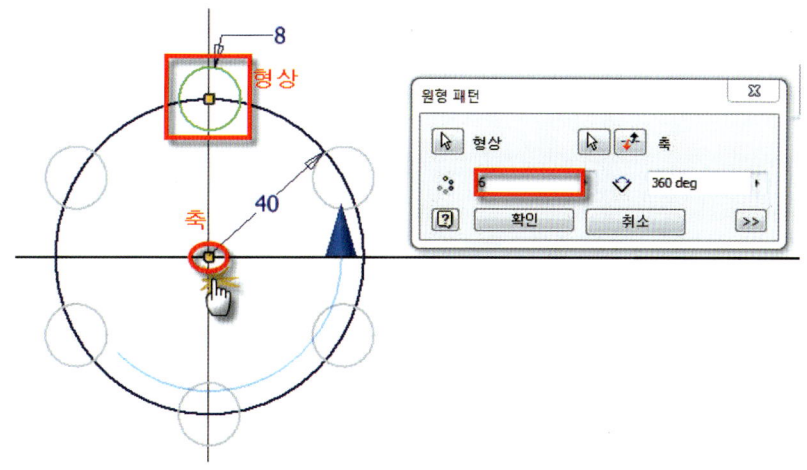

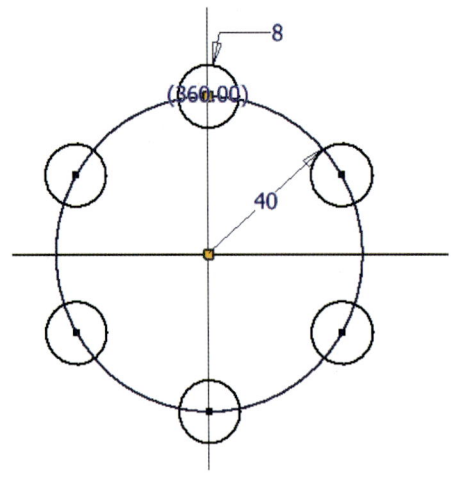

03 대칭(메)

대칭선을 기준으로 형상을 대칭시켜 주는 명령어입니다.

우선 대칭 아이콘을 클릭합니다. 그리고 대칭할 형상을 드래그해서 선택합니다. 대칭선(축)을 지정한 다음 적용 버튼을 클릭하면 좌우가 대칭이 된 형상이 만들어집니다.

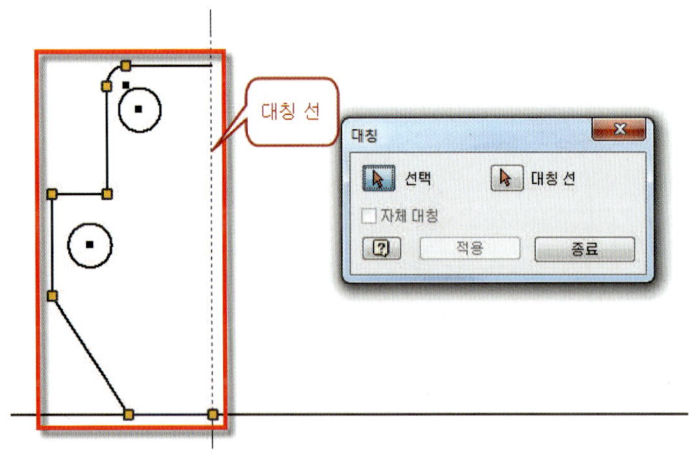

CAPTER 2. 스케치 작업하기

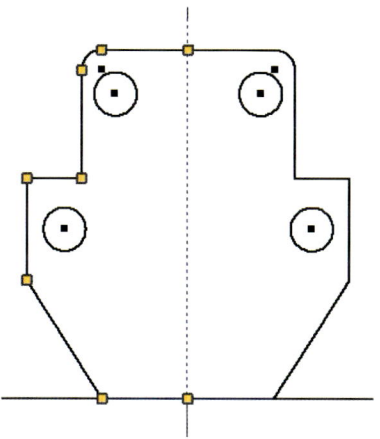

PART 4 　 수정 패널

스케치 작업을 한 다음 이동, 복사, 회전 등의 기능이 있는 수정 패널에 대해서 알아 봅니다.

01 이동

1　❶ 이동 아이콘을 클릭하여 이동하고 싶은 객체 ❷를 선택하고, ❸기준점을 지정한 후 이동하고 싶은 위치를 지정하면 이동이 됩니다.

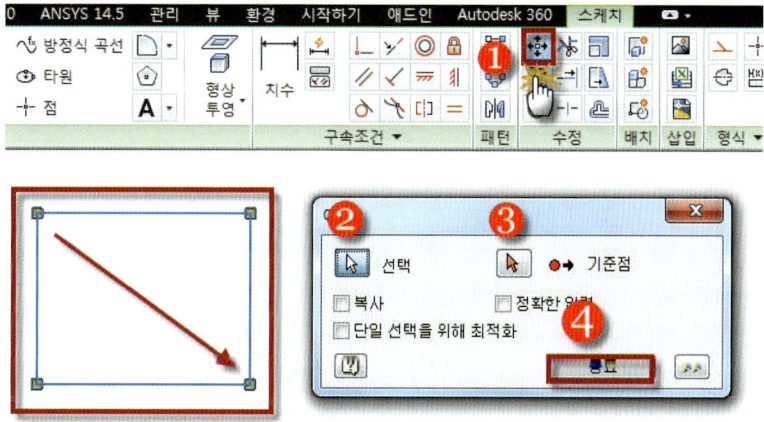

❷ 복사를 체크하면 객체를 사본 복사하고 이동합니다.

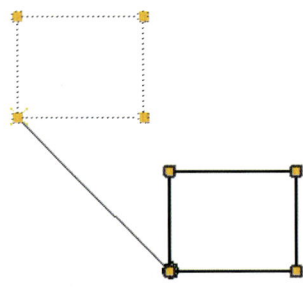

02 복사(🗐)

선택한 객체를 다른 위치로 연속 복사하는 기능입니다.

❶ 복사 아이콘을 클릭한 다음 복사할 ❷ 객체를 선택합니다. 그리고 ❸ 기준점을 지정하고 이동할 지점을 클릭하면 연속 복사를 할 수 있습니다.

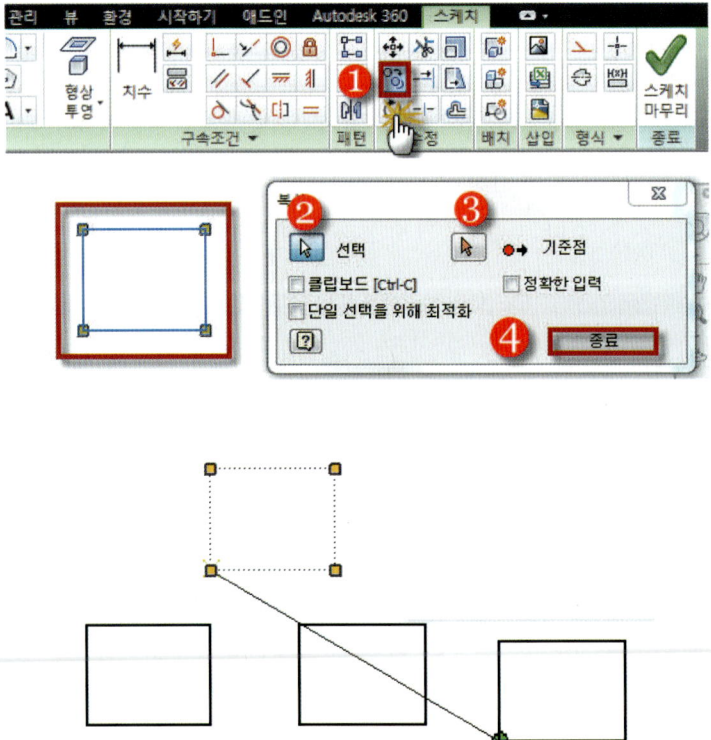

CAPTER 2. 스케치 작업하기

03 회전(⟳)

중심점을 기준으로 지정각도로 회전시켜주는 명령입니다.

우선 회전 아이콘을 클릭합니다. 그리고 회전하고자 하는 객체를 선택하고 중심점을 지정합니다. 그리고 각도를 입력한 후 적용 버튼을 클릭하면 됩니다.

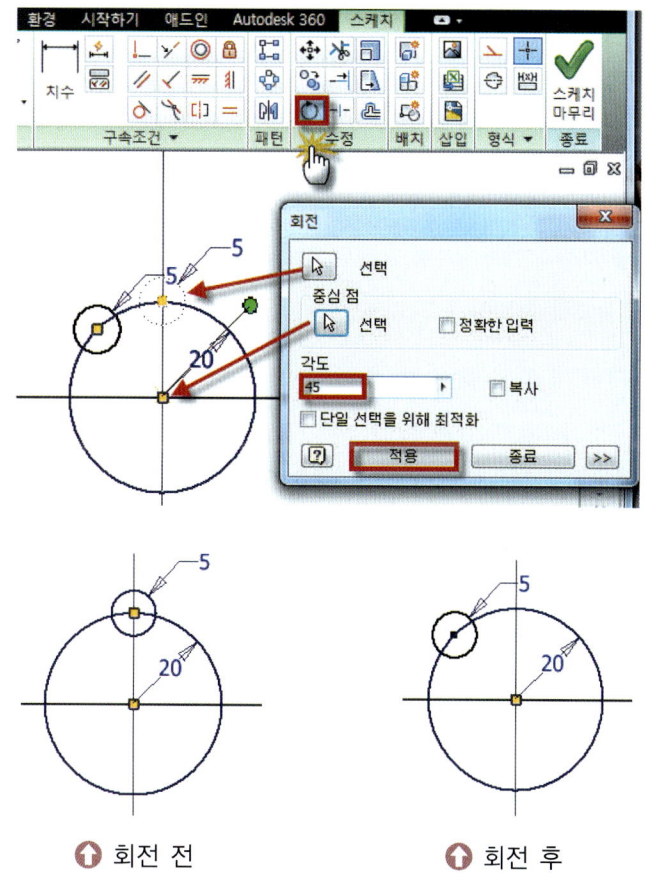

⬆ 회전 전   ⬆ 회전 후

04 자르기(✂)

자르고 싶은 선 위에 커서를 놓으면 자르기 미리 보기가 나타납니다. 클릭하면 자르기가 됩니다. 또는 자르고 싶은 선을 마우스의 왼쪽 버튼을 누르면서 드래그하면 지나가면서 자르기가 됩니다.

067

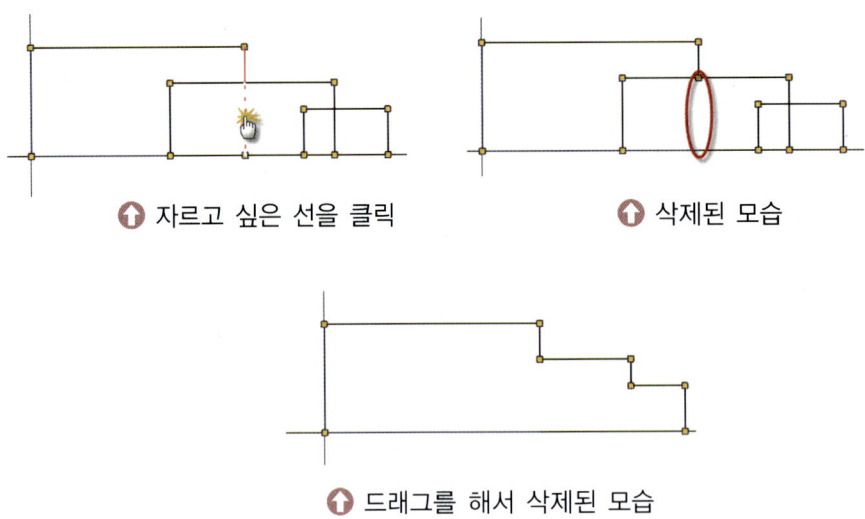

↑ 자르고 싶은 선을 클릭　　　↑ 삭제된 모습

↑ 드래그를 해서 삭제된 모습

05 연장(⇥)

스케치를 하다가 선이 짧은 경우 선을 연장하는 기능입니다.

연장 아이콘을 클릭한 후 연장하고 싶은 선을 클릭하면 선이 연장이 됩니다.

↑ 연장 전　　　↑ 연장 후

06 분할(-¦-)

두 개 이상의 선으로 분할하고 싶을 때 기준선을 기준으로 분할기능을 사용하는 명령어입니다.

분할 아이콘을 클릭하고 나서 분할하고 싶은 선을 클릭하면 선이 교차점까지 자동으로 분할이 됩니다.

CAPTER 2. 스케치 작업하기

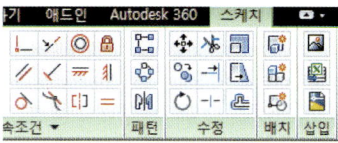

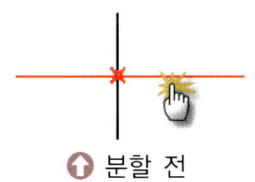
↑ 분할 전

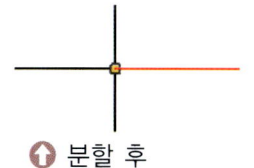
↑ 분할 후

07 축척

선택한 객체의 형상의 크기를 확대하거나 축소하는 명령어입니다.

축척 아이콘을 클릭한 후 축척하고 싶은 객체를 선택한 다음, 기준점을 지정하고 축척계수에 축척하고 싶은 숫자를 입력하면 됩니다.(예 : 2배 확대 시 2를 입력합니다.)

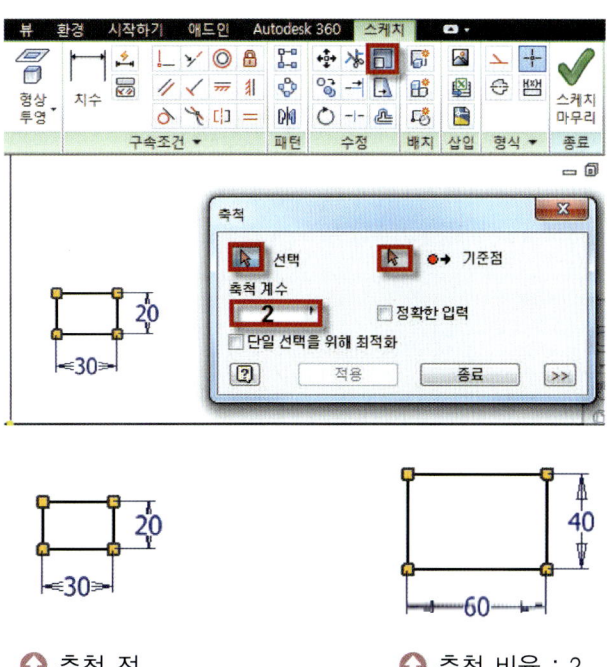

↑ 축척 전   ↑ 축척 비율 : 2

08 늘이기(🔲)

늘이고 싶은 선을 선택한 후 기준점을 지정하고, 원하는 위치로 늘이기 하면 됩니다.
구속조건이 유지되면서 늘릴 수 있는 장점이 있습니다.

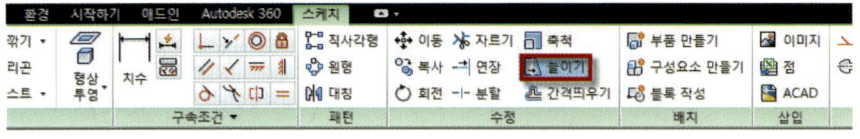

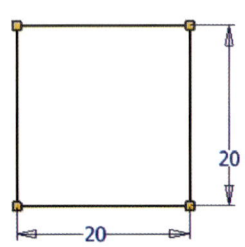

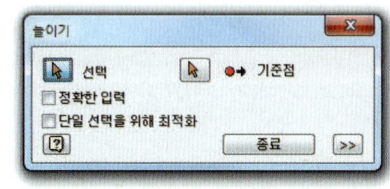

① 늘이기 아이콘을 클릭하고 나서 늘릴 형상을 선택합니다. 그리고 기준점을 클릭합니다.

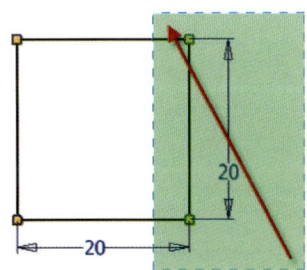

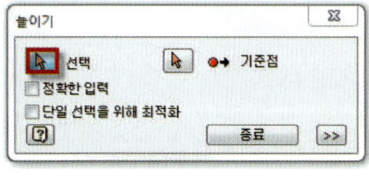

② 구속조건이 있는 경우에는 다음과 같은 메시지가 나타나면 '예'를 클릭합니다.

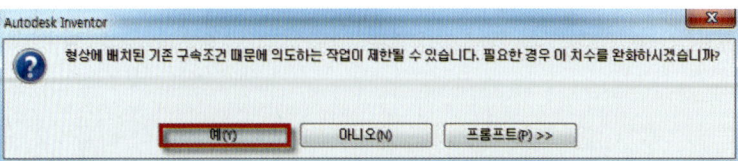

CAPTER 2. 스케치 작업하기

③ 원하는 위치(오른쪽으로 드래그)까지 간 다음 종료하면 됩니다.

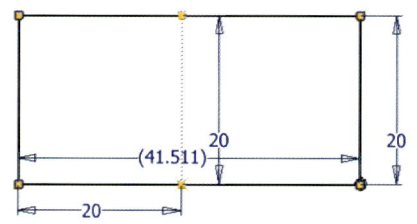 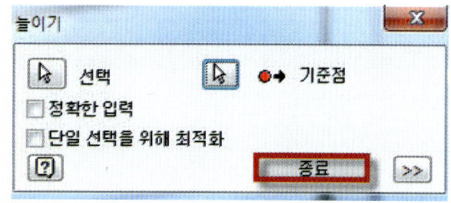

09 간격띄우기(♒)

스케치한 객체를 복사하면서 원본에서부터 간격띄우기 하는 명령어입니다.

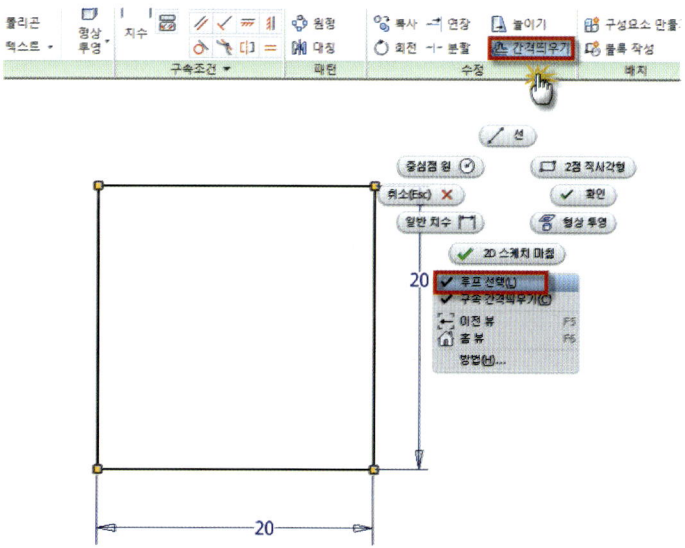

간격띄우기 아이콘을 클릭하고 나서 간격띄울 선을 클릭하면 됩니다. 이때 루프 선택이 설정되어 있으면 전체가 선택이 되어 간격띄우기 작업이 됩니다. 루프 선택을 해제하면 선 하나만 간격띄우기 작업이 됩니다.

071

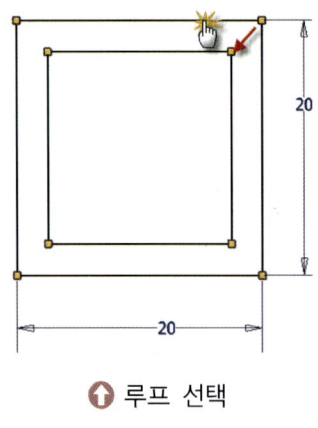
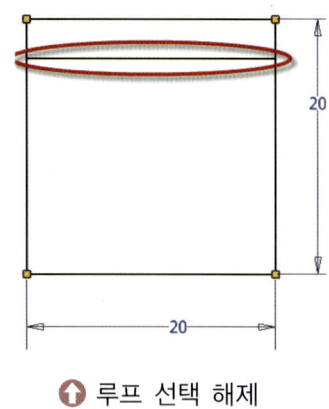

      ⬆ 루프 선택   ⬆ 루프 선택 해제

PART 5   배치 패널

01 부품 만들기(부품 만들기)

배치부품에서 선택한 객체를 새 부품 파일로 작성하는 기능입니다.

02 구성요소 만들기(구성요소 만들기)

스케치 블록이나 솔리드 본체에서 부품 및 조립품을 작성하는 기능입니다.

03 블록 작성(블록 작성)

선택한 2D 스케치 형상으로 스케치 블록을 작성하는 기능입니다.

PART 6   삽입 패널

01 이미지(이미지)

스케치에 이미지 파일을 삽입할 수 있는 기능입니다.
구석 점을 이용해서 이미지(JPG파일)의 크기를 조절하고 방향 또한 조절이 가능합니다.

CAPTER 2. 스케치 작업하기

02 점(점)

엑셀에서 지정한 X, Y, Z 위치에 점을 배치하는 기능입니다.
엑셀에서 가져온 점을 통해 선이나 스플라인을 작성할 수 있습니다.

03 ACAD(ACAD)

AUTOCAD 데이터를 가져 올수 있는 기능입니다.
AUTOCAD의 모형 공간 및 배치공간을 지정할 수 있으며 가져올 데이터의 도면 층을 선택할 수도 있습니다.

PART 7 형식 패널

01 구성(⊥)

구성 선은 스케치 작성 시 참고선 또는 보조선으로 변경시켜주는 명령어입니다.

수직선을 선택한 다음 구성 선(⊥)을 클릭하면 구성선(보조선)으로 변경된다.

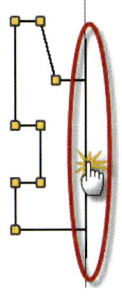 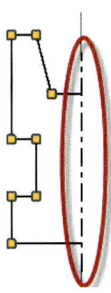

02 중심선( )

중심선은 일반 선을 회전 중심선으로 변경시켜주는 명령어입니다. 치수를 입력하면 지름 값(ø)이 자동으로 들어갑니다.

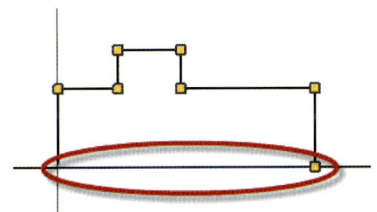 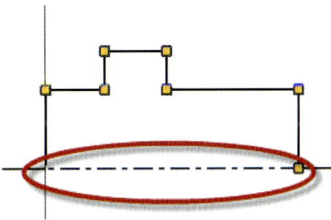

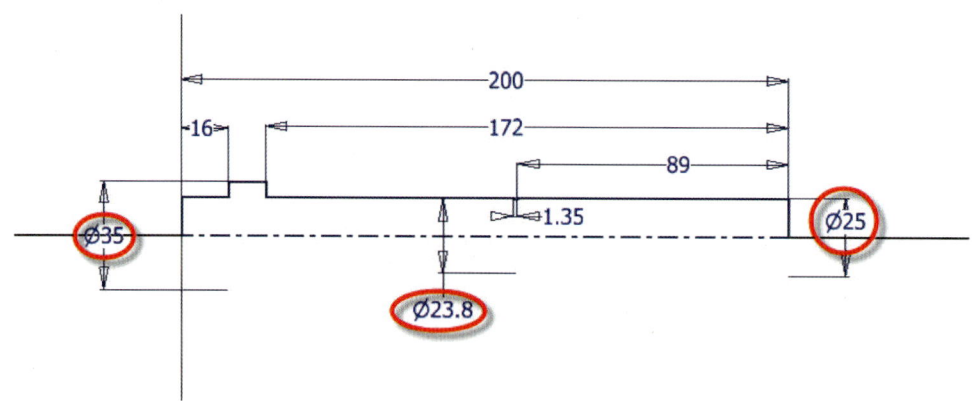

03 중심점(┼)

중심점은 일반점을 중심점으로 변경시켜주는 명령어입니다.

↑ 일반점   ↑ 중심점

04 연계치수(⌸)

연계치수는 치수를 참고치수로 변경시켜 주는 명령어입니다.

연계치수를 할 치수를 선택하고 연계치수 아이콘을 클릭하면 됩니다.
치수는 (⌸)모양으로 나타납니다.

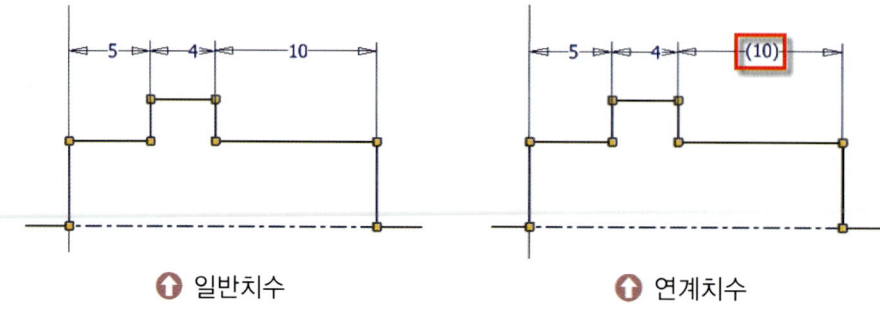

↑ 일반치수   ↑ 연계치수

CAPTER 2. 스케치 작업하기

05 연계치수를 활용한 가변스프링 따라 하기

① 새로 만들기를 클릭한 다음 Metric에서 Standard(mm).ipt를 더블 클릭합니다.

② 사각형 기능을 이용해서 원점을 기준으로 해서 사각형을 스케치합니다.

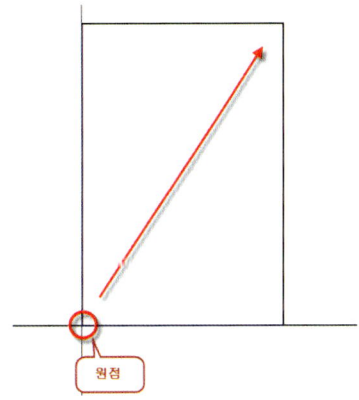

075

③ 아래와 같이 원점과 수직인 선은 중심선으로 변경시키고 나머지는 보조선으로 형상을 변경시킵니다. 보조선 꼭지점에 직경 4인 원을 하나 그립니다. 아래와 같이 치수를 기입합니다.
연계치수 아이콘을 클릭한 다음 세로치수인 53.5를 클릭하면 치수가 연계치수로 변경이 됩니다.

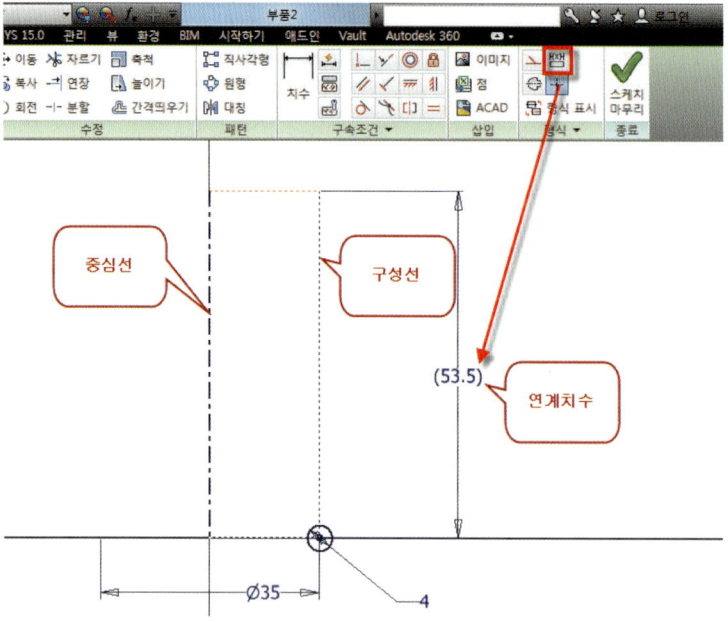

그리고 검색기 창의 스케치에서 마우스 오른쪽 버튼을 클릭한 후 가변(A)을 클릭합니다.

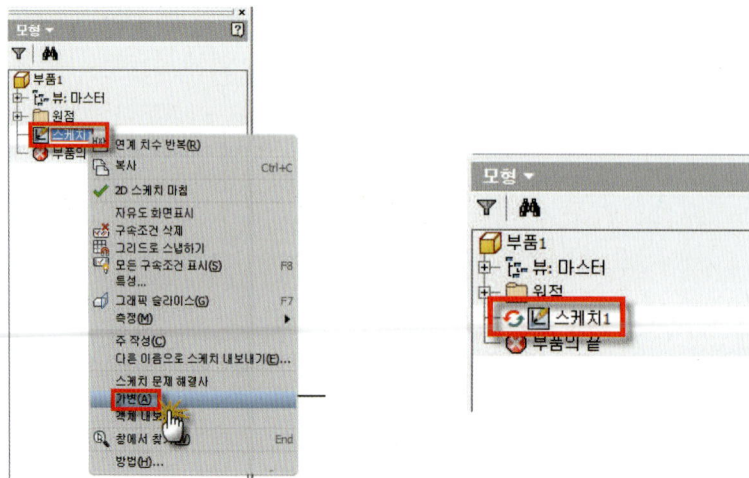

CAPTER 2. 스케치 작업하기

④ 스케치 마무리 아이콘을 클릭하여 스케치 환경에서 나옵니다.

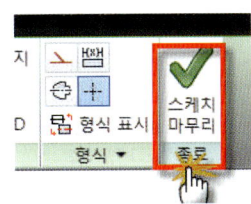

⑤ 작성 패널에 스윕 밑에 역삼각형을 누르고 코일 아이콘을 클릭합니다.

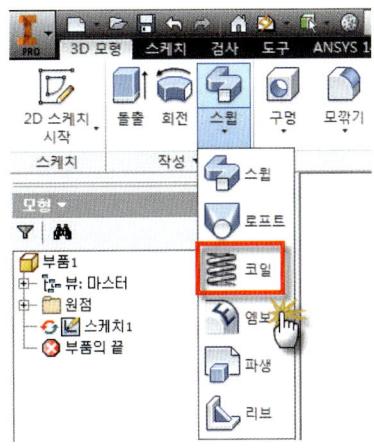

⑥ 코일 창의 코일 쉐이프 탭에서 중심축을 지정하고 방향을 반대 방향으로 바 꿉니다.

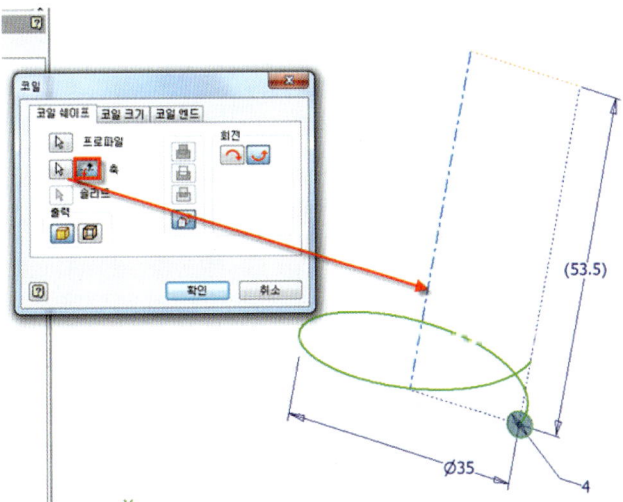

077

7 코일크기 탭에서 유형에서는 회전 및 높이로 지정하고 회전 7.5를 입력합니다. 높이 값은 스케치한 연계치수를 클릭하면 d2라고 표시가 됩니다. 그리고 확인 버튼을 클릭하면 됩니다.

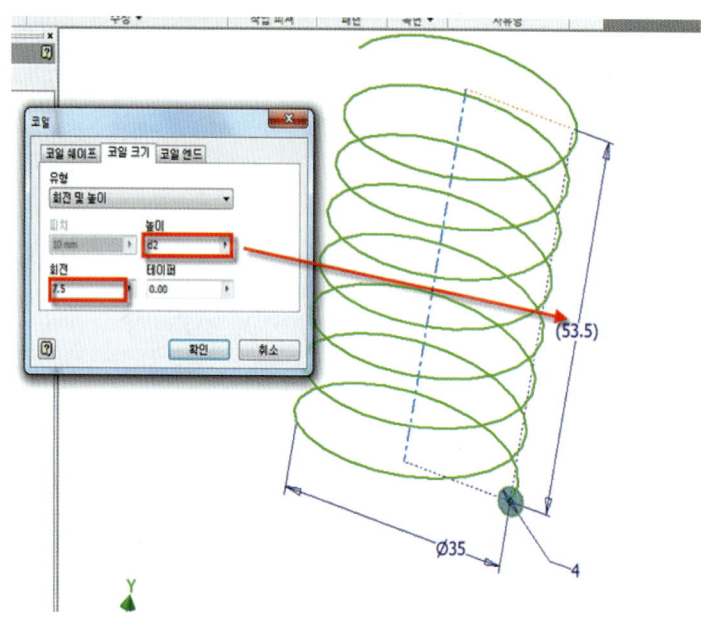

8 스프링 모델링이 완성되었습니다.

06 스케치 실습 과제

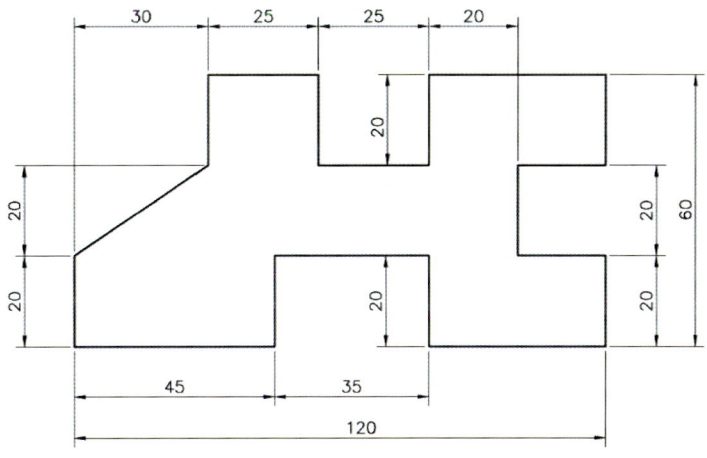

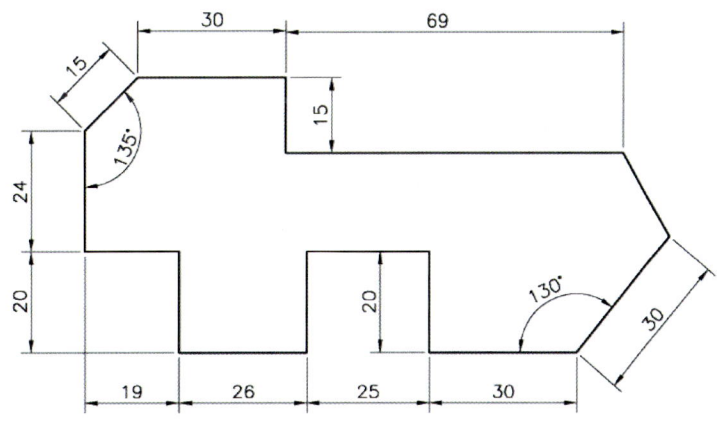

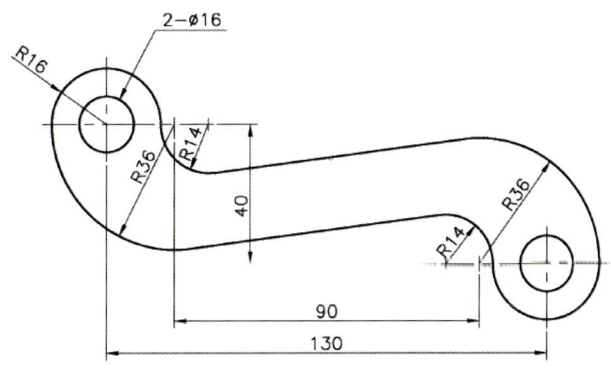

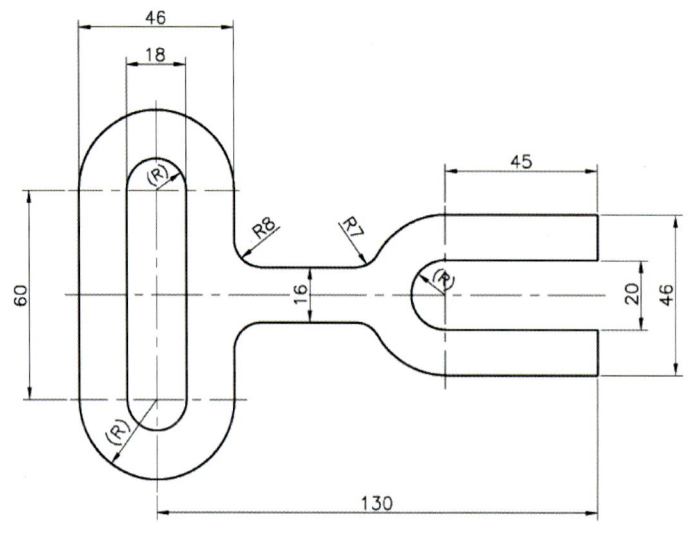
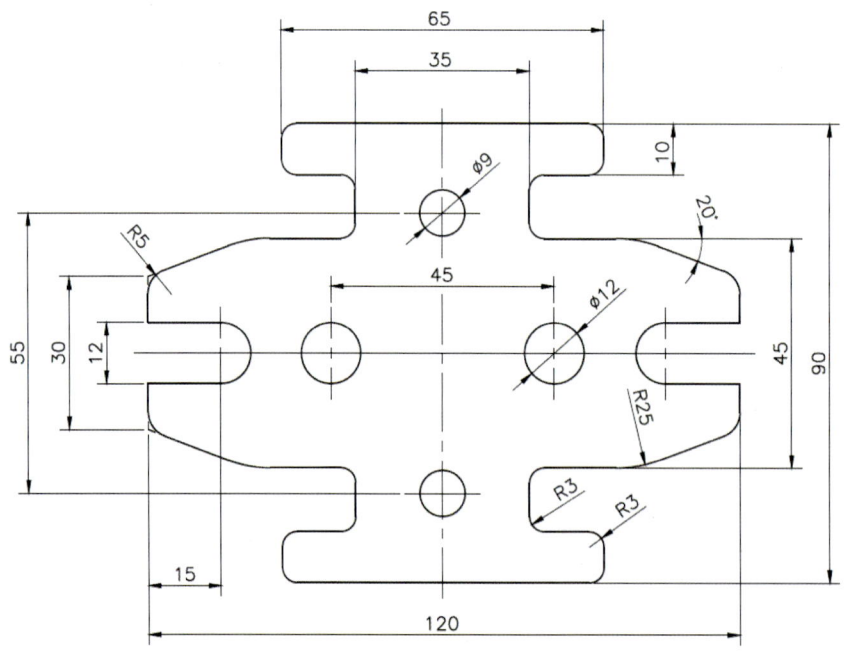

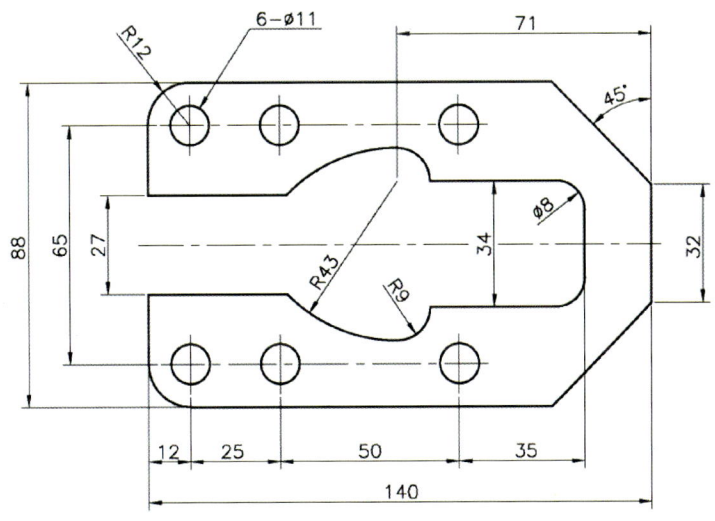

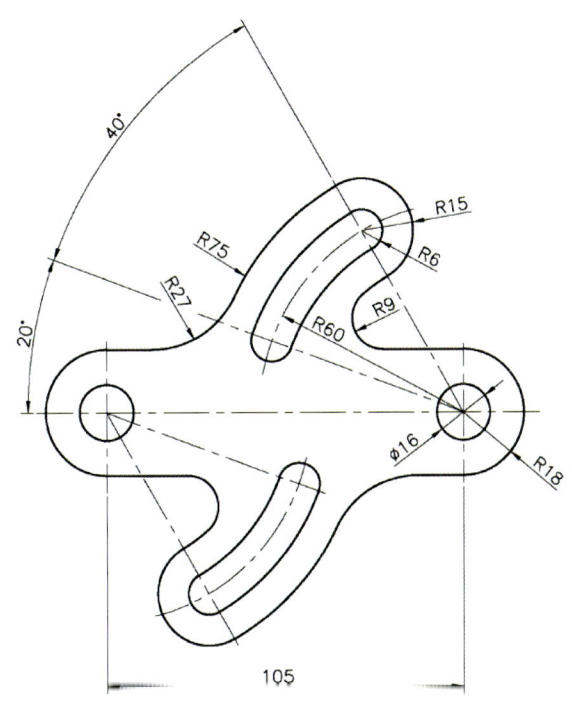

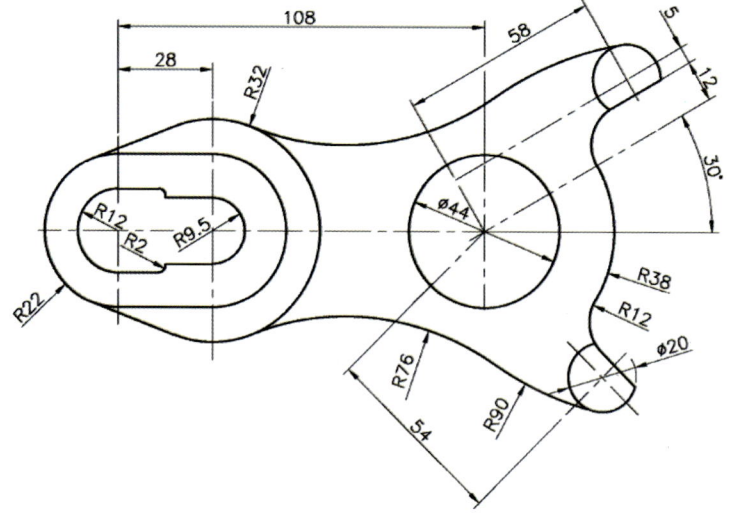

CHAPTER 03

부품 작성하기

Autodesk Inventor 2015

CHAPTER 03 부품 작성하기

AUTODESK INVENTOR 2015

PART 1 작성 패널

01 돌출(📘↑)

3차원 명령어 중에서 가장 많이 사용하는 명령어입니다. 이 명령어는 스케치한 형상에서 두께를 주어 솔리드 모델을 만드는 기능입니다.

1) 쉐이프

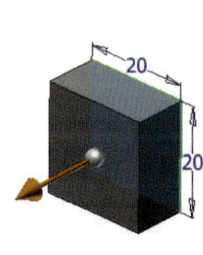

① 프로파일( ) : 돌출시킬 스케치 형상을 선택합니다.
  여기서 스케치는 닫힌 스케치가 되어야 됩니다.
② 솔리드( ) : 다중 본체 부품에 포함되는 본체를 선택하면 됩니다.
③ 합집합( ) : 돌출된 솔리드에 본체를 추가하는 기능입니다.
④ 차집합( ) : 돌출된 솔리드에 본체를 제거하는 기능입니다.
⑤ 교집합( ) : 기존 부품에 새로운 부품과의 교차되는 부분은 남기고 나머지는 제거하는 기능입니다.
⑥ 새 솔리드( ) : 새 솔리드 본체를 작성하는 기능입니다. 기존 본체에 새 본체를

CAPTER 3. 부품 작성하기

추가할 경우에 사용합니다. 본체는 다른 본체와 개별적인 독립 객체가 됩니다.
⑦ 출력
  ⓐ 솔리드(▣) : 두께를 가지는 솔리드 형상을 만드는 기능입니다.
  ⓑ 곡면(▣) : 두께가 없는 곡면을 생성하는 기능입니다. 스케치가 열려있으면 자동으로 곡면작업이 됩니다.
⑧ 범위 : 거리, 다음 면까지, 지정 면까지, 사이, 전체 등의 옵션이 들어있습니다.
  ⓐ 거리 : 지정한 값만큼 돌출되는 기능입니다.

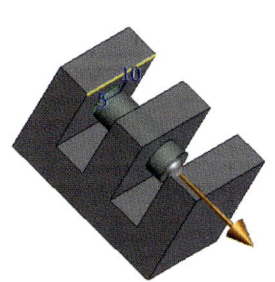 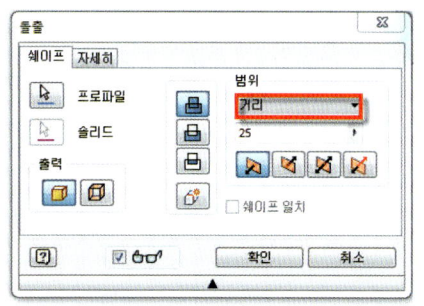

  ⓑ 다음 면 : 다음 면까지 자동으로 돌출되는 기능입니다.

  ⓒ 지정 면까지 : 사용자가 선택한 지정 면까지 돌출되는 기능입니다.

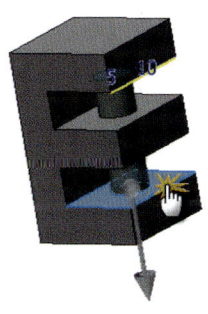 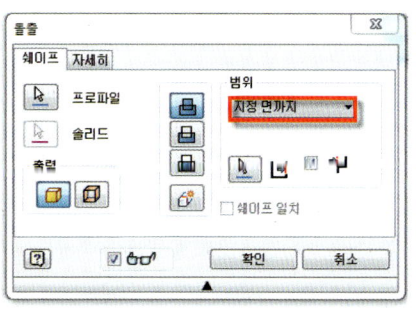

ⓓ 사이 : 사용자가 선택한 시작 면과 끝 면을 지정하면 두 면 사이에 돌출되는 기능입니다.

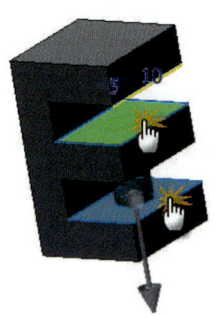 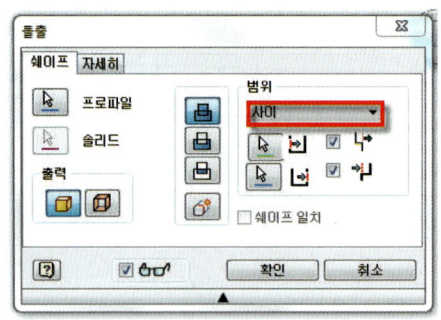

ⓔ 전체 : 스케치한 프로파일에서부터 형상의 끝 부분까지 돌출되는 기능입니다.

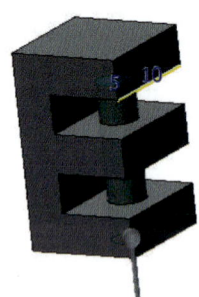 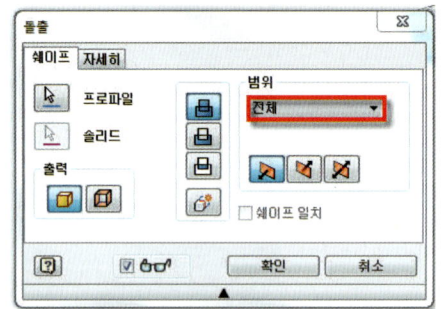

ⓕ

- 방향 1 : 한쪽 방향으로 돌출하는 기능
- 방향 2 : 반대 방향으로 돌출하는 기능
- 대칭 : 스케치한 프로파일로부터 대칭으로 균등하게 돌출하는 기능
- 비대칭 : 비대칭으로 각각 다른 두께를 줄 수 있는 기능

2) 자세히

① 테이퍼 : 돌출을 할 때 구배(테이퍼)를 줄 수 있는 기능입니다(자세히 탭을 누르면 나타납니다.).
경사(구배)줄 각도를 입력하면 됩니다. 반대로 줄 경우는 (-)값을 입력하면 됩니다.

CAPTER 3. 부품 작성하기

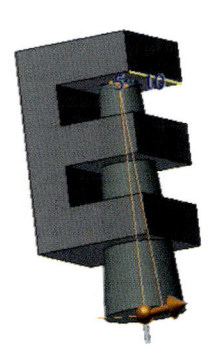
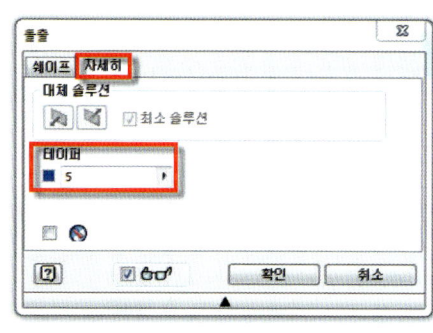

02 회전

스케치한 프로파일을 회전 중심축을 중심으로 형상을 회전시키는 기능입니다.
프로파일은 반드시 닫혀있어야 되고 기준이 되는 축이 있어야 작업이 됩니다.

1. 아래와 같이 스케치를 하고 중심선( ) 아이콘을 이용해서 회전 중심축으로 변경시킵니다.
   스케치 마무리( ) 아이콘을 클릭한 다음 회전( ) 아이콘을 클릭합니다.

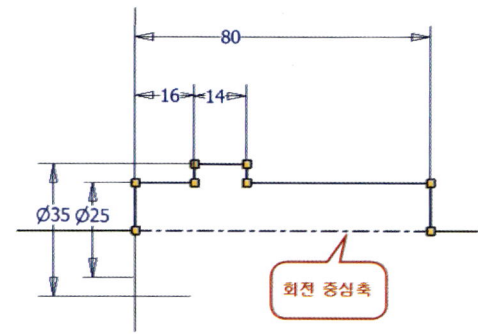

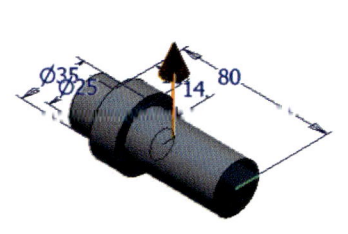
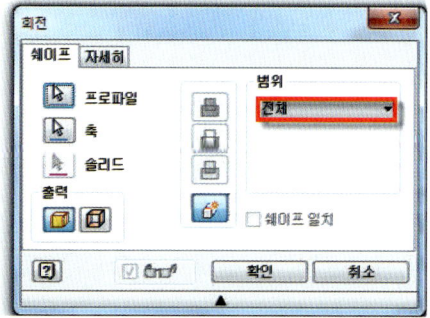

② 회전체 형상으로 작업이 됩니다. 확인버튼을 클릭하면 완성이 됩니다.

03 로프트(로프트)

두 개 이상의 닫힌 스케치를 연결해서 3D 형상을 작성하는 명령어입니다.

① 아래와 같이 '스케치1'에서는 사각형을 스케치합니다. 그리고 평면 간격띄우기를 사용해서 작업 평면을 1개 만듭니다. '스케치2'에서는 육각형을 1개 스케치합니다.

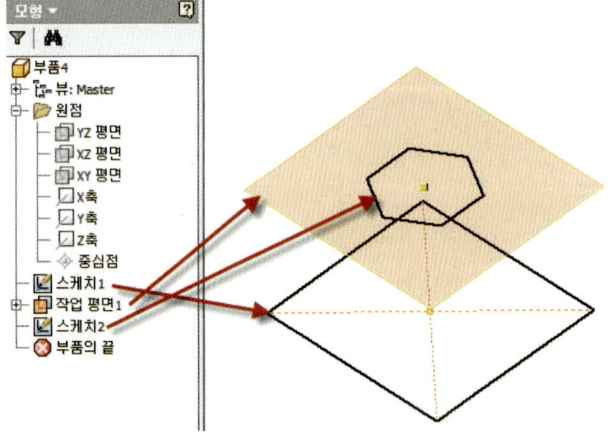

② 로프트(로프트) 아이콘을 클릭합니다.

③ 사각형 ❶과 육각형 ❷를 차례대로 선택하면 로프트 작업이 완성됩니다.

- 레일( ) : 각각 다른 평면에서 작업한 프로파일의 모서리를 연결하는 기능
- 중심선( ) : 중심선을 지정 후 연결하는 기능
- 면적로프트( ) : 중심선을 따라 지정한 점에서 횡단면 영역을 제어하는 기능

CAPTER 3. 부품 작성하기

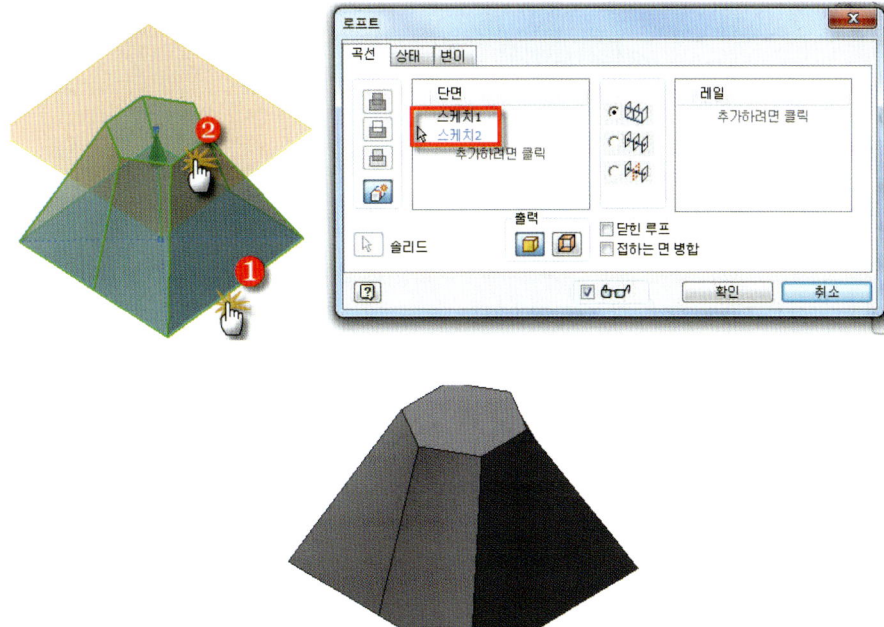

04 스윕(스윕)

지정한 경로를 따라 하나 이상의 스케치를 스윕(경로를 따라하는)하게 형상을 만드는 기능입니다.

스윕(스윕) 아이콘을 클릭한 다음 프로파일(스케치한 원)을 지정하고 경로를 지정하면 됩니다.

089

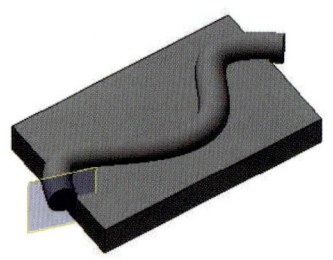 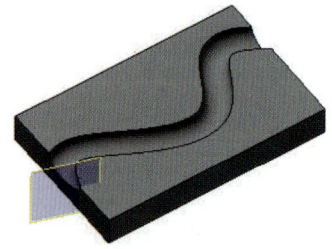

↑ 합집합을 지정한 경우   ↑ 차집합을 지정한 경우

1) 스윕 따라 하기

① 우선 XY 평면에 아래와 같이 스케치를 하고 치수기입을 합니다. 스케치 마무리 아이콘을 클릭합니다.

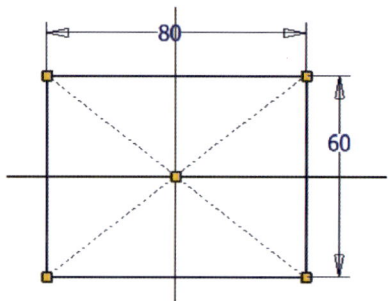

② 돌출을 이용해서 거리 10을 입력합니다.

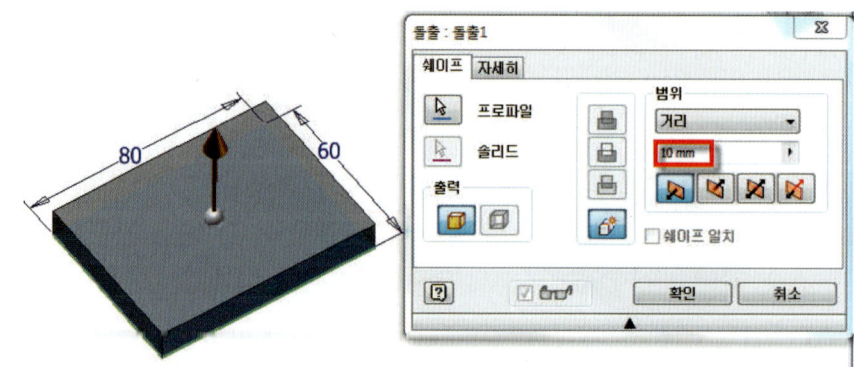

CAPTER 3. 부품 작성하기

3️⃣ 사각형 윗면을 클릭해서 스케치 작성 아이콘을 클릭합니다. 스플라인 기능을 이용해서 아래와 같이 형상을 스케치합니다. 스케치 마무리 아이콘을 클릭합니다.

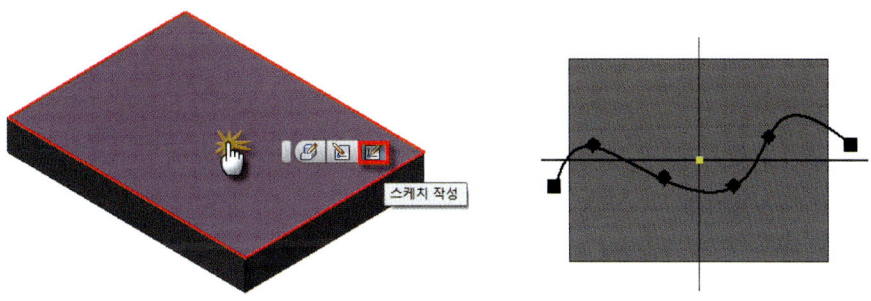

4️⃣ 평면(🔲)에 역삼각형 아이콘을 클릭해서 점에서 곡선에 수직(🔍 점에서 곡선에 수직)을 클릭합니다. 곡면 ❶을 선택하고 꼭지점 ❷를 클릭하면 작업 평면이 생성됩니다. 평면을 클릭해서 스케치 작성 아이콘을 클릭합니다.

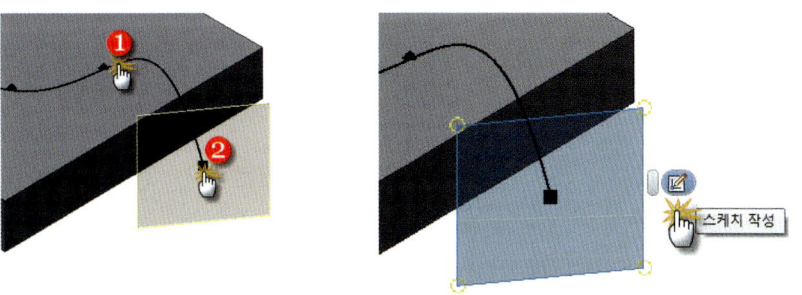

5️⃣ 원(⊙ 원) 아이콘을 클릭해서 반지름이 5인 원을 스케치합니다. 그리고 스케치 마무리 아이콘을 클릭합니다.

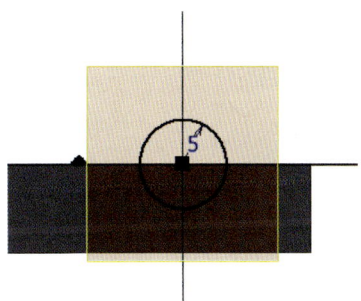

⑥ 스윕 아이콘을 클릭한 다음 프로파일과 경로를 지정하고 확인 버튼을 클릭하면 됩니다.

⑦ 아래와 같이 작업이 완성됩니다.

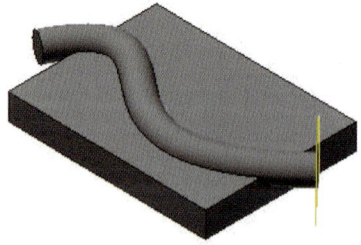

05 리브(리브)

보강대를 만들 때 사용하는 기능으로 열린 프로파일을 사용하여 리브를 만드는 기능입니다.

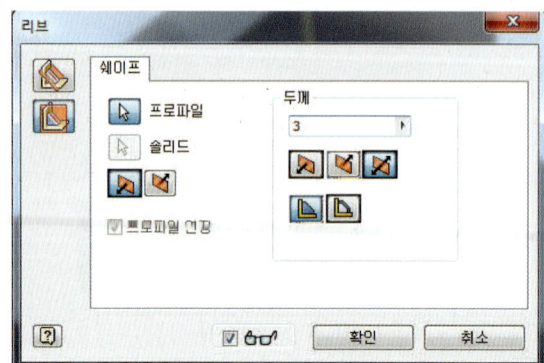

CAPTER 3. 부품 작성하기

- 스케치 평면에 수직( ) : 형상을 스케치 평면에 수직으로 돌출하는 기능
- 스케치 평면에 평행( ) : 형상을 스케치 평면에 평행으로 돌출하는 기능
- 다음 면까지( ) : 다음 면까지 또는 웹 종료하는 기능
- 유한( ) : 리브 또는 웹 종료에 특정거리를 설정하는 기능

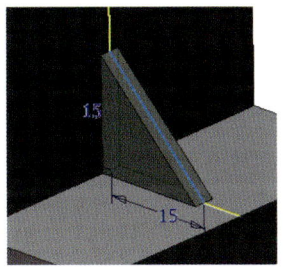   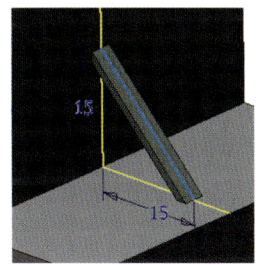

⬆ 다음 면까지   ⬆ 유한

1) 리브 따라 하기

① 아래와 같이 사선으로 스케치를 합니다.

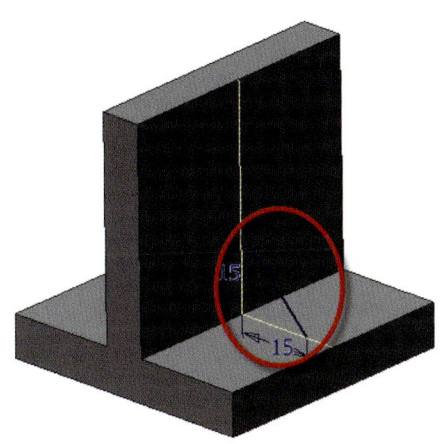

② 리브 아이콘을 클릭한 다음 ❶ 스케치한 사선을 클릭합니다. 그리고 ❷ 스케치 평면에서 평행을 선택하고, 방향에서 ❸을 클릭합니다. 그리고 ❹ 두께에서 3을 입력합니다. 방향은 대칭으로 지정하고, ❺ 확인 버튼을 클릭하면 됩니다.

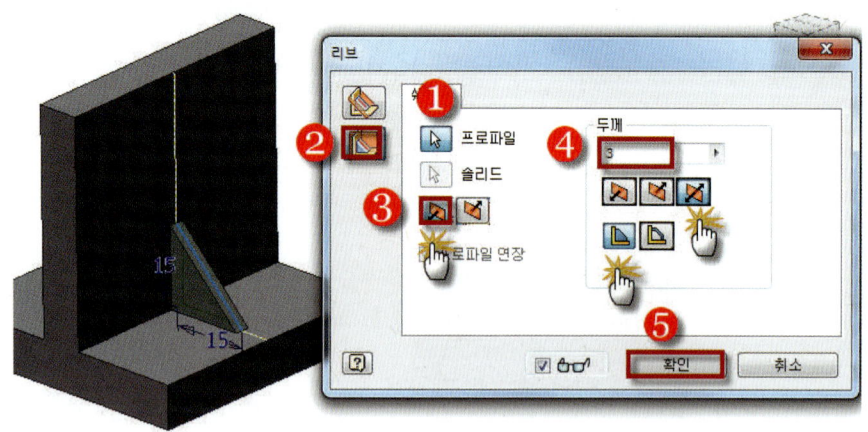

③ 아래와 같이 리브가 생성됩니다.

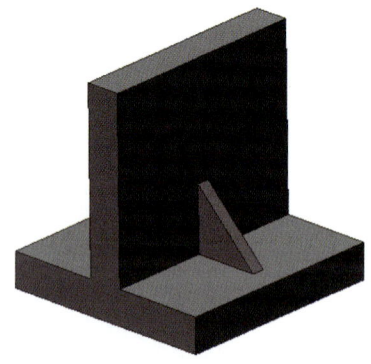

06 코일(코일)

스프링이나 스레드(나사) 등과 같이 나선 형태의 모델을 만드는 명령어입니다.

1) 코일 쉐이프

프로파일과 축을 지정하고 회전 방향을 지정합니다.

① 프로파일( ) : 스케치한 프로파일을 선택합니다.
② 축( ) : 회전 중심축을 지정합니다.

CAPTER 3. 부품 작성하기

2) 코일 크기

코일크기 유형에는 4가지 유형이 있습니다.

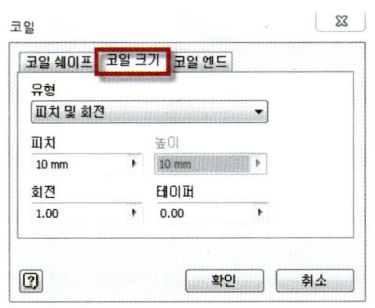 

① 피치 및 회전 : 피치 값과 회전수를 계산해서 나선형 곡선을 작업하는 기능
② 회전 및 높이 : 나선형 곡선의 회전수와 높이를 지정해 작업하는 기능
③ 피치 및 높이 : 나선형 곡선의 피치와 높이를 조정해서 작업하는 기능
④ 스파이럴 : 코일의 회전수를 지정해서 작업하는 기능

3) 코일 실습 따라 하기

① 아래와 같이 XY 평면에 중심축과 원형 형상을 스케치합니다. 치수를 기입하고 스케치를 마무리합니다.

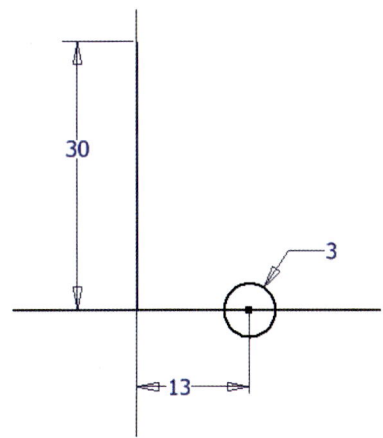

2 코일 아이콘을 클릭한 다음 프로파일과 축을 지정합니다.

3 코일크기 탭으로 가서 피치 및 회전을 아래와 같이 선택하고 확인 버튼을 클릭합니다.

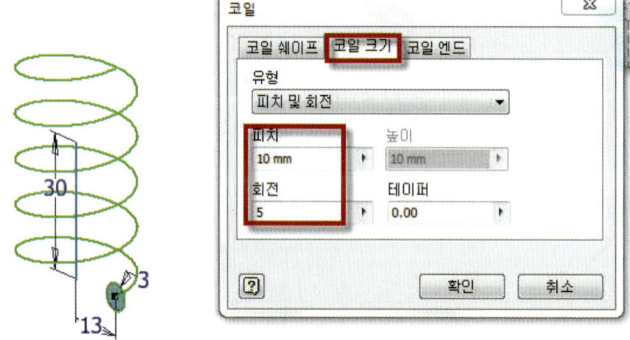

4 아래와 같은 형상이 만들어집니다.

07 엠보싱(엠보싱)

지정한 문자를 선택해서 깊이와 방향을 지정하여 양각이나 음각으로 형상을 작업하는 명령어입니다.

⬆ 면으로부터 엠보싱(양각)　　　⬆ 면으로부터 오목

08 파생(파생)

Inventor 부품 또는 조립품을 이용하여 부품을 기존 구성요소로 만들거나 기본의 구성요소를 부품 파일에 삽입하도록 하는 명령어입니다.

Autodesk Inventor 2015

PART 2 수정 패널

01 구멍

스케치한 점이나 형상에 따라서 구멍을 만드는 기능입니다. 단순구멍(드릴), 카운트 보어, 접촉 공간. 카운트싱크 등의 구멍을 만들 수 있습니다.

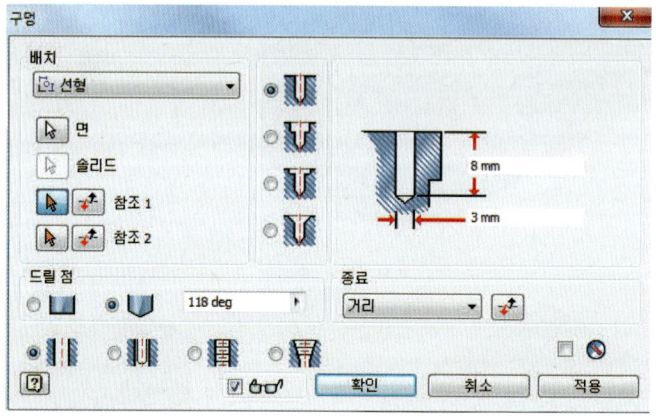

1) 배치

시작스케치, 선형, 동심, 점위 4가지 옵션이 있습니다.

① **시작스케치** : 구멍의 중심점을 스케치에서 작성 후 그 점이 중심점이 되어서 구멍이 생성되게 하는 기능입니다.
지름과 깊이를 입력하고 확인 버튼을 클릭하면 됩니다.

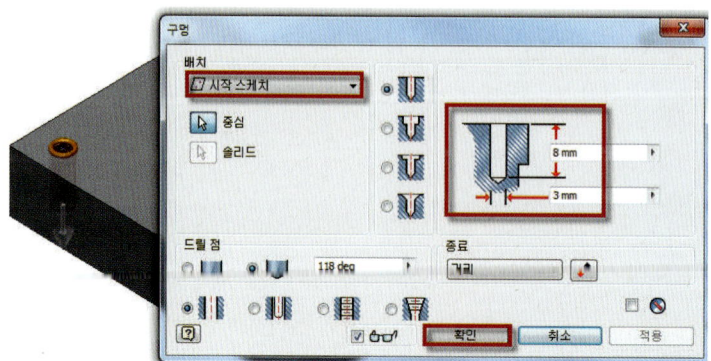

② **선형**(선형) : 구멍이 배치할 면을 클릭한 다음 구멍의 위치를 가로, 세로 선을 클릭하여 위치를 지정하고 구멍을 생성하게 하는 기능입니다.

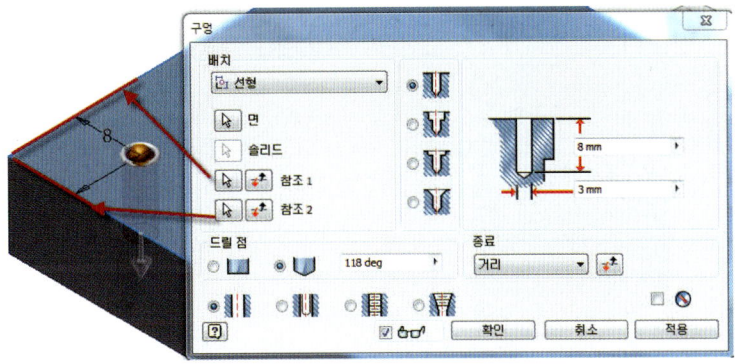

③ **동심**(동심) : 구멍이 배치할 면을 클릭한 다음 동심에 참조할 원통 면이나 호를 클릭하면 자동으로 원통 중심에 구멍이 생성되는 기능입니다.

④ **점 위**(점위) : 구멍 중심으로 설정할 작업 점( )을 먼저 클릭한 다음 구멍 축에 수평인 선을 클릭하면 구멍이 생성됩니다.

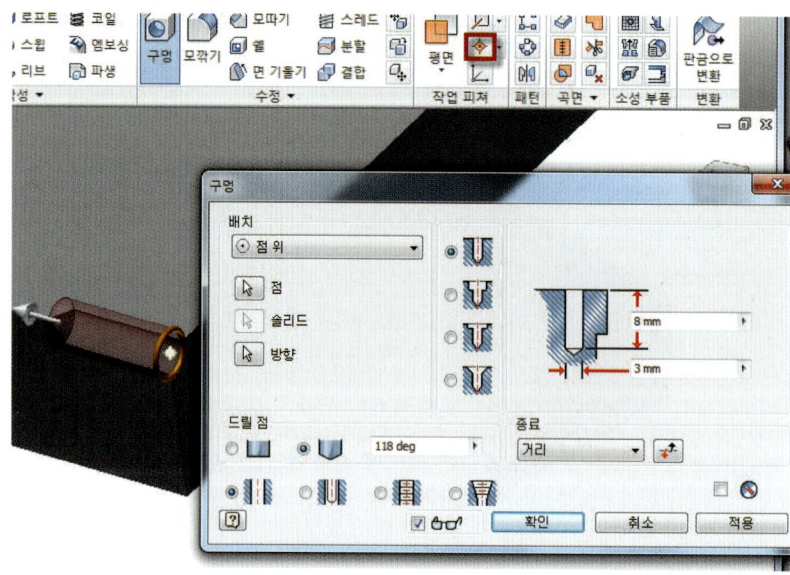

ⓐ 드릴(U) : 드릴은 평편한 면을 가진 구멍을 만드는 기능으로 드릴 깊이와 지름을 입력하면 됩니다.

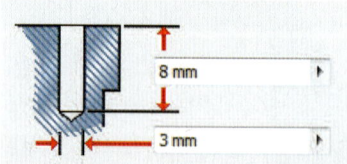

ⓑ 카운트 보어(U) : 렌치볼트 자리파기를 할 수 있는 기능으로 카운트보어 지름, 깊이, 구멍의 지름을 지정해서 작업하는 기능입니다.

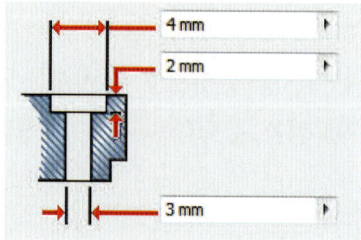

ⓒ 접촉공간(T) : 카운트 보어와 비슷한 기능으로 일명 스폿 페이싱이라고 합니다. 육각 Bolt머리가 약간 위로 나오게 하는 기능입니다. 접촉공간

지름, 깊이, 구멍의 지름을 지정해서 작업하는 기능입니다.

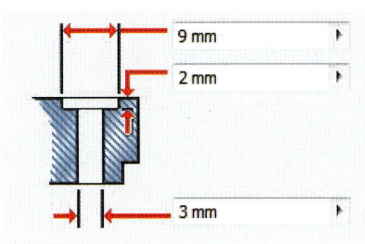 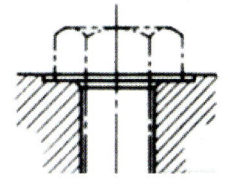

ⓓ 카운트 싱크() : 접시볼트 자리파기라고 하며 카운트싱크 각도, 카운트 싱크 지름, 구멍의 지름을 입력해서 작업하는 기능입니다.

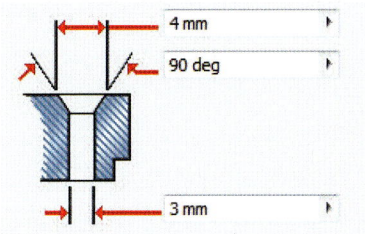

ⓔ 드릴 점 : 구멍 바닥의 모양을 설정하는 기능입니다.

ⓕ 단순구멍 : 스레드가 없고 단순한 구멍작업을 하는 기능입니다.

ⓖ 틈새구멍 : 선택한 조임쇠에 맞게 구멍.작업을 하는 기능입니다.

ⓗ 탭 구멍 : 스레드(암나사)가 있는 구멍을 생성하는 기능입니다.
스레드 유형은 'ISO Metric Profile'을 선택하고 크기는 나사 구멍의 사이즈를 지정하고 피치를 선택하면 됩니다.

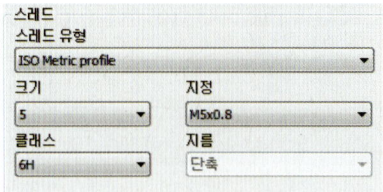

ⓘ 테이퍼 구멍 : 테이퍼 스레드가 있는 구멍을 생성하는 기능입니다.

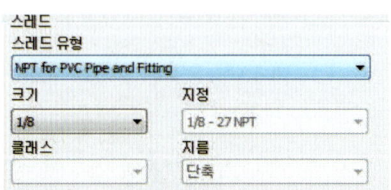

- 거리 : 지정한 거리 값만큼 작업하는 기능
- 전체 관통 : 모든 면을 전체 관통하여 구멍을 생성하는 기능
- 지정 면까지 : 구멍을 작업할 면을 지정하여 작업하는 기능

02 모깎기( )

하나 이상의 모서리를 선택하고 반지름을 입력하여 라운드(필렛) 작업하는 기능입니다.

1) 모서리 모깎기( )

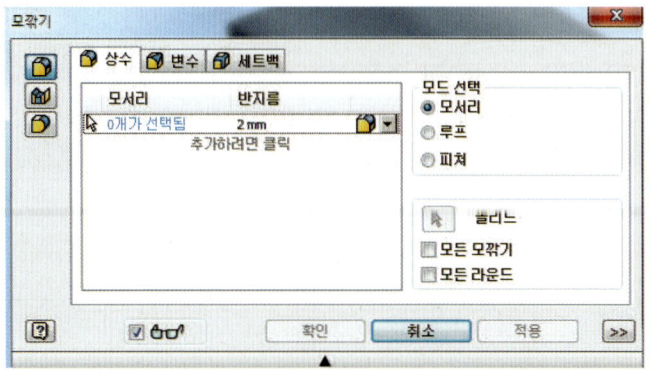

① **상수** : 원하는 모서리를 클릭하고 반지름을 입력하는 기능입니다.

② **변수** : 모서리를 선택한 다음 모서리 선상에 점을 클릭하여 각점에 반지름 값과 위치를 입력하여 가변 라운드 작업을 할 수 있는 기능입니다.

③ **세트 백** : 상수에서 3가지 모서리를 선택한 후 교차점을 클릭하여 각 모서리의 접하는 연속 변이를 설정하는 기능입니다.

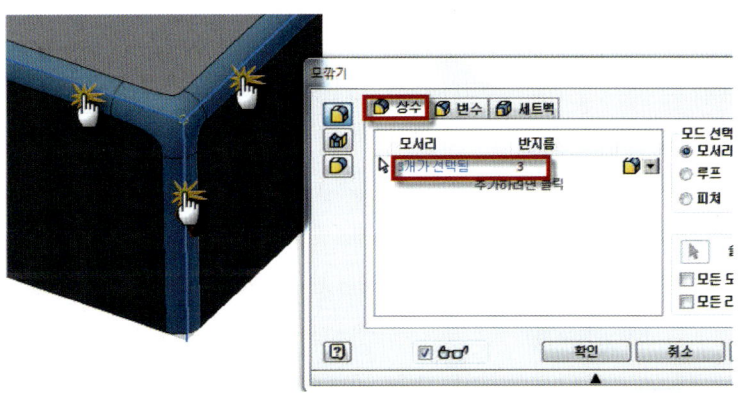

각 모서리에 대해 다른 세트백을 지정할 수 있습니다.

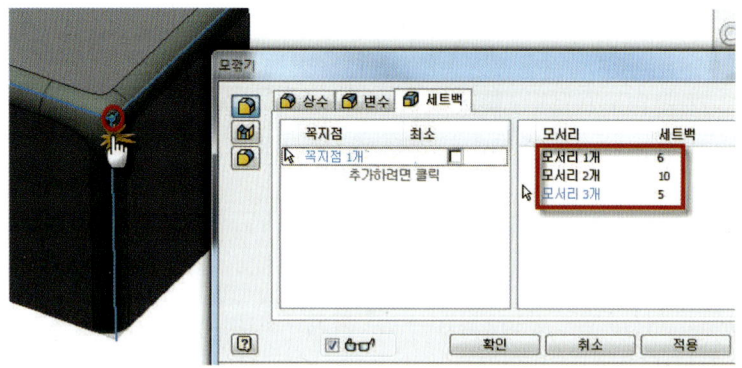

2) 면 모깎기(　)

선택한 두 면 사이에 라운드 작업을 하는 기능입니다.

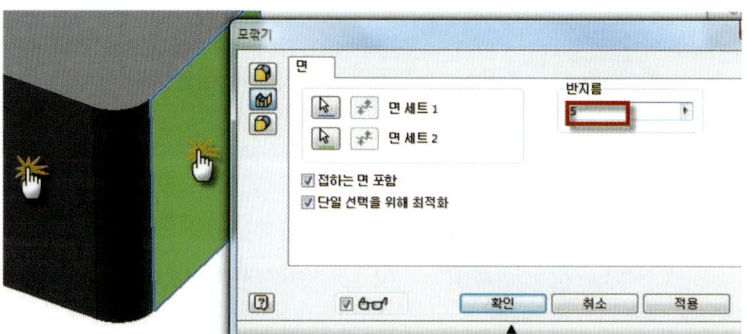

3) 전체 둥글리기 모깎기(　)

세 개의 인접한 면을 클릭하여 둥근 라운드 작업을 하는 기능입니다.
순서 : 측면 1 → 중심 면 → 측면 2 순으로 선택하면 됩니다.

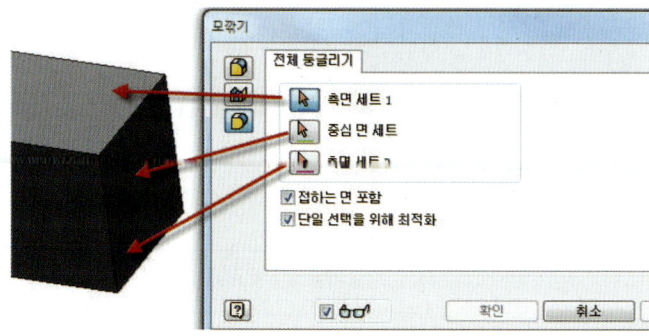

CAPTER 3. 부품 작성하기

03 모따기(◈ 모따기)

하나 이상의 모서리에 모따기를 하는 기능입니다.

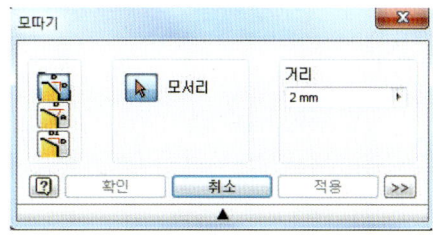

1) 거리()

거리 값을 입력해서 모따기하는 기능입니다.

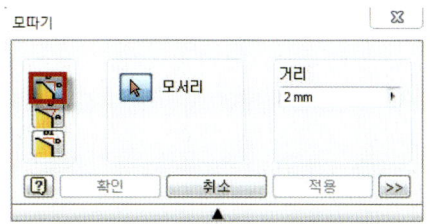

2) 거리 및 각도()

거리 및 각도를 입력해서 모따기하는 기능입니다.

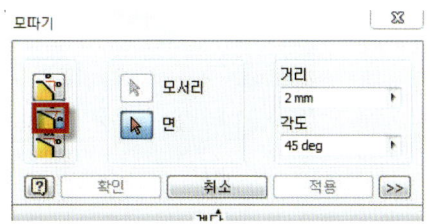

3) 두 거리()

각각 다른 거리 값을 입력해서 모따기하는 기능입니다.

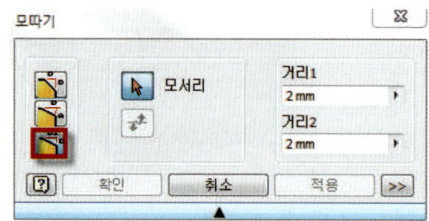

04 쉘(쉘)

지정한 두께만 남겨주고 부품 내부를 제거하는 기능입니다. 제거한 면을 선택하여 작성할 수 있습니다.

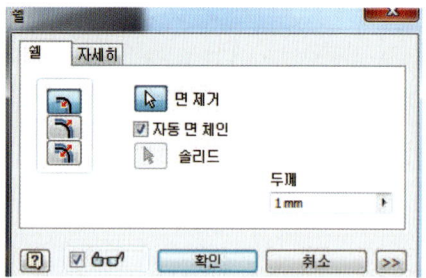

- 내부() : 부품의 내부에 쉘을 하는 기능
- 외부() : 부품의 외부에 쉘을 하는 기능
- 양쪽() : 부품을 기준으로 양쪽으로 쉘을 하는 기능
- 면 제거(면제거) : 면을 제거할 부분을 선택하면 됩니다.

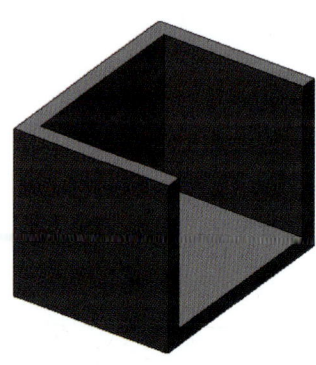

CAPTER 3. 부품 작성하기

05 면 기울기(면 기울기)

지정한 면을 각도를 적용해서 면의 기울기를 조절할 수 있는 기능입니다. 금형의 구배 작업이라고 생각하면 됩니다.

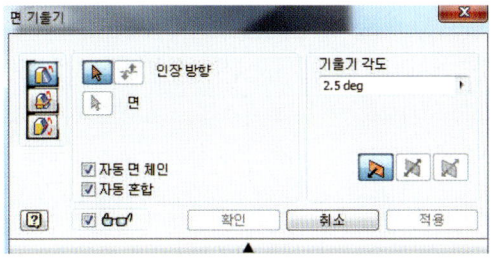

1) 고정된 모서리( )

인장 방향을 지정하고 면을 지정한 다음 기울기 각도를 입력해서 작업하는 방식입니다.

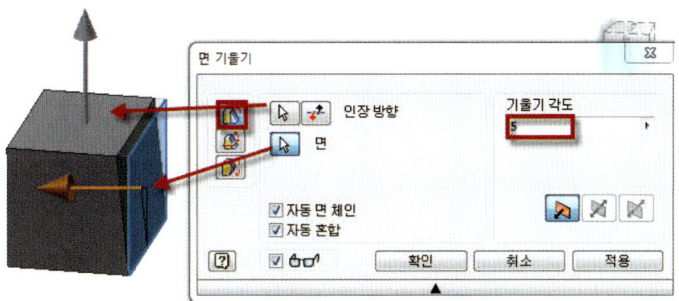

2) 고정된 평면( )

고정된 평면을 먼저 지정하고 기울기 줄 면을 선택합니다. 그리고 기울기 각도를 입력하면 됩니다.

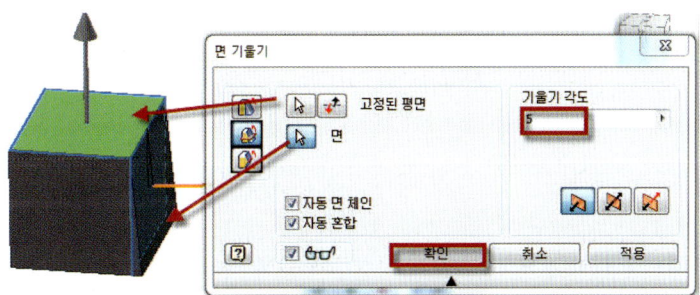

3) 분할선( )

2D 또는 3D 스케치에 대한 기울기를 만들 때 사용하는 기능입니다. 인장 방향을 선택한 후 기준이 될 선을 지정하고 분할 면을 지정하면 됩니다.

06 스레드(스레드)

스레드는 구멍이나 샤프트(축), 볼트 등에 스레드(나사가공)을 이미지로 나타나게 하는 기능입니다.

스레드 면을 선택하고 길이를 지정합니다. 사양 탭에서 스레드 유형을 선택하고 크기와 나사피치를 맞게 설정하면 됩니다.

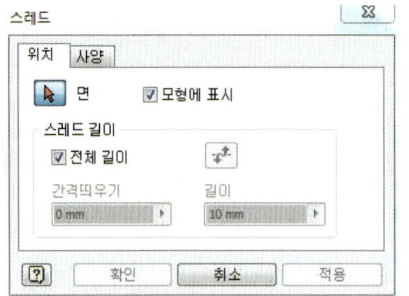 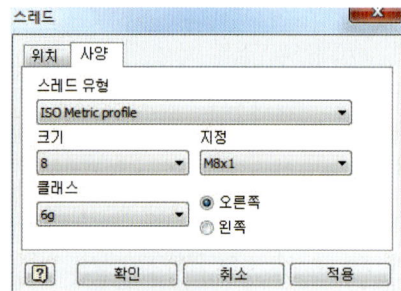

1) 스레드 실습 따라하기

① 우선 XY 평면에 아래와 같이 스케치로 그린 후 치수기입을 합니다. 이때 회전을 하기 위해 중심 LINE을 중심선(축)으로 변경시킵니다.

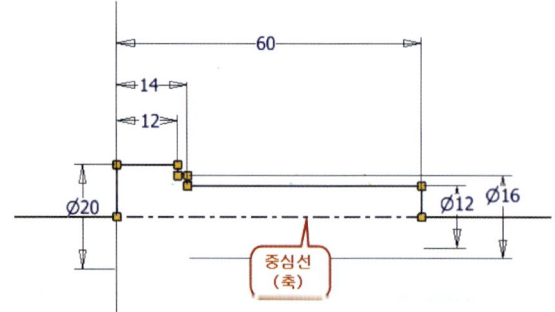

② 스케치 마무리( ) 아이콘을 클릭합니다.

CAPTER 3. 부품 작성하기

③ 회전 아이콘( )을 통해 형상을 회전시킵니다.

④ 스레드 아이콘을 클릭한 다음 전체 길이를 체크 해제하고 스레드할 면을 클릭합니다. 그리고 사양 탭으로 가서 ISO Metric Profile을 선택하고 크기는 12, 지정은 M12×1을 선택하고 확인 버튼을 클릭하면 됩니다.

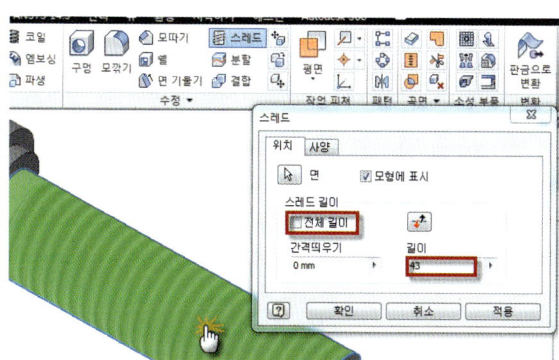 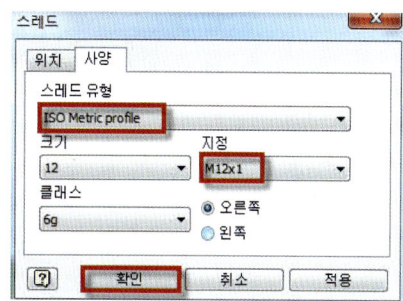

⬆ 스레드 완성

07 분할(📄 분할)

부품 면을 분할하고, 부품의 단면을 자르거나 제거하여 다중 본체로 분할하는 기능입니다.

1) 면 분할(📄)

분할 도구로 이미 그려진 프로파일을 선택하고 분할할 면을 선택하면 됩니다.

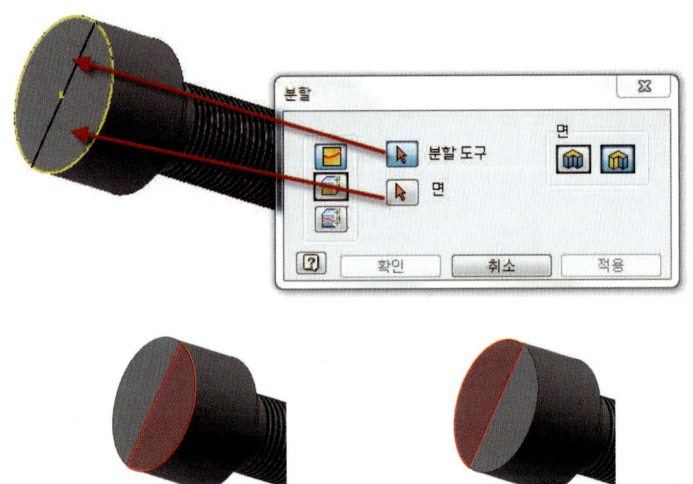

2) 솔리드 자르기(📄)

분할 면이나 스케치한 프로파일을 지정하면 한쪽 면을 제거하는 기능입니다.

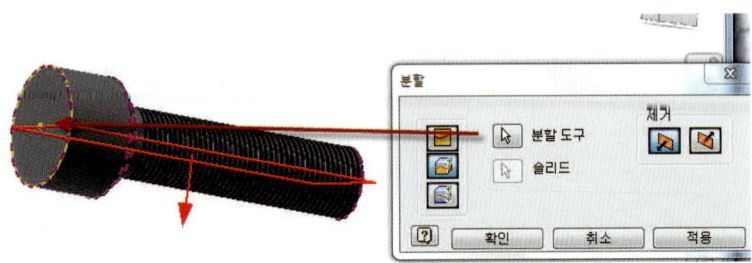

CAPTER 3. 부품 작성하기

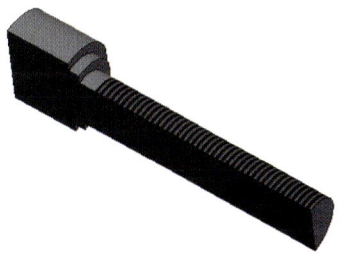

3) 솔리드 분할( )

분할 도구로 분할할 프로파일을 지정하면 부품의 전체가 분할되는 기능입니다.

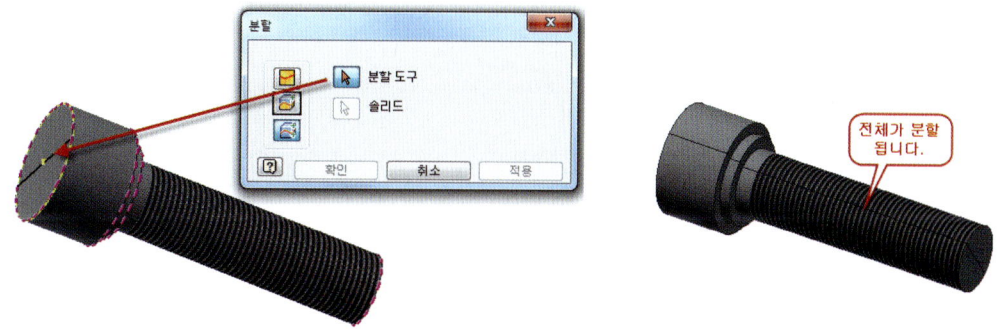

08 결합(결합)

분할의 반대 개념으로 분할된 부품을 결합시키는 명령어입니다.
합집합, 차집합, 교집합 기능도 가능합니다.

09 면 이동( )

면을 선택한 다음 이동할 방향을 선택하여 면의 위치를 이동하는 명령어입니다.

10 객체 복사( )

객체 복사에는 면 복사, 본체 복사가 있으며 형상만 복사가 되고 솔리드 자체는 복사되지는 않습니다.

CAPTER 3. 부품 작성하기

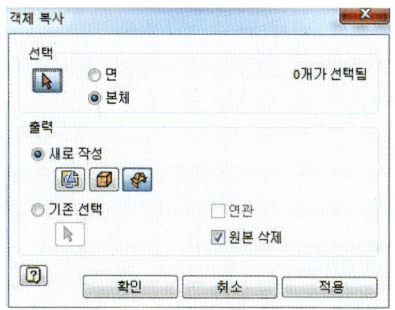

11 본체 이동( )

모델링한 본체를 X, Y, Z 방향으로 이동할 수 있는 명령어입니다.

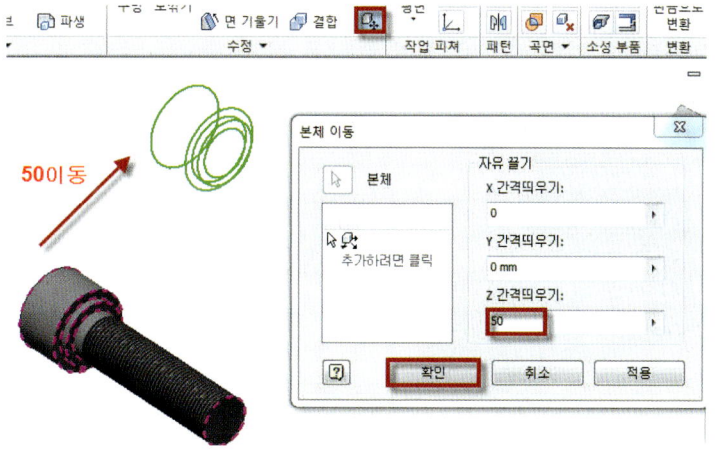

12 굽힘(굽힘)

부품의 일부를 2D 스케치한 선을 따라 굽힘 작업하게 하는 명령어입니다. 면이나 절곡부 방향, 각도, 반지름 및 호 길이 등을 지정할 수 있습니다.

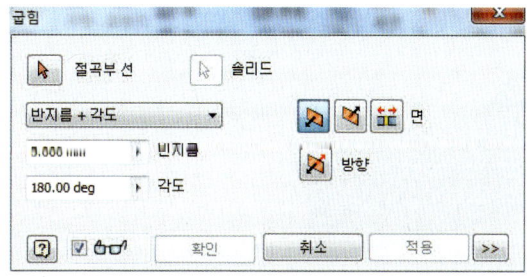

1) 반지름+각도

반지름과 각도를 입력하여 형상을 굽힘 작업을 합니다.

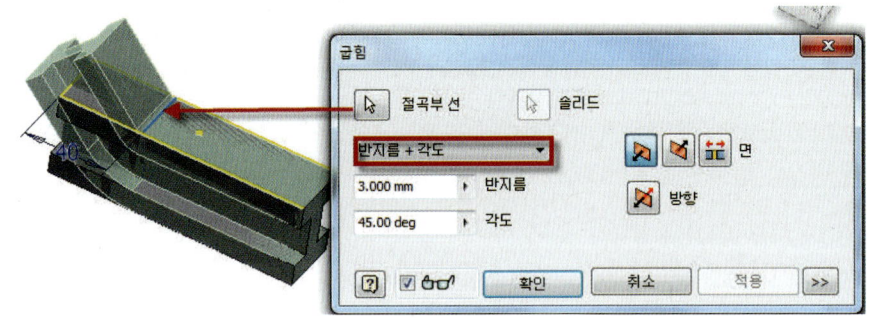

2) 반지름+호 길이

반지름과 호 길이를 입력하여 형상을 굽힘 작업을 합니다.

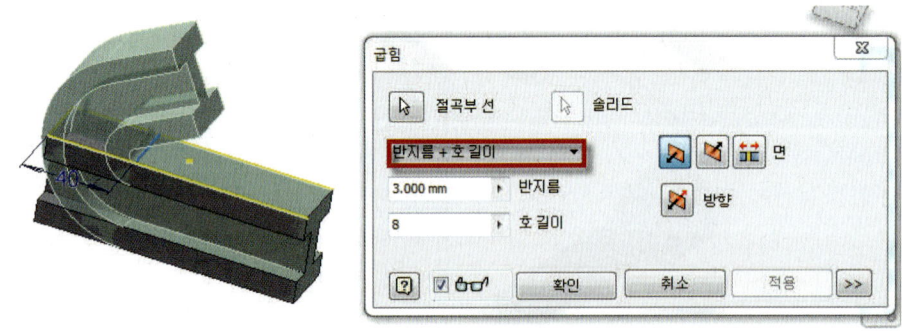

3) 호 길이+각도

호 길이와 각도를 입력하여 형상을 굽힘 작업을 합니다.

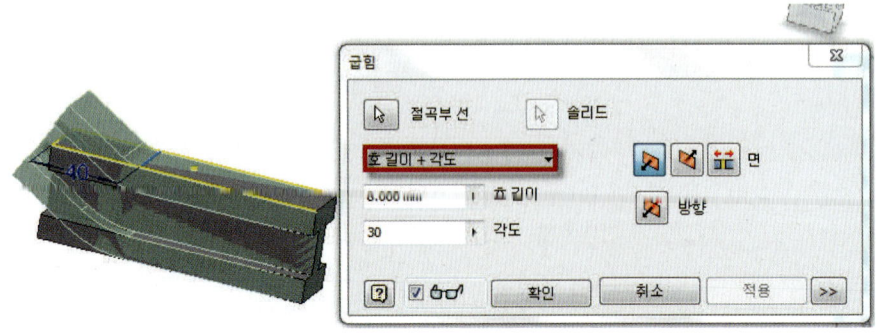

CAPTER 3. 부품 작성하기

PART 3 　작업 피쳐 패널

01 평면()

기존 평면 이외에 다른 작업 평면을 만드는 기능으로 꼭지점, 모서리, 면 등을 이용해서 작업 평면을 만들 수 있습니다.

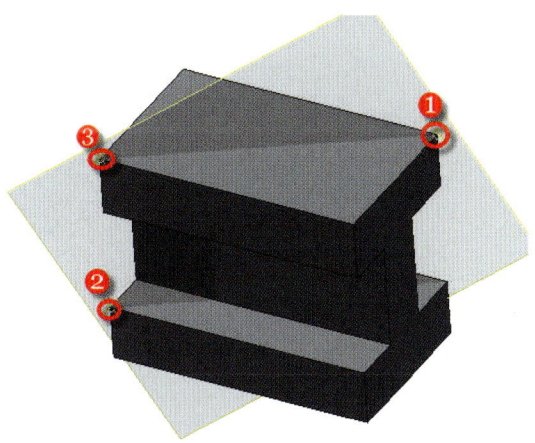

1) 평면에서 간격띄우기(평면에서 간격띄우기)

일정한 거리를 두고 작업평면을 만들 때 사용하는 기능입니다. 거리를 지정하면 지정한 면으로부터 간격띄우기 작업이 됩니다.

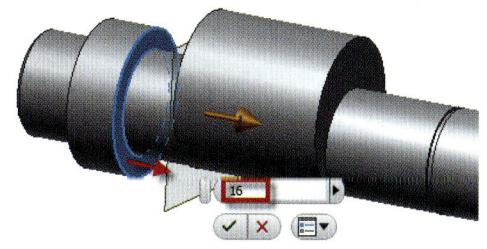

115

2) 점을 통과하여 평면에 평행(점을 통과하여 평면에 평행)

임의의 점을 먼저 만들고 나서 점을 지정하고 참고할 평면을 지정하면 평면이 생성되는 기능입니다.

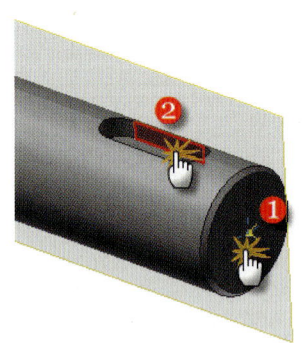

3) 두 평행 평면 간의 중간평면(두 평행 평면 간의 중간평면)

부품의 중간평면 값을 모를 경우 앞쪽에 있는 면을 클릭하고 뒤쪽에 있는 면을 클릭하면 자동으로 중간에 평면이 생성됩니다.

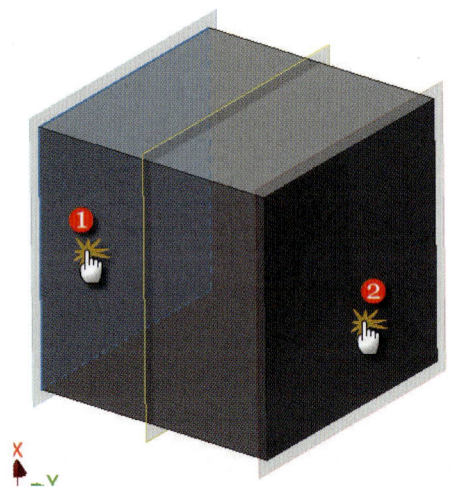

4) 원환의 중간평면(원환의 중간평면)

원환 중간에 평면을 생성하는 기능입니다.

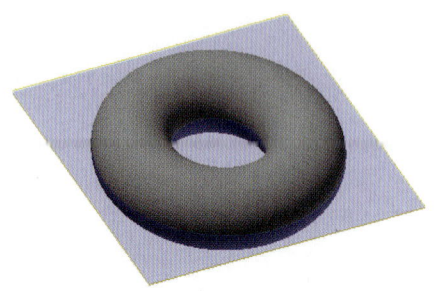

CAPTER 3. 부품 작성하기

5) 모서리를 중심으로 평면에 대한 각도(모서리를 중심으로 평면에 대한 각도)

평면을 먼저 선택하고 참고할 선을 클릭하면 각도 입력 창이 나타납니다. 원하는 각도 값을 입력하면 각도의 면이 생성됩니다.

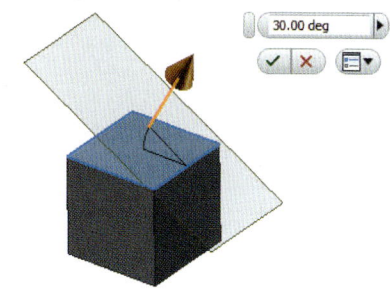

6) 3점(3점)

3점을 찍어서 그 세 점을 지나는 평면이 생성됩니다.

7) 두 개의 동일평면상 모서리(두 개의 동일평면상 모서리)

두 평면상의 모서리를 클릭하면 선택한 모서리를 지나는 평면이 생성됩니다.

8) 모서리를 통과하여 곡면에 접함(모서리를 통과하여 곡면에 접함)

원통의 곡면과 선형 모서리를 접하는 평면이 생성됩니다.
작업 전에 선형 모서리의 스케치를 먼저 해야 됩니다.

9) 점을 통과하여 곡면에 접함(점을 통과하여 곡면에 접함)

끝점, 중간점 또는 작업점을 통과하고 곡면에 접하는 작업평면을 만드는 기능입니다.

10) 곡면에 접하고 평면에 평행(곡면에 접하고 평면에 평행)

곡면에 접하고 평면에 평행한 작업 평면을 만드는 기능입니다.

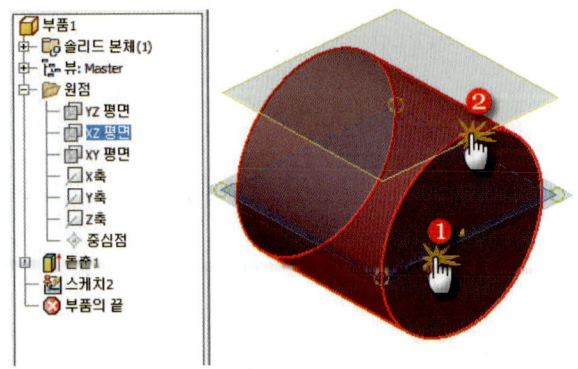

CAPTER 3. 부품 작성하기

11) 점을 통과하여 축에 수직(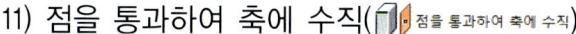)

곡선의 끝점, 중간점 또는 작업점을 통과하고 모서리 또는 작업 축에 직각인 작업 평면을 만드는 기능입니다.

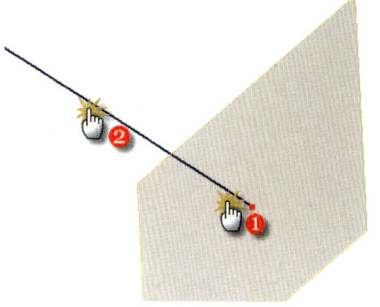

12) 점에서 곡선에 수직(점에서 곡선에 수직)

곡선에 직각인 작업 평면을 만드는 기능입니다. 점을 통과하면서 수직한 면을 생성합니다.

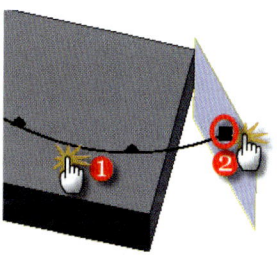

PART 4 패턴 패널

01 직사각형 패턴( )

솔리드 피쳐를 먼저 작성한 후 이를 가로, 세로 방향으로 배열(패턴)하는 기능입니다.

우선 패턴할 객체를 선택한 다음 가로 방향 선을 클릭하여 수량과 간격을 입력합니다. 그리고 세로 기준선을 클릭하여 수량과 간격을 입력하면 됩니다.

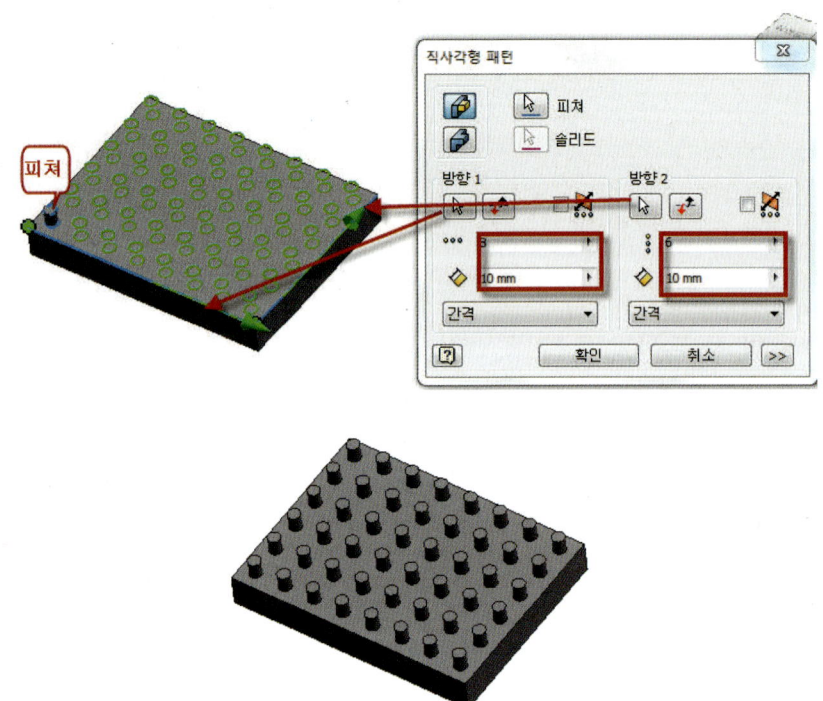

02 원형 패턴( )

솔리드 피쳐를 먼저 작성한 후 이를 원형 방향으로 배열(패턴)하는 기능입니다.

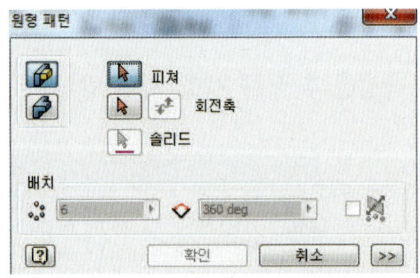

- 개별 피쳐 패턴( ) : 패턴하고자 하는 피쳐를 선택합니다.
- 전체솔리드 패턴( ) : 전체 솔리드를 모두 선택하는 기능입니다.

CAPTER 3. 부품 작성하기

우선 패턴할 객체를 선택합니다. 그리고 원통을 클릭하면 회전 축이 지정이 됩니다. 그리고 원형 패턴할 수량과 각도를 입력하면 됩니다.

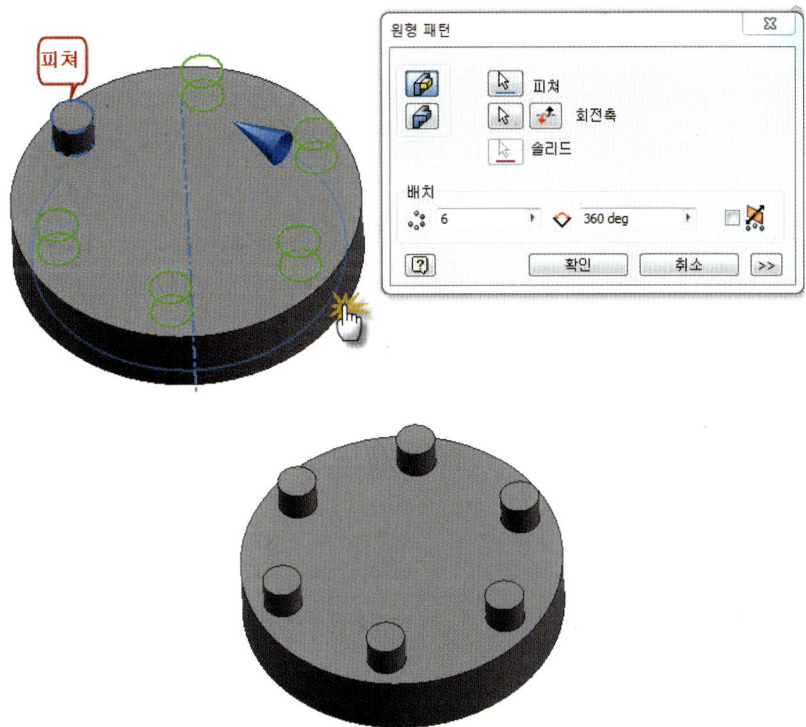

03 대칭

중간 평면을 기준으로 동일한 거리에서 하나 이상의 피쳐를 대칭 복사를 하는 기능입니다.

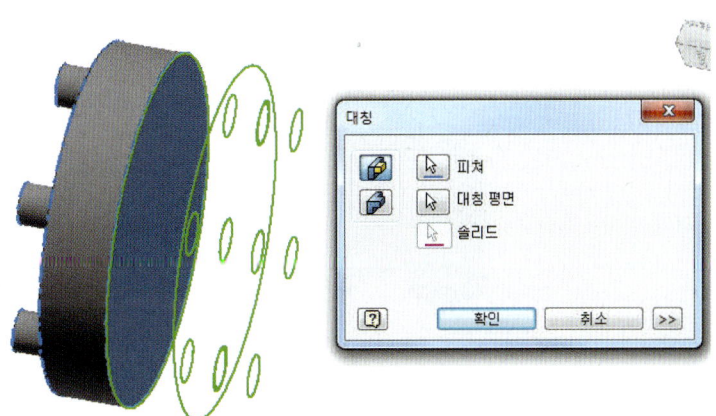

121

Autodesk Inventor 2015

대칭한 대상을 먼저 선택 후 대칭 평면을 클릭하면 중간 면을 기준으로 대칭 복사가 됩니다.

 **Inventor를 사용 시 유용하게 사용이 되는 기능들을 소개합니다.**

- **Home 키** : 부품이 작게 보이거나 크게 보일 때 형상을 화면에 꽉차게 보여주는 기능입니다.
- **Shift + F3** : 부분 확대 창이 나타나 확대하고 싶은 부분을 드래그하면 부분 확대가 됩니다.
- **F3** : F3 키를 누른 후 마우스 왼쪽 버튼을 누른 상태에서 위로 움직이면 확대되고, 밑으로 내리면 축소됩니다.
- **마우스 가운데 버튼** : 화면을 자유롭게 이동하는 기능입니다.
- **END 키** : 지정한 면을 클릭하고 END 키를 누르면 그 부분이 확대되는 기능입니다.
- **F4** : F4를 누른 후 마우스 왼쪽 버튼으로 드래그하면 자유롭게 회전이 됩니다.
- **Page Up** : 선택한 면이 수평으로 화면이 전환이 되는 기능입니다.
- **F5** : 이전에 작업했던 화면으로 되돌아갑니다.
- **F6** : 화면을 등각 뷰(입체 뷰)로 보이게 합니다.
- **F7** : 단면 보기 기능입니다.

 아래와 같은 형상을 가지고 실습해 보도록 합니다.

CHAPTER
04

모델링
따라 하기

Autodesk Inventor 2015

CHAPTER 04 모델링 따라 하기

AUTODESK INVENTOR 2015

PART 1 본체 따라 하기

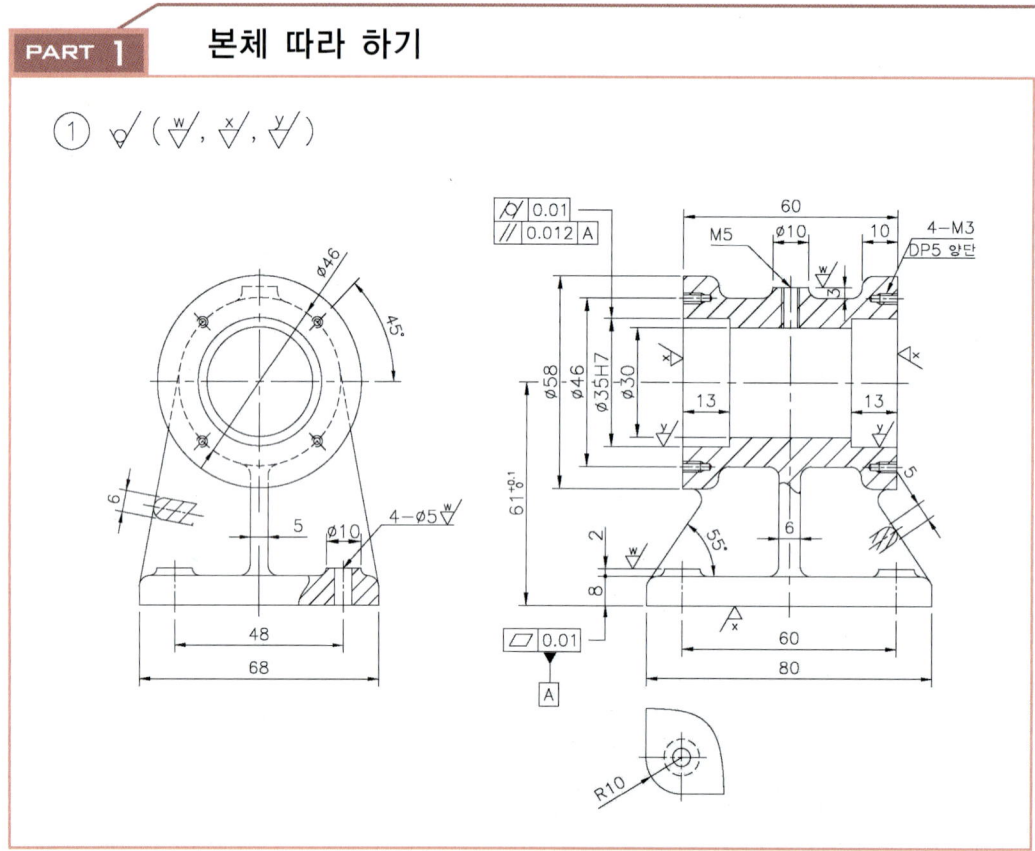

1. 시작 패널에서 새로 만들기(Ctrl+N)를 클릭합니다.

CAPTER 4. 모델링 따라 하기

② 새 파일 작성 창에서 Templates 안에 있는 Metric을 클릭한 다음 부품 창에서 Standard(mm).ipt를 선택합니다. 그리고 아래에 있는 작성 버튼을 클릭합니다.

③ XY 평면에 직사각형 아이콘 안에 있는 (직사각형 두 점 중심)을 사용하여 원점을 찍은 후 사선방향으로 드래그합니다. 그러면 아래와 같은 사각형이 만들어 집니다.

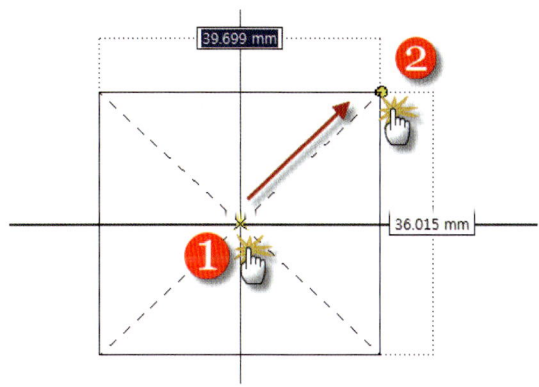

125

4 치수 아이콘( )을 사용하여 아래 그림과 같이 치수를 기입합니다. 그러면 스케치는 완전 구속 상태가 됩니다.

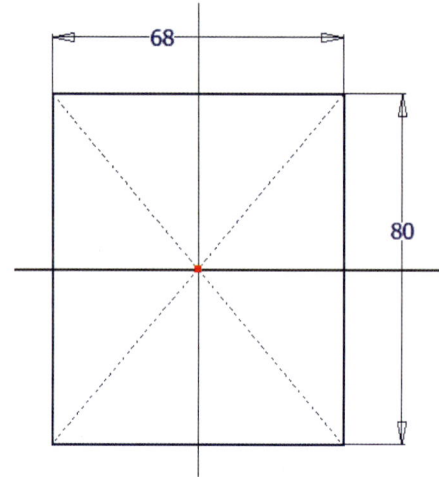

5 스케치 마무리( ) 아이콘을 클릭한 후 작성모드에서 돌출 아이콘을 선택합니다.

6 돌출 대화상자에서 거리 값 8mm로 입력 후 확인 버튼을 클릭합니다.

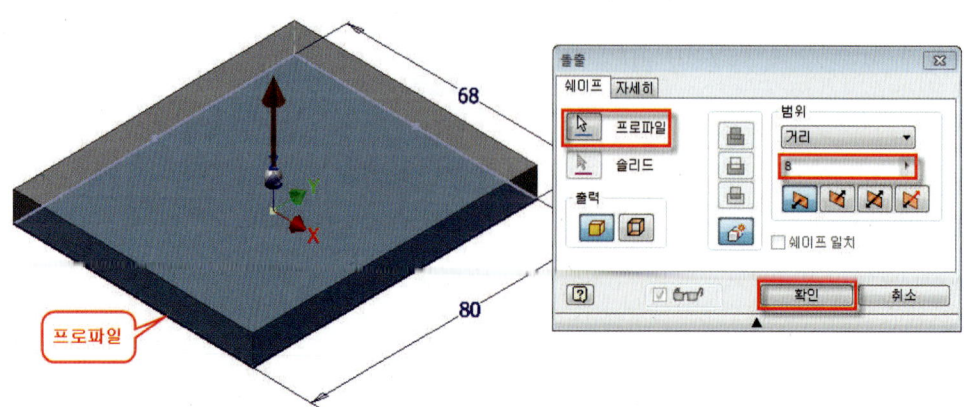

CAPTER 4. 모델링 따라 하기

7. 위에서 작성한 돌출 피쳐의 중간에 새로운 스케치를 작성하기 위해 검색기 창의 원점 폴더 앞의 (+)표시를 클릭한 다음 YZ 평면을 선택하면 스케치 작성 아이콘(📝)이 나타납니다. 화면에 나타난 스케치 아이콘(📝)을 선택하면 스케치 모드로 들어갑니다.

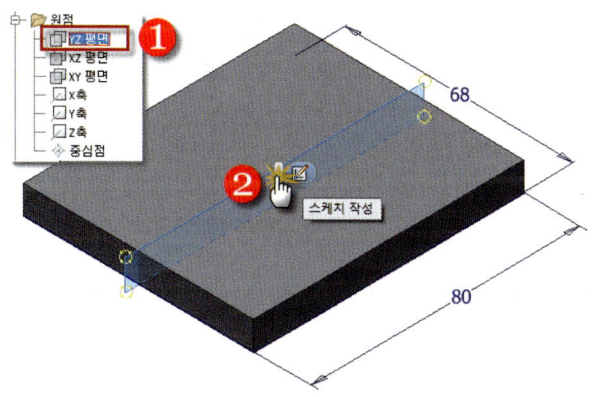

8. 스케치로 들어가면 F7(그래픽 슬라이스) 키를 눌러 단면 상태에서 그리기 모드 중 선 아이콘을 선택합니다. 아래와 같이 스케치하고 치수 아이콘(□)을 사용하여 정확한 치수를 기입한 다음 스케치 마무리(✓)를 클릭합니다.

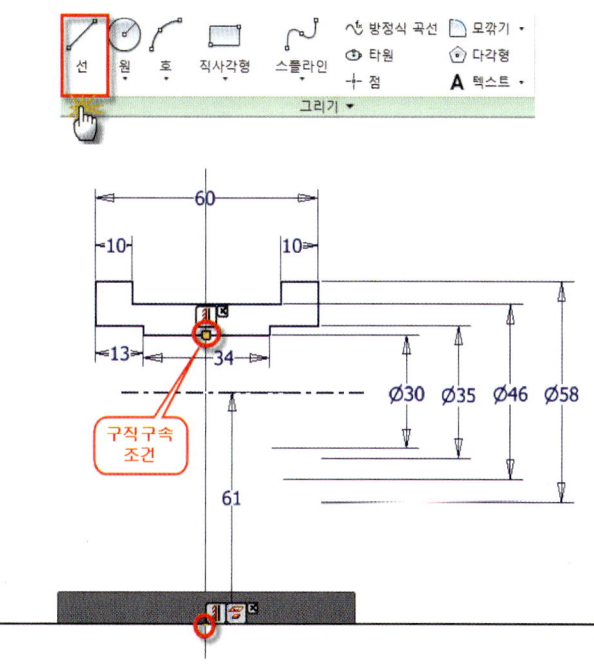

127

⑨ 작성모드에서 회전 기능을 선택합니다.

스케치한 프로파일을 원형체로 만듭니다.

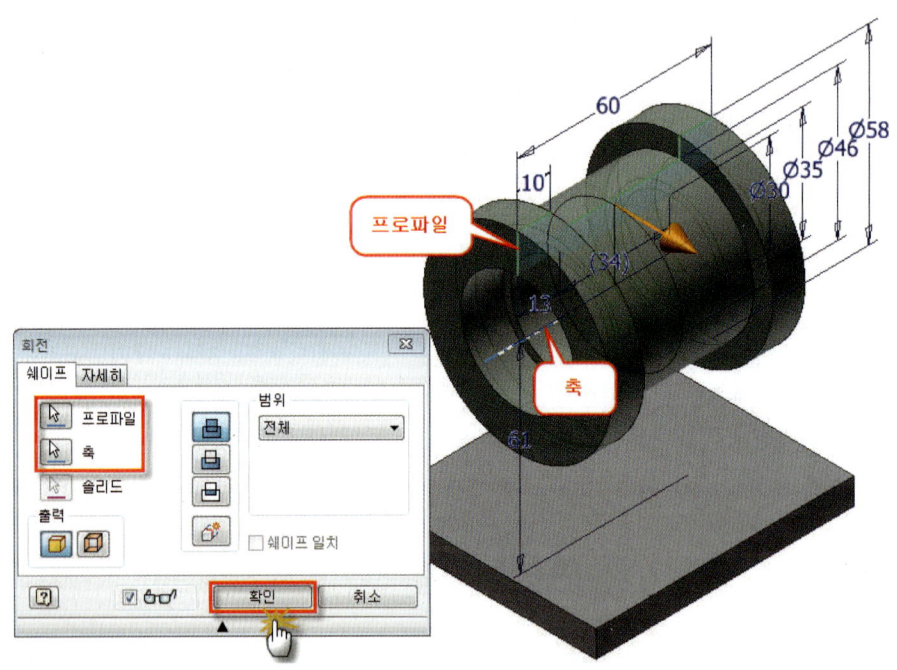

⑩ 수정 패널에서 모깎기 아이콘을 선택합니다.

화면과 같이 대화상자가 나타나면 반지름 값을 10으로 입력하고, 작업 화면에서 모깎기할 4군데의 모서리를 차례로 선택 후 확인 버튼을 클릭하여 모깎기를 완성합니다.

● 128

CAPTER 4. 모델링 따라 하기

11 다시 모깎기 아이콘을 선택합니다. 대화상자에서 반지름 값을 3으로 입력하고 작업 화면에서 모깎기할 윗면 모서리를 선택한 후 확인 버튼을 클릭하여 모깎기를 완성합니다.

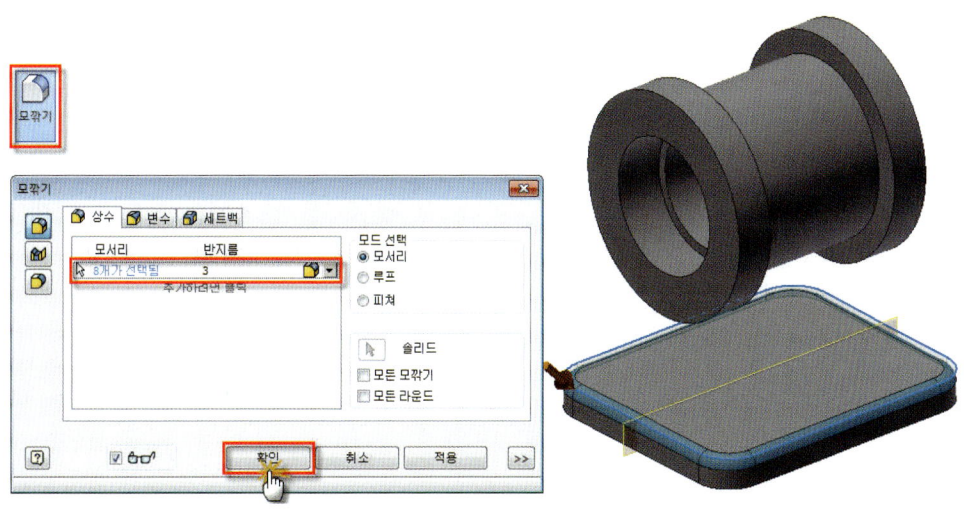

12 새 스케치를 작성하기 위해 검색기 창의 원점 폴더(+) 안에 있는 XZ 평면을 선택하면 스케치작성 아이콘이 나타납니다. 화면에 나타난 스케치 아이콘을 선택하면 스케치 모드로 들어갑니다.

129

스케치 모드에서 마우스 오른쪽 버튼을 클릭하여 나타나는 팝업 메뉴에서 그래픽 슬라이스 메뉴를 선택하여 작업 평면을 기준으로 하는 단면을 표시합니다.(또는 F7을 누르면 단면을 표시할 수 있습니다.)

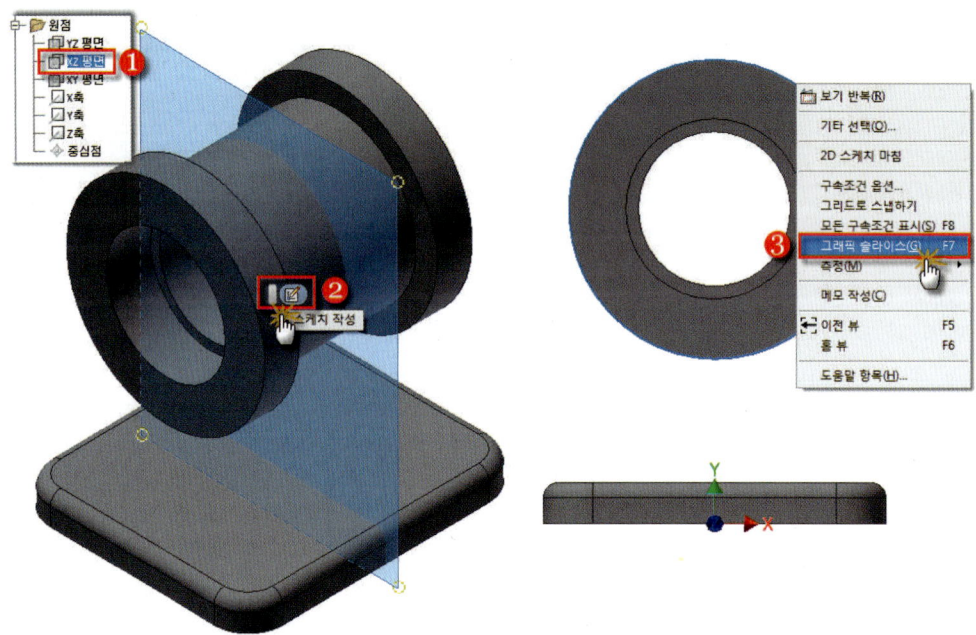

13. 단면이 표시되면 형상투영 아이콘 옆의 플라이아웃 화살표를 클릭하여 나타나는 하위 메뉴 중 절단 모서리 투영(절단 모서리 투영)을 선택합니다. 절단 모서리가 스케치 평면 위로 투영되면 그리기 모드의 선 아이콘을 선택합니다.

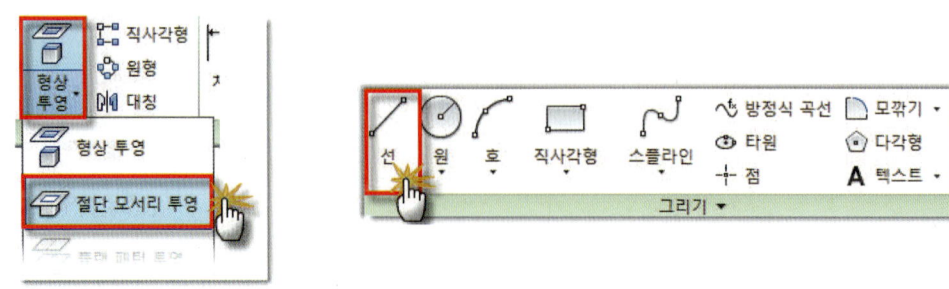

❶, ❷번, ❸, ❹번을 원 및 호와 선이 접하는 부분에 접선 구속조건(◯)을 줘서 스케치를 작성한 후 스케치 마무리 버튼을 클릭합니다.

CAPTER 4. 모델링 따라 하기

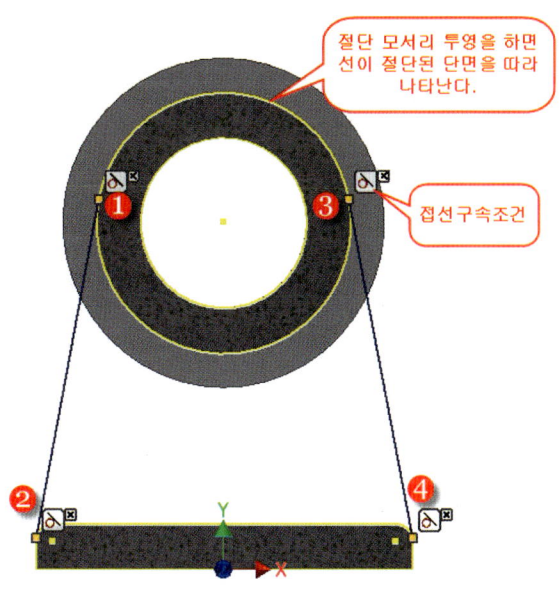

14. 작성 패널에서 돌출 아이콘( )을 클릭 후 프로파일을 선택합니다.
돌출 대화상자에서 돌출 거리 값을 6으로 입력하고, 돌출은 양쪽 방향( )으로
선택한 후 확인 버튼을 클릭합니다.

15) 새 스케치를 작성하기 위해 검색기 창의 원점 폴더 안에 있는 YZ 평면을 선택하면 스케치 작성 아이콘(📝)이 나타납니다. 화면에 나타난 스케치 아이콘을 선택하면 스케치 모드로 들어갑니다.

스케치로 들어가면 F7(그래픽 슬라이스) 키를 눌러 작업 평면을 기준으로 하는 단면을 표시합니다.
단면이 표시되면 형상투영 아이콘 옆의 플라이아웃 화살표를 클릭한 후 나타나는 하위 메뉴 중 절단 모서리 투영(🗗 절단 모서리 투영)을 선택합니다.

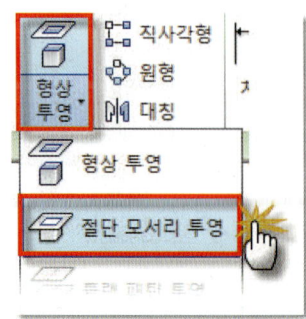

CAPTER 4. 모델링 따라 하기

아래와 같이 절단 모서리가 스케치 평면 위로 투영되면 선 아이콘을 이용해 형상 투영된 ❶번 선에 ❷번을 접선 구속조건(⌒)을 줘서 아래와 같이 스케치를 작성한 후 스케치를 마무리합니다.

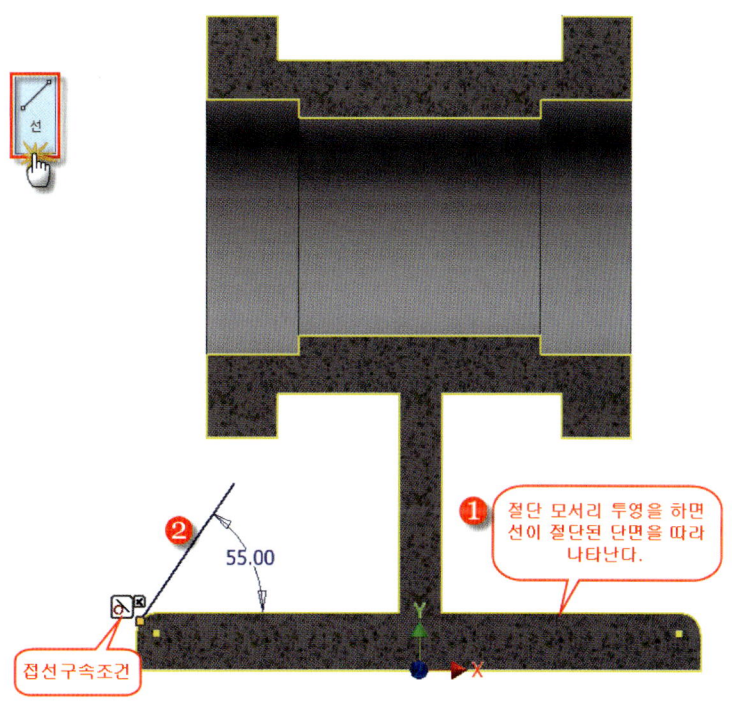

16 작성모드에서 리브(리브)를 선택합니다.

리브 대화상자의 스케치 평면에서 평행을 선택합니다. 프로파일을 선택 후 두께 5를 입력하고, 돌출 방향을 양쪽( )으로 선택한 후 다음 면까지를 선택한 뒤 확인 버튼을 클릭합니다.

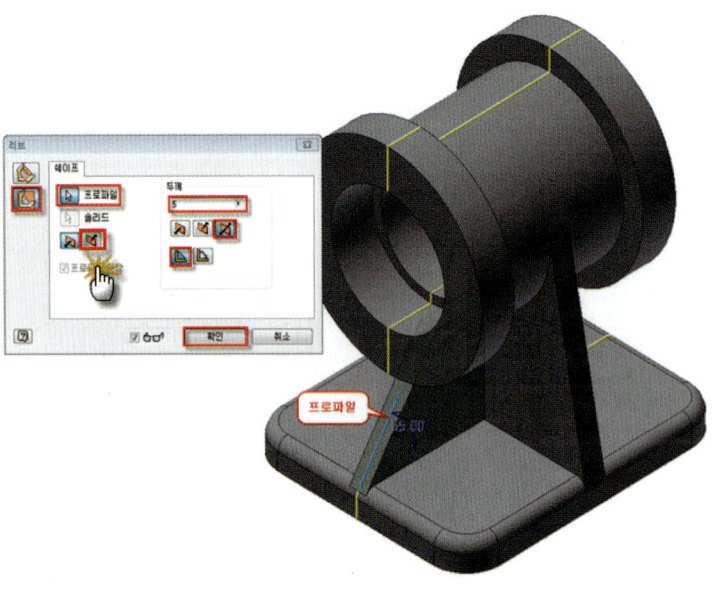

17 반대쪽 리브를 작성하기 위해 패턴모드의 대칭(M)을 선택합니다. 대칭 대화상자의 피쳐를 클릭한 후 검색기 창에서 리브를 선택합니다. 대칭 평면을 클릭 후 검색기 창에서 XZ 평면를 선택한 다음 확인 버튼을 누릅니다. 그러면 리브가 반대편에도 생성이 됩니다.

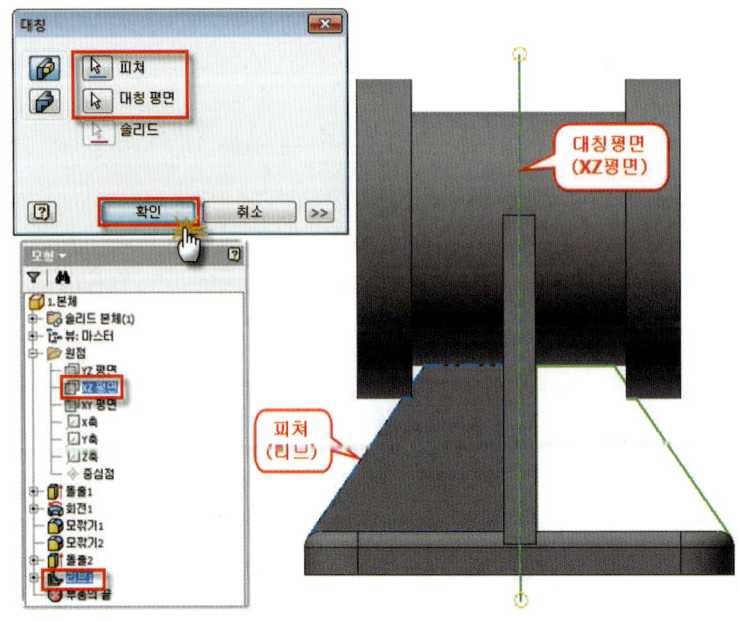

CAPTER 4. 모델링 따라 하기

⑱ 그리고 스케치할 평면을 클릭한 다음 스케치 작성 아이콘()을 클릭합니다.

스케치로 들어가면 F7(그래픽 슬라이스) 키를 눌러 작업 평면을 기준으로 하는 단면이 표시됩니다.

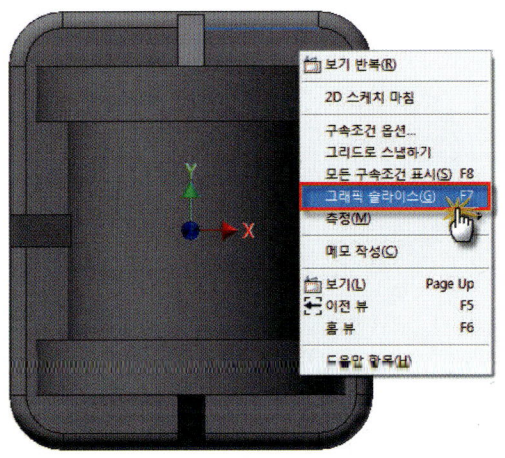
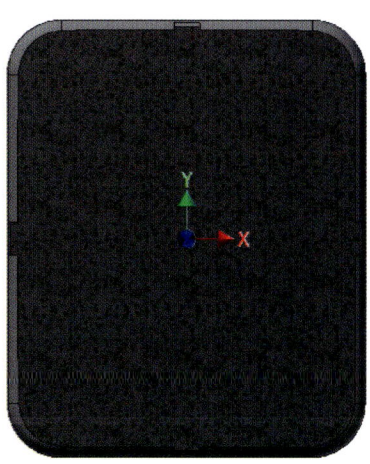

⑲ 그리기 모드에서 원 아이콘(⊘ 원)을 클릭합니다.

ø10인 원을 그리고 아래 그림과 같이 치수 기입(├┤치수) 후 스케치 마무리(✔ 스케치 마무리)를 클릭합니다.

⑳ 작성 패널에서 돌출 아이콘(▯)을 클릭하면 자동으로 프로파일이 선택됩니다.

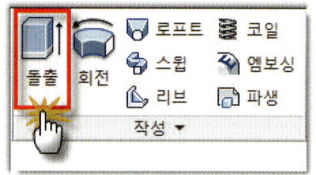

돌출 대화상자에서 돌출 거리 값을 2로 입력하고, 돌출 방향은 그림과 같이 위쪽 방향으로 선택한 후 확인 버튼을 클릭합니다.

CAPTER 4. 모델링 따라 하기

21 수정 패널에서 구멍을 클릭합니다.

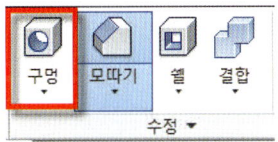

구멍 대화상자에서 동심을 선택합니다.

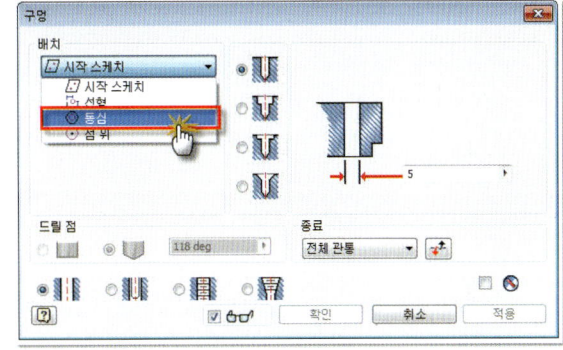

동심을 선택하면 구멍 대화상자의 배치 부분이 변경되면서 평면과 동심 참조가 생깁니다. 평면과 동심 참조 부분은 그림에 있는 순번을 참조로 평면은 ❶번→❷번, 동심 참조는 ❸번→❹번을 순차적으로 선택합니다. ❺번에는 구멍의 치수 값으로 '5'를 입력하고, 종료 부분에는 전체 관통으로 선택한 후 확인 버튼을 클릭한 후 구멍 작업을 완료합니다.

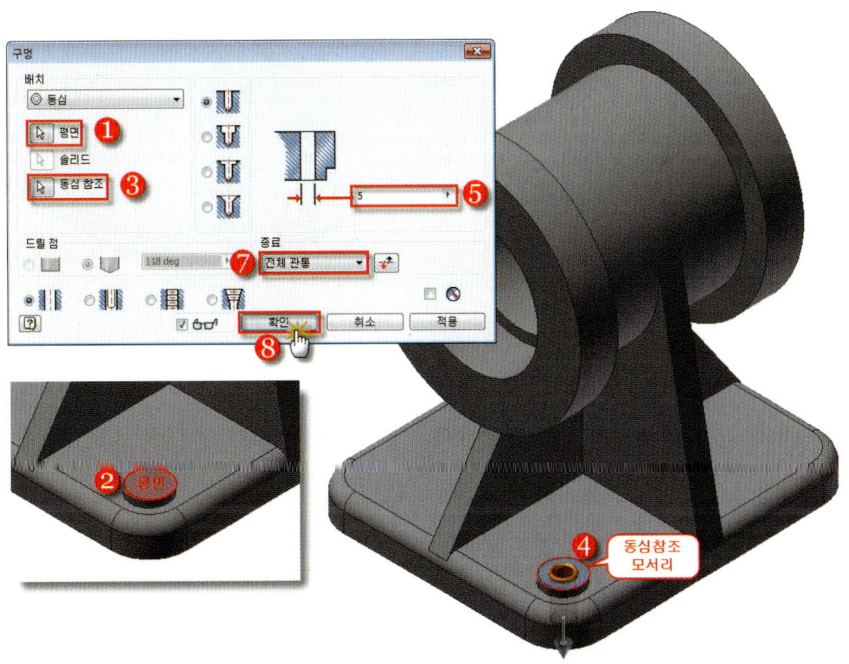

㉒ 수정 패널에서 모깎기( )를 클릭합니다.

모깎기 대화상자에서 모서리를 선택하고 반지름 값을 '2'를 입력하고 확인 버튼을 클릭합니다.

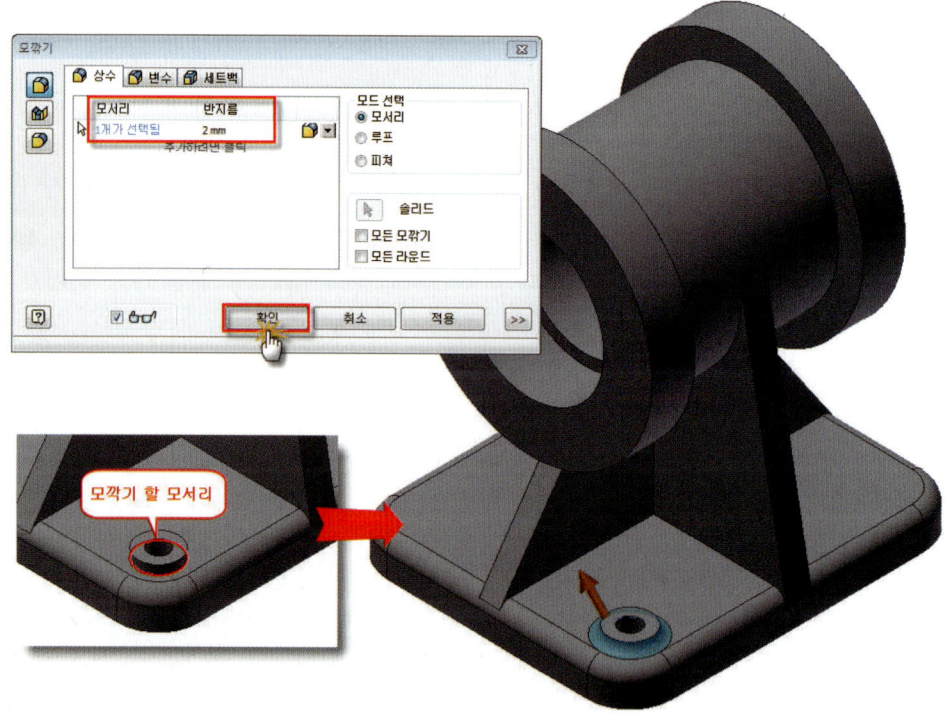

㉓ 패턴 패널에 직사각형 패턴 아이콘( )을 선택합니다.
　 직사각형 패턴 대화상자에서 피쳐를 선택하고 앞에서 작업한 돌출3, 구멍1, 모깎기3을 Ctrl 키를 눌러 함께 선택합니다.

CAPTER 4. 모델링 따라 하기

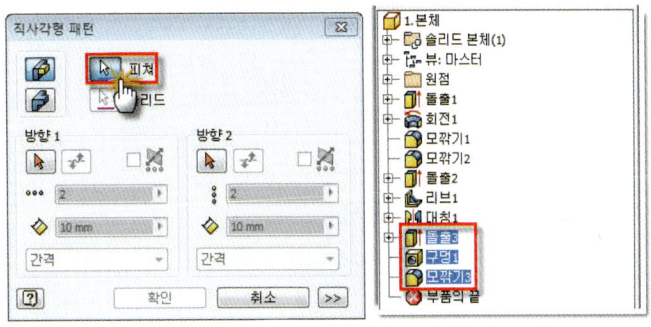

직사각형 패턴 대화상자의 방향1에서 방향 화살표를 누르고 앞에 선택한 피쳐를 복사할 방향의 모서리1을 선택하고 아래 그림과 같이 설정합니다. 방향2도 방향1과 같은 방법으로 설정하고 확인버튼을 클릭합니다.

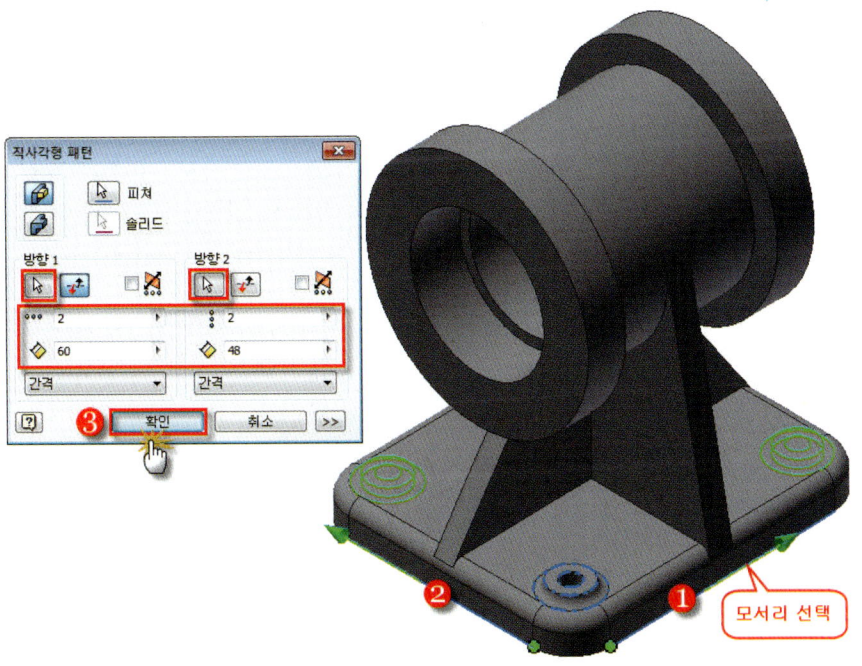

24. 본체의 원통 정면(스케치할 면)을 클릭하여 스케치 모드( )로 들어갑니다. 먼저 형상투영 아이콘( )을 클릭하고, 그림의 원을 선택하여 투영을 합니다. 스케치 패널 창의 그리기 모드에 점 아이콘(+ 점)을 클릭하고 원통 면 위에 대략의 구멍 중심 위치를 하나 정합니다.

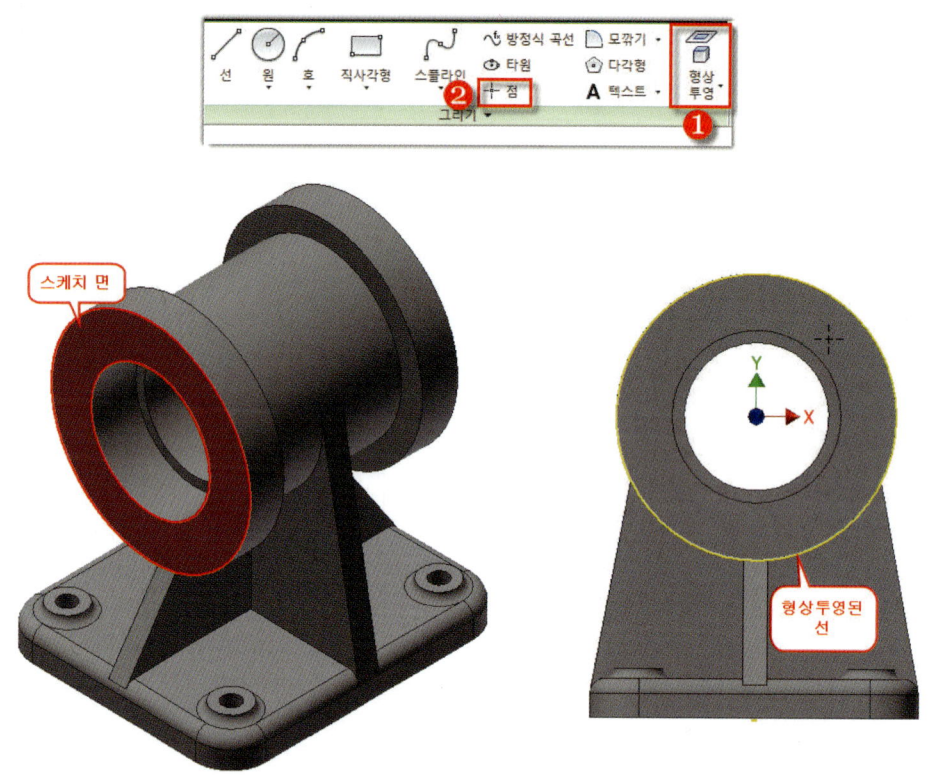

점의 위치를 정확히 잡기위해 선( )과 원 아이콘(원)으로 아래와 같이 스케치 후 치수 아이콘을 이용하여 정확한 값을 정의하고 스케치를 종료합니다.

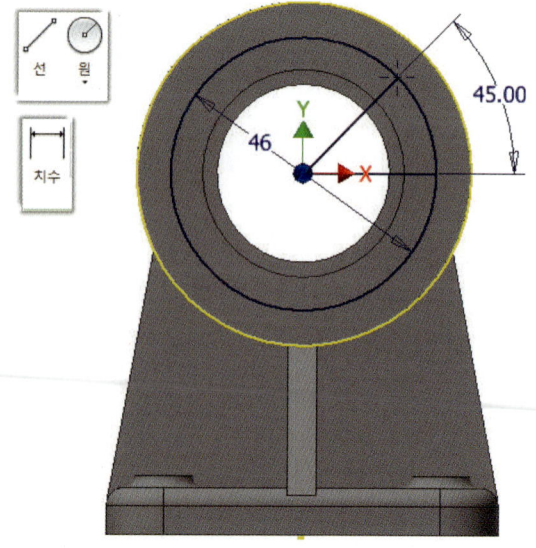

CAPTER 4. 모델링 따라 하기

㉕ 수정 패널에 구멍 아이콘( )을 클릭합니다.

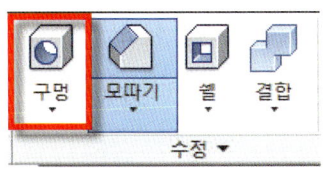

구멍 중심은 따로 선택하지 않아도 자동 선택이 되며, 구멍 대화상자 안의 설정 값을 번호 순서대로 설정합니다.

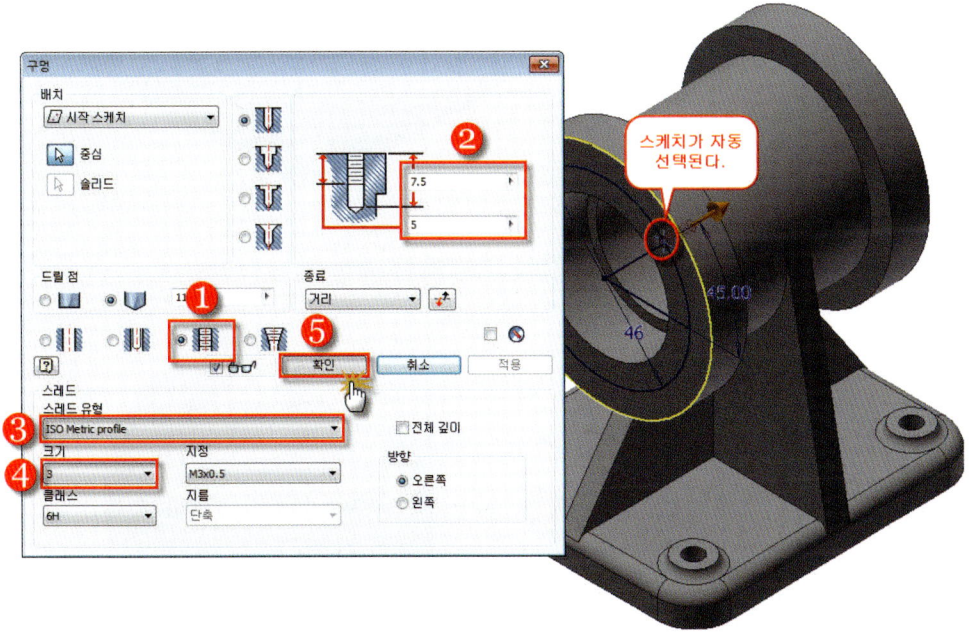

141

26 패턴 패널에 원형 아이콘( )을 클릭합니다. 원형 패턴 대화상자의 피쳐는 앞에서 작성한 구멍 피쳐를 선택합니다.

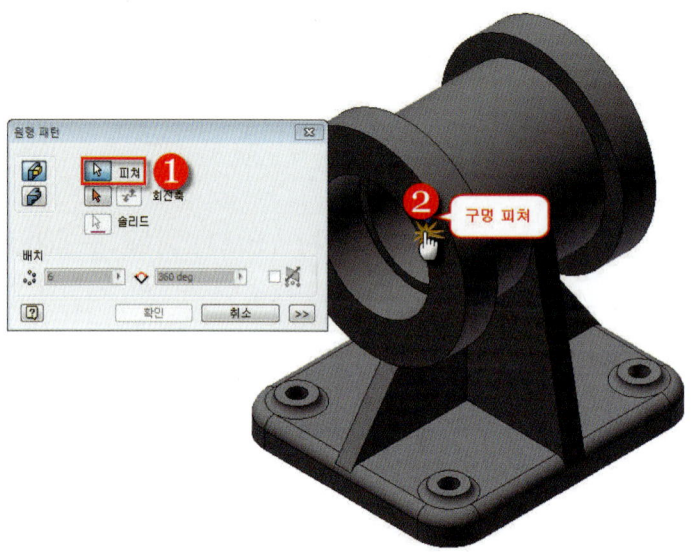

다음 회전축 버튼을 누르고 작업 화면에서 원통을 선택합니다.

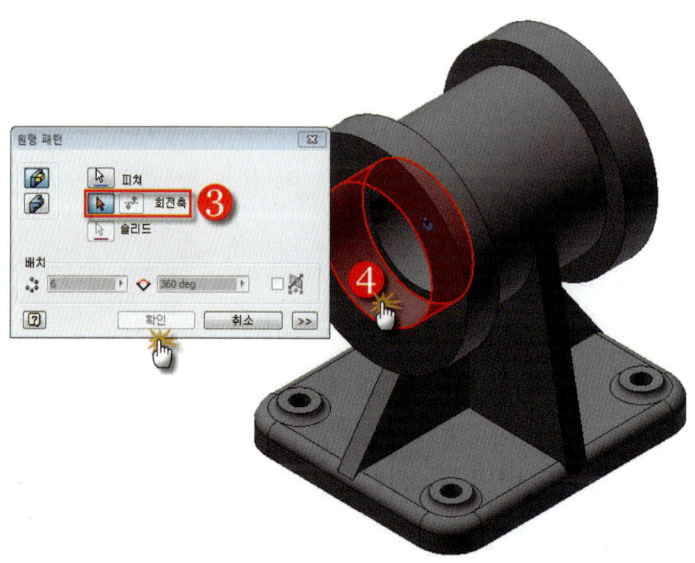

회전축을 지정하고 나면 배치 영역이 활성화됩니다.
패턴의 개수에 4를 입력하고 확인 버튼을 클릭한 후 패턴 피쳐를 완성합니다.

CAPTER 4. 모델링 따라 하기

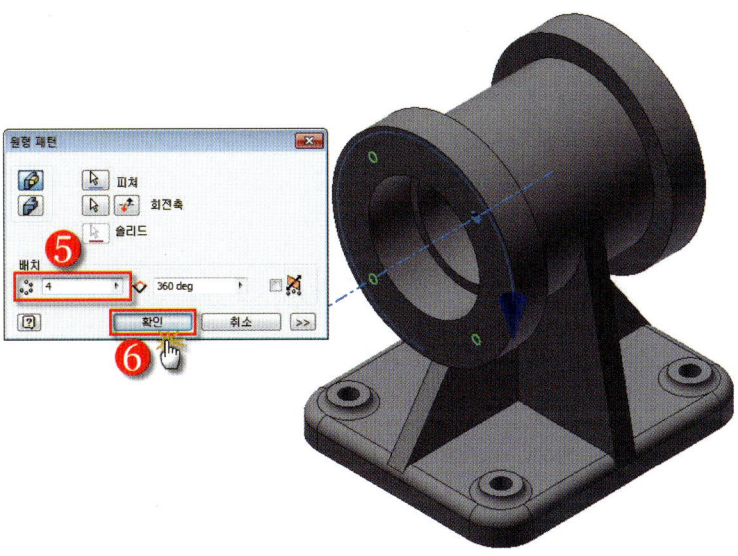

27 원통의 반대편에도 구멍 피쳐를 복사하기 위해 패턴 모드에 대칭 아이콘(㎖)을 클릭합니다. 대칭 대화상자에서 피쳐는 구멍2와 원형 패턴1을 Ctrl 키를 눌러 선택을 하고 대칭 평면은 XZ 평면을 클릭하면 됩니다. 그러면 반대편에도 형상이 만들어 집니다.

143

㉘ 원통에 일정간격이 떨어진 작업 평면을 작성합니다. 검색기 창의 원점 폴더 앞의 +표시를 내려 XY 평면을 선택합니다. 작업 피쳐 모드에 간격띄우기 아이콘 (평면에서 간격띄우기)을 선택한 다음 87만큼 간격을 띄워 평면을 추가합니다.

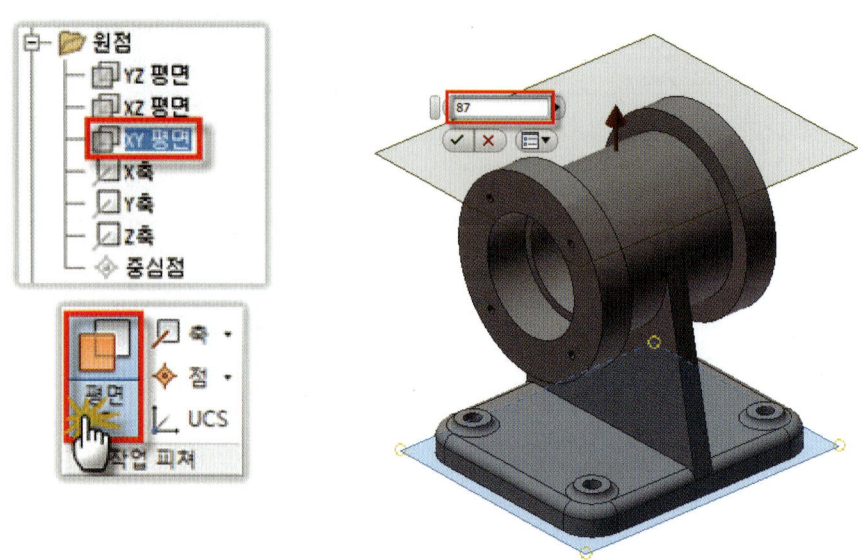

작성한 평면에 스케치하기 위해 스케치 작성 아이콘( )을 선택합니다.

CAPTER 4. 모델링 따라 하기

스케치로 들어가면 그리기 패널 중 원 아이콘(⊙ 원)을 이용하여 아래와 같이 원을 원점에서 그리고 치수10을 입력합니다. 그리고 스케치 마무리 아이콘(✓스케치마무리)을 클릭합니다.

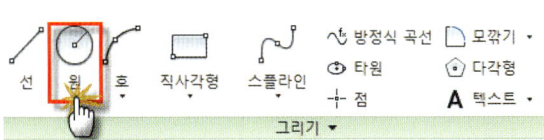 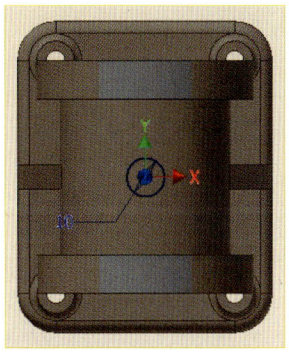

㉙ 작성 패널에 돌출 아이콘( )을 선택합니다. 돌출 대화상자에서 범위는 다음 면까지로 지정하고 확인 버튼을 클릭합니다. 만든 작업 평면은 다른 작업 시 방해받지 않기 위해 마우스 오른쪽 버튼을 클릭하여 가시성을 꺼줍니다.

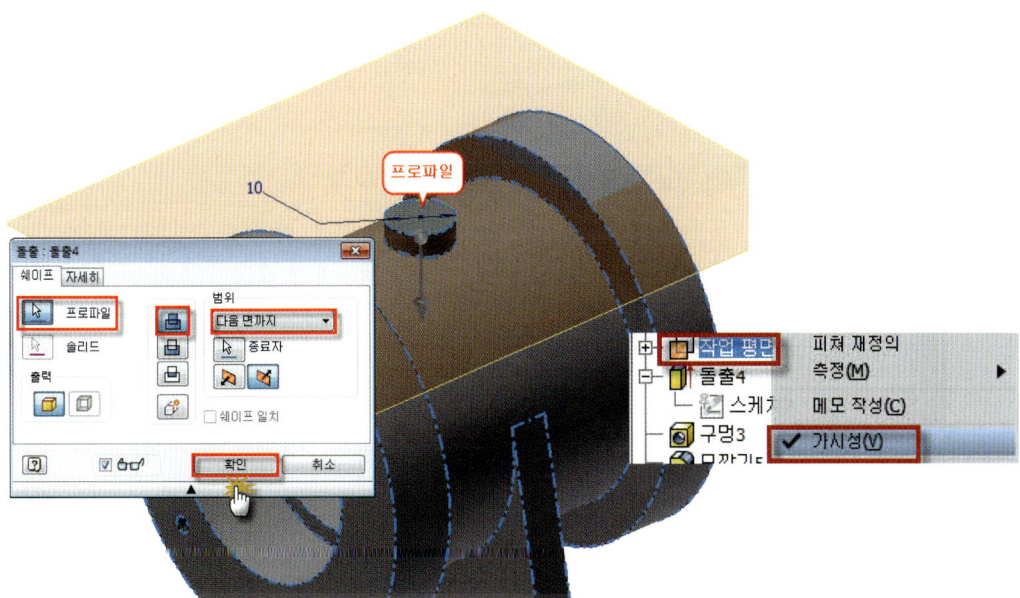

30 수정 패널에 구멍 아이콘을 선택합니다.

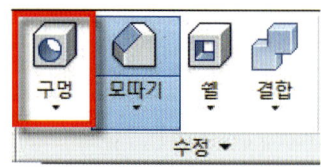

구멍 대화상자에서 그림과 같이 설정한 뒤 확인 버튼을 클릭합니다.

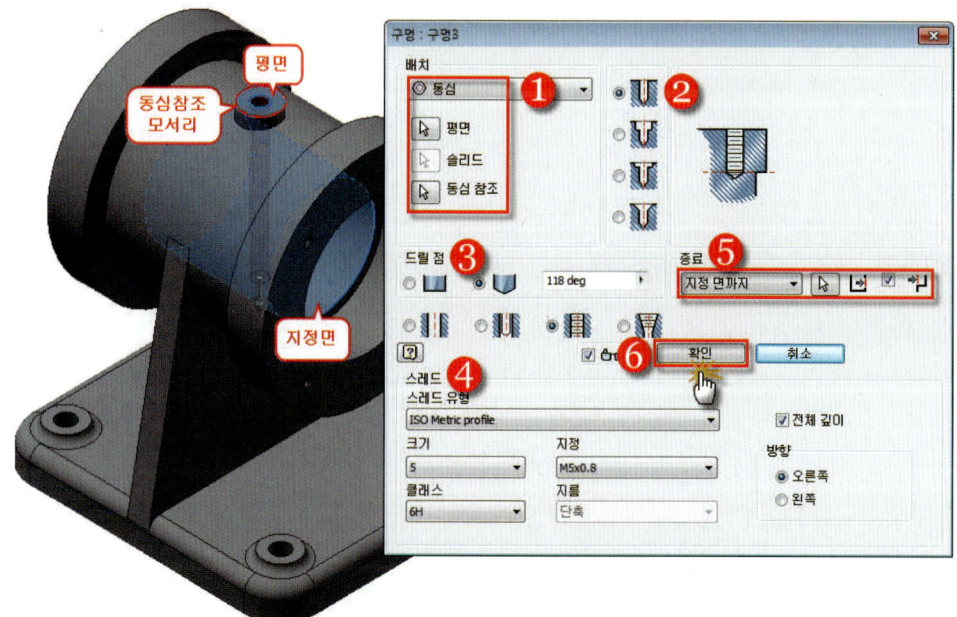

31 수정 패널에서 모깎기 아이콘을 선택합니다. 모깎기 대화상자에서 모깎기의 반지름을 선택하여 3을 입력한 후 모깎기할 모서리들을 선택하여 모깎기를 완성합니다.

CAPTER 4. 모델링 따라 하기

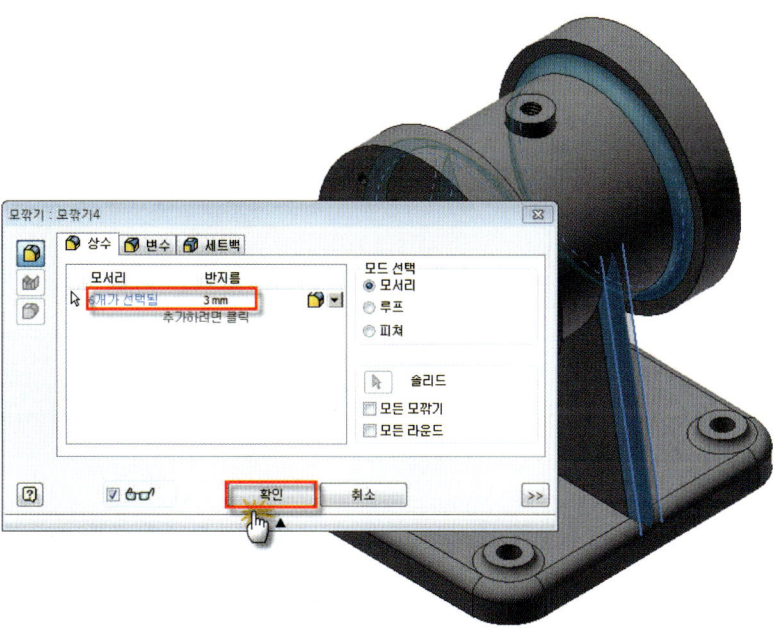

32 수정 패널에서 모깎기 아이콘( )을 선택합니다.

모깎기 대화상자에서 두 번째에 있는 면 모깎기를 선택합니다. 면 세트1, 세트 2를 차례로 선택하고, 반지름 값 3을 입력 후 확인 버튼을 클릭합니다. 반대편 모서리도 같은 방법으로 모깎기를 완성합니다.

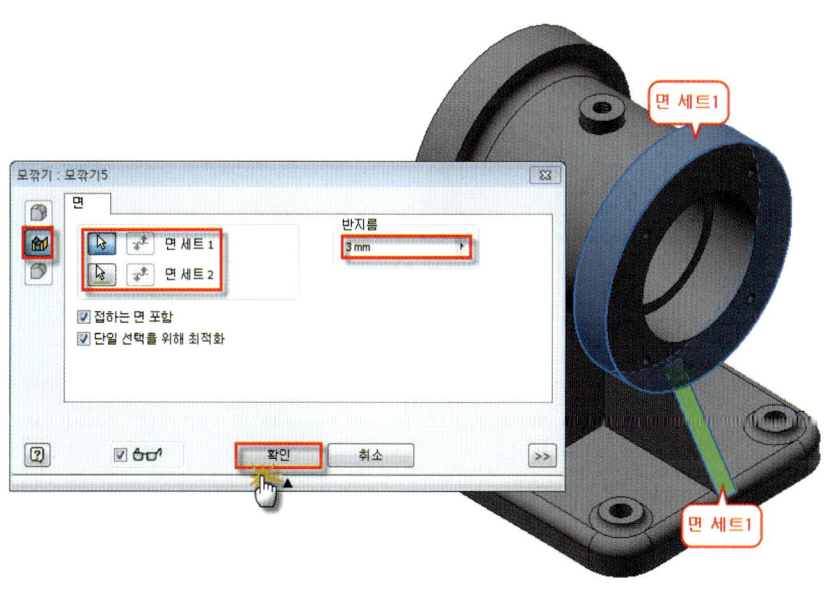

147

33) 다시 수정 패널에서 모깎기 아이콘( )을 선택합니다. 모깎기 대화상자에서 모깎기의 반지름 3을 입력한 후 모깎기할 모서리들을 선택한 다음 모깎기를 완성합니다. 나머지 모깎기도 위와 같은 방법으로 모깎기를 합니다.

본체가 완성이 됩니다.

CAPTER 4. 모델링 따라 하기

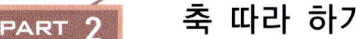

PART 2 　축 따라 하기

① 작성 패널에서 선 아이콘을 선택합니다.
　　형상을 아래와 같이 스케치하고 치수 아이콘을 사용하여 치수도 기입합니다.

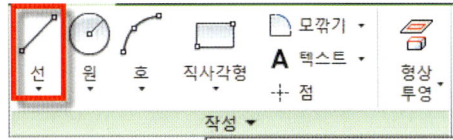

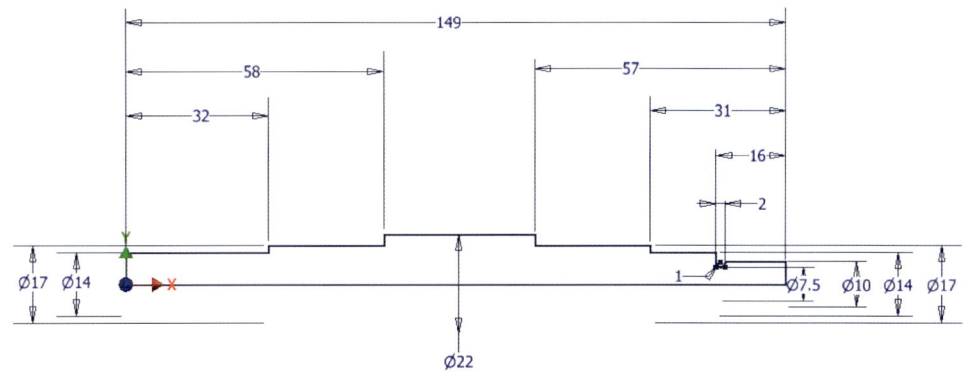

② 작성 패널에 회전 아이콘을 선택합니다.
　　회전 대화상자에서 프로파일과 축을 순차적으로 선택합니다.

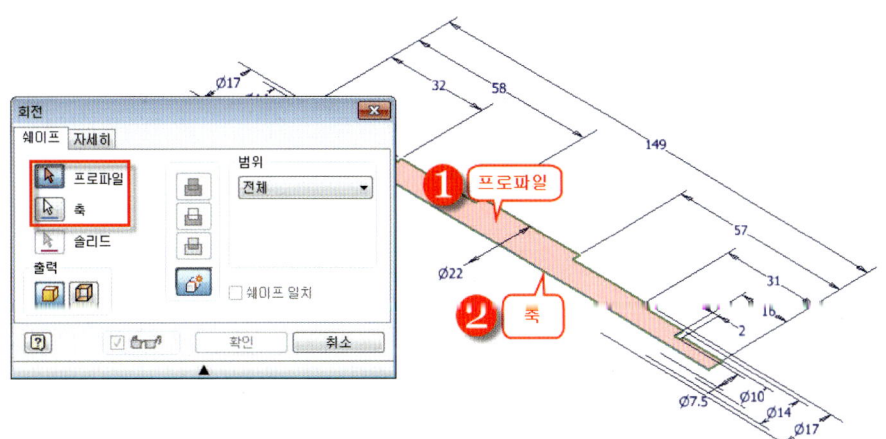

149

③ 그림과 같이 형상이 생기면 확인 버튼을 클릭합니다.

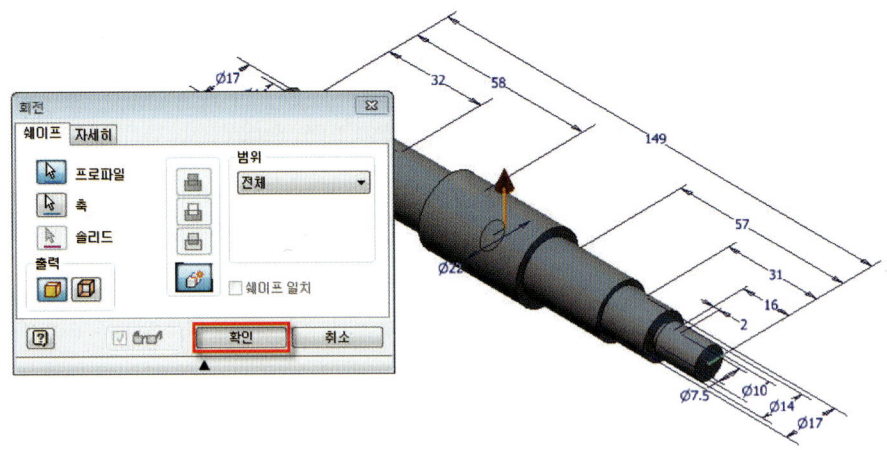

④ 검색기 창의 원점에서 XY 평면을 마우스 우 클릭을 이용하여 가시성을 선택합니다. 그러면 작업 평면이 나타납니다.

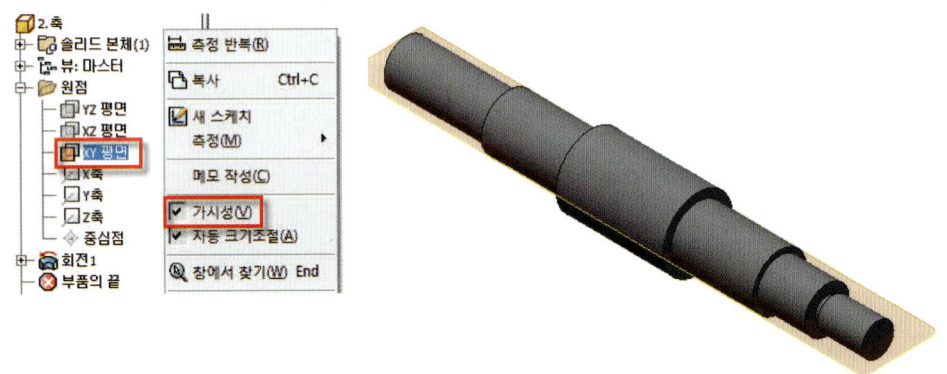

⑤ 작업 피쳐 패널에 평면 아이콘을 선택하고 앞에서 작성해 놓은 작업 평면을 클릭한 채로 위쪽 방향으로 드래그합니다. 입력창에 4를 입력하고 확인합니다. 작업 시 보기 용이하도록 먼저 작성한 작업 평면을 선택하고 마우스 우 클릭을 이용하여 가시성 체크를 지워 가시성을 꺼줍니다.

CAPTER 4. 모델링 따라 하기

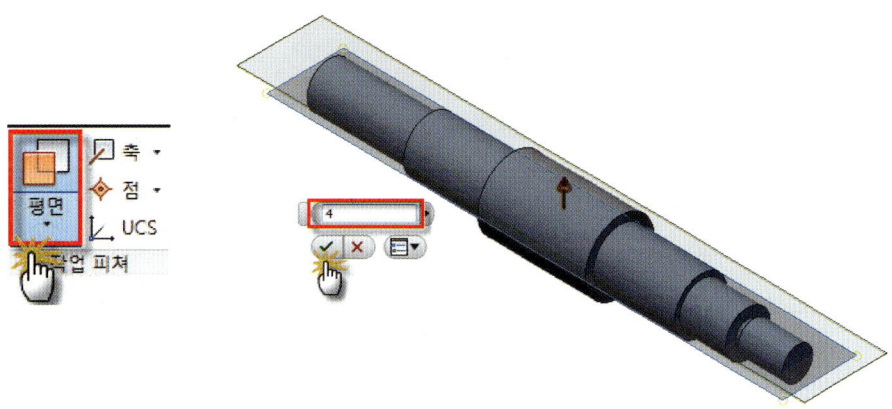

⑥ 작성한 작업 평면에 스케치를 하기 위해 평면을 선택하여 나타나는 스케치 작성 아이콘을 선택합니다.

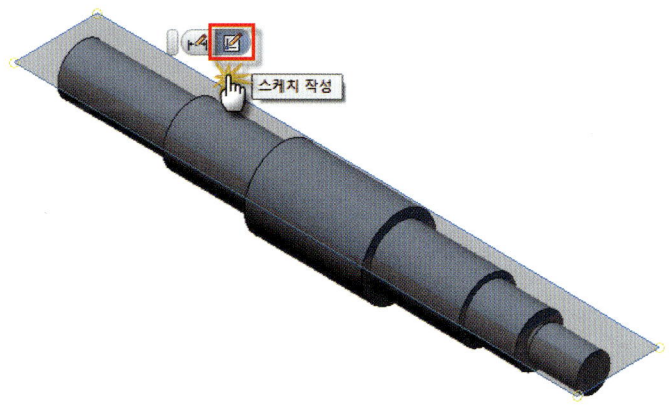

스케치로 들어가면 F7(그래픽 슬라이스) 키를 눌러 단면 상태에서 작성 패널 중 슬롯을 이용하여 아래와 같이 스케치한 다음 치수를 기입합니다.

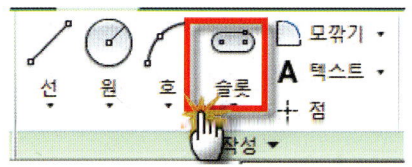

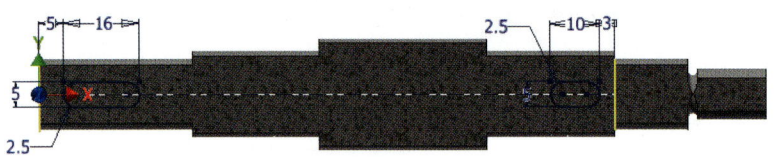

7 작성 패널에 돌출 아이콘을 선택합니다. 돌출 대화상자 유형에서 두 번째에 있는 차집합 모드로 선택하고 절단할 영영(프로파일)을 선택합니다. 돌출할 범위를 전체로 설정하고 절단 방향을 확인한 후 확인 버튼을 클릭합니다.

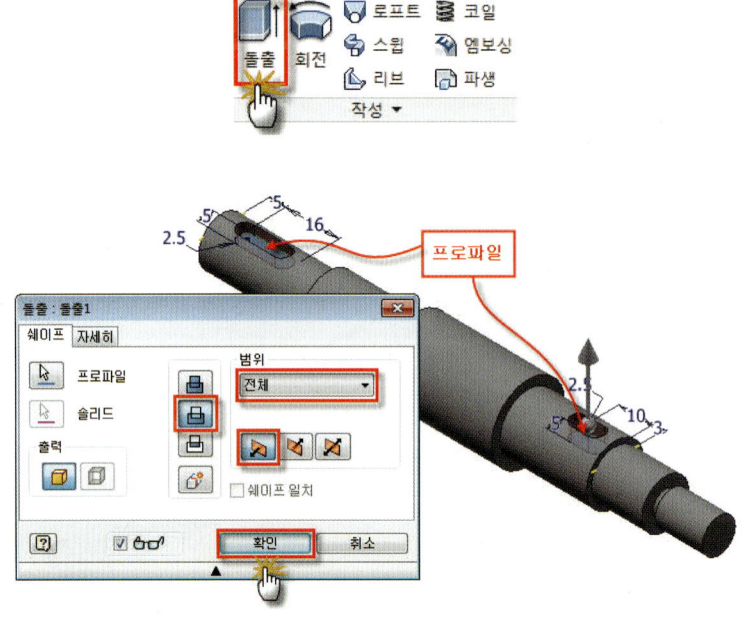

다른 작업 시 방해받지 않기 위해 키홈 작성을 위해 만들 평면은 가시성의 체크를 지워 가시성을 꺼줍니다.

CAPTER 4. 모델링 따라 하기

⑧ 검색기 창의 원점에서 XZ 평면을 선택하여 나타나는 스케치 작성 아이콘을 선택합니다.

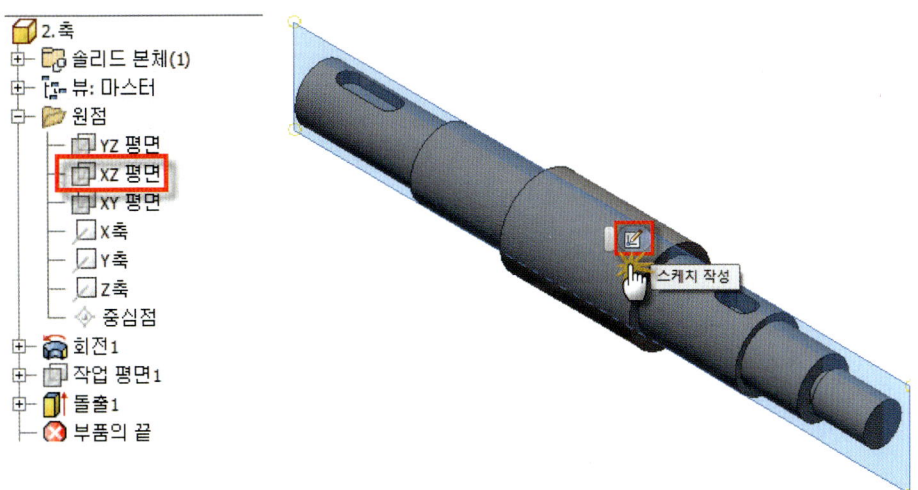

스케치로 들어가면 F7(그래픽 슬라이스) 키를 눌러 단면 상태에서 그리기 패널 중 선 아이콘을 이용하여 아래와 같이 삼각형 모양을 그린 후 치수를 입력하고 평면에 고정시킵니다.

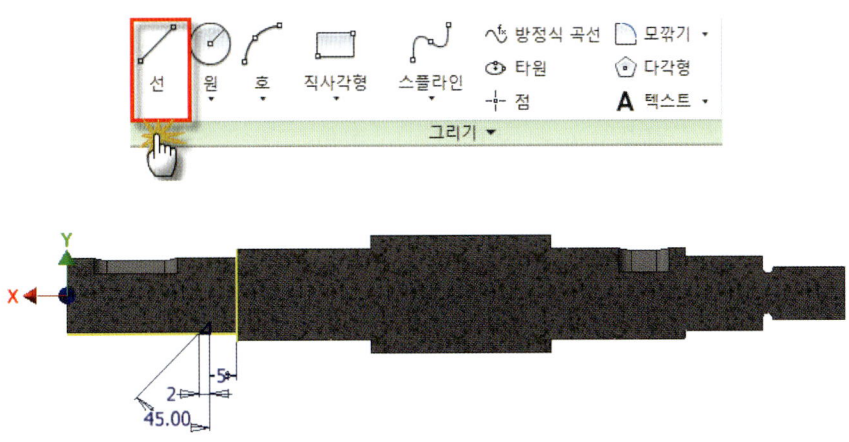

153

⑨ 스케치 마무리 아이콘을 클릭합니다. 그리고 작성 패널
에서 회전 아이콘을 선택합니다.

회전 대화상자 유형에서 두 번째에 있는 차집합 모드로 선택하고 절단할 영영
(프로파일)과 축을 선택 후 확인을 클릭합니다.

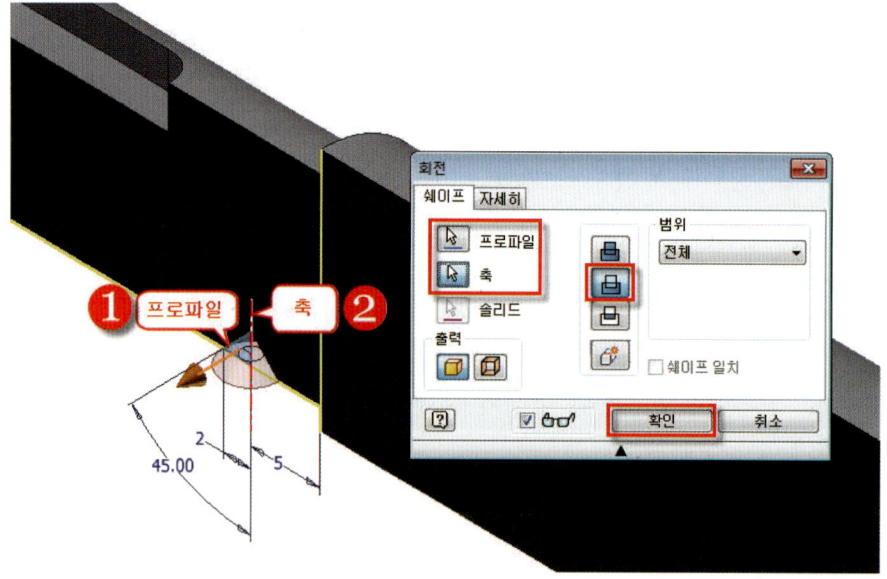

회전 아이콘을 사용하여 절단이 완성된 형상을 확인합니다.

CAPTER 4. 모델링 따라 하기

⑩ 수정 패널에 있는 스레드를 선택합니다.

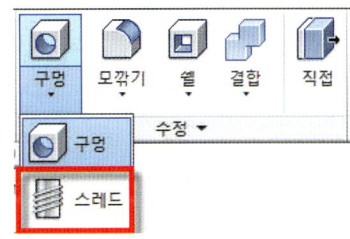

스레드 대화상자에서 위치 탭에서 면을 선택하고 모델링에서 지정해주면 사양 탭에 스레드 유형, 크기, 지정 부분이 자동설정이 됩니다.

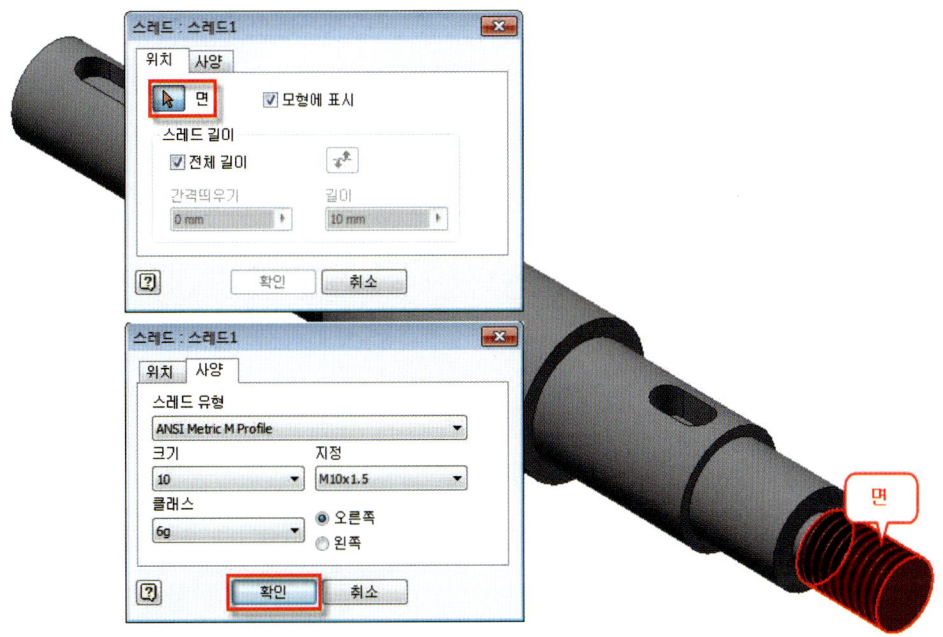

⑪ 수정 패널에 구멍을 선택합니다. 구멍의 중심을 표시하기 위해 구멍 대화상자에서 그림과 같이 설정한 뒤 확인 버튼을 클릭합니다. 대칭을 사용하여 반대 면에도 구멍의 중심을 만듭니다.

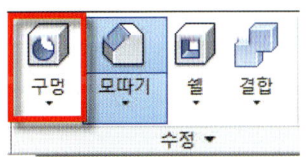

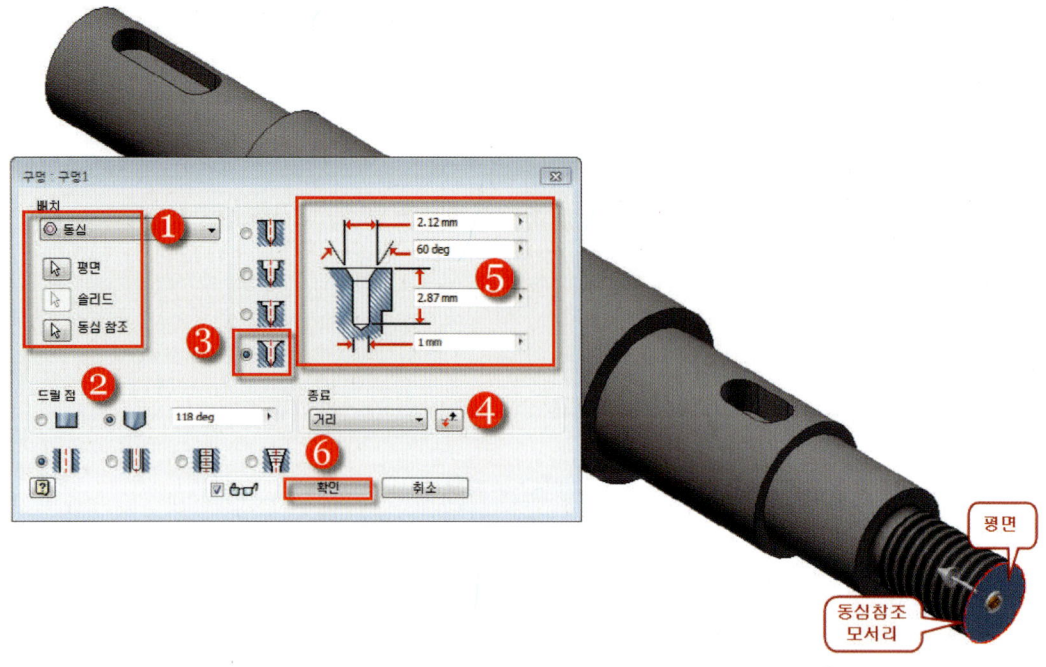

12 평면에 화살표를 클릭하여 나타나는 하위 메뉴에서 두 평행 평면 간의 중간 평면을 선택하고, 양 끝면을 선택해주면 모델링 중간에 평면이 생깁니다.

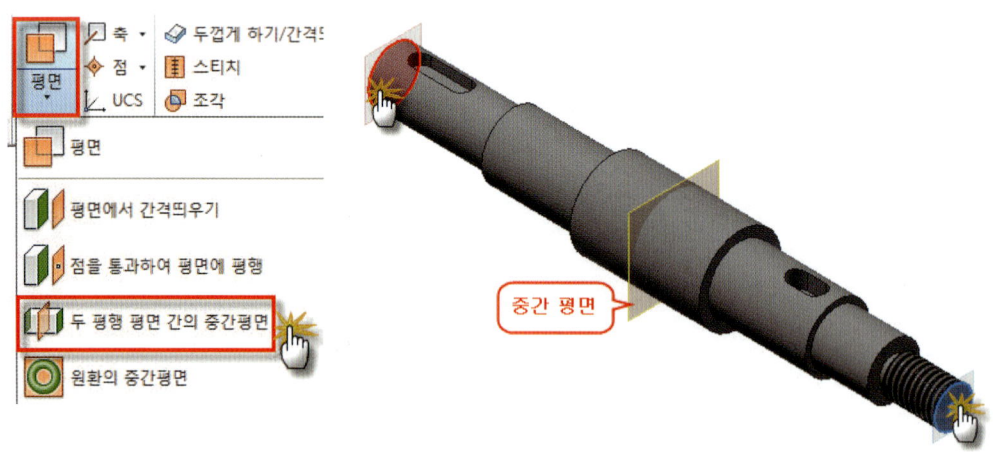

13 패턴 패널에 대칭을 선택합니다. 대칭 대화상자의 피쳐와 대칭 평면을 선택한 후 확인 버튼을 선택합니다.

CAPTER 4. 모델링 따라 하기

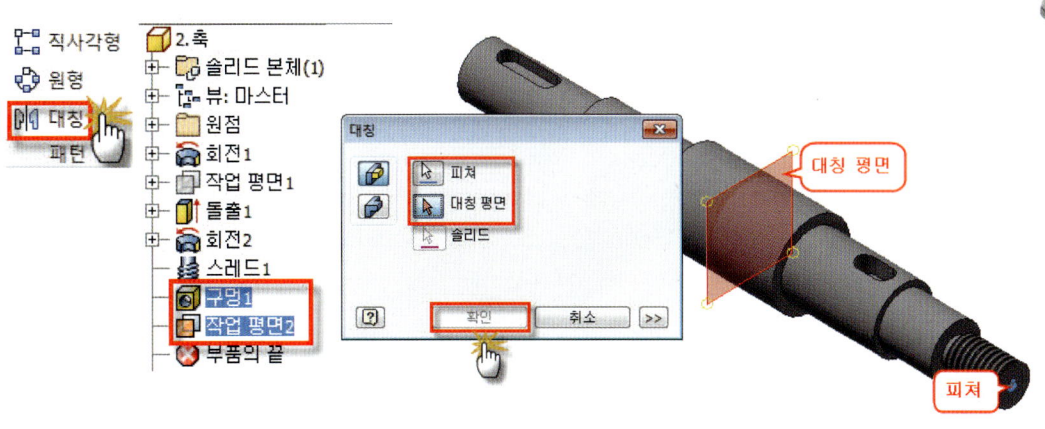

14. 회전 아이콘으로 반대면 대칭을 확인한 후 대칭 작성을 위해 만들 평면은 가시성의 체크를 지워 가시성을 꺼줍니다.

15. 수정 패널에서 모깎기 아이콘을 선택합니다. 모따기 대화상자에서 모따기 유형 중 첫 번째에 있는 유형을 선택하고 거리 값에는 1을 입력한 후 모따기 할 모서리를 클릭한 뒤 확인을 선택합니다.

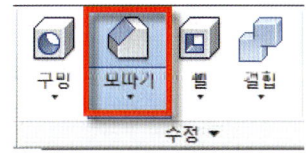

157

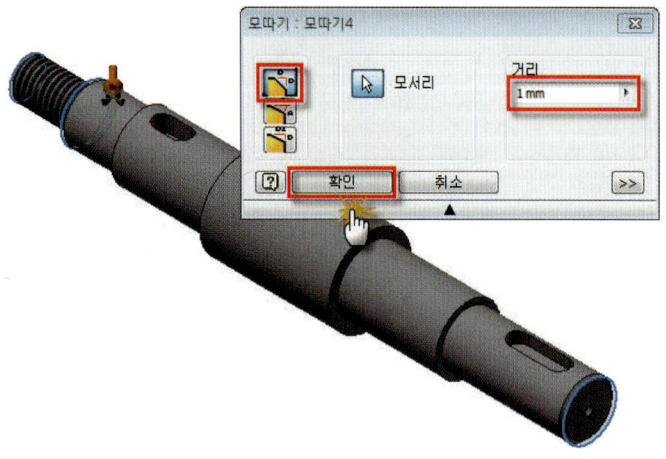

16 다시 모따기 아이콘을 선택합니다. 모따기 대화상자에서 모따기 유형 중 두 번째에 있는 거리/각도 유형을 선택한 후 거리 값에는 1.8을 입력하고, 각도 값에는 30을 입력한 후 모따기 할 면과 모서리를 차례대로 클릭합니다.

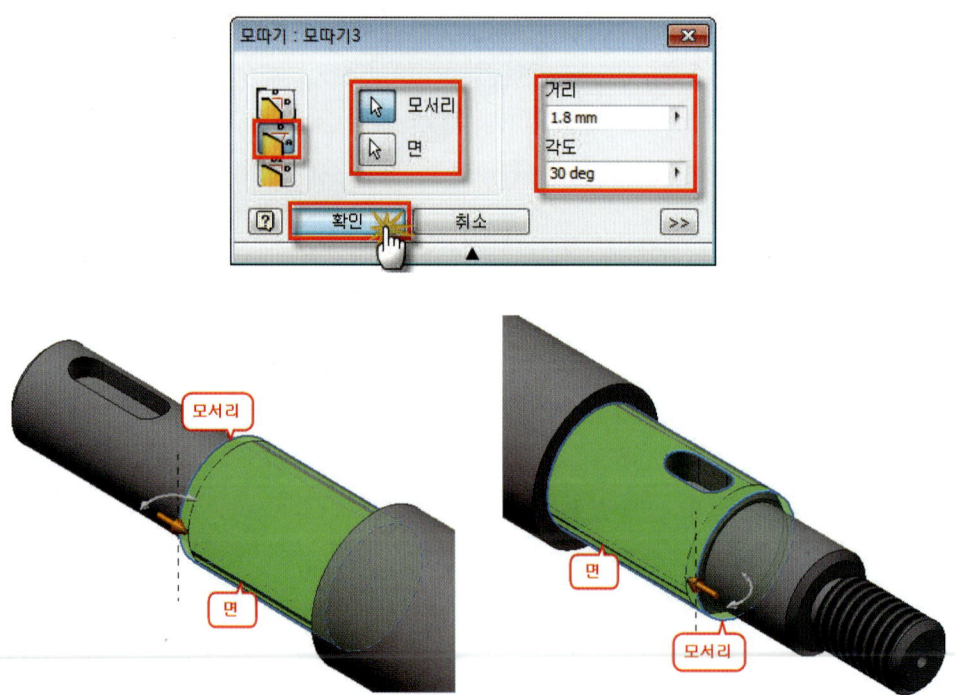

CAPTER 4. 모델링 따라 하기

17 수정 패널에서 모깎기 아이콘을 선택합니다. 모깎기 대화상자에서 모깎기의 반지름을 선택하여 4를 입력한 후 모깎기할 모서리들을 선택한 다음 모깎기를 완성합니다.

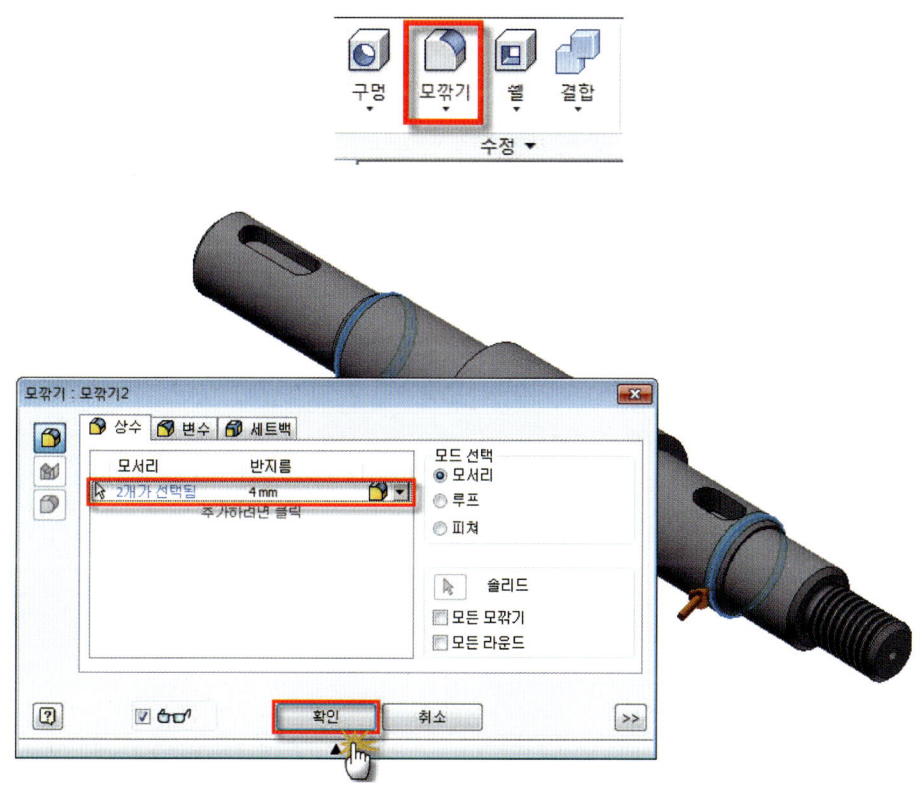

작업이 끝나면 축 형상이 완성이 됩니다.

Autodesk Inventor 2015

PART 3 V벨트풀리 따라 하기

① 작성 패널에서 선 아이콘을 선택합니다.

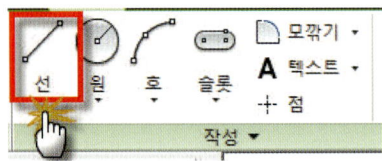

형상을 아래와 같이 스케치하고 치수 아이콘을 사용하여 정확한 치수를 기입합니다. 그리고 스케치 마무리 버튼을 클릭합니다.

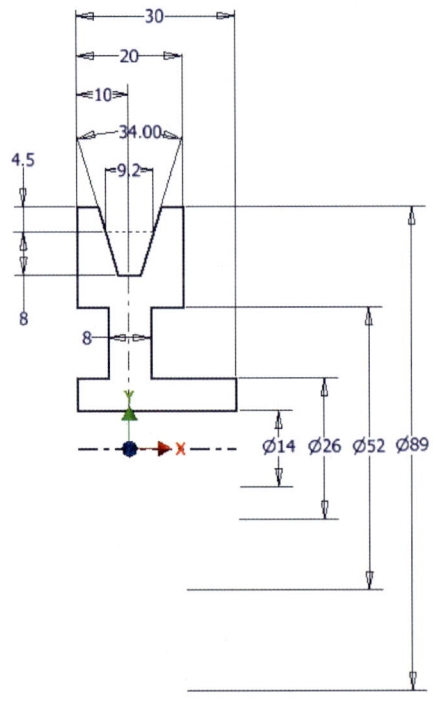

② 작성 패널에서 회전 아이콘을 선택합니다.

회전 대화상자에서 프로파일과 축을 순차적으로 선택합니다.

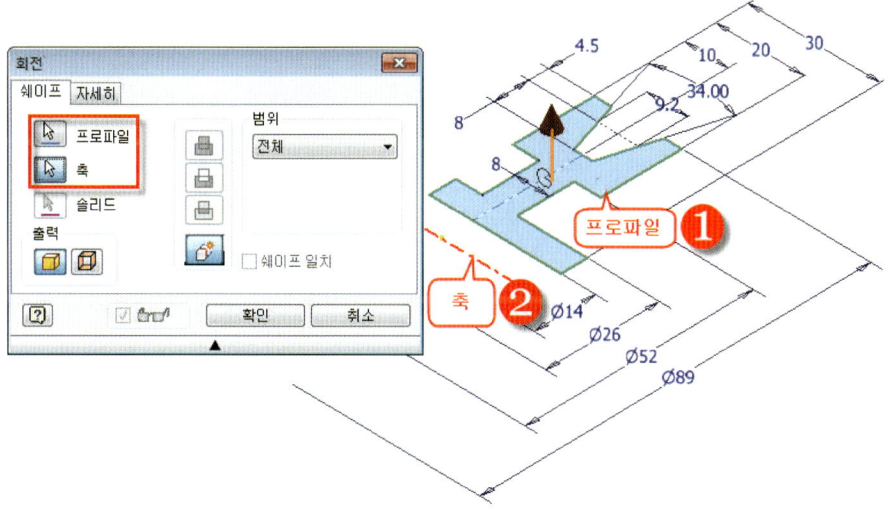

그림과 같이 형상이 생기면 확인 버튼을 클릭합니다.

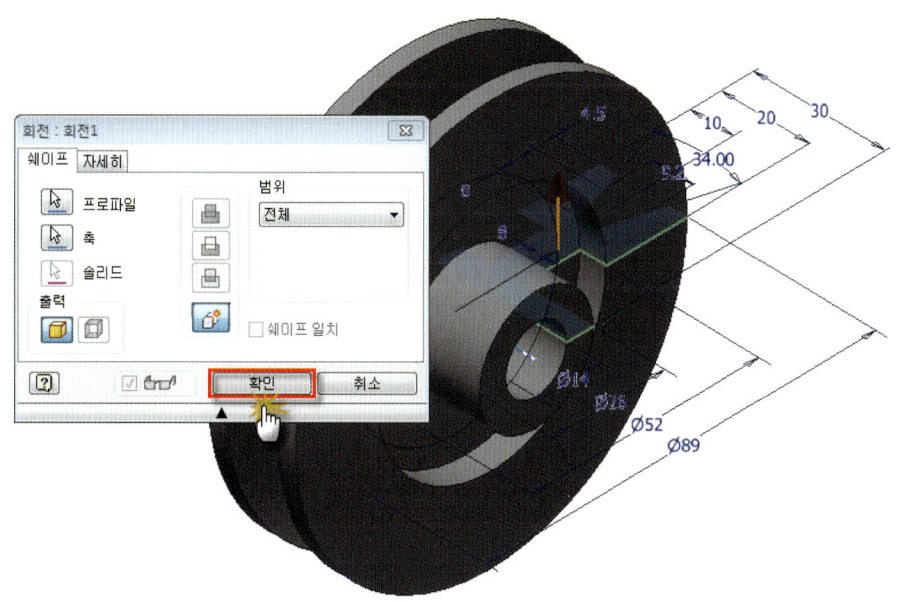

③ 키(key)를 가공하기 위해서 그림처럼 면을 선택하여 스케치 작성 아이콘을 선택합니다.

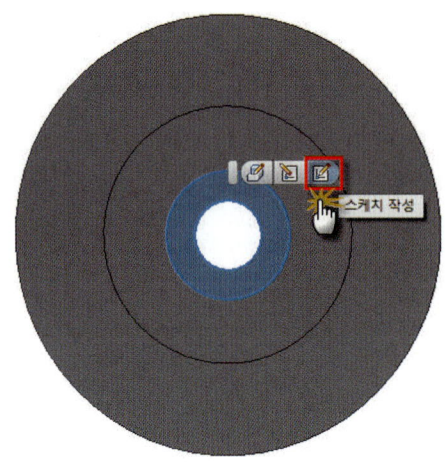

스케치로 들어가면 작성 패널에서 직사각형(가로, 세로 5)을 이용하여 아래와 같이 치수를 입력하여 완전구속을 시킵니다.

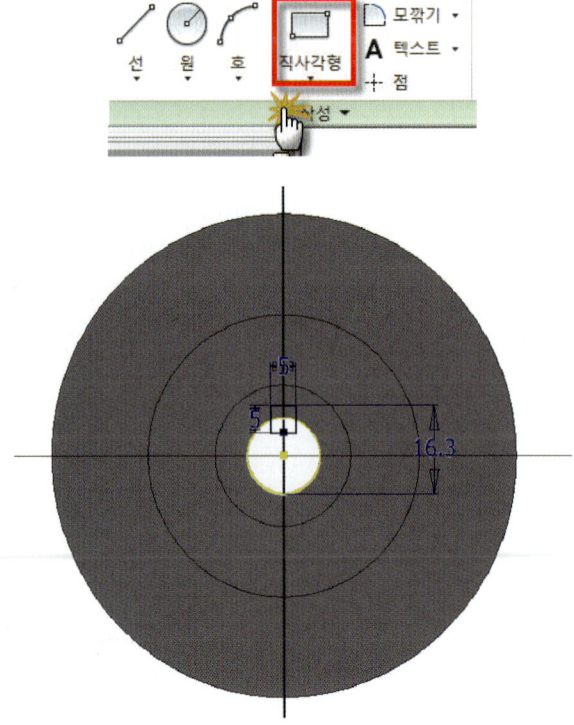

CAPTER 4. 모델링 따라 하기

④ 작성 패널에서 돌출 아이콘을 선택합니다. 돌출 대화상자에서 프로파일을 차집합으로, 거리 값은 전체로 설정합니다. 돌출 방향을 고려한 후 확인 버튼을 클릭합니다.

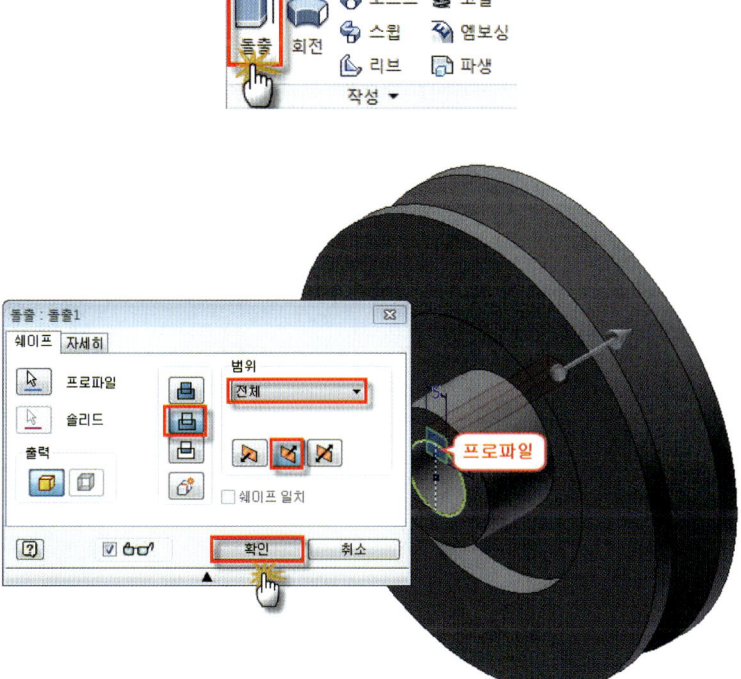

⑤ 검색기 창에서 XZ 평면을 선택한 뒤 스케치 작성 아이콘을 클릭합니다.

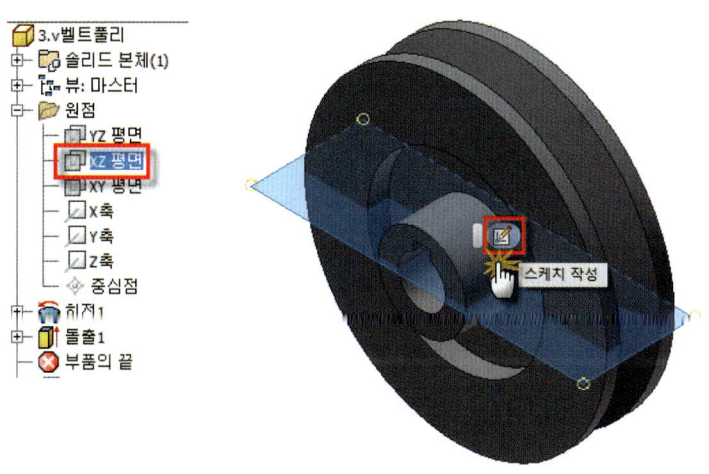

163

스케치로 들어가면 F7(그래픽 슬라이스) 키를 눌러 단면 상태에서 작성 모드 안에 있는 점을 이용하여 아래와 같이 수평 구속조건과 치수로 완전구속을 시킵니다.

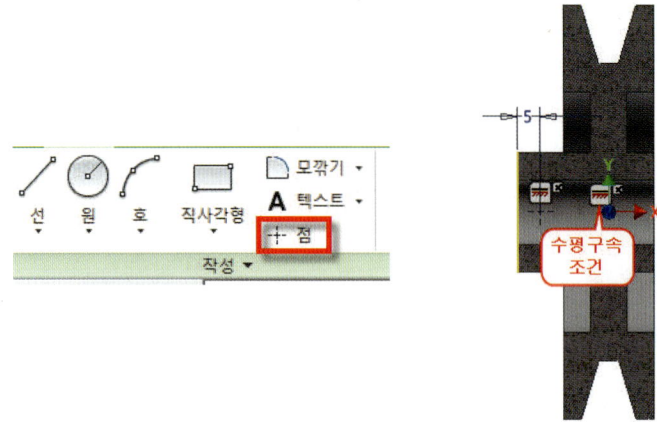

⑥ 스케치를 종료하고 수정 패널에 구멍 아이콘을 선택합니다.

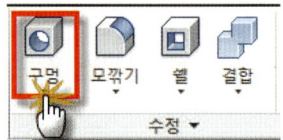

구멍 대화상자에서 배치 부분의 시작 스케치 중심을 선택하고 나머지는 그림과 같이 설정한 뒤 확인 버튼을 클릭합니다. 나사탭 작업이 완성됩니다.

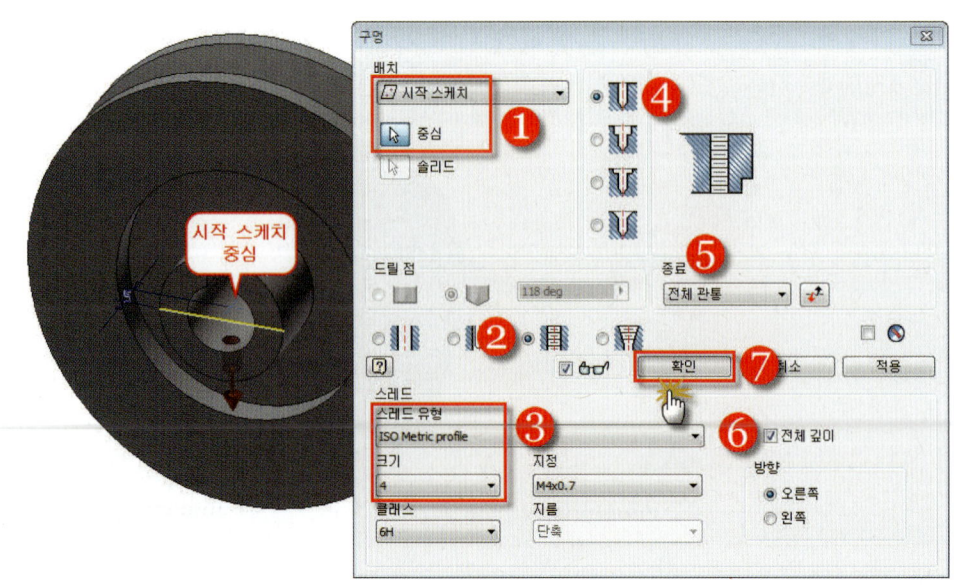

CAPTER 4. 모델링 따라 하기

7 수정 패널에서 모깎기 아이콘을 선택합니다.

모깎기 대화상자에서 모깎기의 반지름을 선택하여 3을 입력한 후 모깎기 할 모서리들을 선택한 후 모깎기를 완성합니다.
같은 방법으로 도면을 보고 나머지 모깎기도 완성합니다.

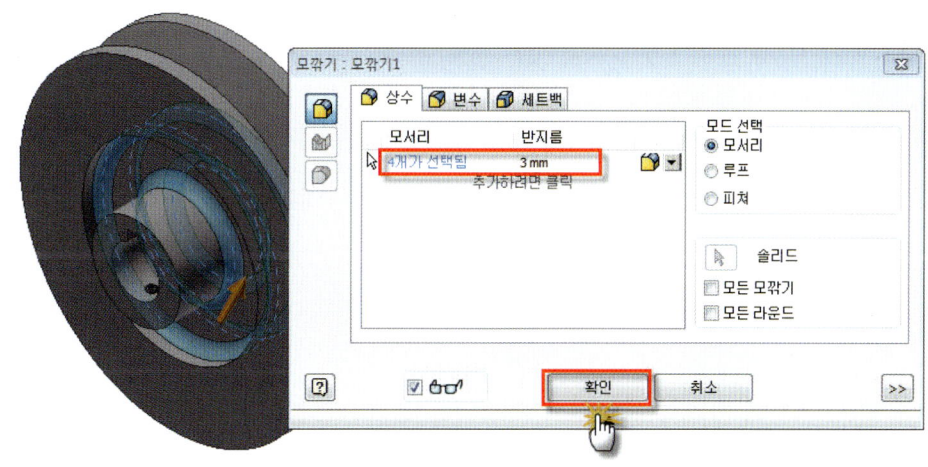

작업이 끝나면 V벨트풀리가 완성이 됩니다.

165

PART 4   스퍼기어 따라 하기

① 작성 패널에서 선 아이콘을 선택합니다.

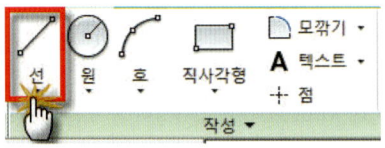

형상을 아래와 같이 스케치하고 치수 아이콘을 사용하여 아래 그림과 같이 정확한 치수를 기입합니다. 그리고 스케치 마무리 버튼을 클릭합니다.

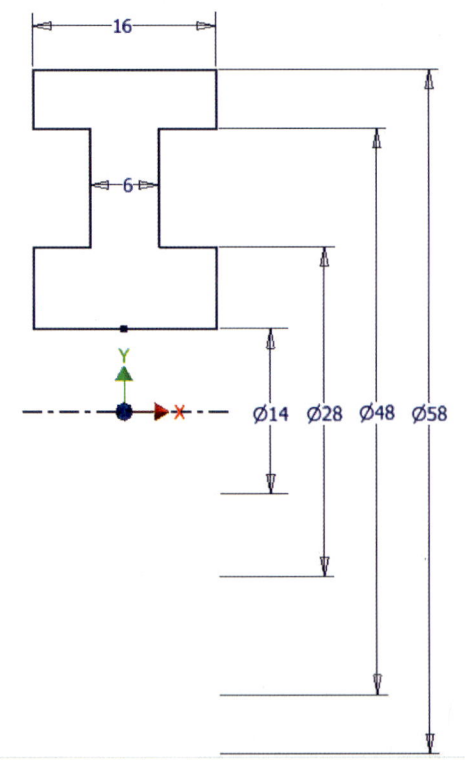

② 작성 패널에서 회전 아이콘을 선택합니다. 회전 대화상자에서 프로파일과 축을 순차적으로 선택합니다.

CAPTER 4. 모델링 따라 하기

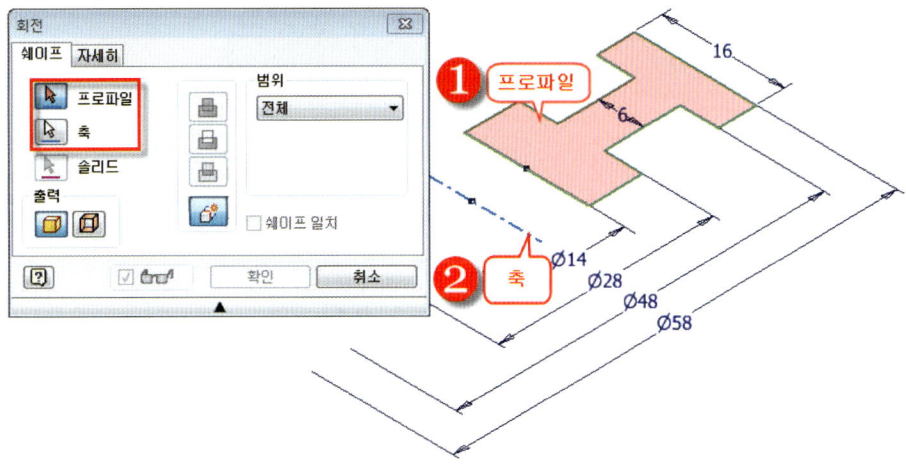

그림과 같이 형상이 생기면 확인 버튼을 클릭합니다.

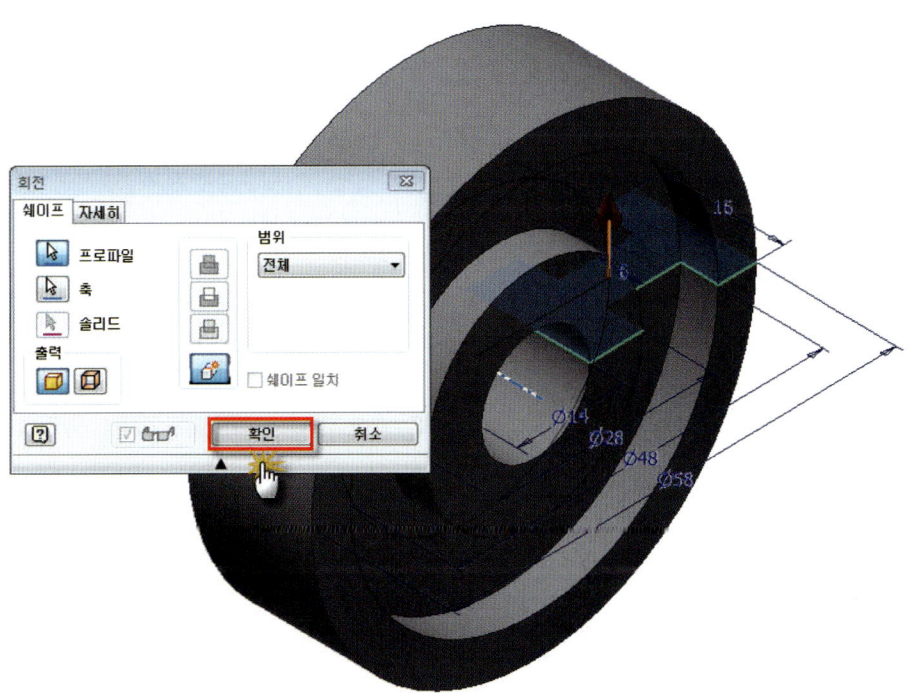

③ 그림과 같이 면을 선택하여 나타나는 스케치 작성 아이콘을 선택합니다.

형상투영 아이콘으로 외곽 원통을 형상 투영합니다. 작성 패널 중 선 및 원, 호 아이콘을 이용하여 아래와 같이 치수로 평면에 고정시킵니다.

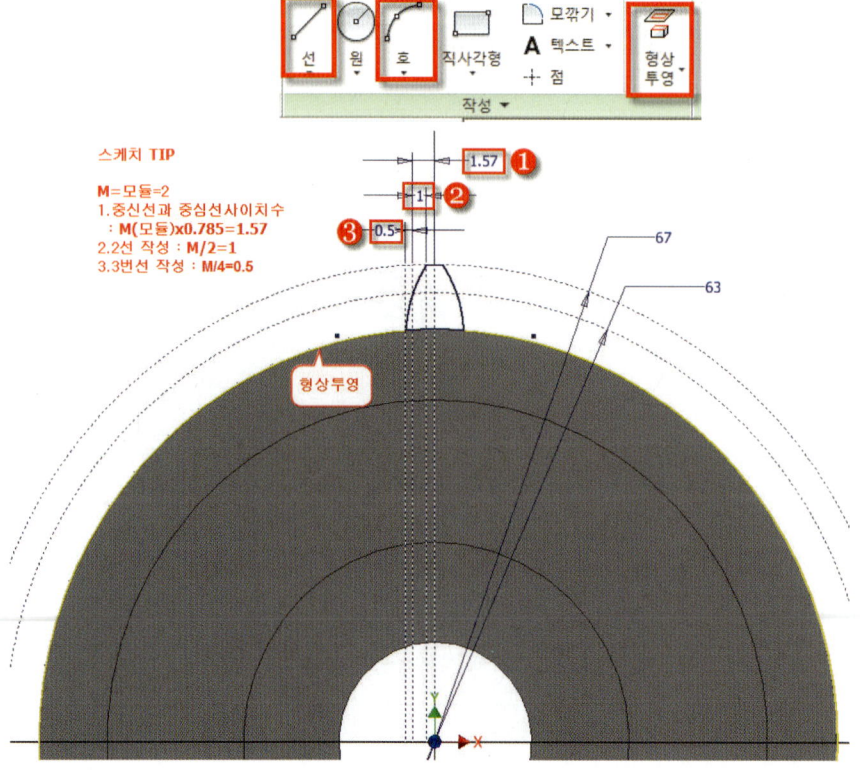

스케치 TIP

M=모듈=2
1.중신선과 중심선사이치수
  : M(모듈)x0.785=1.57
2.2선 작성 : M/2=1
3.3번선 작성 : M/4=0.5

CAPTER 4. 모델링 따라 하기

4 작성 패널에서 돌출 아이콘을 선택합니다. 돌출 대화상자에서 프로파일을 지정하고 거리 값 16을 입력합니다. 돌출 방향을 고려한 후 확인 버튼을 클릭합니다.

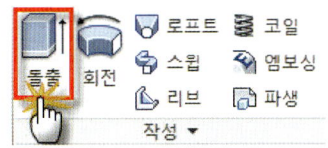

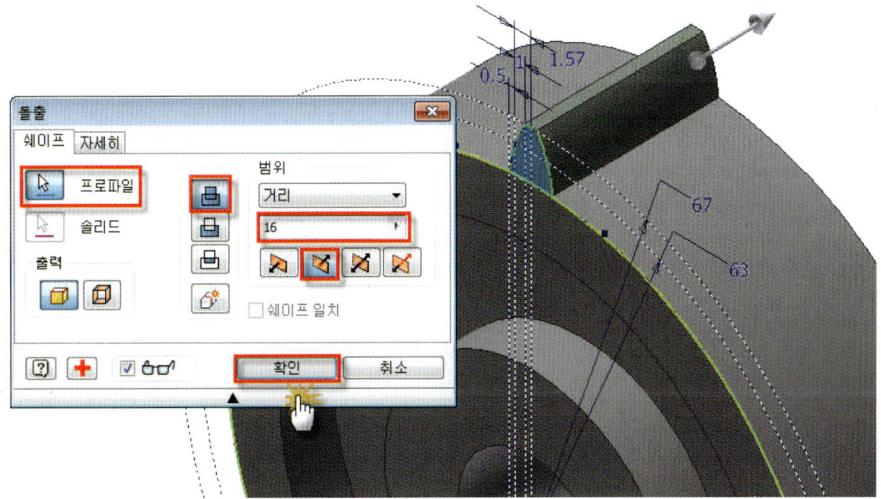

5 수정 패널에서 모따기 아이콘을 선택합니다.

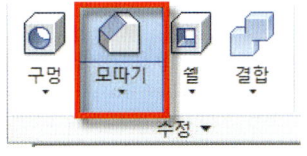

모따기 대화상자에서 모따기 유형 중 첫 번째에 있는 유형을 선택하고 거리 값에는 1을 입력한 후 모따기 할 모서리를 클릭한 뒤 확인을 선택합니다.

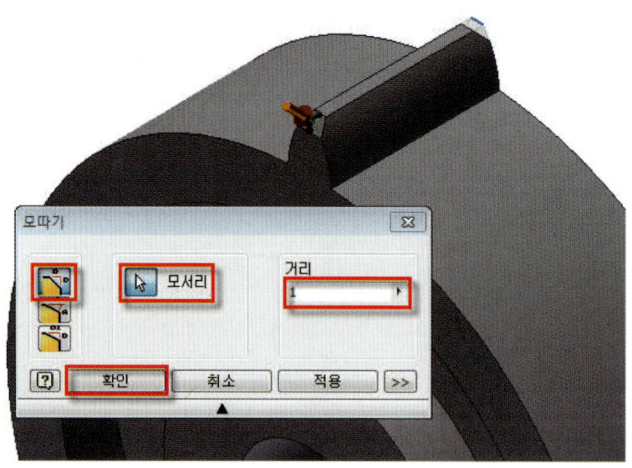

6 패턴모드에 원형 아이콘을 클릭합니다.

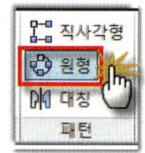

원형 패턴 대화상자의 피쳐는 검색기 창에서 돌출 피쳐와 모따기 피쳐를 선택합니다. 회전 축으로 피쳐의 원통 면을 선택합니다. 배치에 복사할 잇수 29를 입력하고 확인 버튼을 클릭합니다.

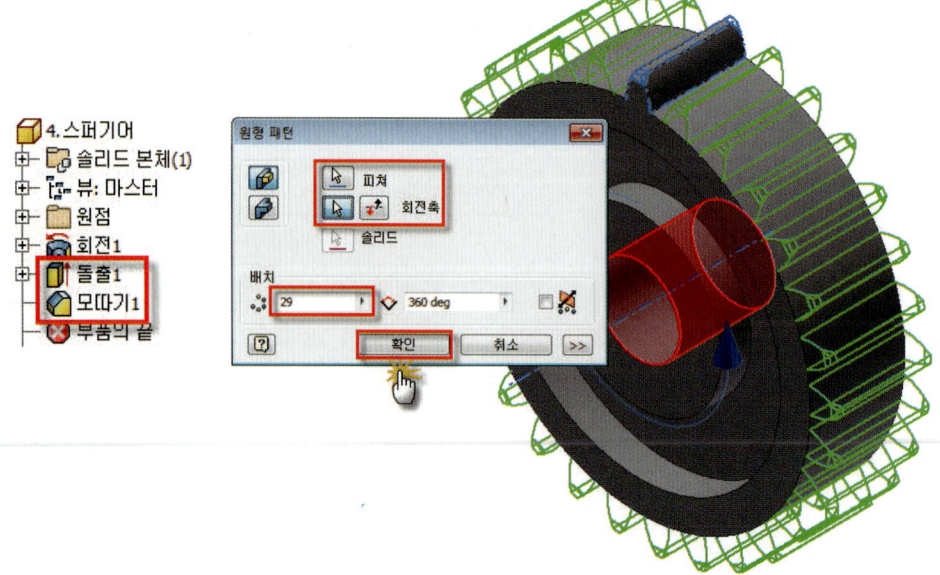

CAPTER 4. 모델링 따라 하기

7 키(key)를 그리기 위해서 그림과 같이 면을 선택하여 나타나는 스케치 작성 아이콘을 선택합니다.

스케치로 들어가면 작성 패널 중에서 직사각형을 이용하여 아래와 같이 치수를 입력하여 완전구속을 시킵니다.

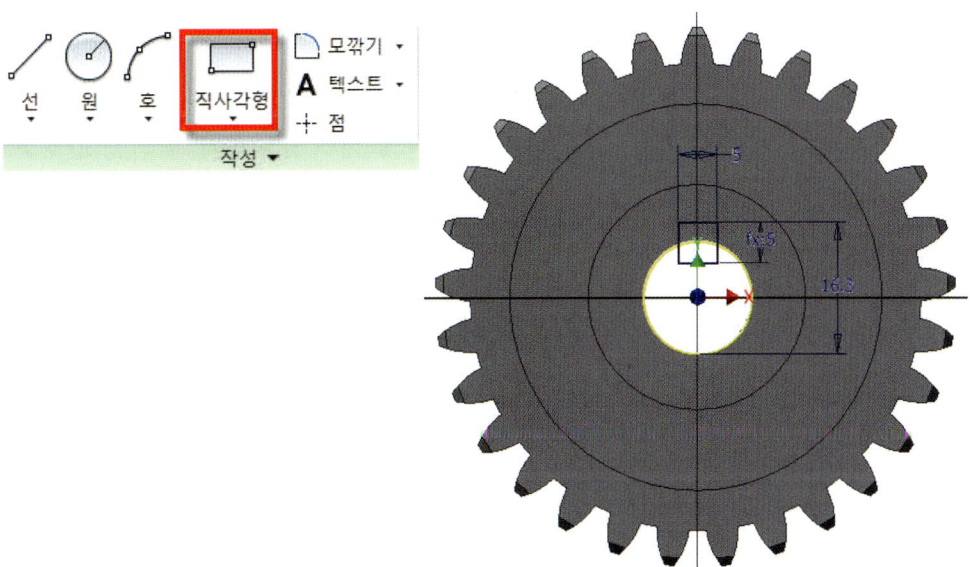

171

8 작성 패널에서 돌출 아이콘을 선택합니다. 돌출 대화상자에서 프로파일을 차집합으로, 거리 값은 전체로 설정합니다. 돌출 방향을 고려한 후 확인 버튼을 클릭합니다.

9 수정 패널에서 모깎기 아이콘을 선택합니다. 모깎기 대화상자에서 모깎기의 반지름 값 3을 입력한 후 모깎기할 모서리들을 선택한 다음 모깎기를 완성합니다.

CAPTER 4. 모델링 따라 하기

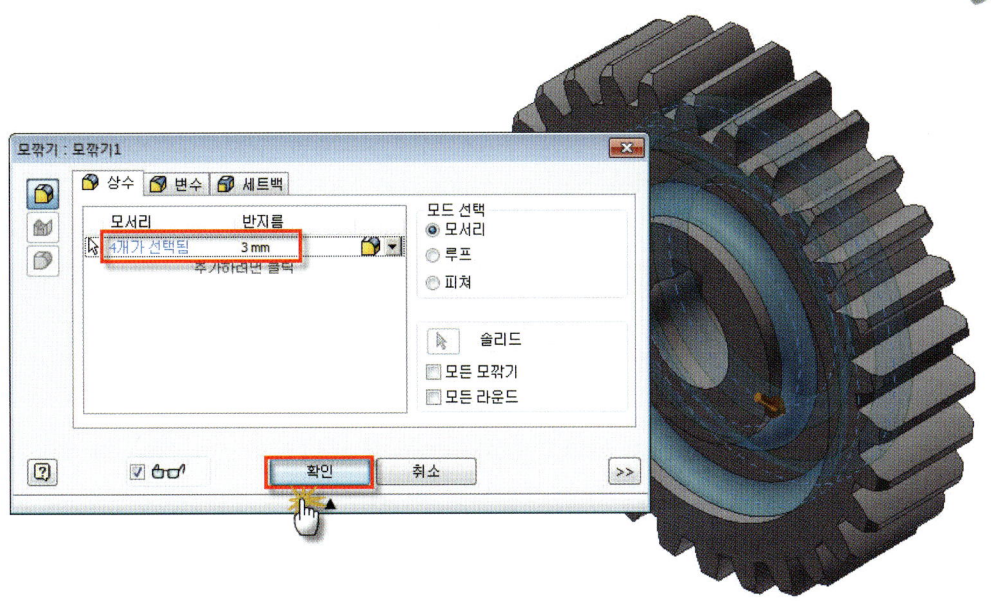

작업이 끝나면 스퍼기어가 완성됩니다.

AUTODESK
INVENTOR 2015

PART 5   커버 따라 하기

① 작성 패널에서 선을 선택합니다.

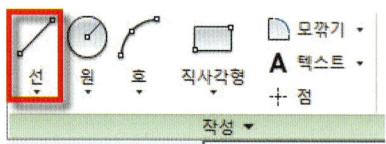

형상을 스케치하고 치수 아이콘을 사용하여 아래 그림과 같이 치수를 기입합니다. 형상이 원형체이면 중심축을 기준으로 절반만 스케치하면 됩니다.

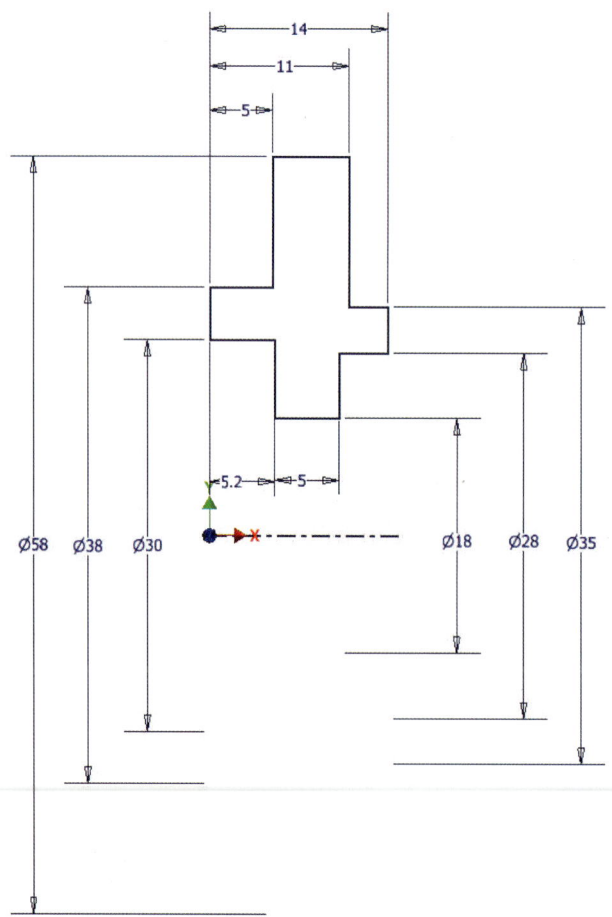

CAPTER 4. 모델링 따라 하기

2 작성 패널에서 회전 아이콘을 선택합니다.

회전 대화상자에서 프로파일과 축을 순차적으로 선택합니다.

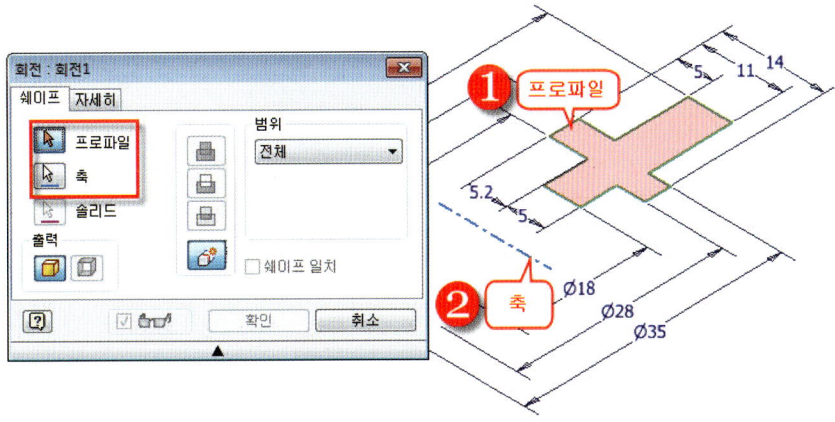

그림과 같이 형상이 생기면 확인 버튼을 클릭합니다.

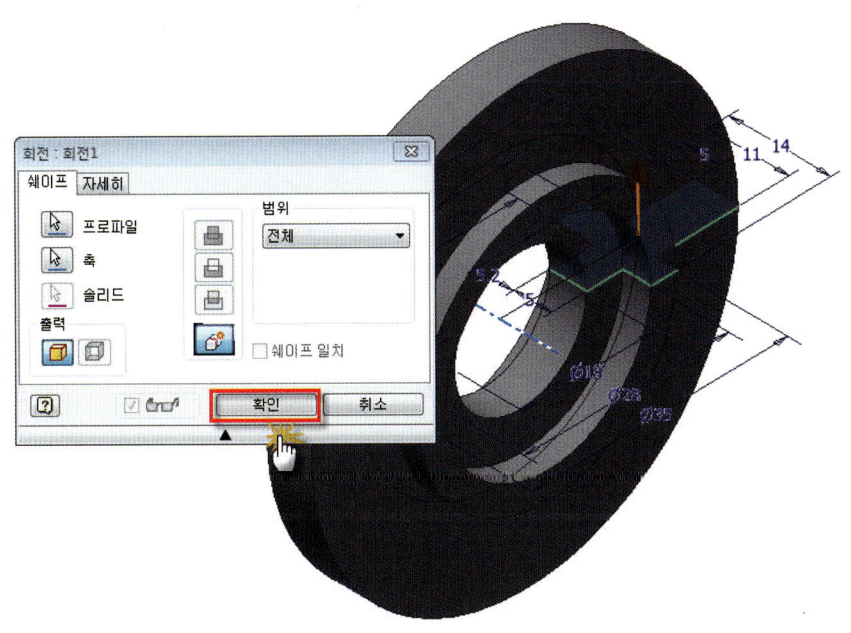

175

③ 그림과 같이 면을 선택하여 나타나는 스케치 작성 아이콘을 선택합니다.

스케치로 들어가면 작성 패널에서 점을 이용하여 아래와 같이 수직 구속조건과 치수로 완전구속시킵니다.

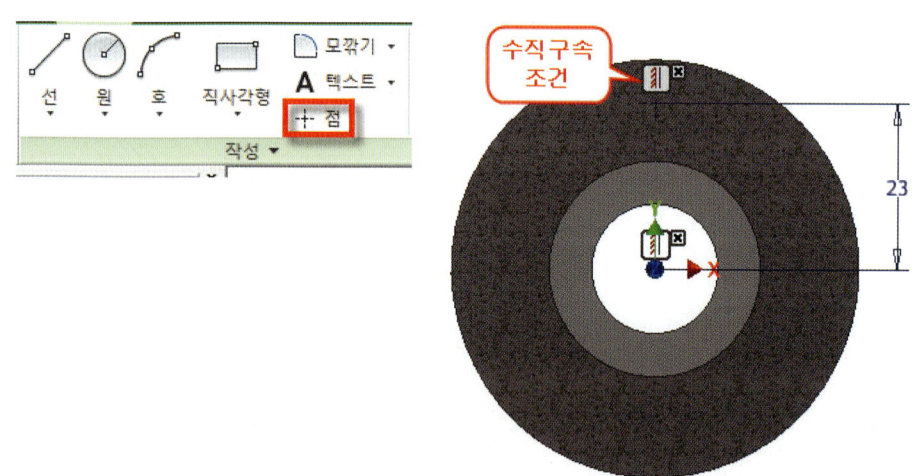

④ 스케치를 종료하고 수정 패널에서 구멍 아이콘을 선택합니다.

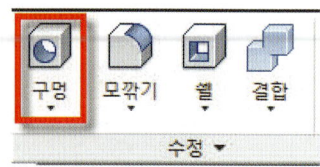

구멍 대화상자에서 배치 부분의 시작 스케치 중심을 선택하고 나머지는 그림과 같이 설정한 뒤 확인 버튼을 클릭합니다. 그러면 카운터 보어 형상이 만들어집니다.

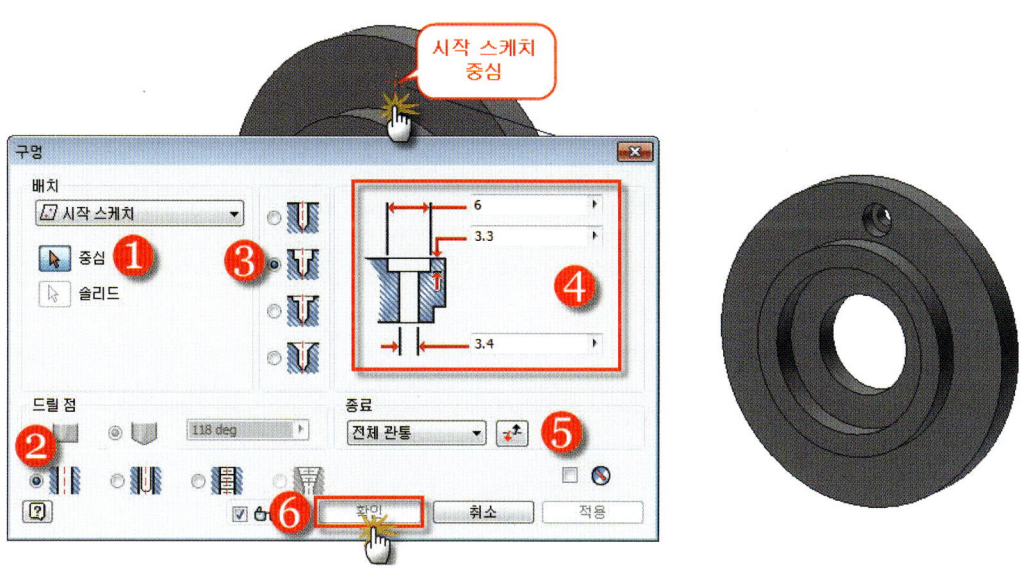

⑤ 위에서 작성한 구멍을 원형 패턴을 사용하여 3개 더 작성합니다.
패턴모드에 있는 원형 패턴 아이콘을 선택합니다.
대화상자가 나타나면 피쳐를 클릭하고 브라우저 창에서 패턴시킬 형상을 선택합니다.

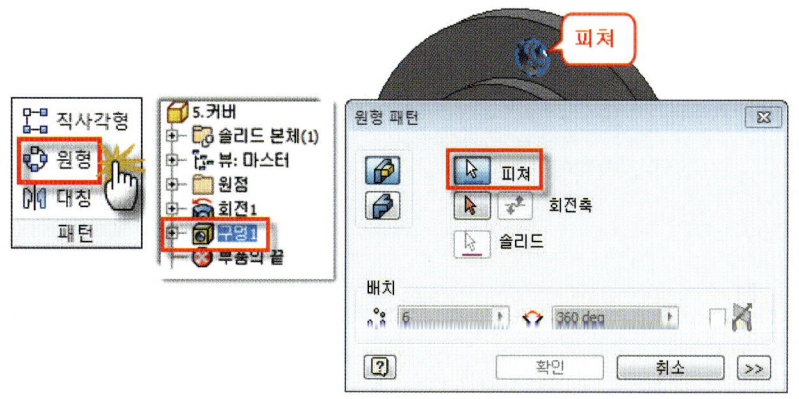

대화상자의 회전축은 원통 형상을 선택하고 배치에서 패턴하고자 하는 형상의 전체 수량은 4를 입력하고 확인 버튼을 클릭합니다.

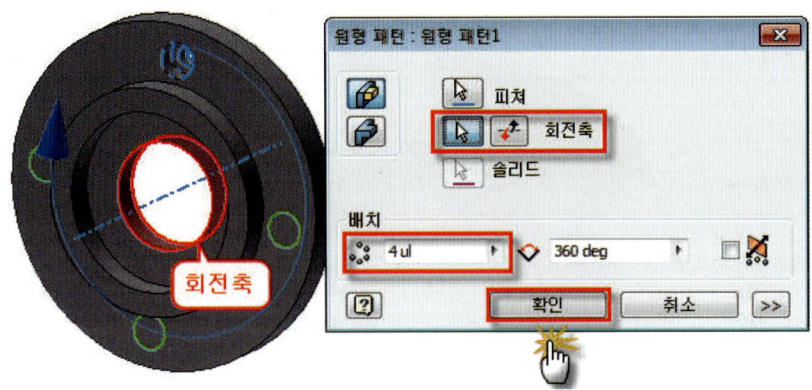

6 수정 패널에서 모깎기 아이콘을 선택합니다.

모깎기 대화상자에서 모깎기의 반지름을 선택하여 3을 입력한 후 모깎기할 모서리들을 선택한 다음 모깎기를 완성합니다.
같은 방법으로 도면을 보면서 나머지 모깎기도 완성합니다.

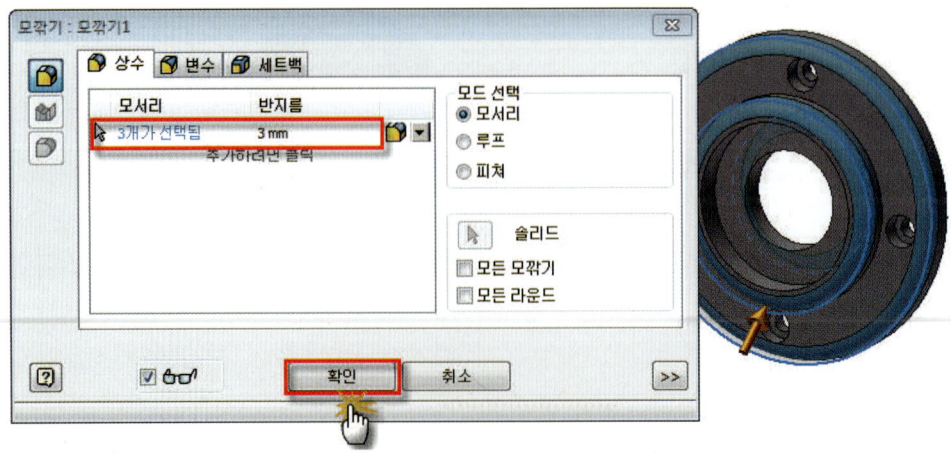

7 수정 패널에서 모따기 아이콘을 선택합니다.

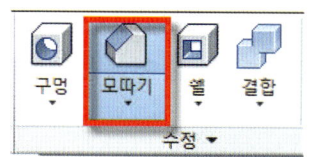

모따기 대화상자에서 모따기 유형 중 첫 번째에 있는 유형을 선택하고 거리 값에는 1을 입력한 후 모따기 할 모서리를 클릭한 뒤 확인을 선택합니다.

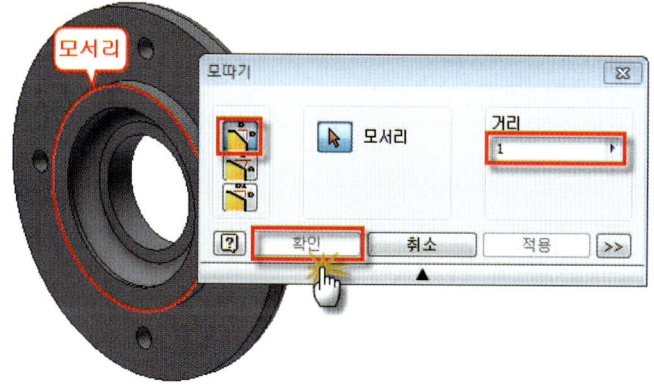

모따기 대화상자에서 모따기 유형 중 두 번째에 있는 거리/각도 유형을 선택하고 거리 값에는 0.5를 입력하고 각도 값에는 30을 입력한 후 모따기 할 면과 모서리를 차례대로 클릭합니다.

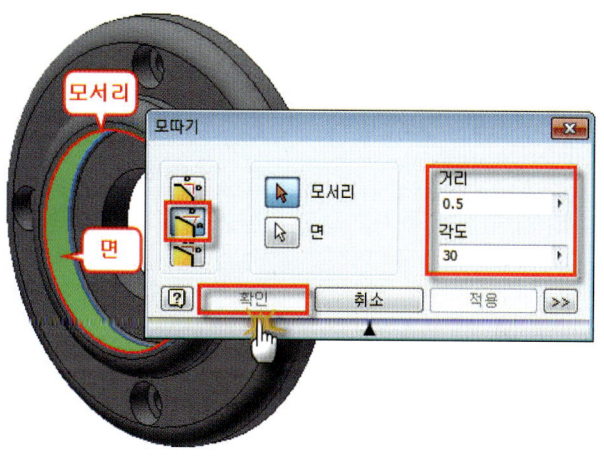

8 작업이 끝나면 커버 형상이 완성됩니다.

PART 6　스프로킷 따라 하기

1 작성 패널에서 선과 호 아이콘을 사용하여 아래 그림을 스케치합니다.

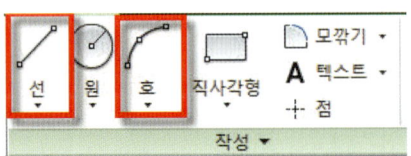

형상을 스케치하고 나서 치수 아이콘을 사용하여 아래 그림과 같이 정확한 치수를 기입합니다.

CAPTER 4. 모델링 따라 하기

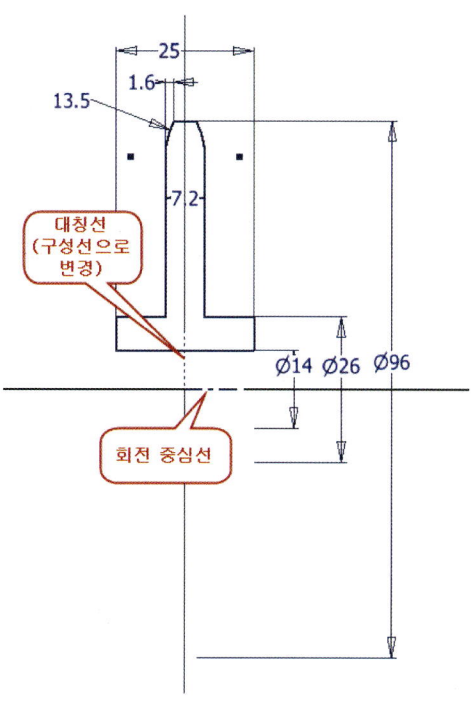

② 작성 패널에서 회전 아이콘을 선택합니다. 회전 대화상자에서 프로파일과 축을 순차적으로 선택합니다.

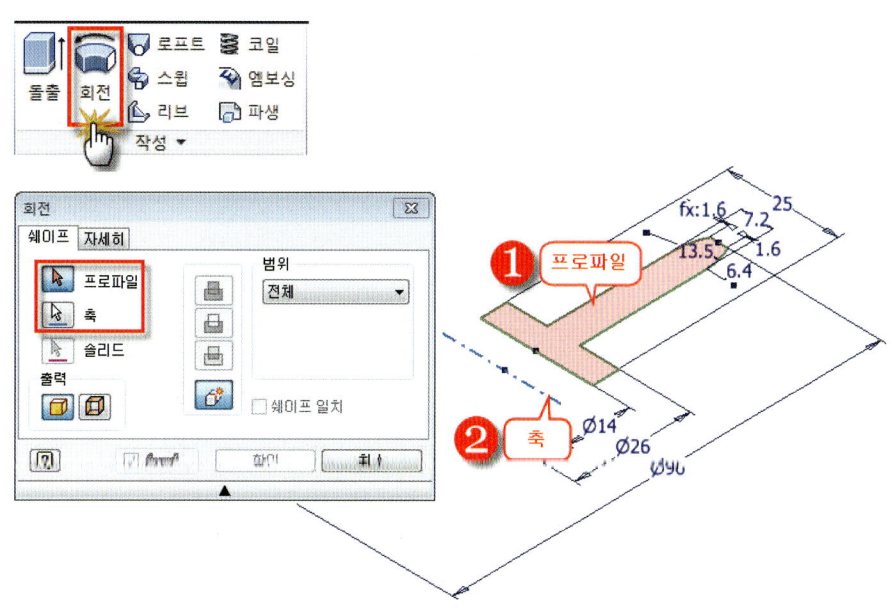

그림과 같이 형상이 생기면 확인 버튼을 클릭합니다.

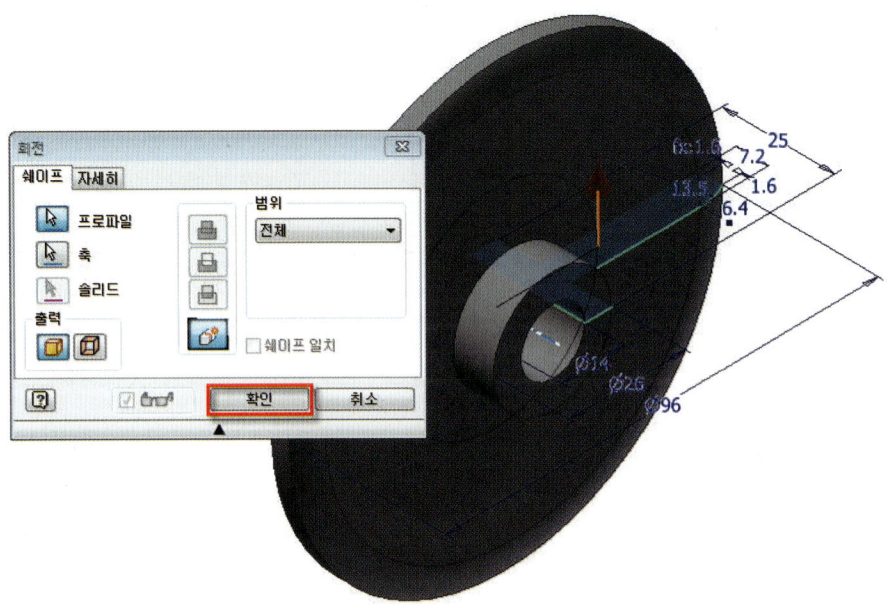

3 그림과 같이 면을 선택하여 나타나는 스케치 작성 아이콘을 선택합니다.

CAPTER 4. 모델링 따라 하기

형상투영 아이콘을 이용하여 바깥 원을 형상투영합니다. 원 아이콘을 이용하여 스케치하고 치수 아이콘을 사용하여 아래 그림과 같이 정확한 치수를 기입합니다.

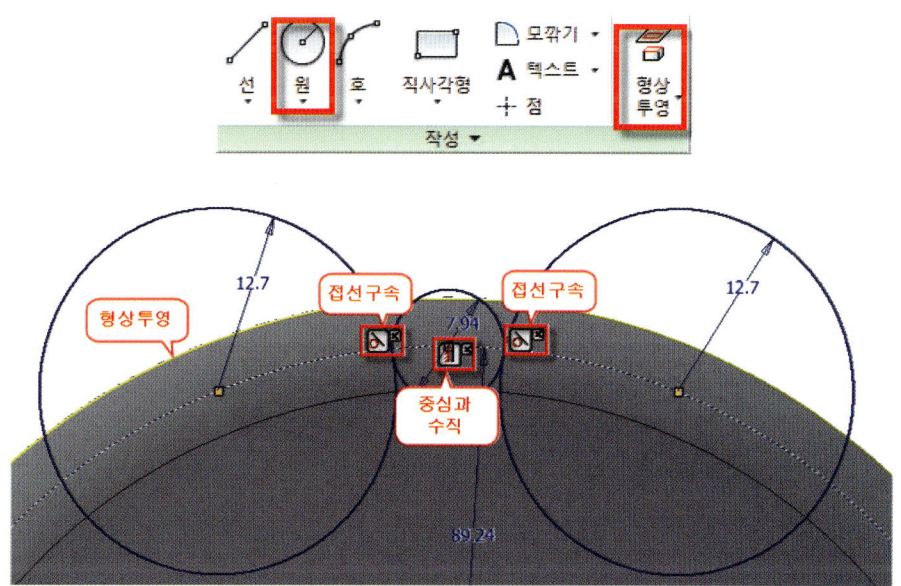

자르기 아이콘을 이용하여 아래 그림과 같이 자르고, 구속조건과 치수기입을 다시 합니다.

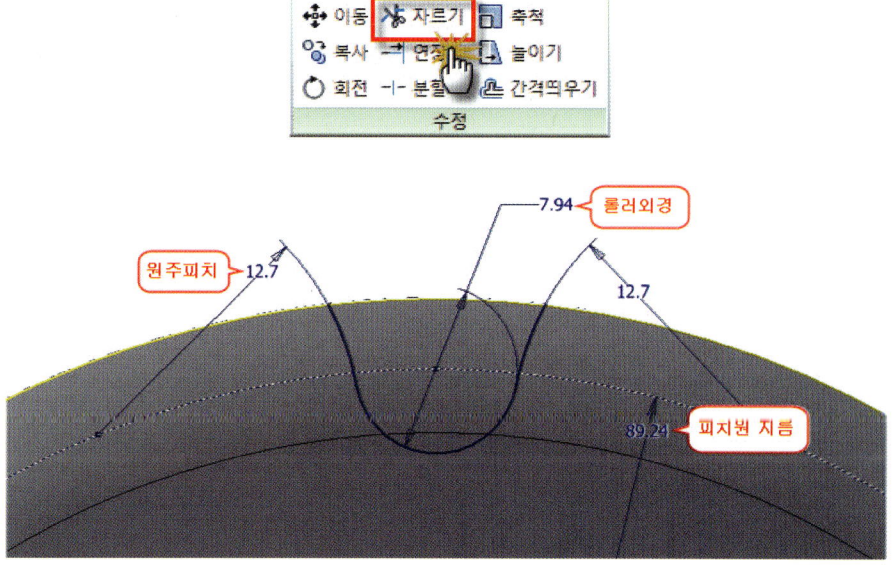

4. 작성 패널에 돌출 아이콘을 선택합니다. 돌출 대화상자에서 프로파일을 차집합으로, 거리 값은 전체로 설정합니다. 돌출 방향을 고려한 후 확인 버튼을 클릭합니다.

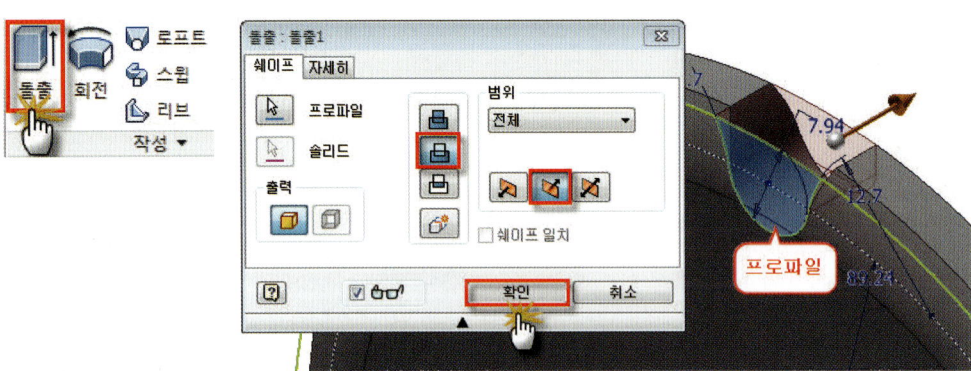

5. 패턴 패널에 있는 원형 패턴 아이콘을 선택합니다.
   대화상자가 뜨면 피쳐를 클릭하고 브라우저 창에서 패턴 시킬 형상을 선택합니다. 대화상자의 회전축은 원통 형상을 선택하고 배치에서 패턴하고자 하는 형상의 전체 개수 22를 입력하고 확인 버튼을 클릭합니다.

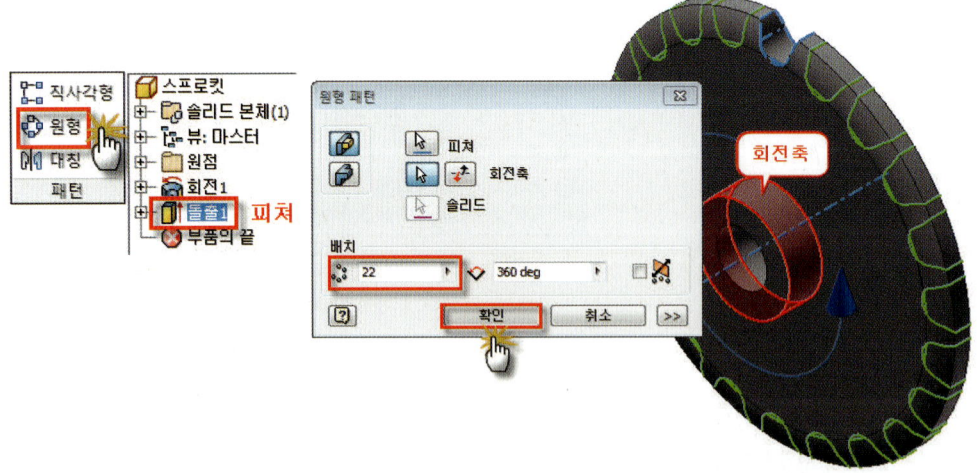

6. 키(key)를 그리기 위해서 그림과 같이 면을 선택하여 나타나는 스케치 작성 아이콘을 선택합니다.

CAPTER 4. 모델링 따라 하기

스케치로 들어가면 그리기 패널에서 직사각형을 이용하여 아래와 같이 치수를 입력하여 완전구속시킵니다.

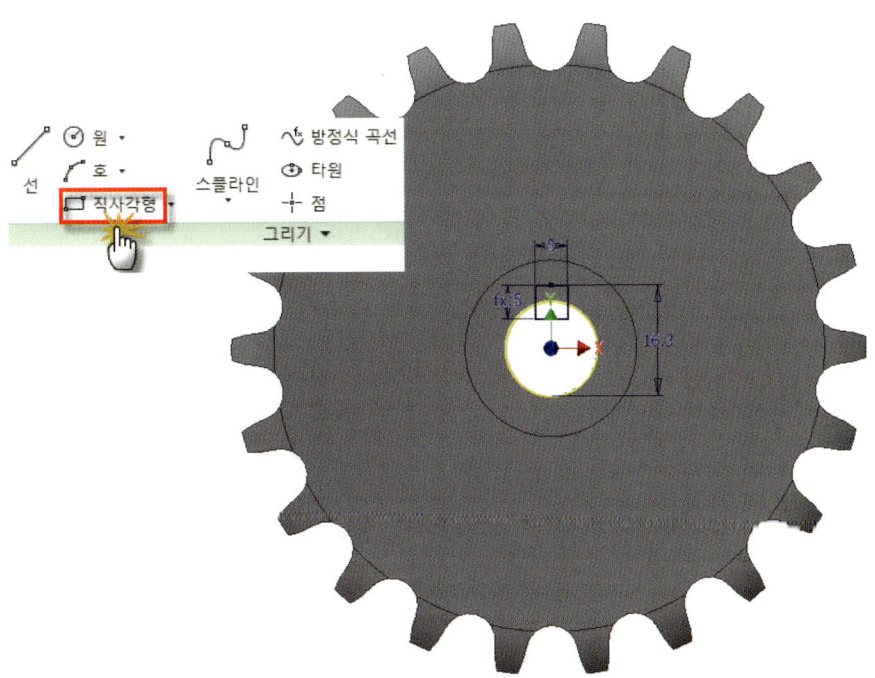

7 작성 패널에 돌출 아이콘을 선택합니다. 돌출 대화상자에서 프로파일을 차집합으로, 거리 값은 전체로 설정합니다. 돌출 방향을 고려한 후 확인 버튼을 클릭합니다.

8 검색기 창에서 XZ 평면을 선택한 뒤 스케치 작성 아이콘을 클릭합니다.

CAPTER 4. 모델링 따라 하기

스케치로 들어가면 F7(그래픽 슬라이스) 키를 눌러 단면 상태에서 그리기 모드 중 점을 이용하여 아래와 같이 수평 구속조건과 치수를 이용해서 완전구속시킵니다.

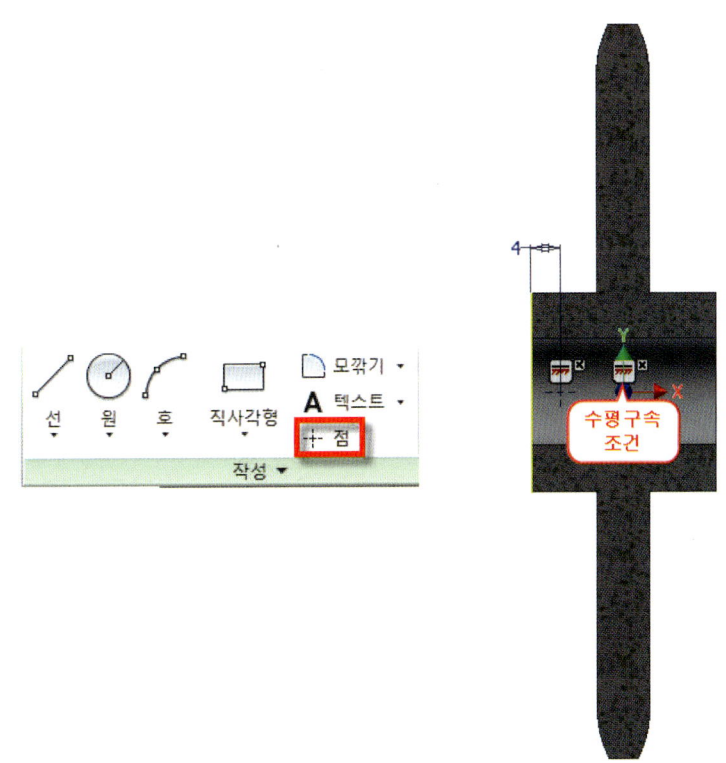

9. 스케치를 종료하고 수정 패널에서 구멍 아이콘을 선택합니다.

구멍 대화상자에서 배치 부분의 시작 스케치 중심을 선택하고, 나머지는 그림과 같이 설정한 뒤 확인 버튼을 클릭합니다.

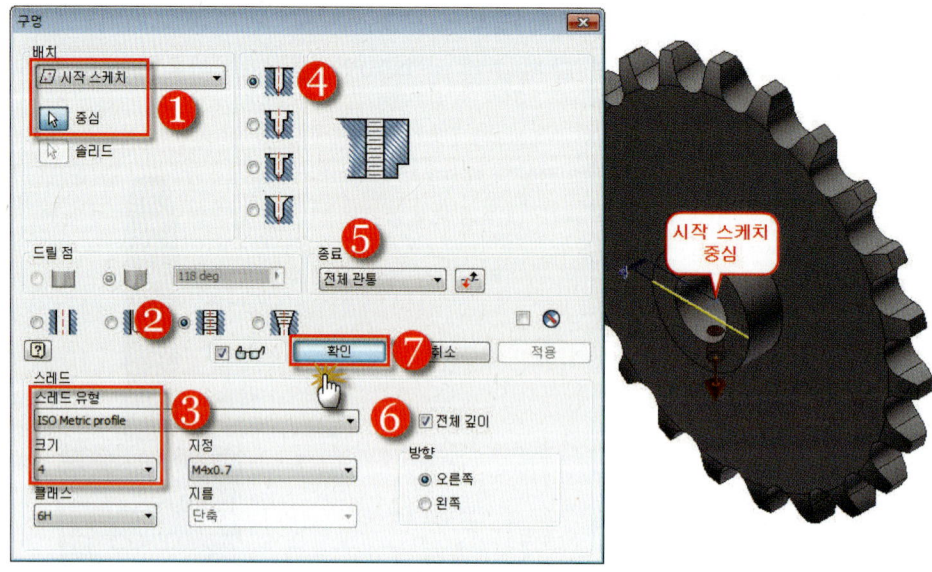

10 수정 패널에서 모깎기 아이콘을 선택합니다.

모깎기 대화상자에서 모깎기의 반지름 값 3을 입력한 후 모깎기할 모서리들을 선택한 다음 완성합니다.

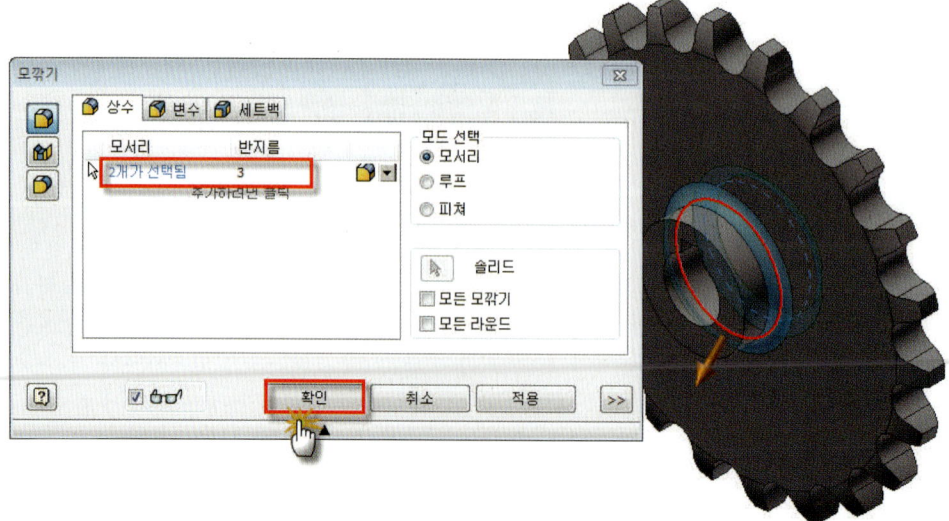

CAPTER 4. 모델링 따라 하기

작업이 끝나면 스프로킷 모형이 완성됩니다.

PART 7   피니언 & 래크기어 따라 하기

01 피니언 그리기

① 작성 패널에서 선 아이콘을 선택합니다.

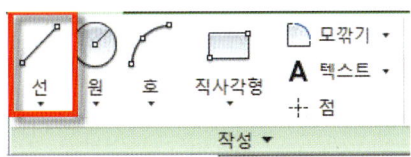

형상을 스케치하고 치수 아이콘을 사용하여 아래 그림과 같이 정확한 치수를 기입합니다.
그리고 스케치 마무리 버튼을 클릭합니다.

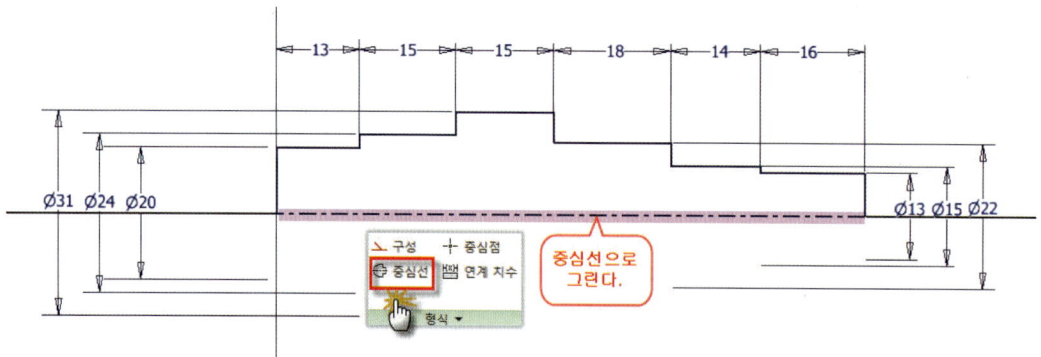

② 작성 패널에서 회전 아이콘을 선택합니다. 프로파일과 회전축은 자동 선택되므로 형상을 확인 후 확인 버튼을 클릭합니다.

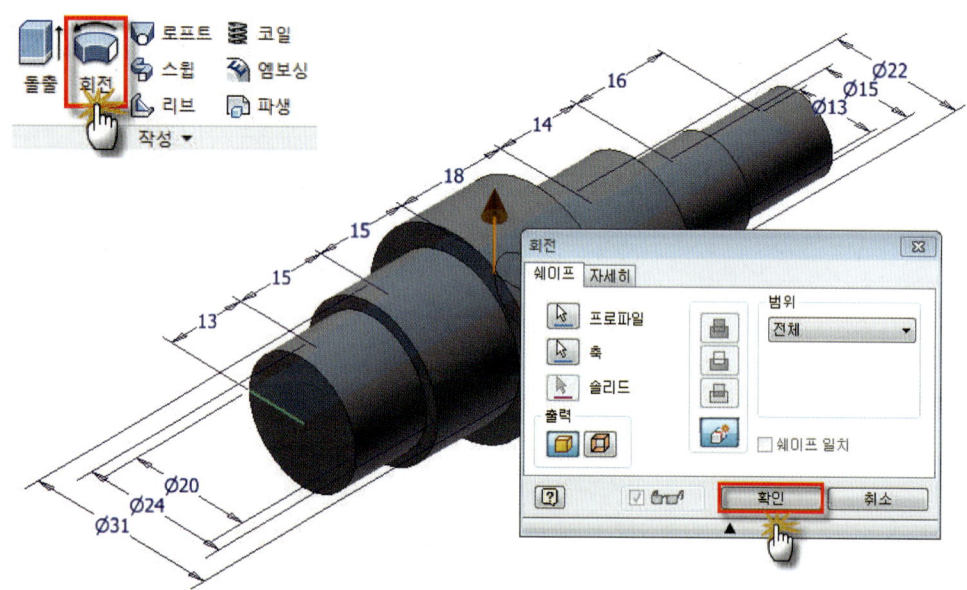

③ 스케치할 평면을 선택한 뒤 스케치 작성 아이콘을 클릭합니다.

CAPTER 4. 모델링 따라 하기

형상투영 아이콘으로 외곽 원통을 형상투영합니다. 그리기 패널 중에서 선 및 원, 호 아이콘을 이용하여 아래와 같이 치수로 평면에 고정시킵니다.

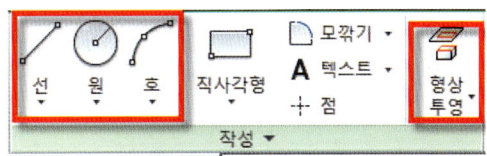

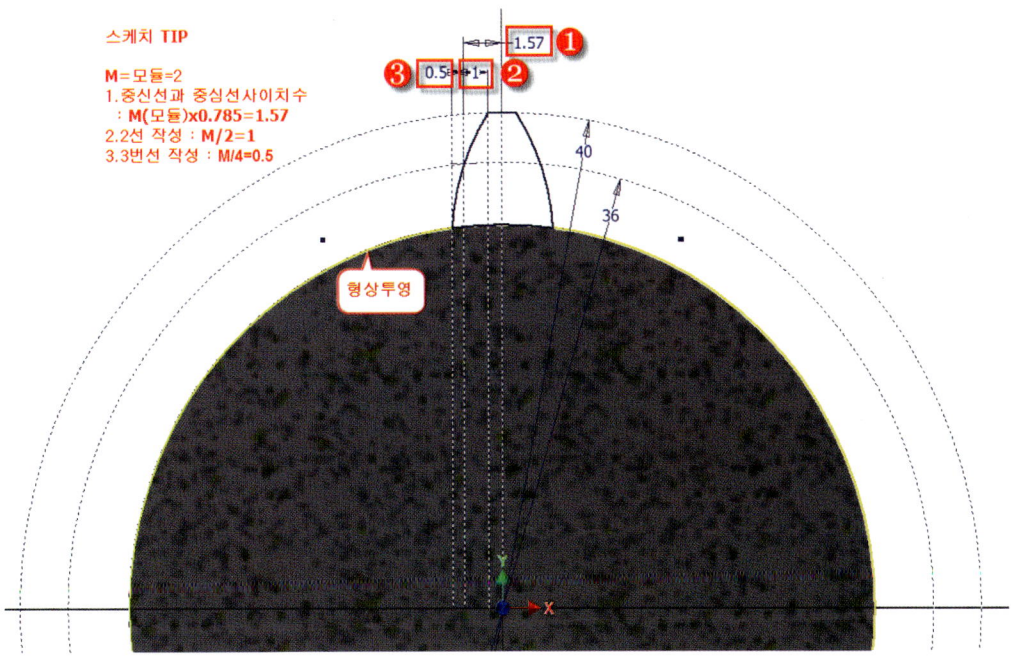

스케치 TIP

M=모듈=2
1.중심선과 중심선사이치수
 : M(모듈)x0.785=1.57
2.2선 작성 : M/2=1
3.3번선 작성 : M/4=0.5

④ 작성 패널에서 돌출 아이콘을 선택합니다. 돌출 대화상자에서 프로파일을 지정하고 범위를 지정면까지로 설정한 후 반대 면을 선택합니다. 형상을 고려한 후 확인 버튼을 클릭합니다.

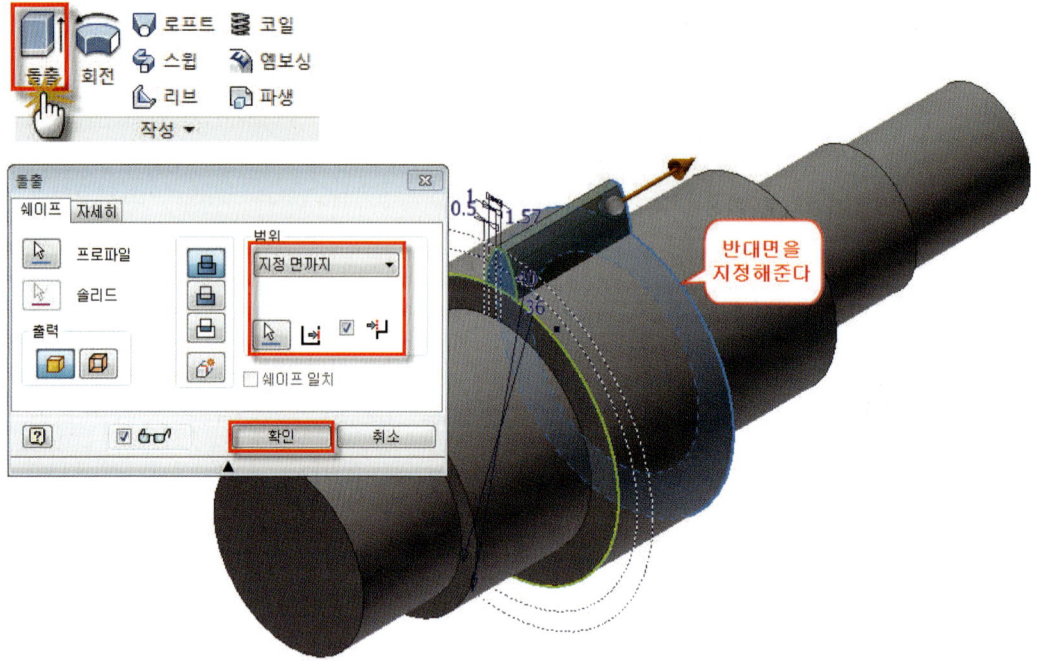

⑤ 수정 패널에서 모따기 아이콘을 선택합니다.

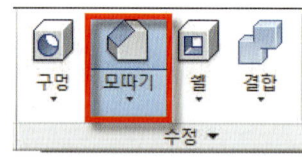

모따기 대화상자에서 모따기 유형 중 첫 번째에 있는 유형을 선택하고, 거리 값에는 1을 입력한 후 모따기 할 모서리를 클릭한 뒤 확인을 선택합니다.

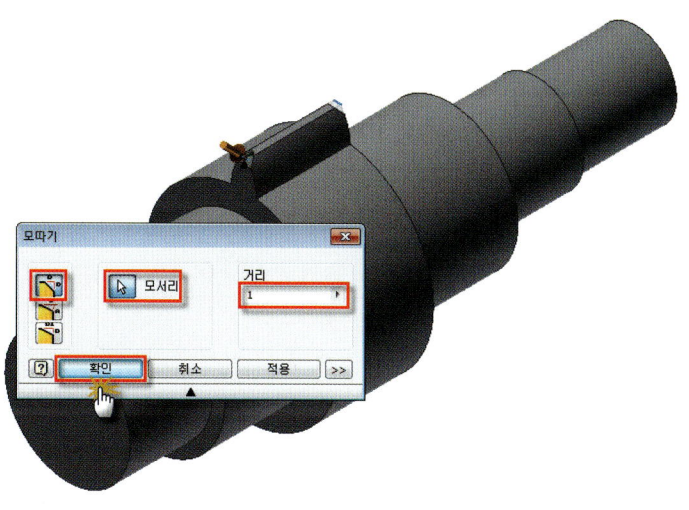

6 패턴 패널에서 원형 아이콘을 클릭합니다.

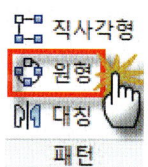

원형 패턴 대화상자의 피쳐는 검색기 창에서 돌출 피쳐와 모따기 피쳐를 선택합니다. 회전축으로 피쳐의 원통 면을 선택합니다. 배치에 복사할 잇수 18을 입력하고 확인 버튼을 클릭합니다.

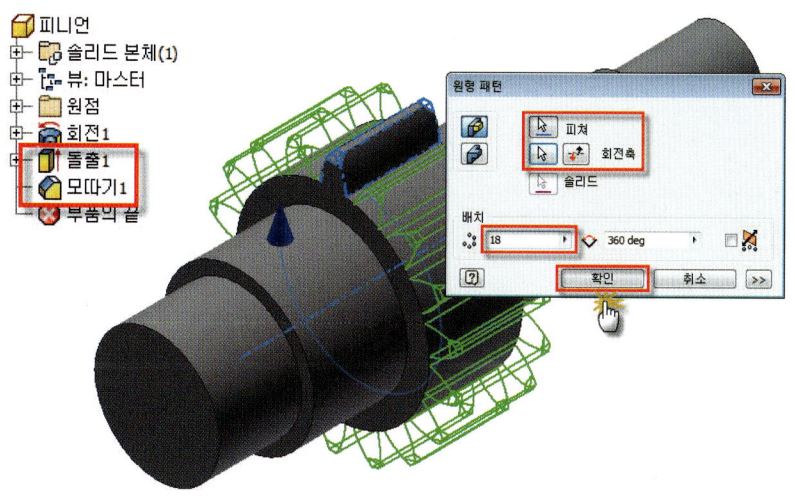

7 수정 패널에서 스레드 아이콘을 선택합니다.

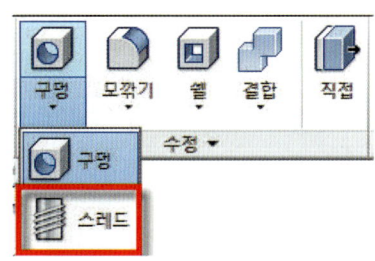

스레드 대화상자에서 스레드할 부분의 면을 지정해주고 전체 길이 체크를 해제한 뒤 길이에 10을 입력합니다. 스레드가 생성된 것을 고려한 후 확인을 선택합니다.

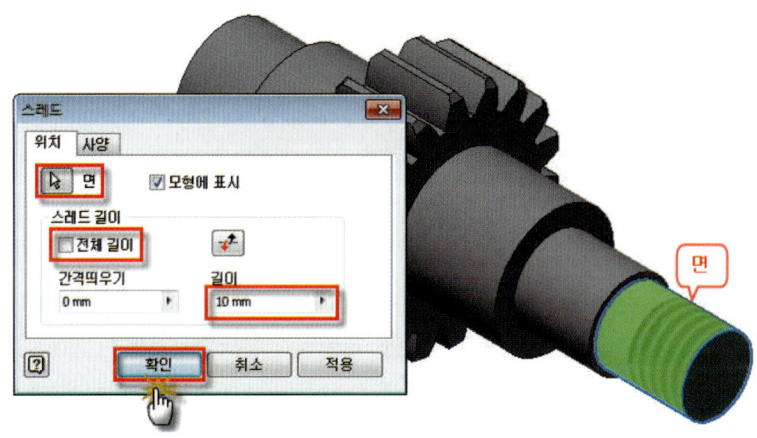

8 수정 패널에서 모따기 아이콘을 선택합니다.

모따기 대화상자에서 모따기 유형 중 첫 번째에 있는 유형을 선택하고, 거리 값에는 1을 입력한 후 모따기 할 모서리를 클릭한 뒤 확인을 선택합니다.

CAPTER 4. 모델링 따라 하기

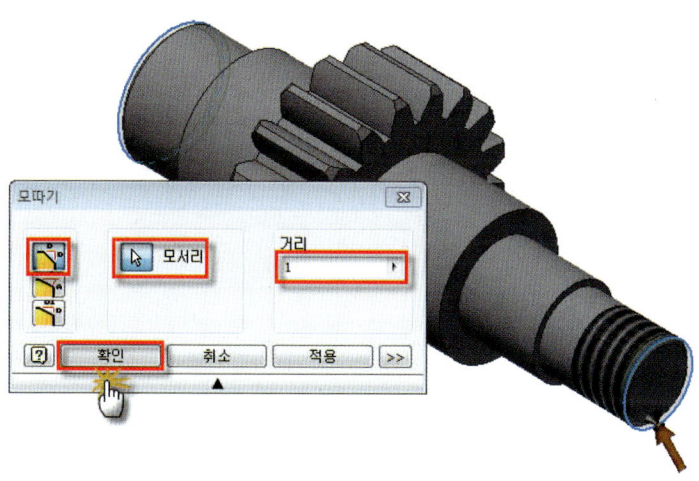

9) 작업이 끝나면 피니언기어가 완성됩니다.

센터드릴 작업은 뒤에서 작업할 PART 8 센터드릴 피쳐 따라 하기를 보고 마무리 작업을 하도록 합니다.

195

02 래크기어 그리기

① 작성 패널에서 선 아이콘을 선택합니다.

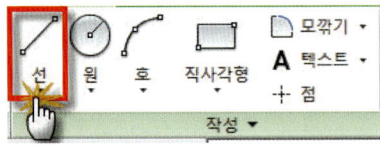

형상을 스케치하고 치수 아이콘을 사용하여 아래 그림과 같이 정확한 치수를 기입합니다. 그리고 스케치 마무리 버튼을 클릭합니다.

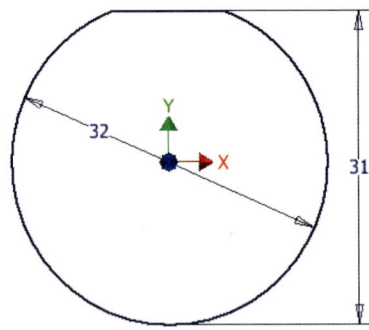

② 작성 패널에서 돌출 아이콘을 선택합니다. 돌출 대화상자에서 거리 값을 250mm로 설정 후 확인 버튼을 클릭합니다.

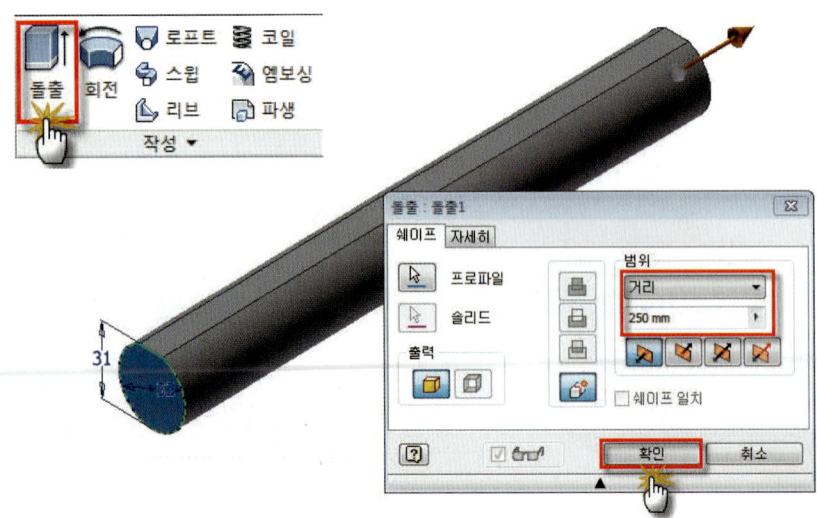

CAPTER 4. 모델링 따라 하기

③ 검색기 창에서 YZ 평면를 선택한 뒤 스케치 작성 아이콘을 클릭합니다.

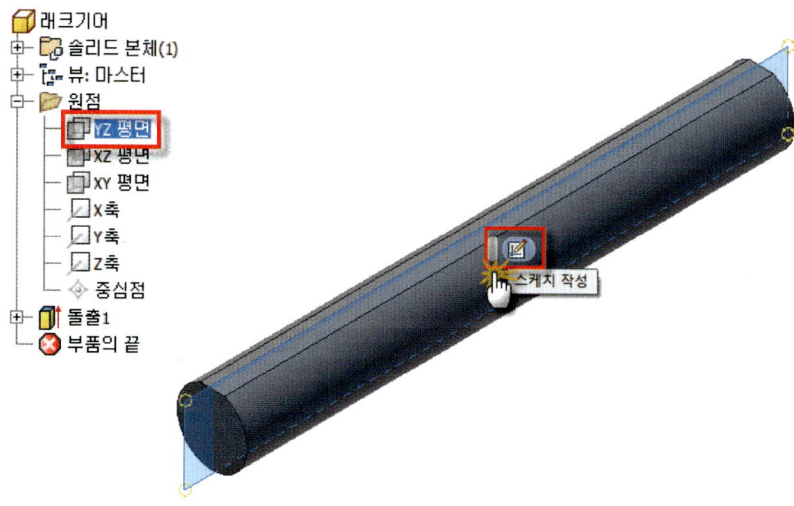

④ 스케치로 들어가면 F7(그래픽 슬라이스) 키를 눌러 단면 상태에서 작성 모드 중 선을 이용하여 아래 그림과 같이 첫 번째 기어 이빨을 스케치합니다.

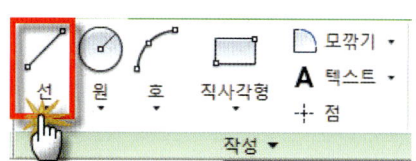

스케치 TIP

M=모듈=2

1. 기어 이빨 높이 : M+(Mx1.25)=4.5
2. 프로파일 위쪽 선에서 아래로 2(모듈값)만큼 거리에 구성선을 그린다.
3. 구성선 넓이 : 3.14(원주율)xM(모듈)/2=3.14

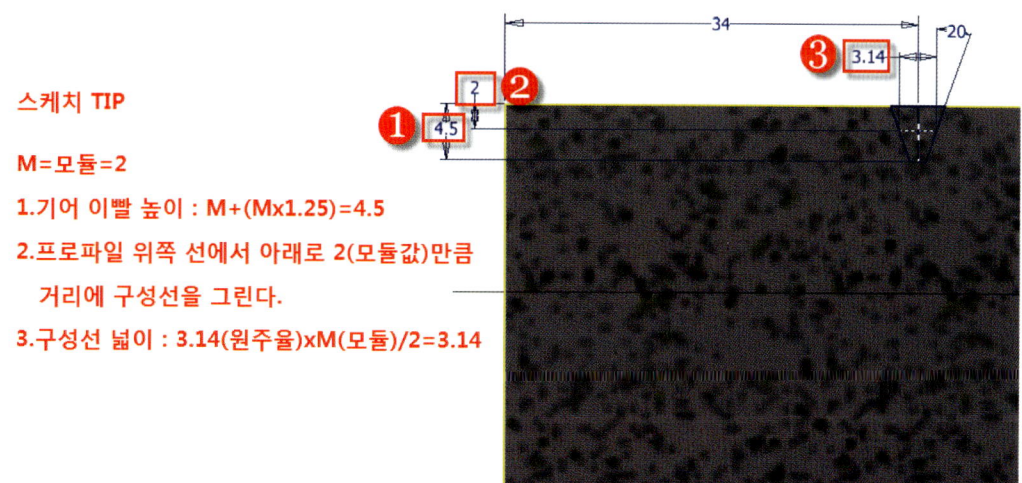

5. 작성 패널에 돌출 아이콘을 선택합니다. 돌출 대화상자에서 프로파일을 차집합으로, 거리 값은 전체로 설정합니다. 돌출 방향을 대칭으로 설정한 후 확인 버튼을 클릭합니다.

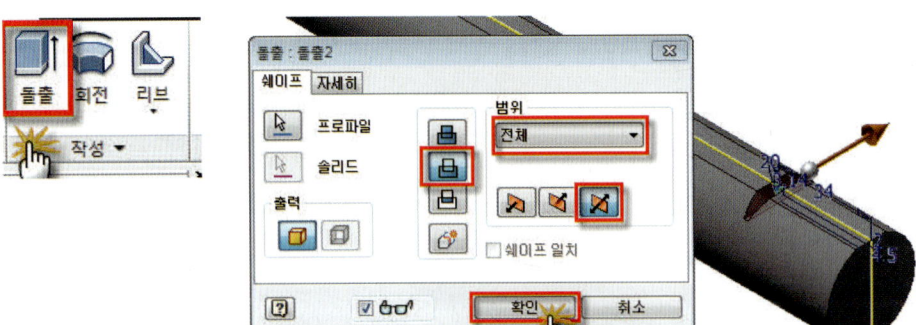

첫 번째 기어 이빨이 완성됩니다.

6. 패턴 패널에서 직사각형 패턴 아이콘을 선택합니다.

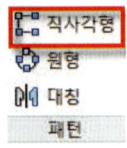

대화상자가 뜨면 피쳐를 클릭하고 브라우저 창에서 패턴시킬 형상을 선택합니다. 대화상자의 회전축은 원통 형상을 선택하고, 배치에서 패턴하고자 하는 형상의 전체 개수 22를 입력하고 확인을 클릭합니다.

CAPTER 4. 모델링 따라 하기

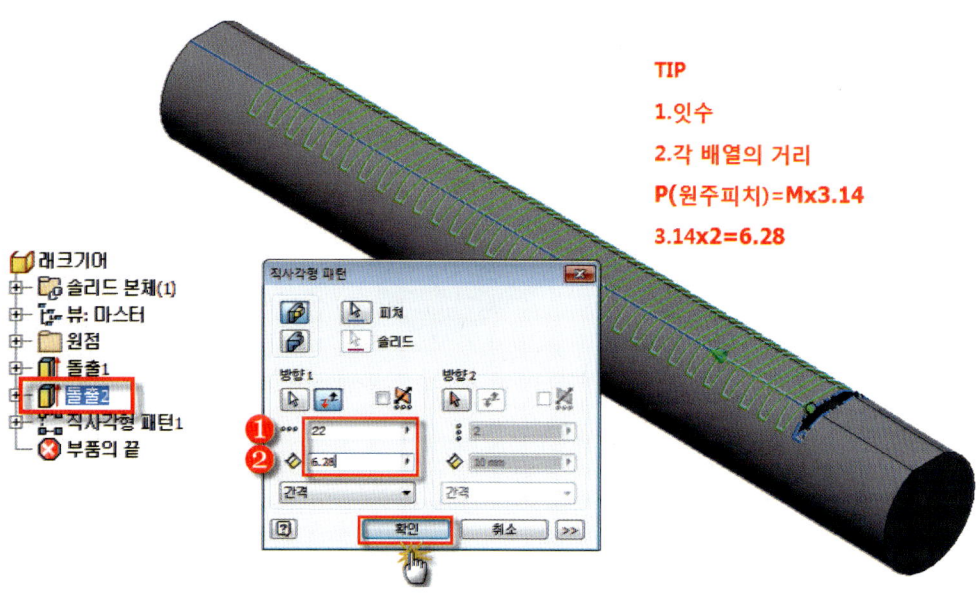

TIP
1. 잇수
2. 각 배열의 거리
P(원주피치)=Mx3.14
3.14x2=6.28

(7) 수정 패널에서 모따기 아이콘을 선택합니다.

모따기 대화상자에서 거리값 1을 입력한 후 모따기 할 모서리들을 선택하여 모따기를 완성합니다.

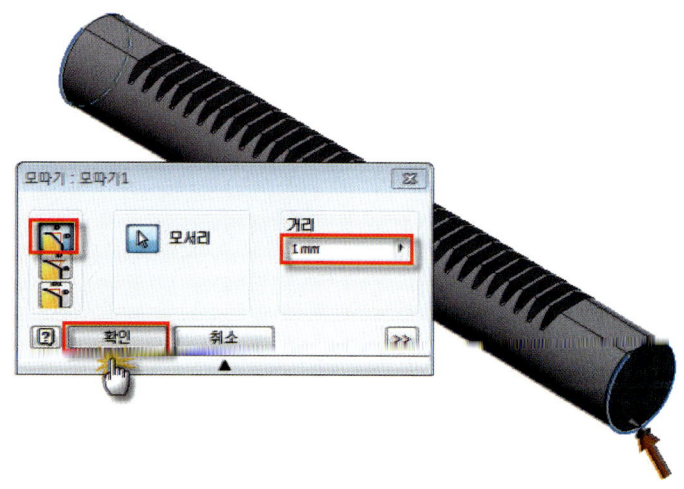

센터드릴 작업은 앞에서 작업한 센터드릴 피쳐 따라 하기를 보고 마무리 작업을 하도록 합니다.

작업이 끝나면 래크기어 모형이 완성됩니다.

CAPTER 4. 모델링 따라 하기

PART 8 센터드릴 피쳐 따라 하기

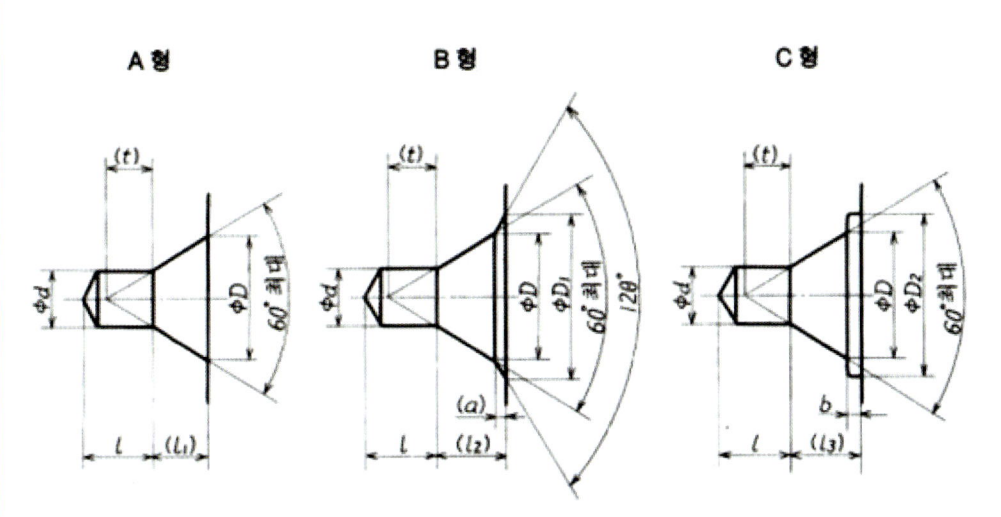

제1종(60° 센터 구멍)

호칭지름 d	D	D_1	D_2 (최소)	$l^{(2)}$ (최대)	b (약)	참고				
						l_1	l_2	l_3	t	a
1	2.12	3.15	3.15	1.9	0.4	0.97	1.27	1.37	0.9	0.3
(1.25)	2.65	4	4	2.2	0.6	1.21	1.6	1.81	1.1	0.39
1.6	3.35	5	5	2.8	0.6	1.52	1.99	2.12	1.4	0.47
2	4.25	6.3	6.3	3.3	0.8	1.95	2.54	2.75	1.8	0.59
2.5	5.3	8	8	4.1	0.9	2.42	3.2	3.32	2.2	0.78
2.15	6.7	10	10	4.9	1	3.07	4.03	4.07	2.8	0.96
4	8.5	12.5	12.5	6.2	1.3	3.9	5.05	5.2	3.5	1.15

① 규격집에서 축의 끝단에 들어갈 센터드릴 피쳐의 규격을 확인합니다.

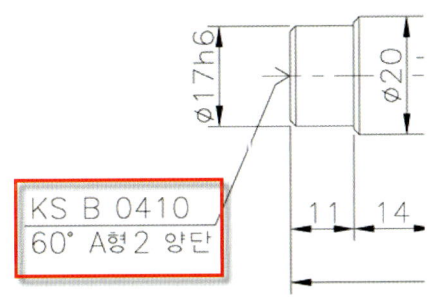

② 수정 패널에서 구멍 아이콘을 선택합니다.

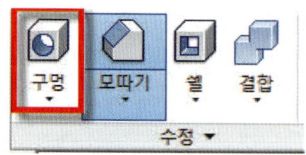

구멍 대화상자에서 배치 부분의 동심을 선택하고 나머지는 그림과 같이 설정한 뒤 확인 버튼을 클릭합니다.

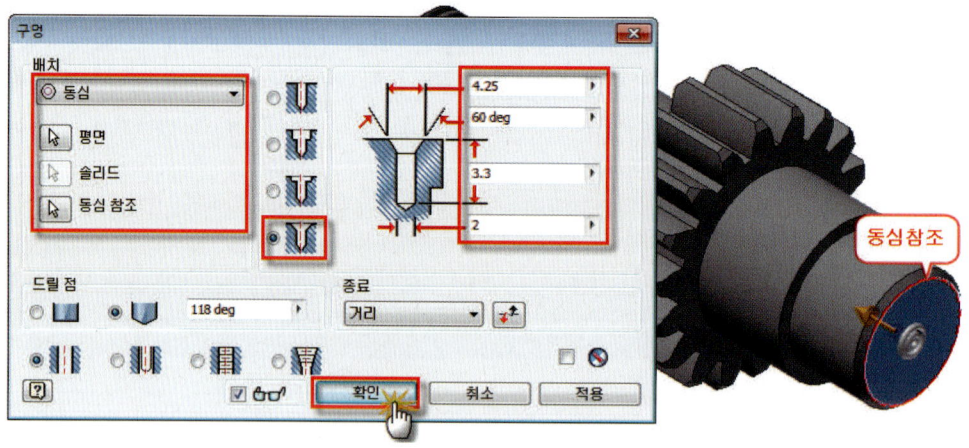

③ 작업이 끝나면 센터드릴 피쳐가 완성이 됩니다.

CAPTER 4. 모델링 따라 하기

PART 9 　헬리컬기어 따라 하기

① 작성 패널에서 직사각형 아이콘을 선택합니다.

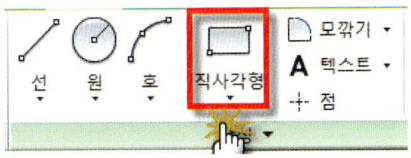

형상을 스케치하고 치수 아이콘을 사용하여 아래 그림과 같이 정확한 치수를 기입합니다. 그리고 스케치 마무리 아이콘을 클릭합니다.

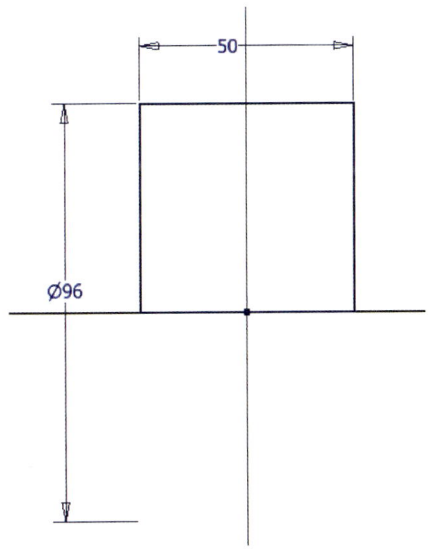

② 작성 패널에서 회전 아이콘을 선택합니다.

203

회전 대화상자에서 프로파일과 축을 순차적으로 선택 후 확인 버튼을 클릭합니다.

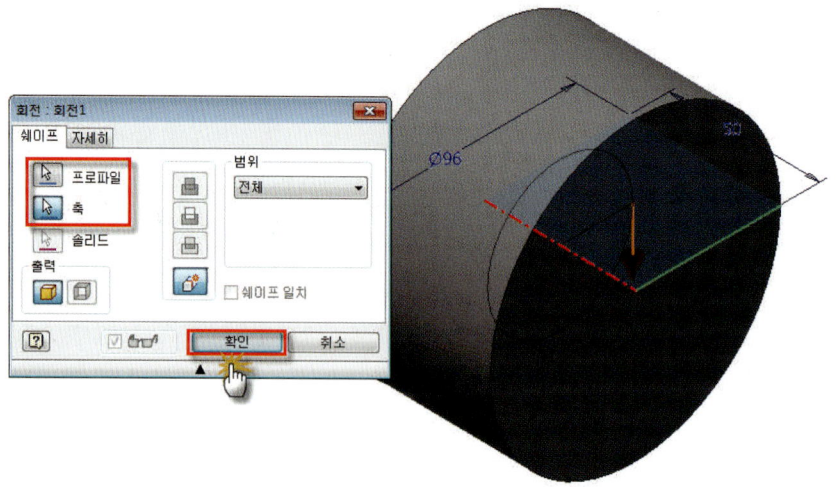

3. 수정 패널에서 모따기 아이콘을 선택합니다.

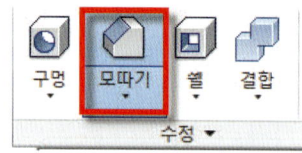

모따기 대화상자에서 모따기 유형 중 첫 번째에 있는 유형을 선택하고, 거리 값에는 2를 입력한 후 모따기 할 모서리를 클릭한 뒤 확인을 선택합니다.

④ 형상투영 아이콘으로 외곽 원통을 형상투영합니다. 작성 패널 중 선 및 원, 호 아이콘을 이용하여 아래와 같이 치수로 평면에 고정시킵니다.

스케치 TIP

M=모듈=4
1.M(모듈)x0.785=3.14
2.M(모듈)/4=1
3.M(모듈)/2=2
4.M(모듈)x2.25=9

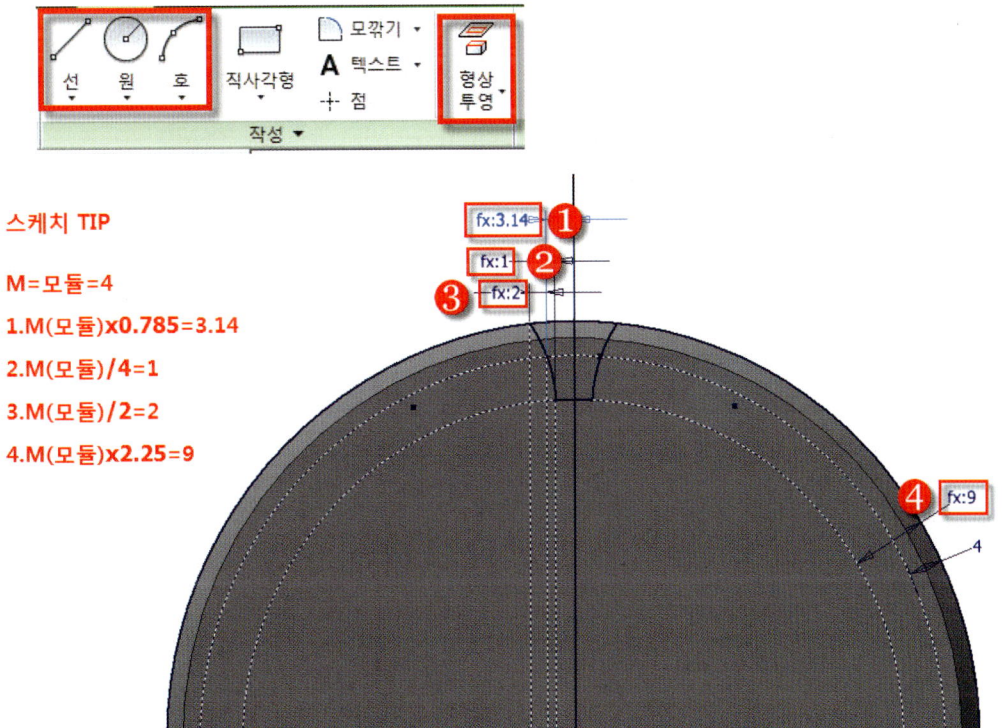

⑤ 작업피쳐 모드에서 축을 이용하여 중심축을 만듭니다.

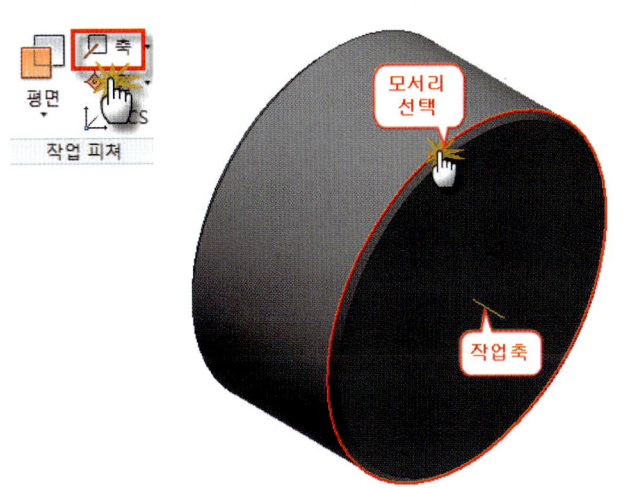

⑥ 작성 패널에서 코일 아이콘을 선택합니다.

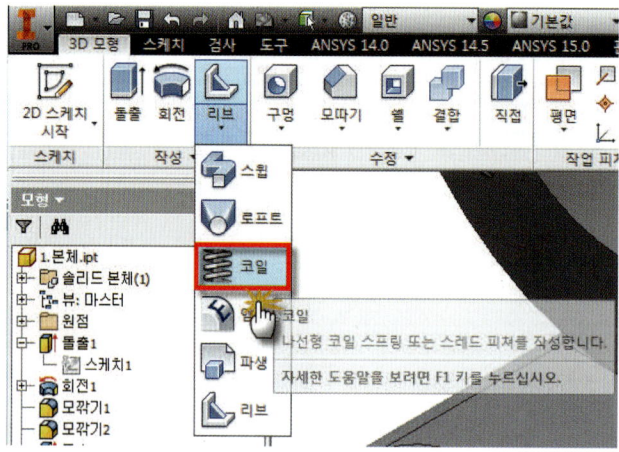

코일 대화상자 코일 쉐이프에서 프로파일과 축을 지정해준 뒤 그림과 같이 절단을 선택하고 회전 방향을 변경해줍니다.

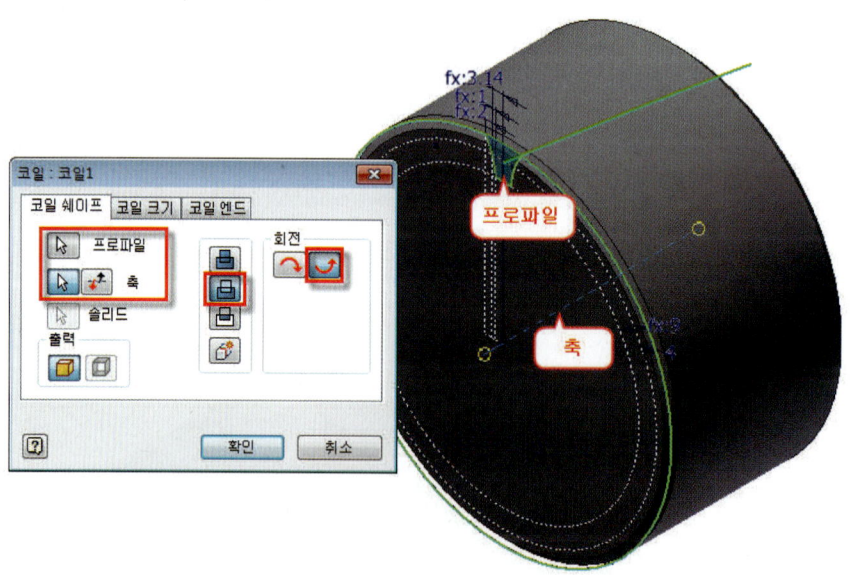

코일 대화상자 코일 크기에서 유형을 회전 및 높이로 변경해줍니다. 높이와 회전 창이 활성화되면 높이 값 60을 기입하고 회전 창에 1/360/2×26.42(비틀림각)을 입력하고 확인을 클릭합니다.

CAPTER 4. 모델링 따라 하기

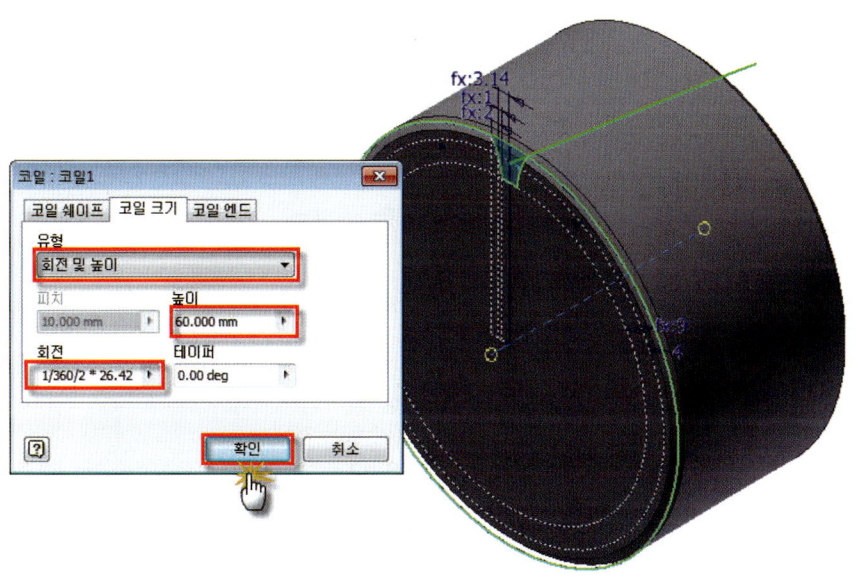

⑦ 패턴모드에 있는 원형패턴 아이콘을 선택합니다. 대화상자가 뜨면 피쳐를 클릭하고 브라우저 창에서 패턴시킬 형상을 선택합니다. 배치에 패턴시킬 기어 잇수 22를 입력 후 확인을 클릭합니다.

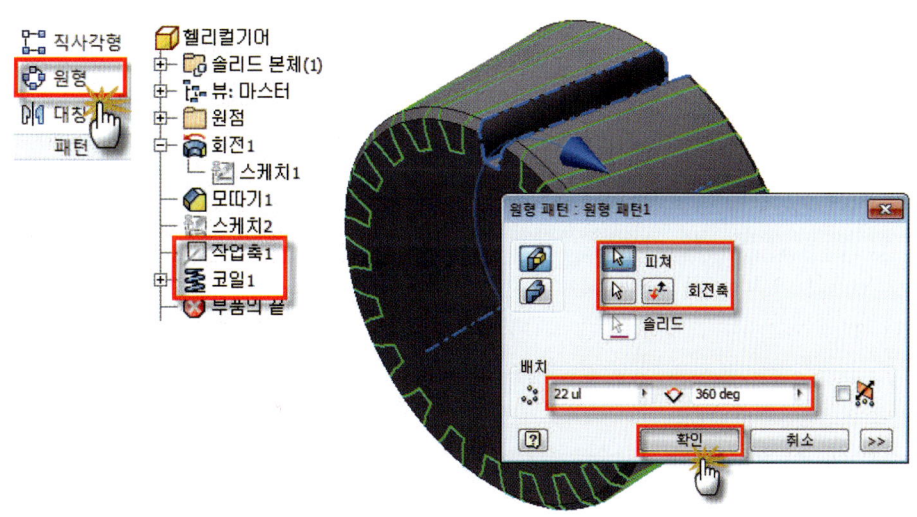

⑧ 작성 패널에서 원과 직사각형 아이콘을 이용하여 형상을 스케치하고 치수 아이콘을 사용하여 아래 그림과 같이 정확한 치수를 기입합니다.

Autodesk Inventor 2015

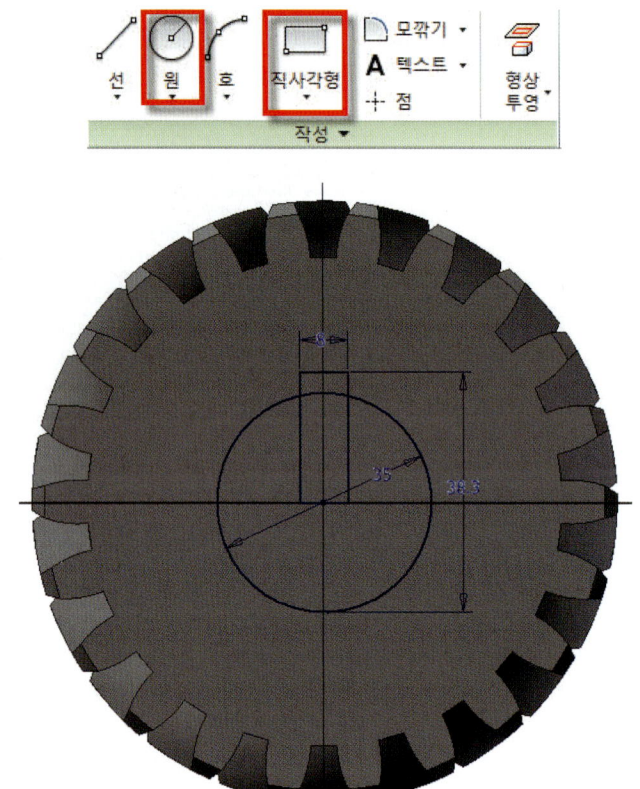

⑨ 작성 패널에서 돌출 아이콘을 선택합니다. 돌출 대화상자에서 프로파일을 차집합으로 거리 값은 전체로 설정합니다. 돌출 방향을 대칭으로 설정한 후 확인 버튼을 클릭합니다.

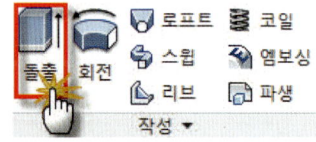

CAPTER 4. 모델링 따라 하기

⑩ 수정 패널에서 모따기 아이콘을 선택합니다. 모따기 대화상자에서 모따기 유형 중 첫 번째에 있는 유형을 선택하고, 거리 값에는 2를 입력한 후 모따기 할 모서리를 클릭한 뒤 확인을 선택합니다.

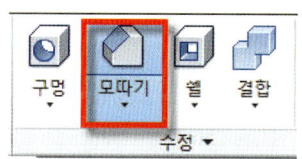

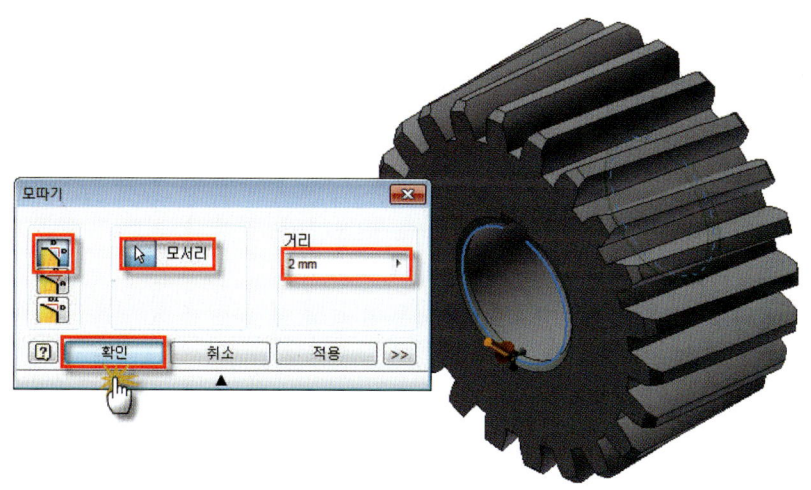

⑪ 작업이 끝나면 헬리컬기어 모형이 완성이 됩니다.

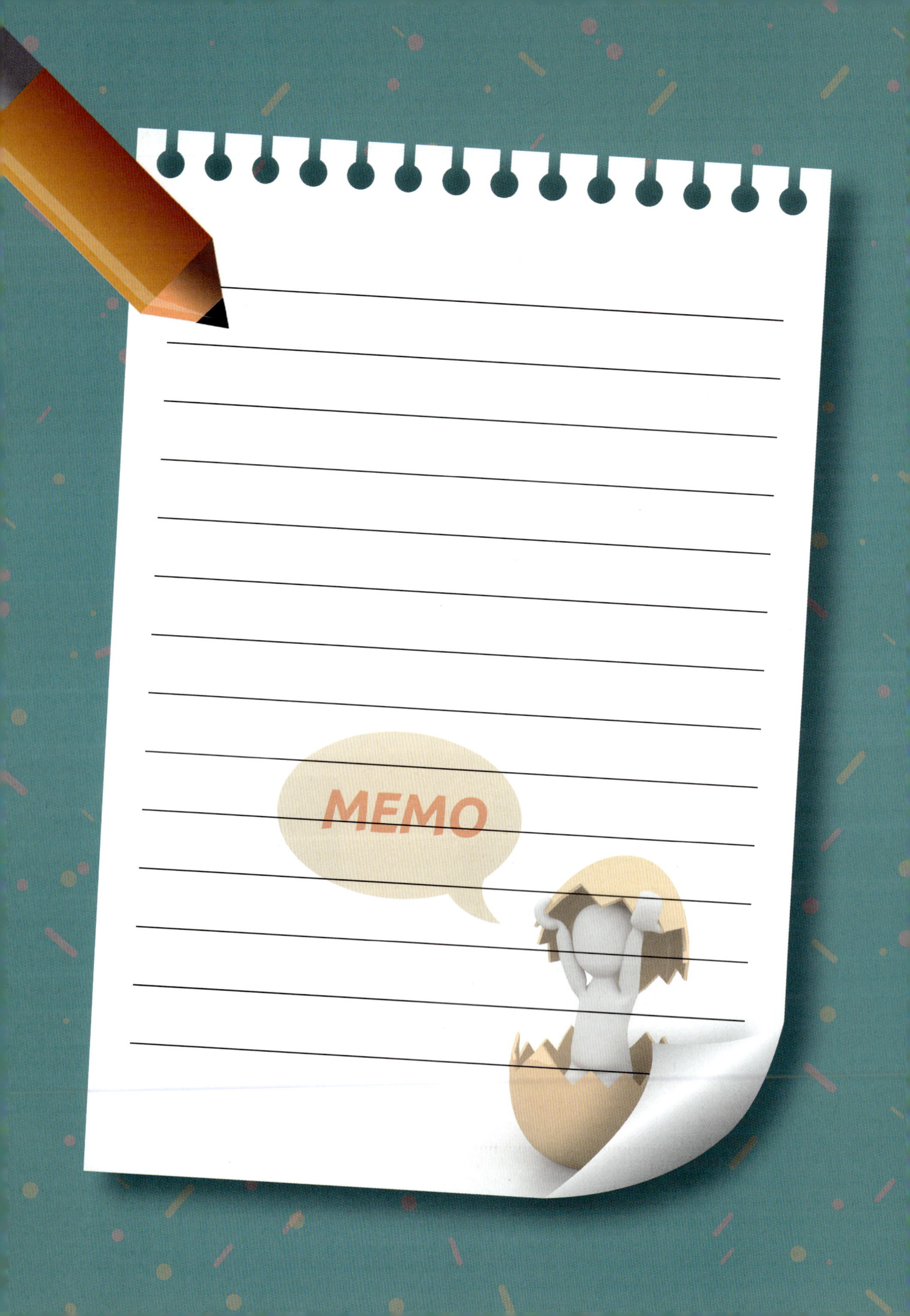
MEMO

CHAPTER 05

조립품 따라 하기

CHAPTER 05 조립품 따라 하기

AUTODESK INVENTOR 2015

① 동력전달장치 조립품을 작성하기 위해 새로 만들기 대화상자에서 Metric을 선택합니다. 그리고 조립 탭에서 Standard(mm).iam을 선택한 후 확인 버튼을 클릭해서 실행시킵니다.

② 조립하고자 하는 각각의 부품들을 조립품 공간으로 불러옵니다. 조립품 패널 창의 배치 아이콘을 선택합니다.

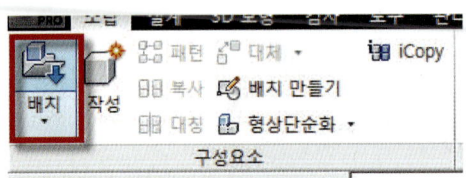

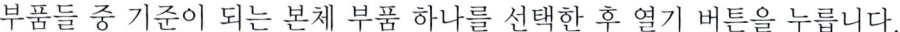

부품들 중 기준이 되는 본체 부품 하나를 선택한 후 열기 버튼을 누릅니다.

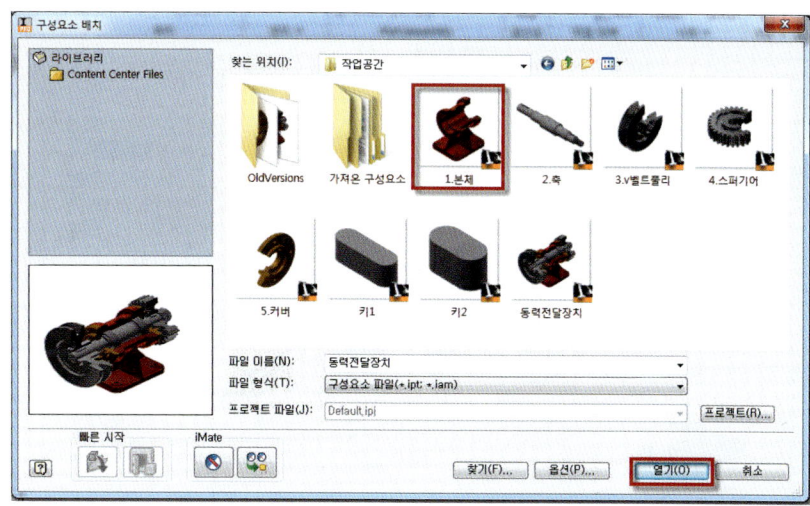

③ 작업 창에 본체 형상이 나타나며 마우스 오른쪽 버튼을 클릭하여 팝업 메뉴에서 원점에 고정배치를 클릭하고 나서 ESC 키를 눌러 명령을 종료합니다. 이 본체 형상이 전체 동력전달장치의 기준 부품이 되어 나머지 부품들이 이 본체 부품으로 조립이 됩니다.

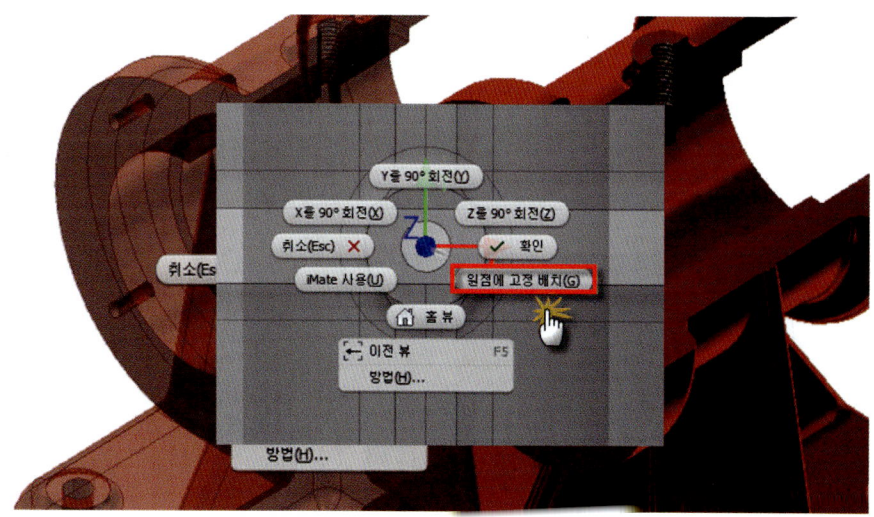

④ 그 다음은 조립하고자 하는 모든 부품을 조립품 작업 창으로 전체 불러와서 배치합니다. 조립품 패널 창의 배치 아이콘을 선택하여 나머지 부품들을 불러와 배치합니다.

본체와 같은 방법으로 나머지 부품들도 조립품 작업 창으로 불러와 아래와 같이 배치시킵니다.

CAPTER 5. 조립품 따라 하기

5️⃣ 위에서 불러온 각각의 부품들에 구속 조건을 부여해 조립합니다. 먼저 전체 조립품의 기준이 되는 본체와 축을 조립합니다.

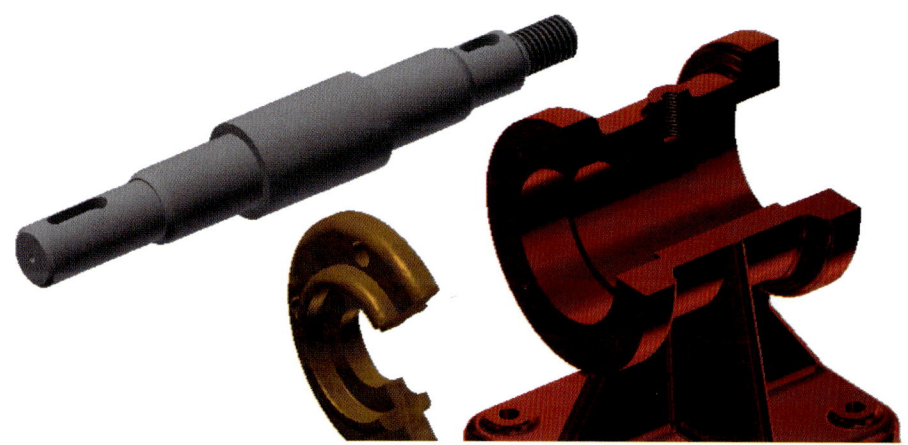

6️⃣ 관계 패널 창의 구속조건 아이콘을 선택합니다.

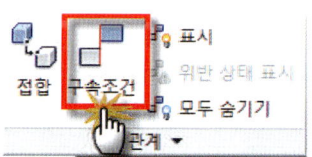

먼저 본체와 베어링을 조립합니다. 그림과 같이 삽입기능을 이용하여 본체 모서리 ❶과 깊은 홈 베어링 모서리 ❷를 클릭하고 적용합니다.

215

나머지 베어링도 위와 같은 방법으로 구속합니다.

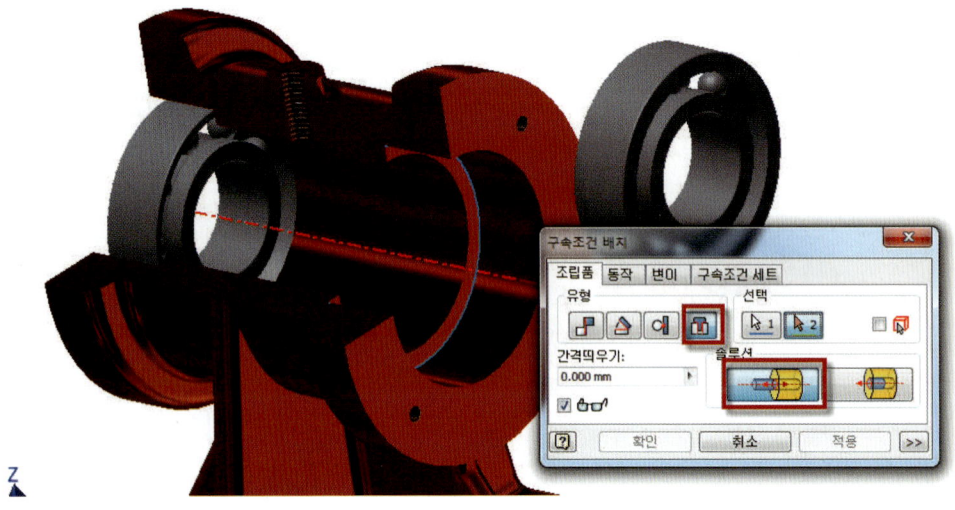

7 이번에는 축과 키를 조립합니다. 그림과 같이 삽입기능을 이용하여 키의 한쪽 모서리 ❶과 축 모서리 ❷를 클릭하고 적용합니다.

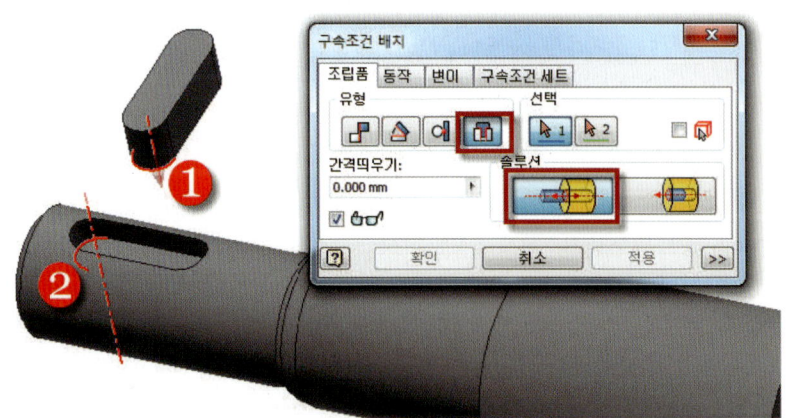

반대쪽 키의 모서리와 축의 모서리를 선택하여 조립을 완료합니다.

CAPTER 5. 조립품 따라 하기

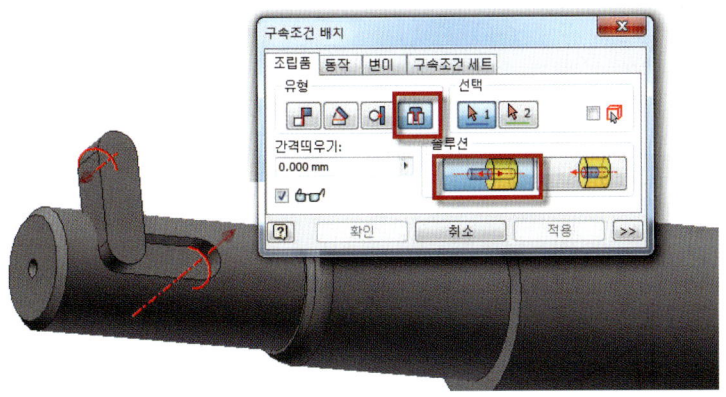

반대쪽에도 키를 같은 방법으로 조립합니다.

⑧ 이제 본체와 축을 조립합니다. 구속유형을 삽입으로 선택하고, 두 부품 간에 서로 맞닿을 두 면을 작업 창에서 마우스로 선택합니다. 아래와 같이 작업 창에서 먼저 본체와 조립된 베어링의 모서리 ❷를 선택한 다음 축의 면 모서리 ❶을 선택합니다.

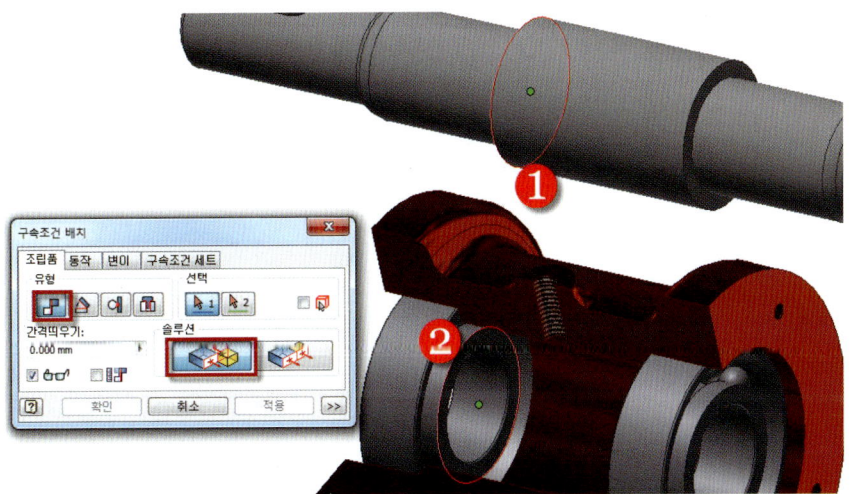

217

그 다음 축의 면과 본체 끝부분 원통 면을 각각 선택하여 회전축이 일치하도록 구속조건을 설정합니다.

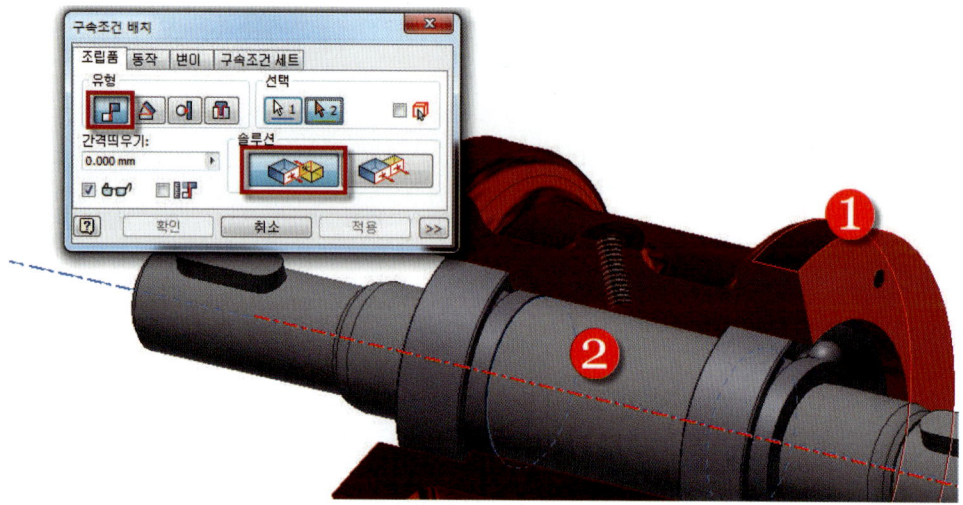

9 다음은 본체와 커버를 조립합니다. 본체의 지정면을 선택한 후 커버의 면을 선택하고 적용합니다.

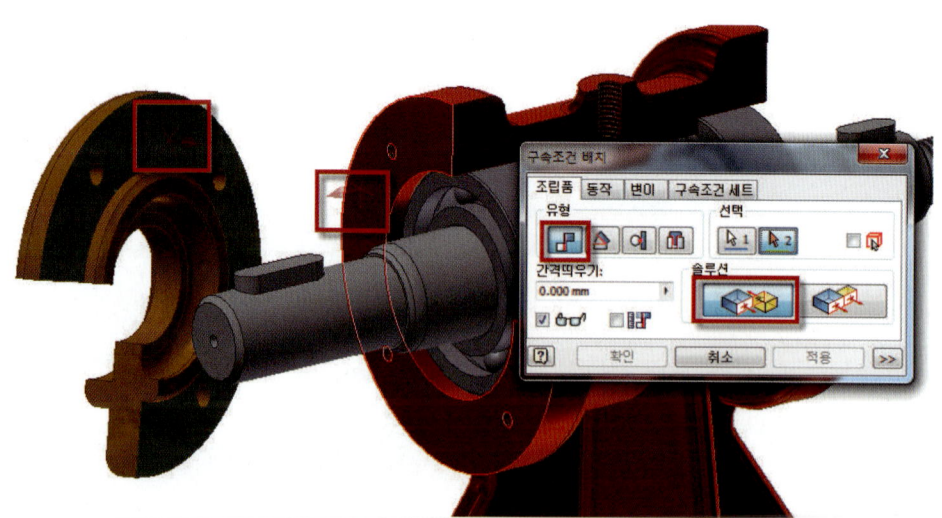

CAPTER 5. 조립품 따라 하기

⑩ 그 다음 커버와 본체의 축을 맞추어 줍니다. 본체의 원통 면과 축의 원통 면 부분을 차례대로 선택한 다음 적용하면 축이 일치됩니다.

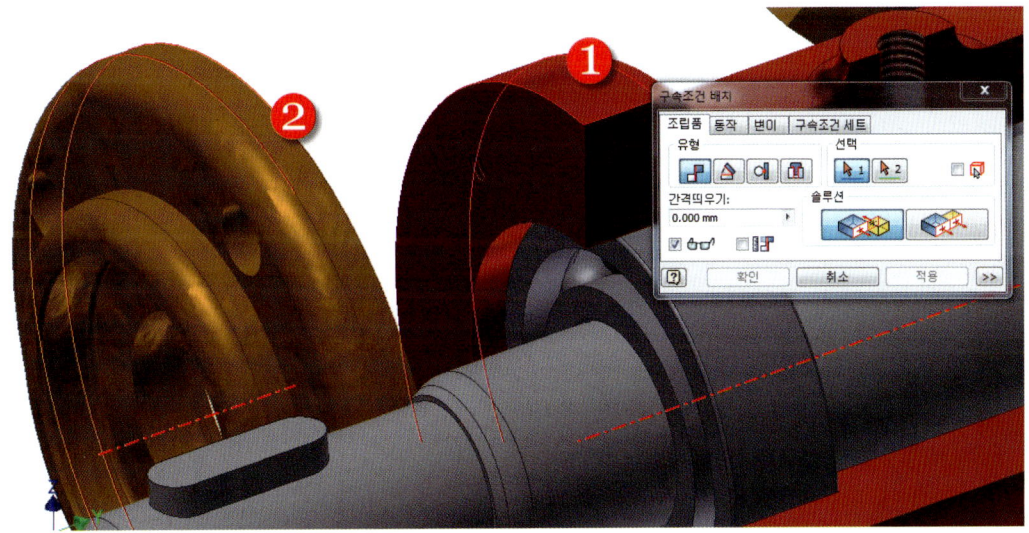

⑪ 그 다음 볼트 구멍을 일치시켜 줍니다. 커버에 볼트 구멍 면과 본체의 볼트 구멍 면을 선택하면 볼트 구멍의 축이 일치됩니다.

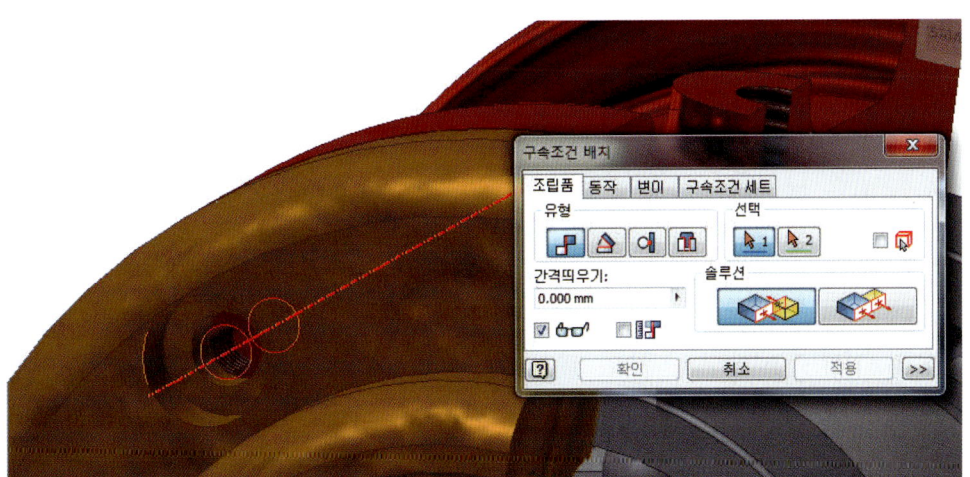

219

반대편도 똑같이 조립합니다.

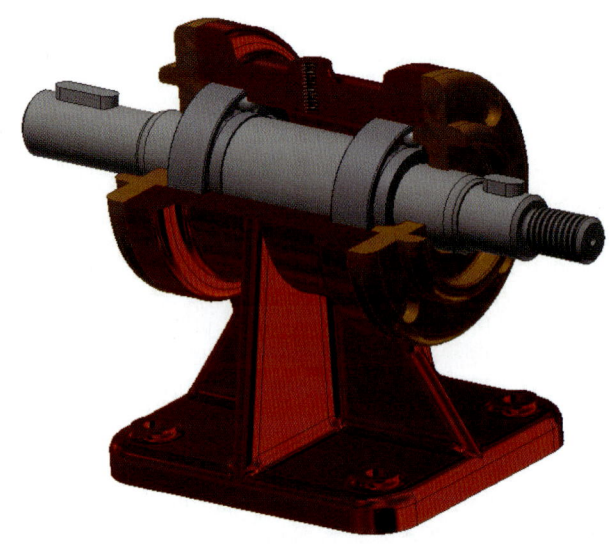

12. 축과 V벨트풀리도 조립합니다. V벨트풀리의 안쪽 면과 축의 바깥쪽 면을 선택하고 적용합니다.

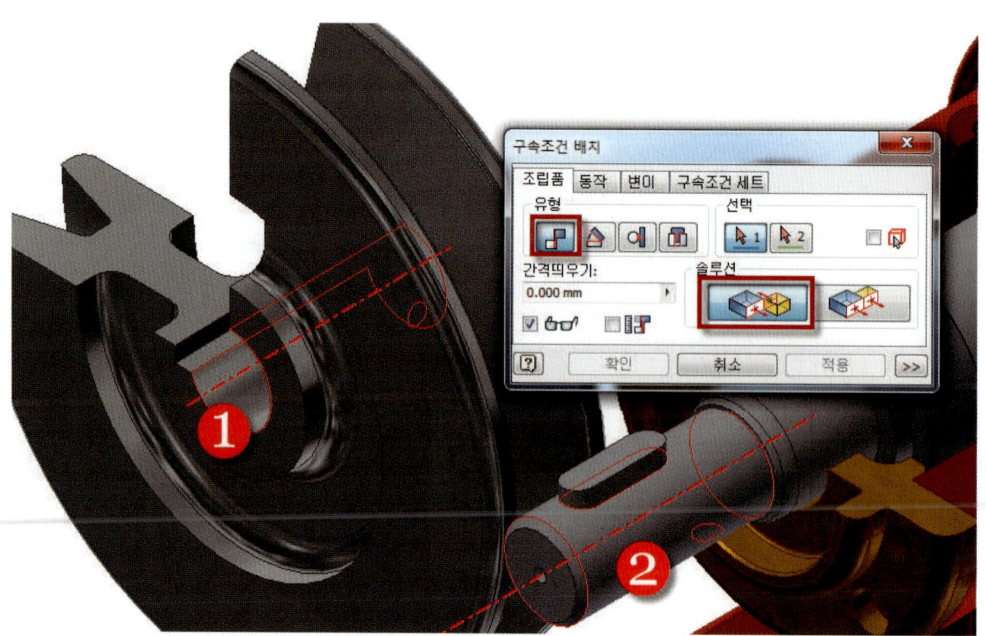

CAPTER 5. 조립품 따라 하기

축과 V벨트풀리의 끝부분 간격을 맞춰줍니다. V벨트풀리의 끝 면과 축의 끝 면을 선택하고 두 부품의 지정한 면들이 서로 같은 방향을 바라보도록 구속되기 위해 플러쉬로 설정을 바꿔줍니다.

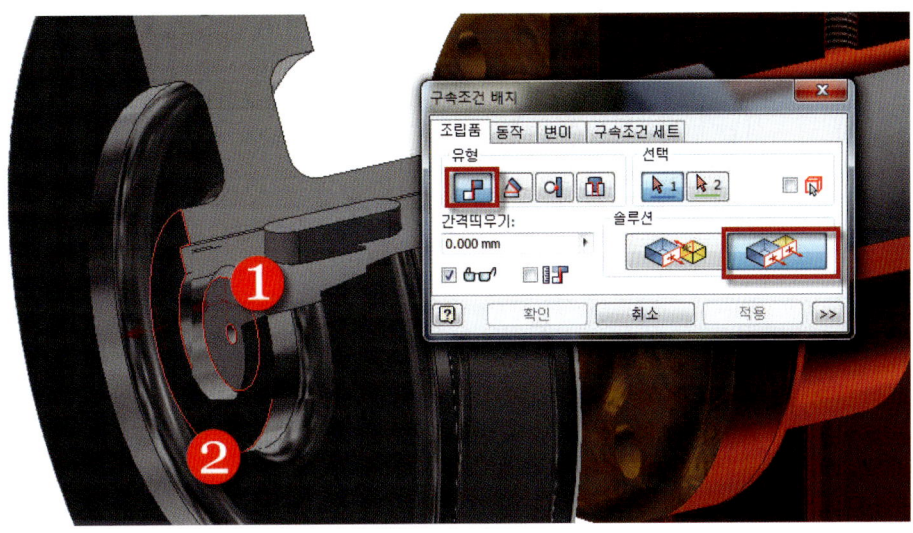

V벨트풀리와 축이 같이 회전하도록 면을 맞추어 줍니다. V벨트풀리에 키가 들어가는 안쪽 면을 선택하고 맞닿는 키 부분의 위쪽 모서리를 선택한 다음 적용해줍니다.

13 축과 스퍼기어를 조립합니다. 전체적인 방법은 V벨트풀리의 조립법과 일치합니다. 스퍼기어의 안쪽 면과 축의 면을 각각 선택한 후 적용합니다.

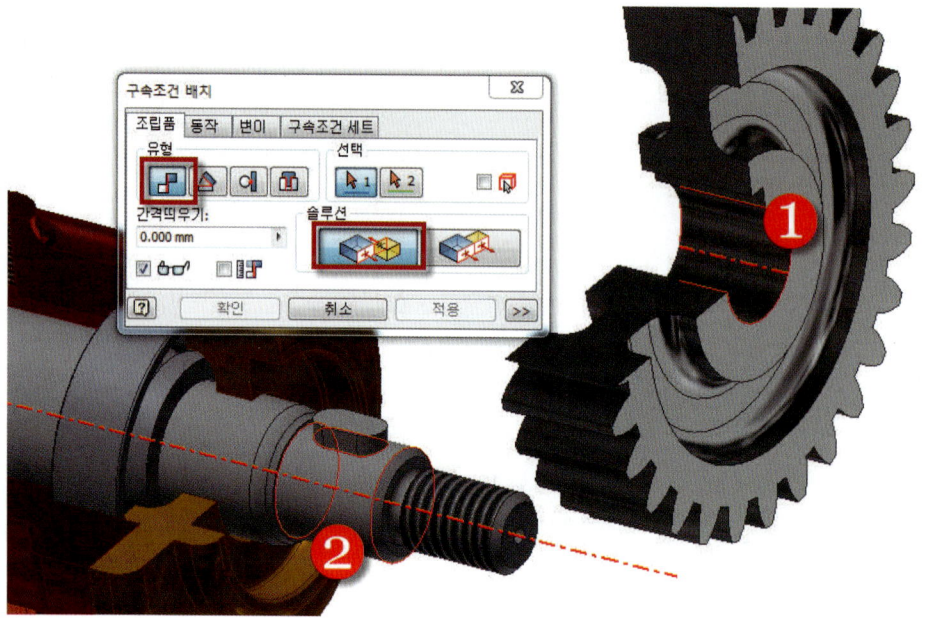

14 스퍼기어와 축의 길이를 맞추어 줍니다. 옵션을 메이트에서 플러쉬로 바꾸어 줍니다.

CAPTER 5. 조립품 따라 하기

스퍼기어와 축이 같이 회전하도록 면을 맞추어 줍니다. 스퍼기어에 키가 들어가는 안쪽 면을 선택하고 맞닿는 키 부분의 위쪽 모서리를 선택한 다음 적용해줍니다.

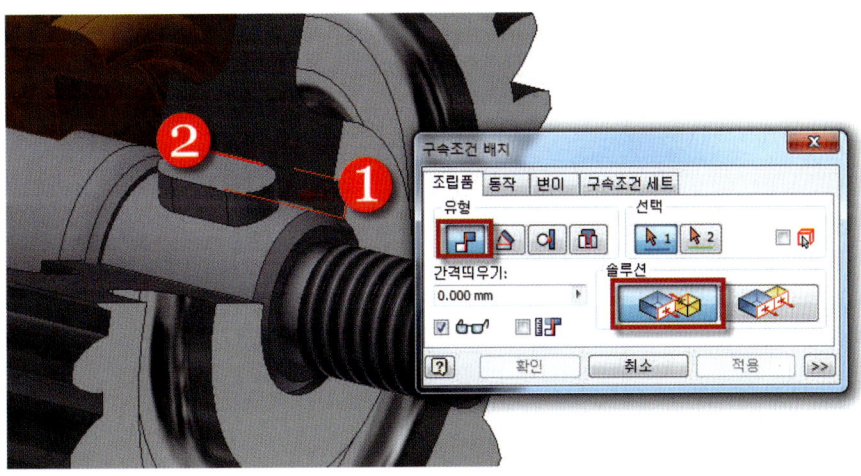

⑮ 축에 볼트를 조립시킵니다. 앞에서 사용해 보았던 삽입 기능을 이용합니다. 너트의 모서리 ❶과 축의 모서리 ❷를 선택하여 적용합니다.

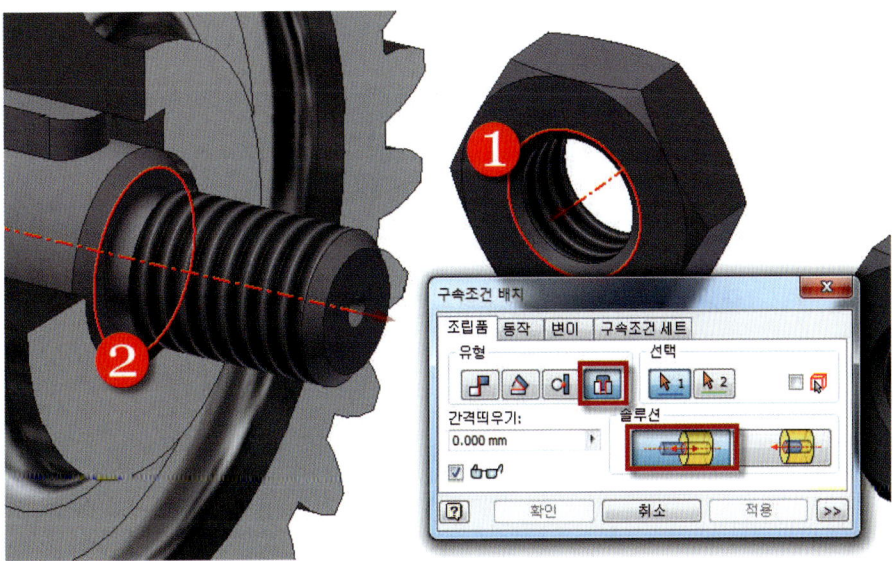

⑯ 너트와 축에 회전구속을 줍니다. 각도구속에 각도를 0으로 설정하고, 축에 조립되어 있는 키의 위쪽 면과 너트의 면을 선택한 후 적용합니다.

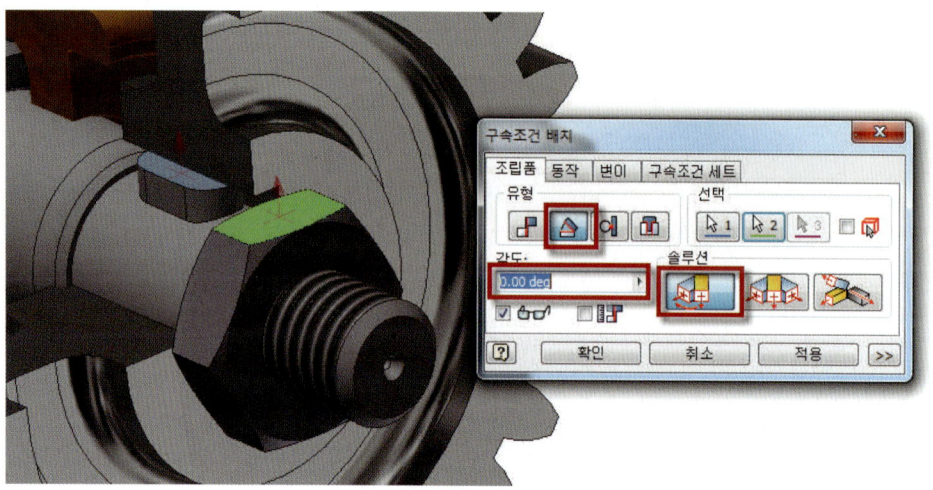

나머지 너트 하나도 똑같은 방법으로 조립해 줍니다.

CAPTER 5. 조립품 따라 하기

⑰ 볼트를 커버에 삽입해 줍니다. 우선 스퍼기어의 가시성을 꺼준 다음 작업을 시작합니다.

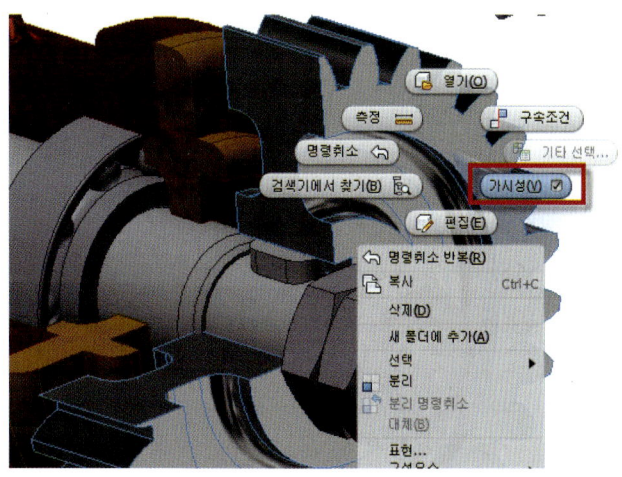

⑱ 삽입 기능을 이용하여 볼트의 모서리 ❶과 커버의 모서리 ❷를 선택한 다음 적용합니다.

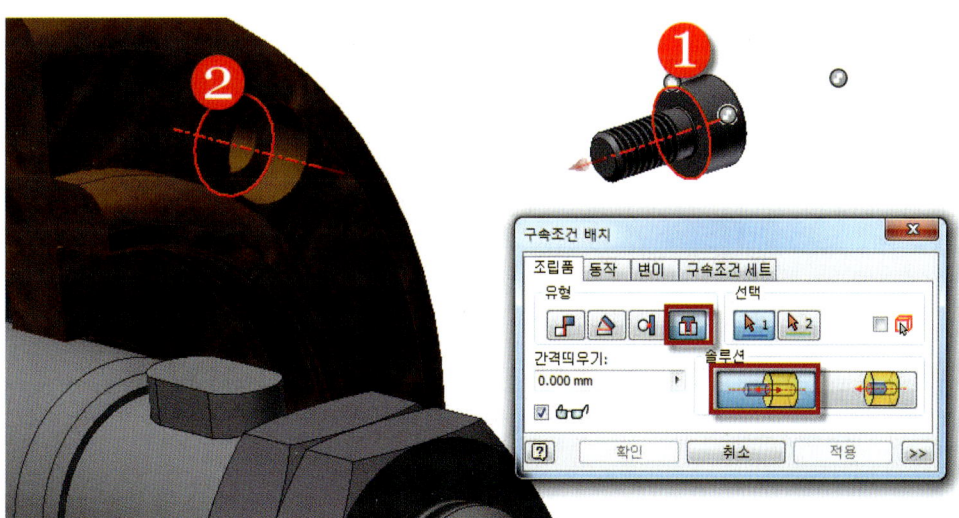

⑲ 부품을 복사하여 나머지 부분에도 볼트를 삽입합니다.

V벨트 부분도 가시성을 일단 꺼준 다음 볼트도 삽입작업을 해줍니다.

⑳ 스퍼기어 쪽과 같은 방법으로 볼트 3개를 복사하여 삽입해 줍니다.

CAPTER 5. 조립품 따라 하기

작업을 완료한 다음 왼쪽 트리에서 V벨트풀리와 스퍼기어의 가시성을 다시 켜 줍니다.

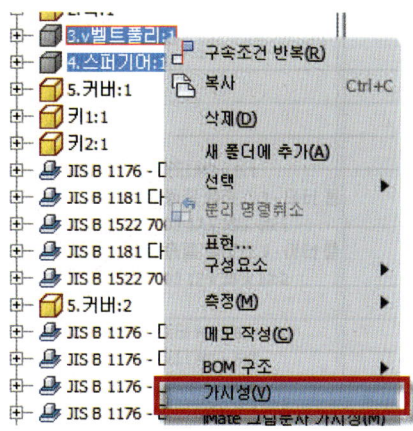

21 아래와 같이 조립이 완료가 됩니다.

227

MEMO

CHAPTER 06

도면 템플릿 작성하기

CHAPTER 06 도면 템플릿 작성하기

AUTODESK INVENTOR 2015

1 인벤터 실행화면 왼쪽 상단에 새로 만들기를 클릭합니다.

도면 작업을 하기위해 파일 대화상자의 Templates에서 Metric을 선택합니다. 그리고 도면 탭에 JIS.idw를 선택한 후 확인 버튼을 클릭하여 실행시킵니다.

CAPTER 6. 도면 템플릿 작성하기

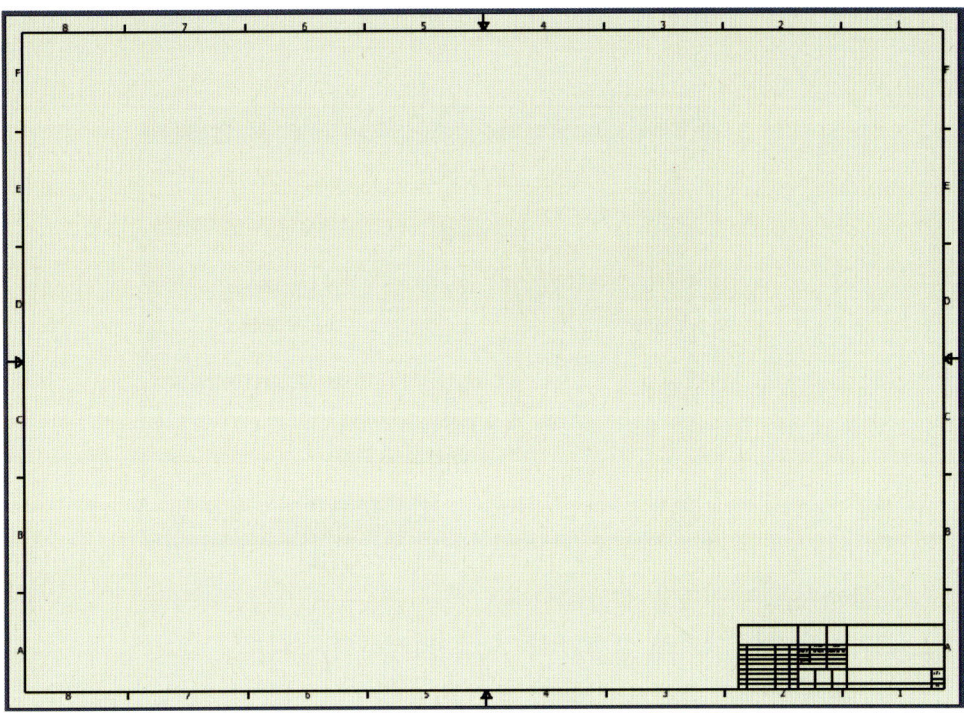

↑ JIS.idw 실행 화면

② 템플릿 파일이 열리면 첫 번째로 시트 형식을 편집합니다. 다음과 같이 Sheet1 항목에 마우스 오른쪽 버튼으로 팝업 메뉴를 띄워 시트 편집을 클릭합니다.

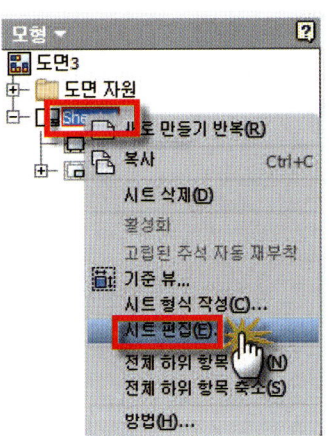

시트 편집 창이 뜨면 그림과 같이 설정합니다.

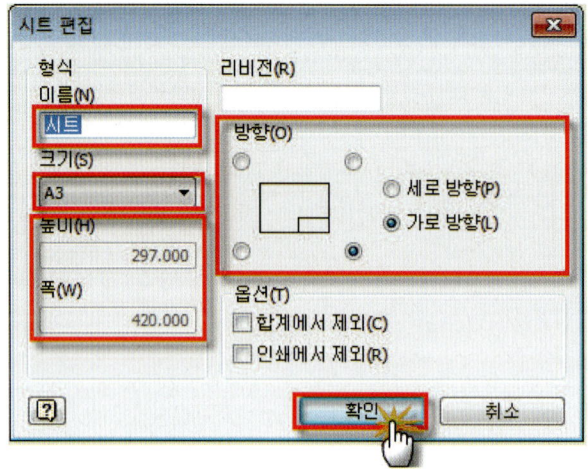

- 이름 : 시트의 이름을 설정합니다.
- 크기 : 용지의 크기를 설정한 후 A3로 지정하면 됩니다.
- 높이와 폭 : 용지 크기를 사용자 크기로 설정하면 사용자 임의로 설정할 수 있습니다.
- 방향 : 용지의 방향과 제목 블록을 어느 위치에 놓을지 결정합니다.

③ 새로운 경제를 사용하기 위해서 Sheet1 항목의 하위 부분에서 Default Border에서 마우스 오른쪽 버튼을 클릭하여 삭제합니다.

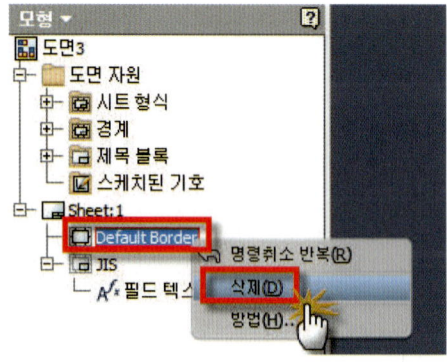

도면 자원의 하위 항목에서 경계를 선택 후 마우스 오른쪽 버튼으로 팝업 메뉴를 띄워 새 경계 정의를 선택합니다.

CAPTER 6. 도면 템플릿 작성하기

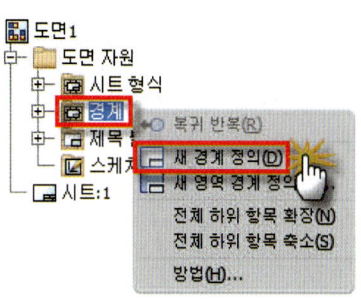

다음과 같이 스케치 환경으로 들어가면서 경계를 직접 작성할 수 있게 됩니다.

④ 작성 패널에서 직사각형 명령으로 기본 경계의 테두리와 중심선을 스케치하고 치수 아이콘을 사용하여 아래 그림과 같이 정확한 치수를 기입합니다.

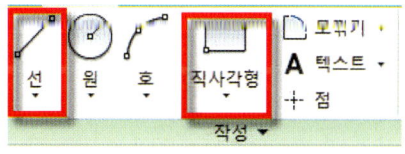

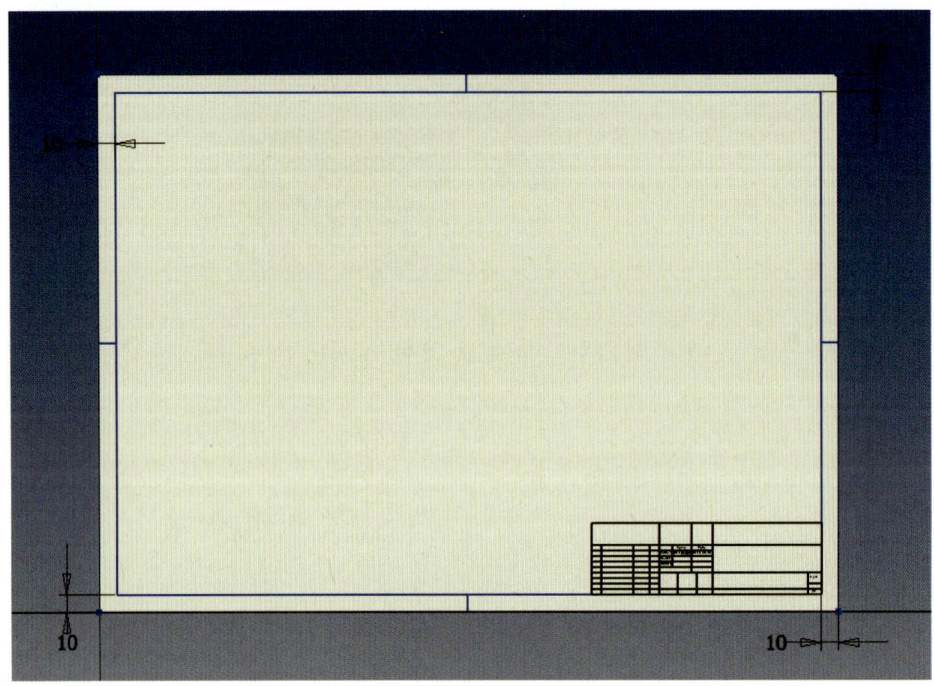

스케치 마무리를 클릭하여 경계 창이 뜨면 이름을 사용자 임의대로 지정 후 저장합니다.

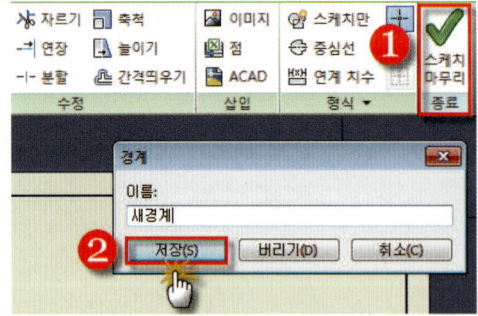

⑤ 경계항목의 하위에 있는 리스트 중에 방금 작업한 새 경계를 마우스 오른쪽 버튼으로 클릭해 삽입을 클릭합니다.

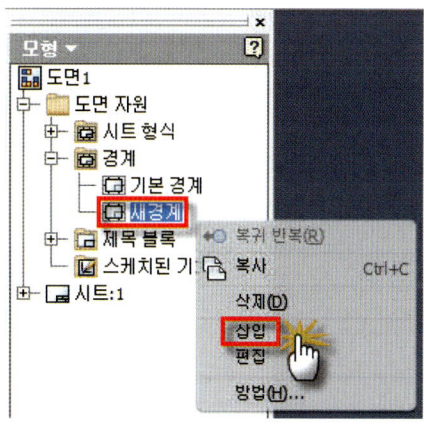

다음과 같이 사용자가 작성한 경계가 시트에 삽입되었습니다.

6 현재 시트에 삽입된 JIS라는 이름의 제목 블록을 마우스 오른쪽 버튼으로 팝업 메뉴를 띄워 삭제를 클릭합니다.

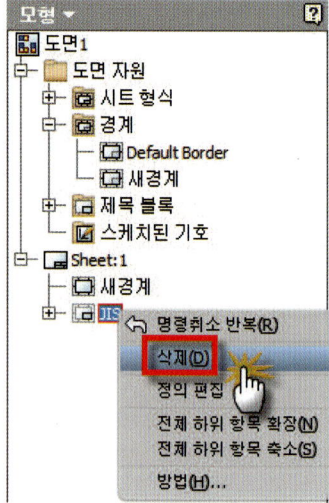

도면자원 항목의 제목 블록을 마우스 오른쪽 버튼으로 팝업 메뉴를 띄워 새 블록 정의를 클릭합니다.

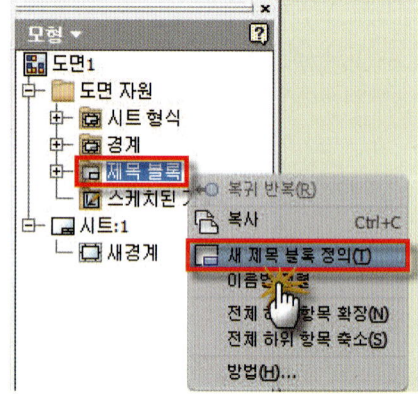

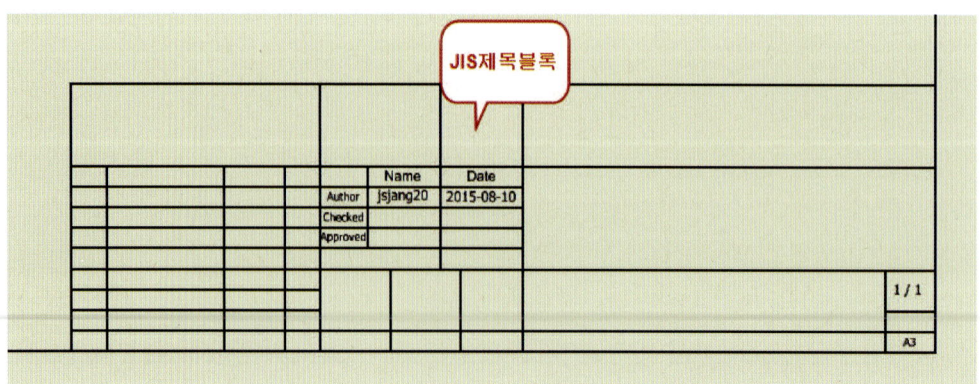

CAPTER 6. 도면 템플릿 작성하기

7. 스케치 환경이 시작되면서 스케치 작성으로 블록을 작성할 수 있습니다. 기존에 있는 JIS 제목 블록을 지운 후 다음과 같이 제목 블록의 대략적인 모양을 스케치로 작성한 다음 치수를 작성합니다.

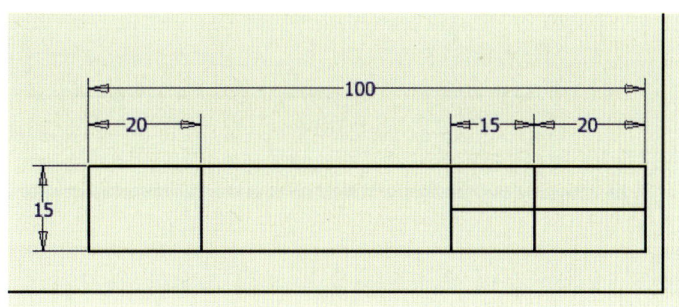

8. 텍스트 명령을 클릭해 블록 안에 들어갈 문자를 작성합니다.

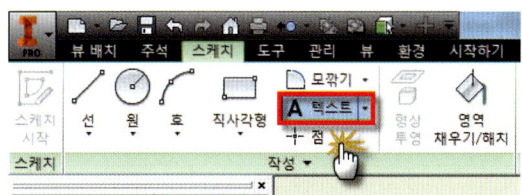

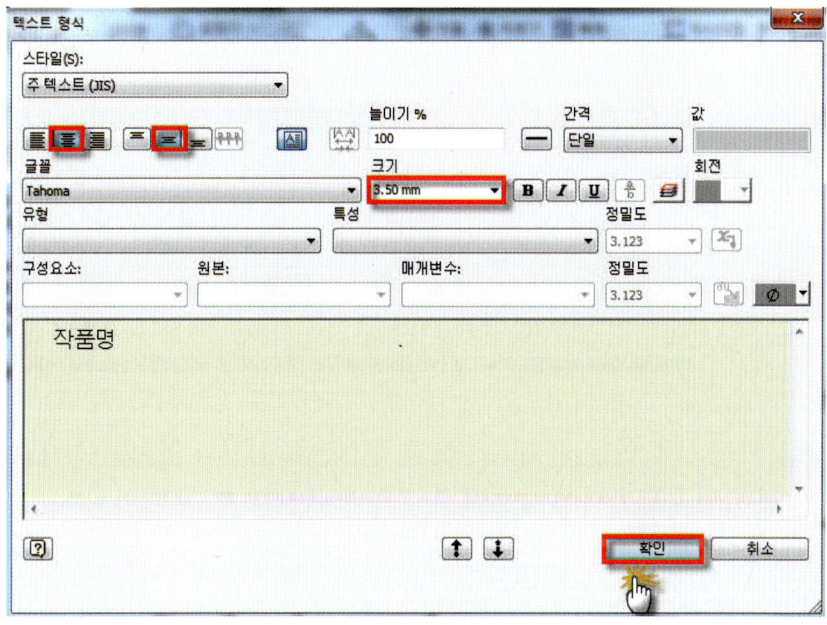

237

적당한 위치에 텍스트를 갖다놓습니다.

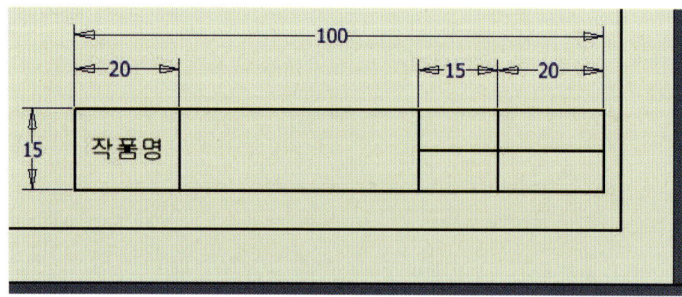

다른 칸에도 아래와 같이 텍스트들을 작성해 적당한 위치에 갖다 놓습니다.

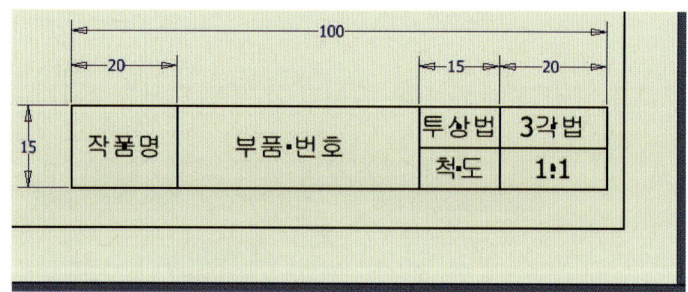

9 각 블록영역에 대각선을 그림과 같이 하나씩 그립니다.

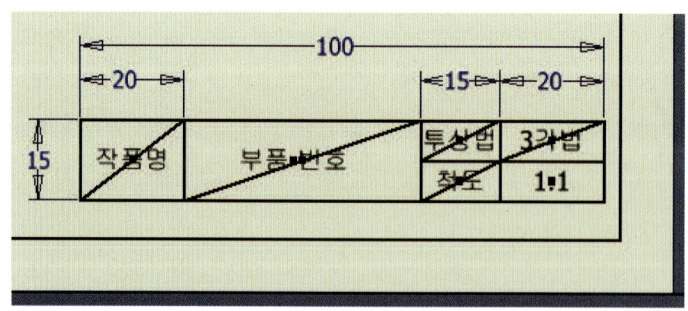

10 텍스트의 중심에 있는 기준 포인트를 대각선 중심점과 일치 구속으로 일치 시켜 줌으로써 텍스트가 블록의 중앙에 정확히 위치할 수 있게 합니다.

CAPTER 6. 도면 템플릿 작성하기

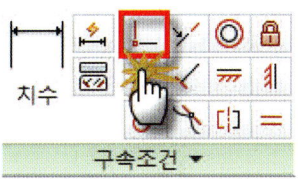
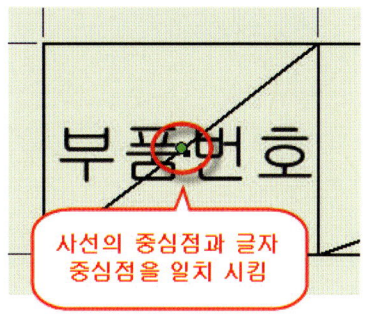

사선의 중심점과 글자 중심점을 일치 시킴

⑪ 작성한 대각선을 Ctrl 키로 전부 선택한 다음 형식 패널에서 스케치만 버튼을 클릭하면 대각선들이 스케치 상태에서만 보이게 됩니다.

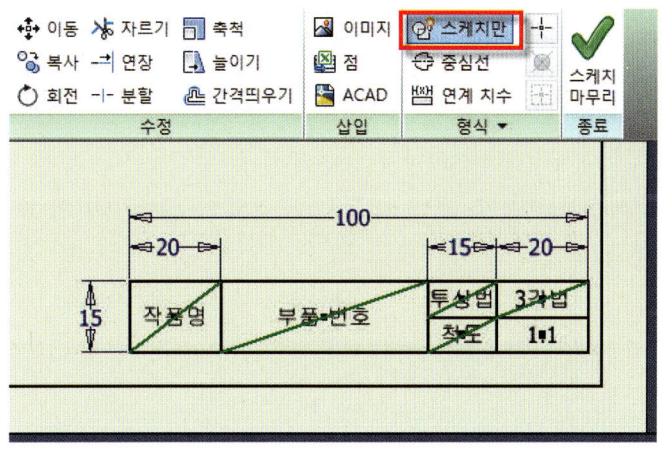

⑫ 텍스트에 매개변수를 삽입해 자동으로 제목 블록에 도면특성을 불러오도록 작성된 텍스트를 마우스로 더블 클릭하여 텍스트 편집합니다. 텍스트를 마우스로 전부 드래그하여 선택한 다음 유형을 특성-도면으로 선택하고 특성은 부품번호로 선택한 다음 텍스트 매개변수 추가 버튼을 클릭합니다.

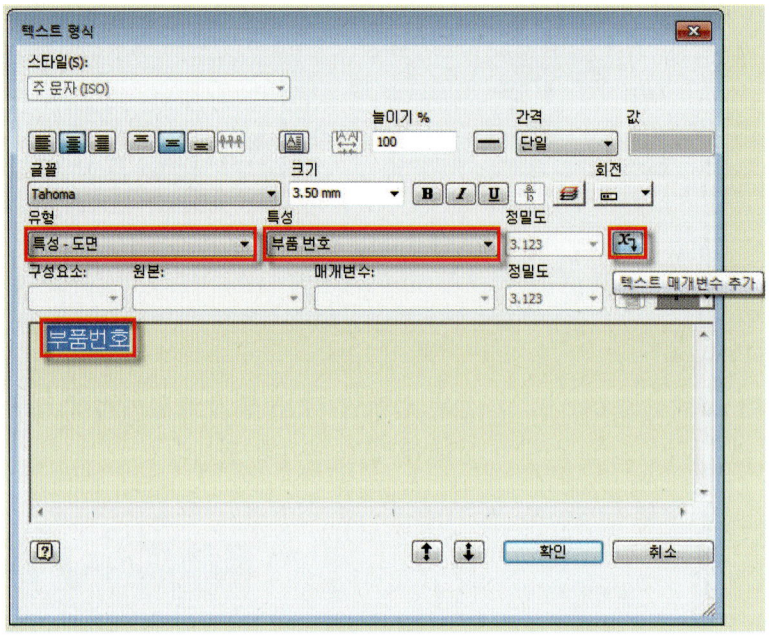

매개변수 추가 버튼을 누르면 텍스트에 괄호가 입혀지면서 매개변수를 삽입할 수 있게 됩니다.

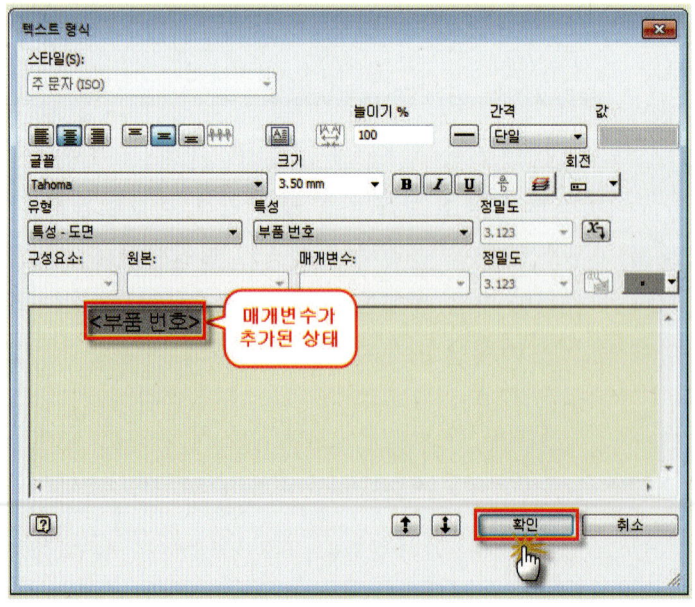

CAPTER 6. 도면 템플릿 작성하기

13. 하나의 부품을 열어 iProperties를 열어서 매개변수를 할 항목을 확인합니다.

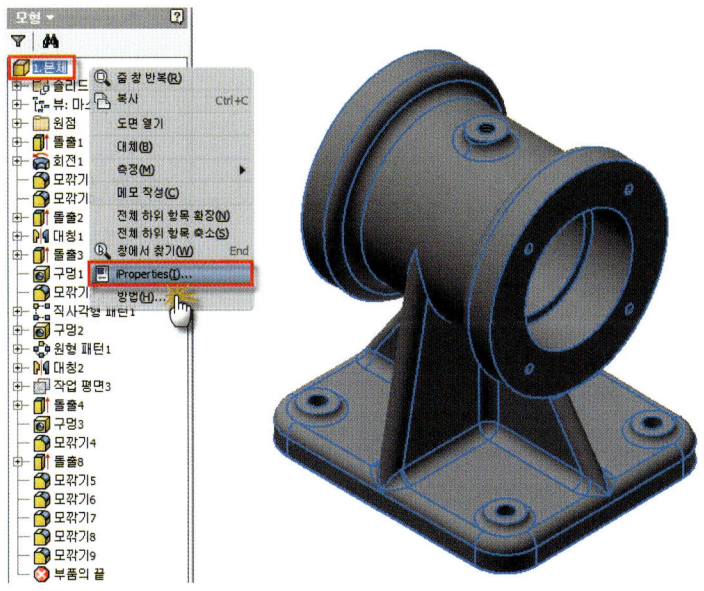

14. 프로젝트 탭을 클릭하여 해당 부품의 이름이 들어있는 항목이 부품 번호(P) 항목임을 알 수 있습니다.

15. 제목 블록 작업이 완료되면 스케치 마무리를 클릭합니다. 이름은 사용자가 원하는 이름으로 작성하여 저장합니다.

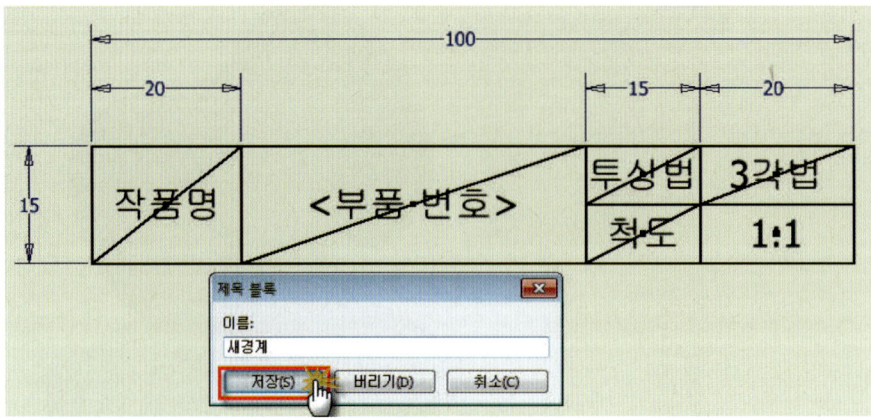

16. 도면자원의 제목 블록 하위 란에서 방금 작성한 제목 블록을 마우스 오른쪽 버튼으로 팝업 메뉴를 띄워 삽입을 클릭하거나 더블 클릭을 합니다.

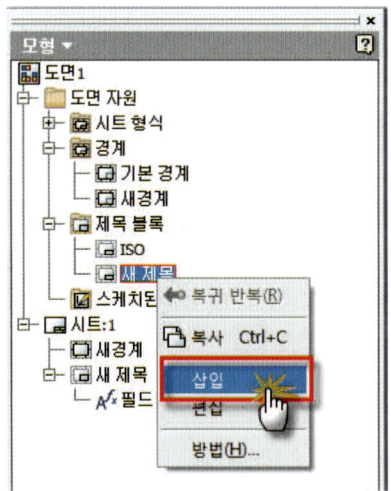

다음과 같이 작성된 제목 블록이 시트 안에 삽입됩니다.

부품번호 부분은 뷰가 삽입이 되어야 나타나며, 뷰가 삽입이 되면 부품번호가 나타납니다.

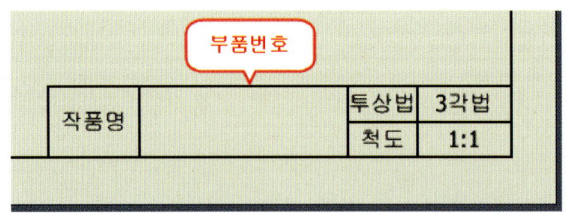

17. 수검 란은 경계 정의 작업 시 동시에 진행해도 상관이 없으므로 경계왼쪽 위에 수검 란을 작성합니다.
앞에서 작성한 사용자 정의 경계 정의 항목을 마우스 오른쪽 버튼으로 팝업 메뉴를 띄워 편집을 클릭합니다.

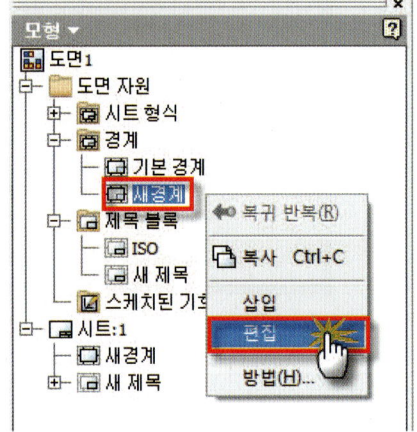

18. 앞에서 작성한 경계의 왼쪽 위에 다음과 같이 스케치를 하고 치수기입을 합니다.

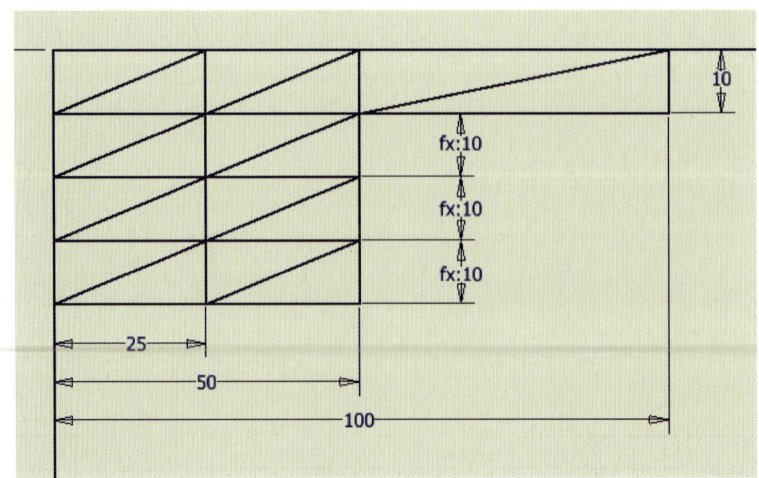

⑲ 대각선을 모두 선택해서 스케치만 버튼을 클릭해 해당 요소를 스케치 작업 시에만 보이게 바꿉니다.

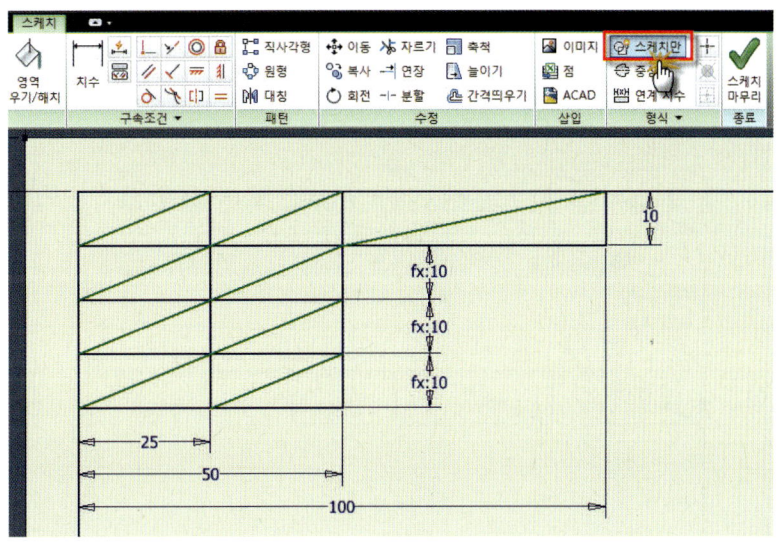

⑳ 다음과 같이 글자 크기를 3으로 맞추어 해당 텍스트들을 작성해 대각선 중앙에 위치시킵니다.

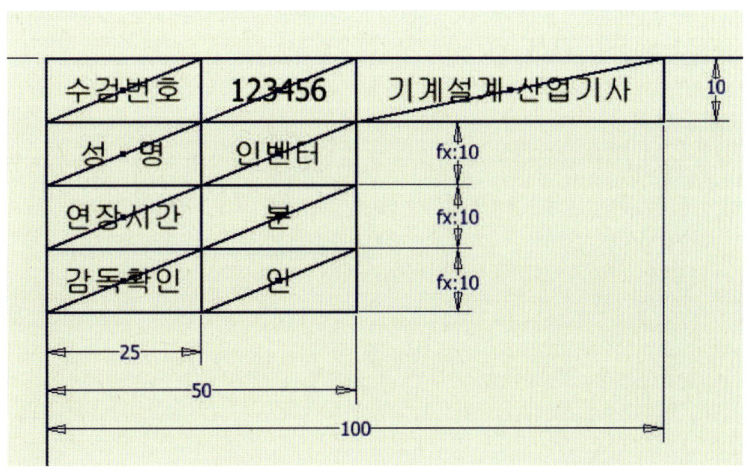

- 수검번호 : 본인의 수검번호 작성
- 성명 : 본인의 이름 작성

㉑ 수정 사항을 저장해 마무리합니다.

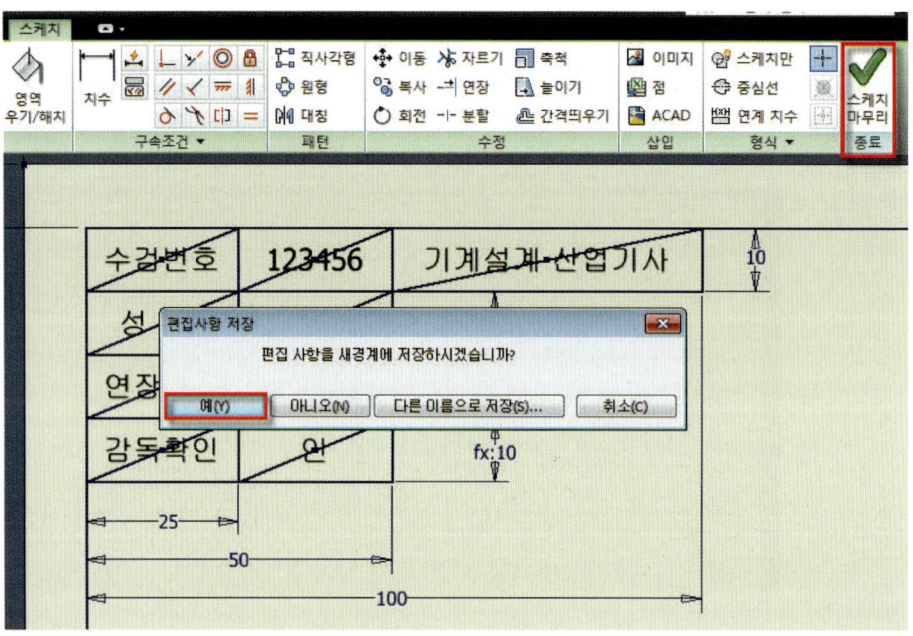

다음과 같이 바뀐 사항이 적용됩니다.

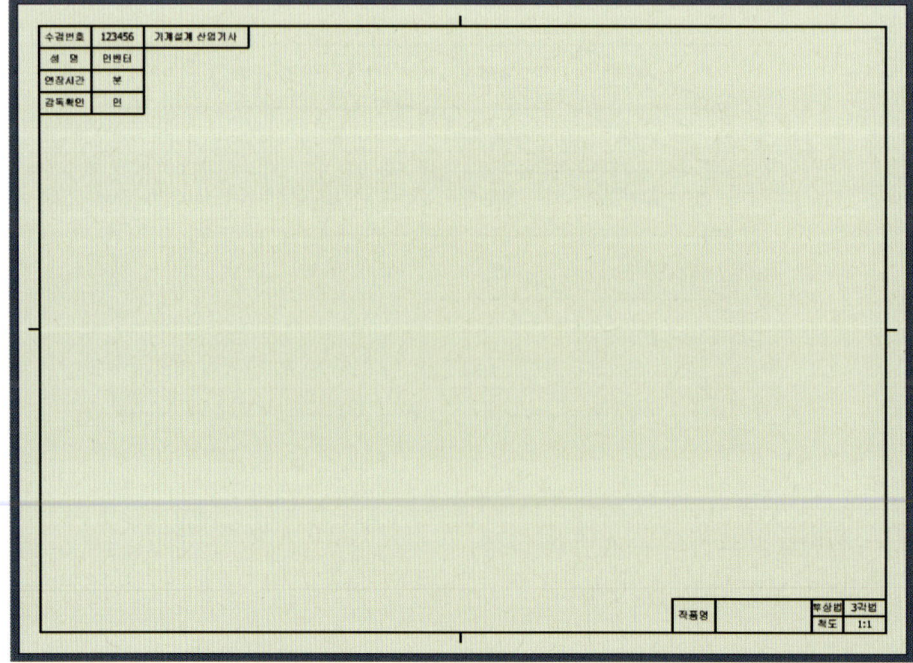

CAPTER 6. 도면 템플릿 작성하기

㉒ 출력 시 선의 두께를 구별시켜 주기 위해 도면 층을 편집합니다. 관리 탭의 스타일 및 표준 패널에서 스타일 편집기를 클릭합니다.

스타일 및 표준 편집기 창이 뜨면 도면 층 하위 항목에 있는 아무 항목이나 클릭하면 도면 층 스타일 창이 활성화 됩니다.

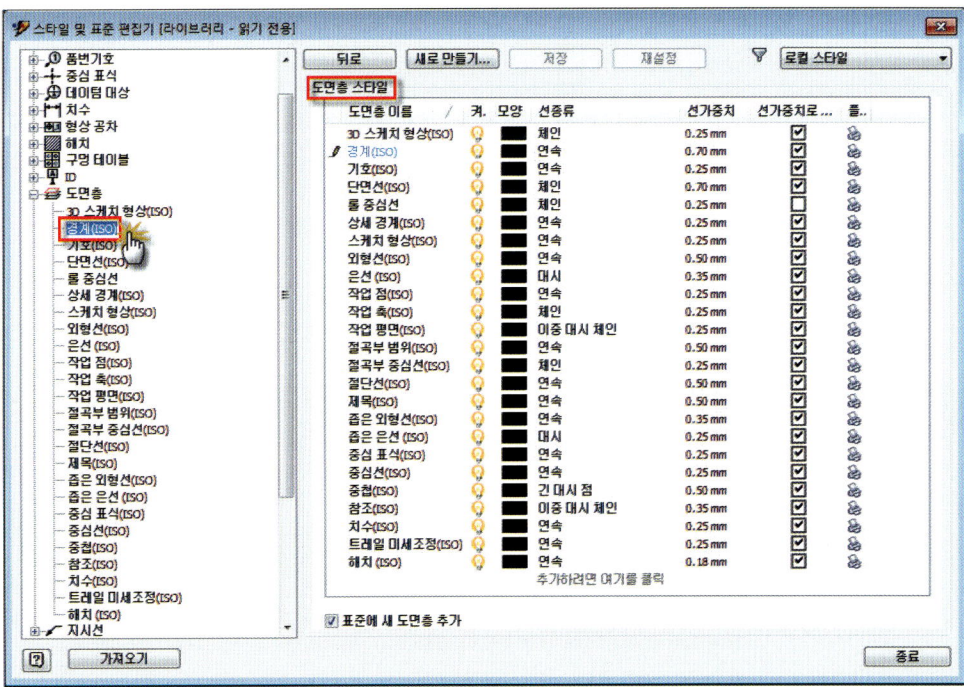

247

㉓ 도면 층 스타일 창에서 스케치 형상 항목을 선택한 후 새로 만들기를 합니다.

㉔ 맨 하위부분에 복사대상(1) 스케치 형상 목록이 추가됩니다.

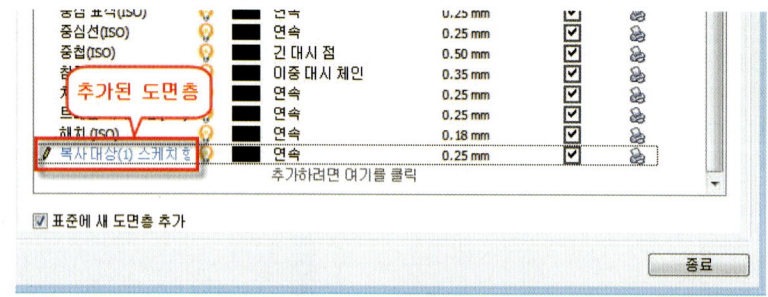

㉕ 같은 작업방법으로 4개의 복사대상을 만듭니다.

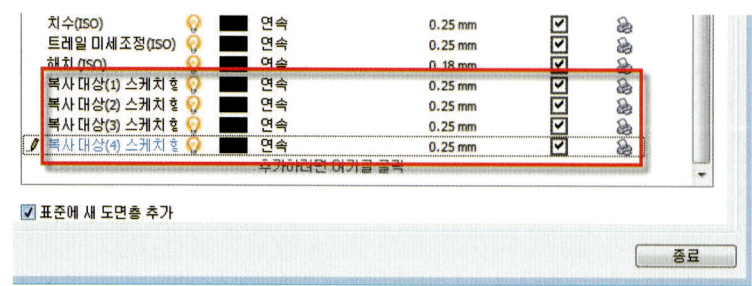

㉖ 4개의 복사대상 항목을 다음과 같이 편집합니다.

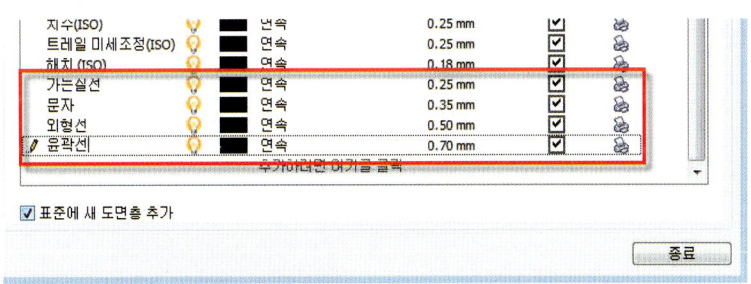

- 가는 실선 : 검은색 연속 0.25mm
- 문자 : 검은색 연속 0.35mm
- 외형선 : 검은색 연속 0.50mm
- 윤곽선 : 검은색 연속 0.70mm

㉗ 종료 버튼을 클릭하여 편집사항을 저장합니다.

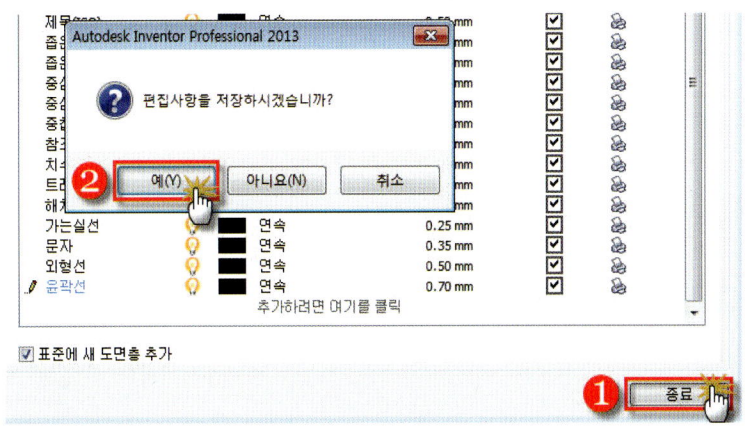

㉘ 앞에서 작성한 경계 및 제목 블록의 스케치 요소에 작성한 도면 층을 적용하도록 합니다. 먼저 작성한 경계 항목을 마우스 오른쪽 버튼으로 팝업 메뉴를 띄운 다음 편집을 클릭합니다.

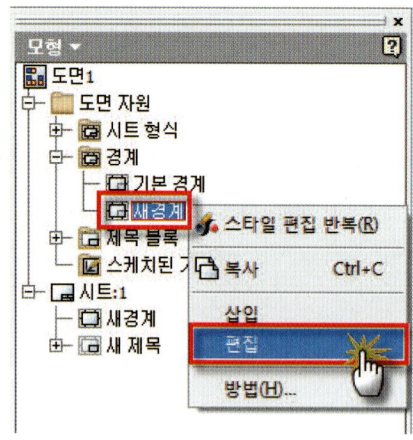

㉙ 다음과 같이 외곽선을 모두 선택합니다.

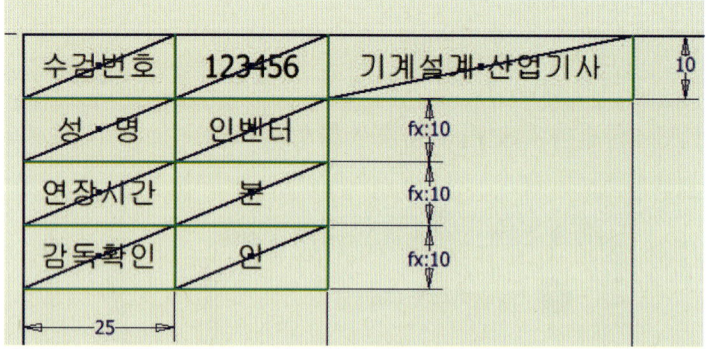

㉚ 주석 탭의 형식 패널에서 가는실선 도면층을 선택한다.

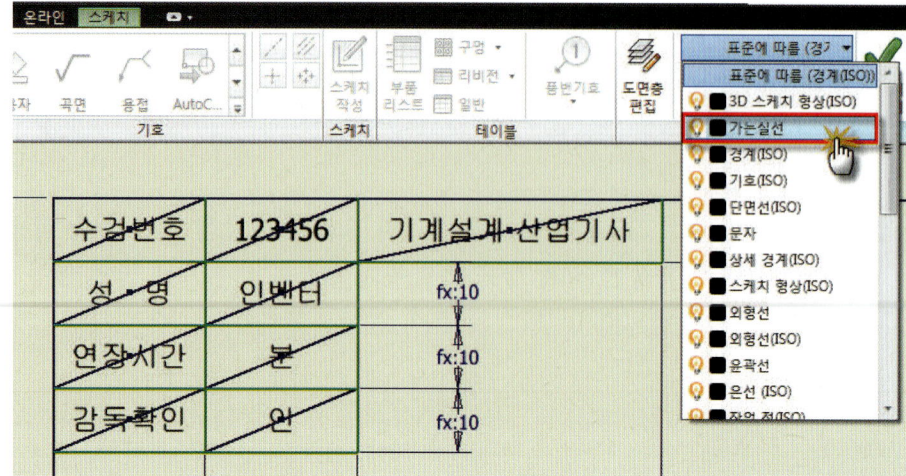

CAPTER 6. 도면 템플릿 작성하기

다음과 같이 외곽선이 가는실선으로 바뀌게 됩니다.

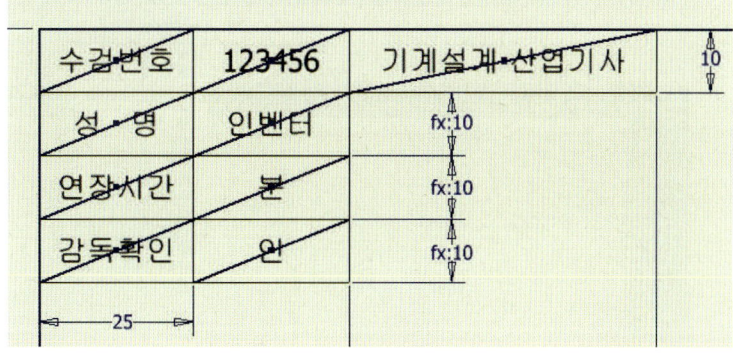

㉜ 다음은 작성된 텍스트를 모두 선택합니다.

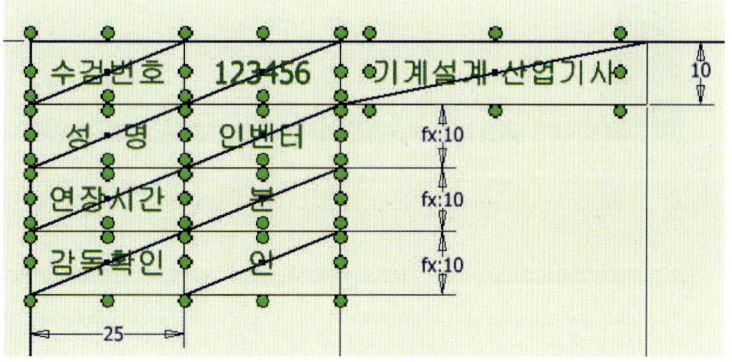

㉝ 주석 탭의 형식 패널에서 문자 도면층을 선택합니다.

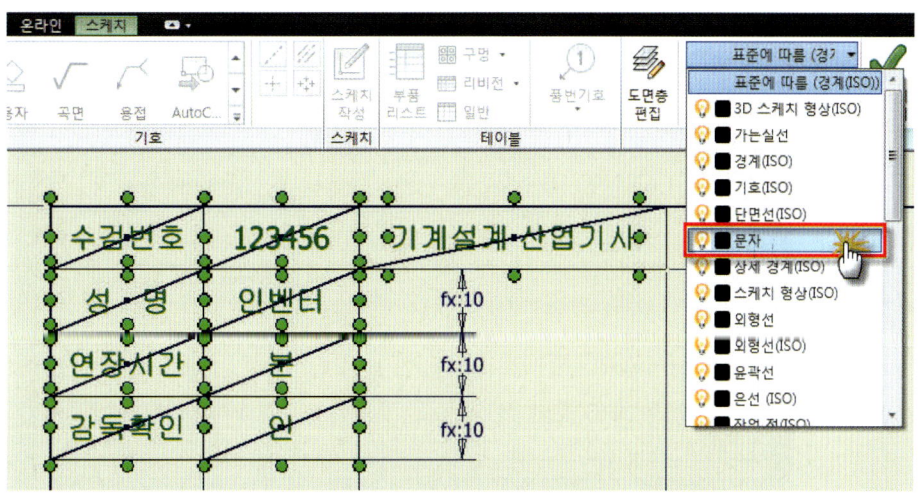

251

34 위와 같은 방법으로 경계테두리를 선택한 후 윤곽선 도면층을 선택합니다.

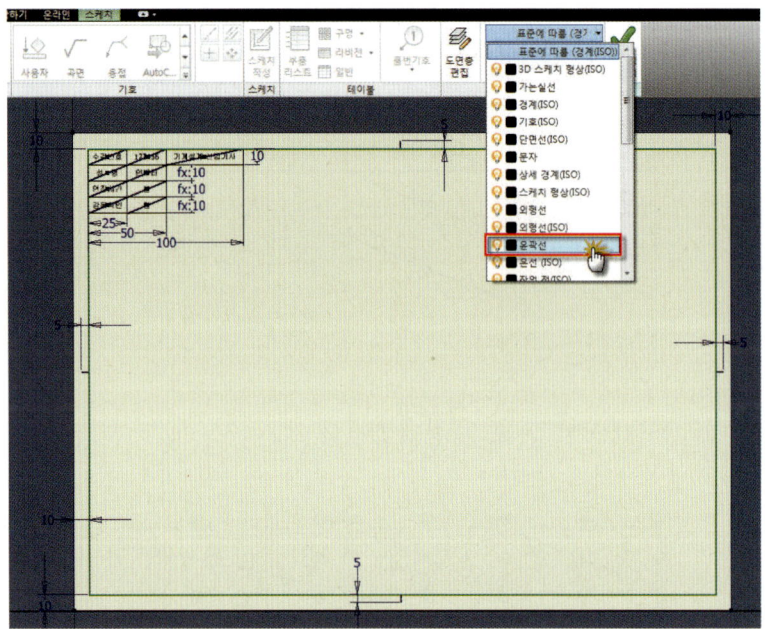

35 중심마크를 선택한 다음 외형선 도면층을 선택합니다.

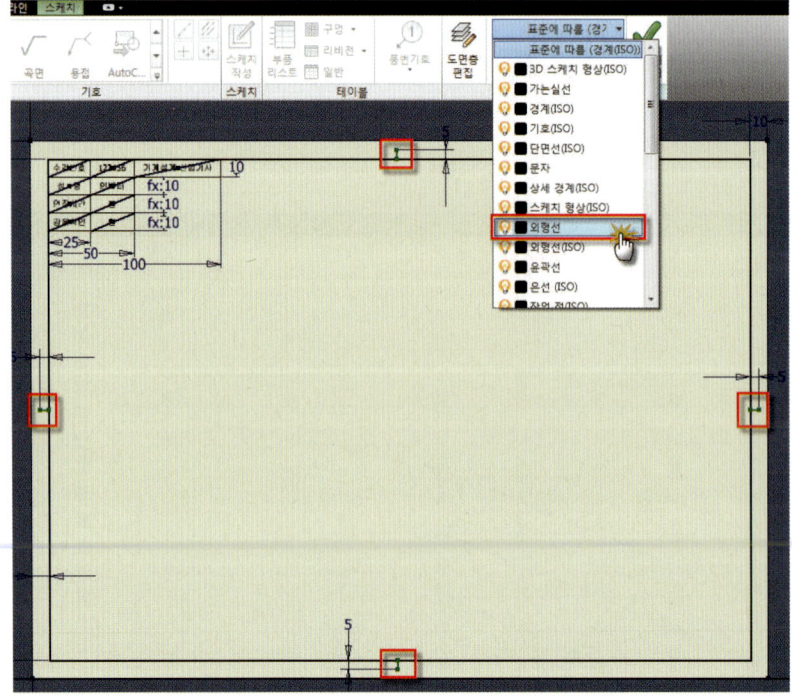

CAPTER 6. 도면 템플릿 작성하기

㊱ 스케치 탭에서 스케치 마무리를 선택하여 편집된 사항을 저장합니다.

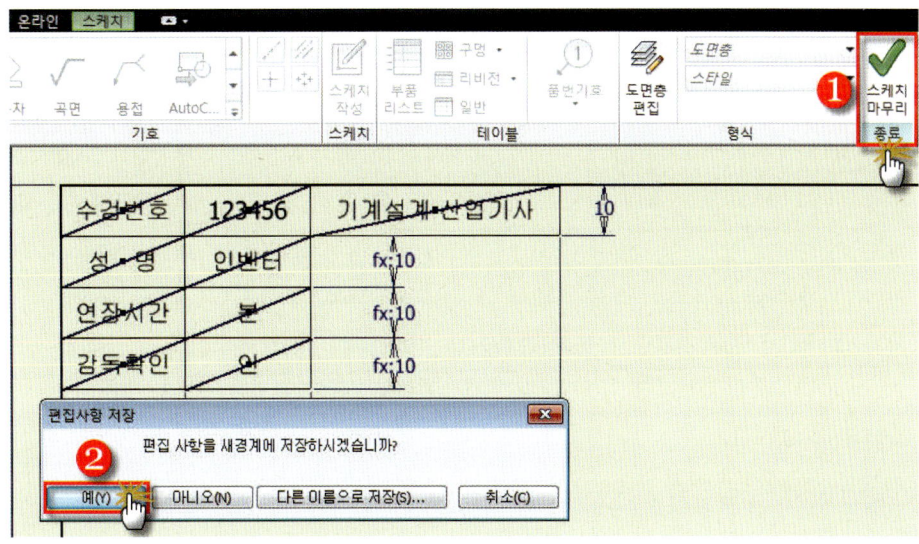

㊲ 다음으로 제목 블록에 마우스 오른쪽 버튼으로 팝업 메뉴를 띄운 다음 편집을 클릭합니다.

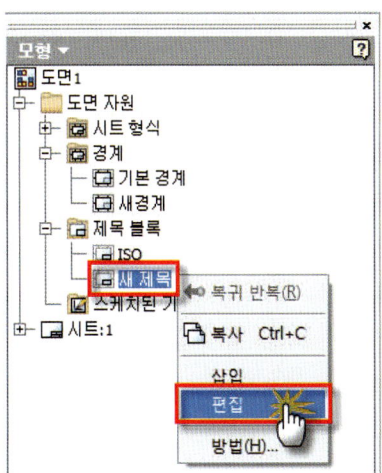

38 다음과 같이 경계선을 모두 선택한 다음 가는실선 도면층을 선택합니다.

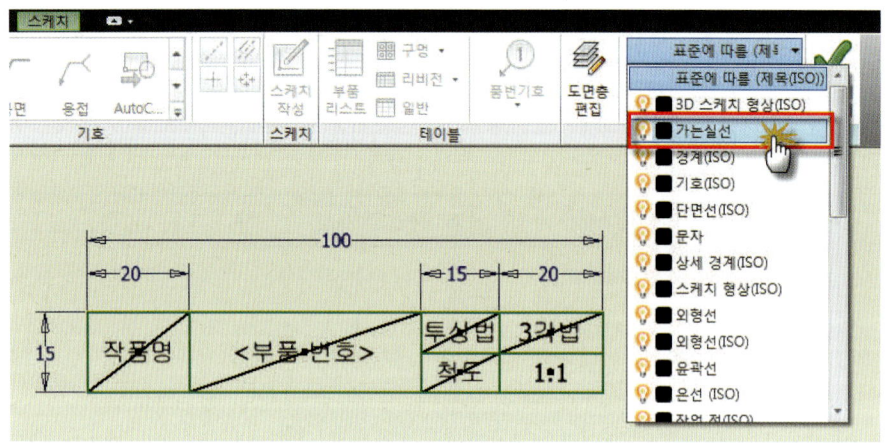

테두리가 가는실선으로 바뀌게 됩니다.

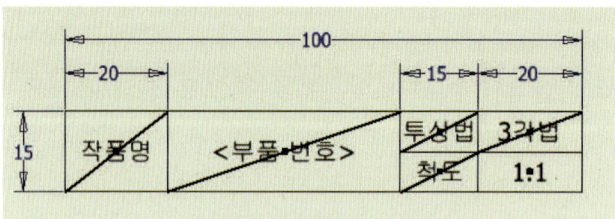

39 다음은 작성된 텍스트를 모두 선택한 다음 문자 도면층을 선택합니다.

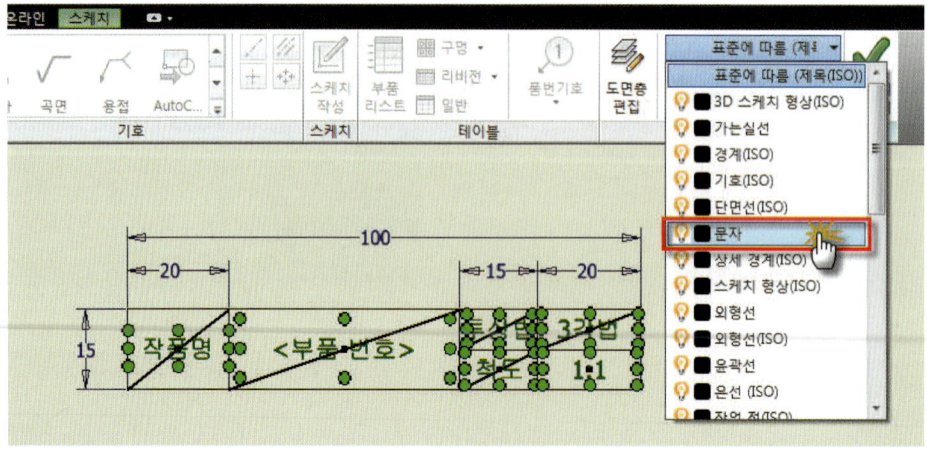

CAPTER 6. 도면 템플릿 작성하기

㊵ 스케치 탭에서 스케치 마무리를 선택하여 편집된 사항을 저장합니다.

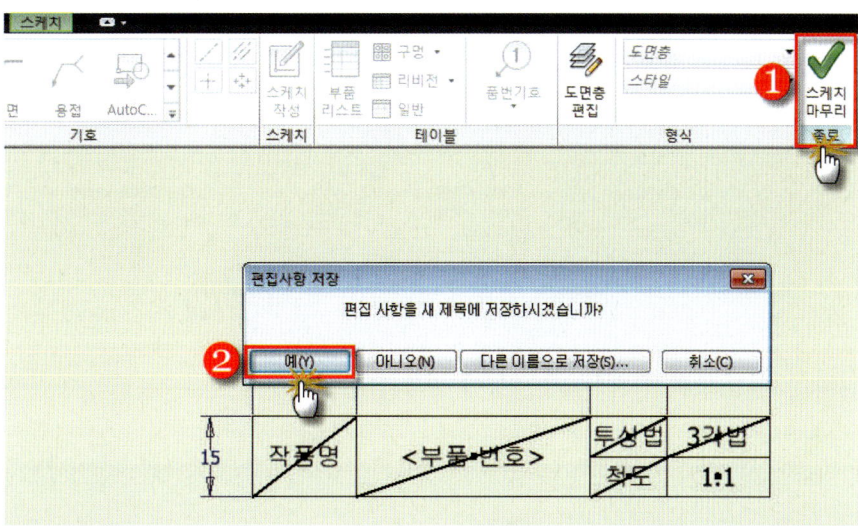

㊶ 어플리케이션 메뉴를 클릭해 다른 이름으로 저장 → 템플릿으로 사본 저장을 클릭합니다.

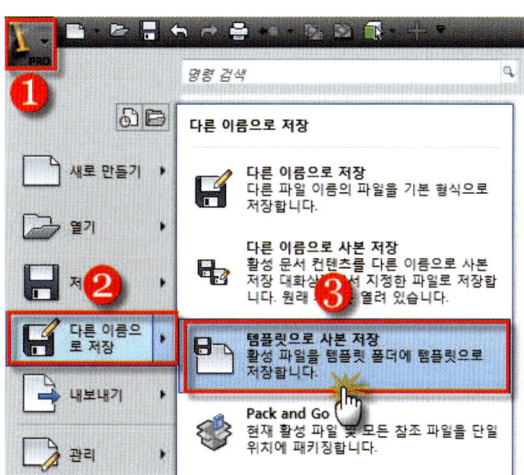

42 다음과 같이 인벤터가 설치된 하위경로인 Templates 폴더로 이동합니다.

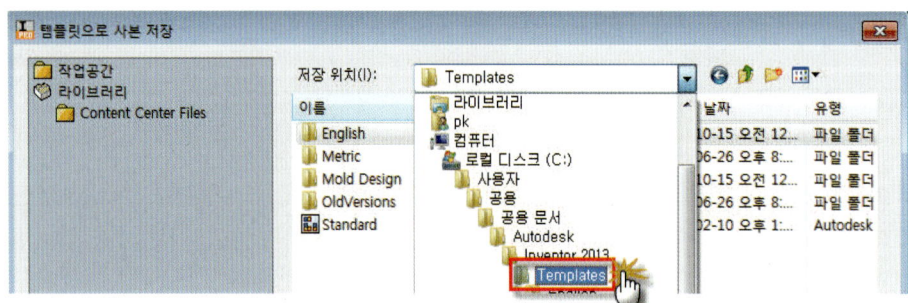

43 원하는 이름으로 템플릿을 저장합니다.

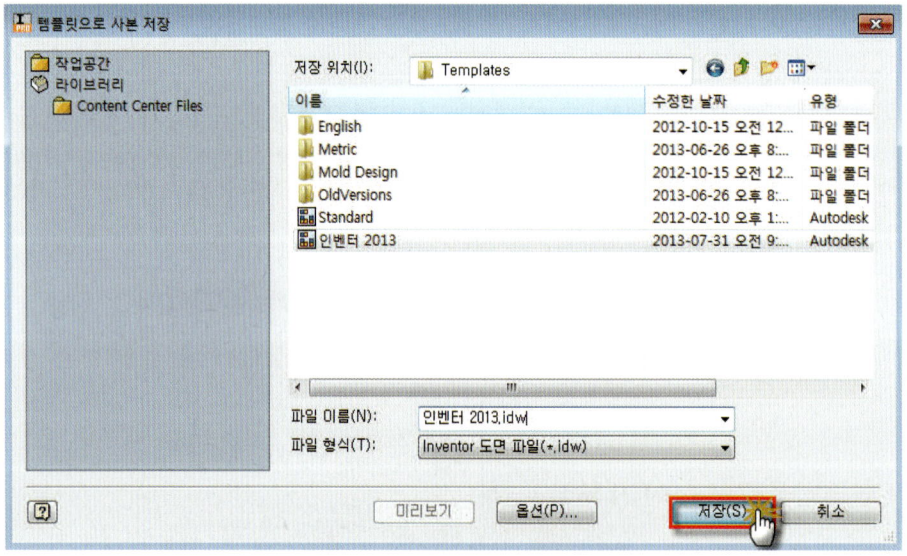

44 템플릿이 정확히 등록되어졌는지 확인하기 위해 새로 만들기를 클릭합니다.

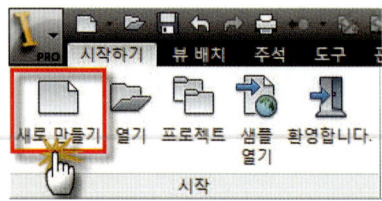

CAPTER 6. 도면 템플릿 작성하기

45 등록이 정상적으로 이루어 졌다면 Templates의 도면 항목에 저장된 템플릿이 표시됩니다. 도면작업 시 이 템플릿을 열어 도면작업을 수행하면 됩니다.

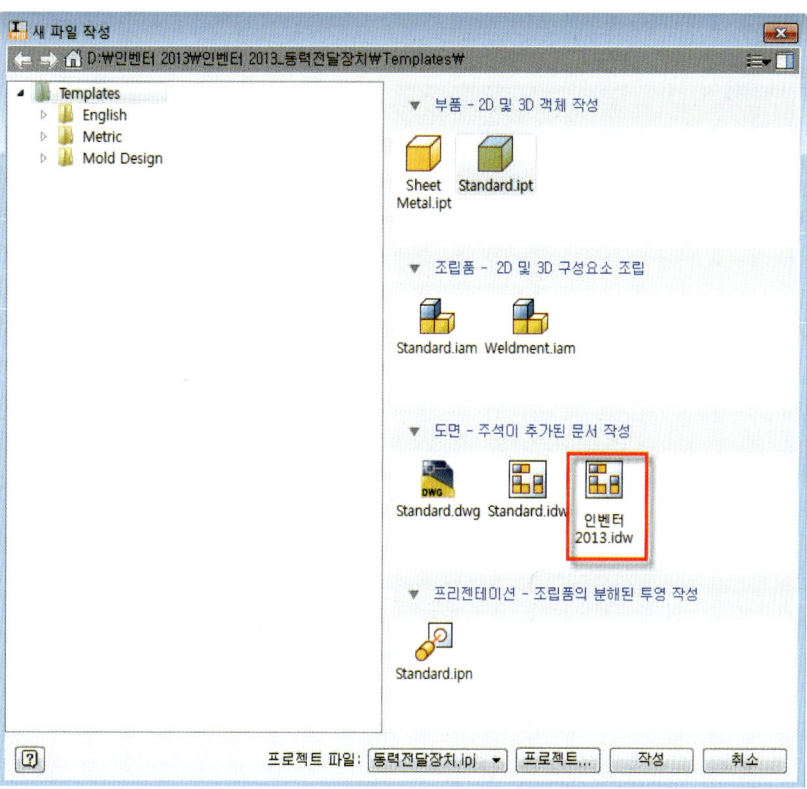

MEMO

CHAPTER 07

도면 작성하기

CHAPTER 07 도면 작성하기

AUTODESK INVENTOR 2015

PART 1 부품 투상도 작성하기

새 파일 작성 창에서 앞서 사용자가 만든 도면 템플릿(인벤터2015.idw)을 더블 클릭합니다. 만약 없다면 그냥 Metric 도면 탭의 JIS.idw를 더블 클릭해도 됩니다.

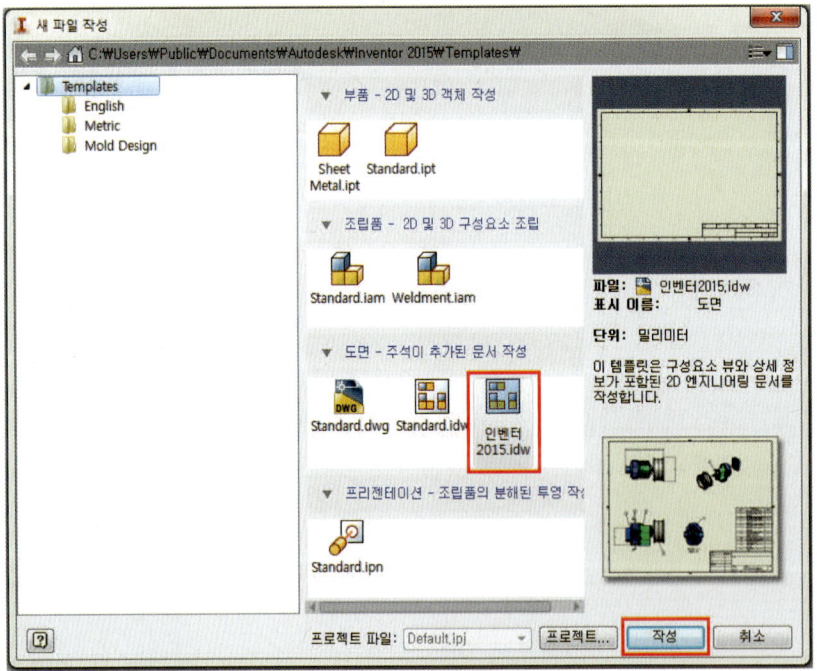

CAPTER 7. 도면 작성하기

다음과 같이 설정한 도면 템플릿이 열립니다.

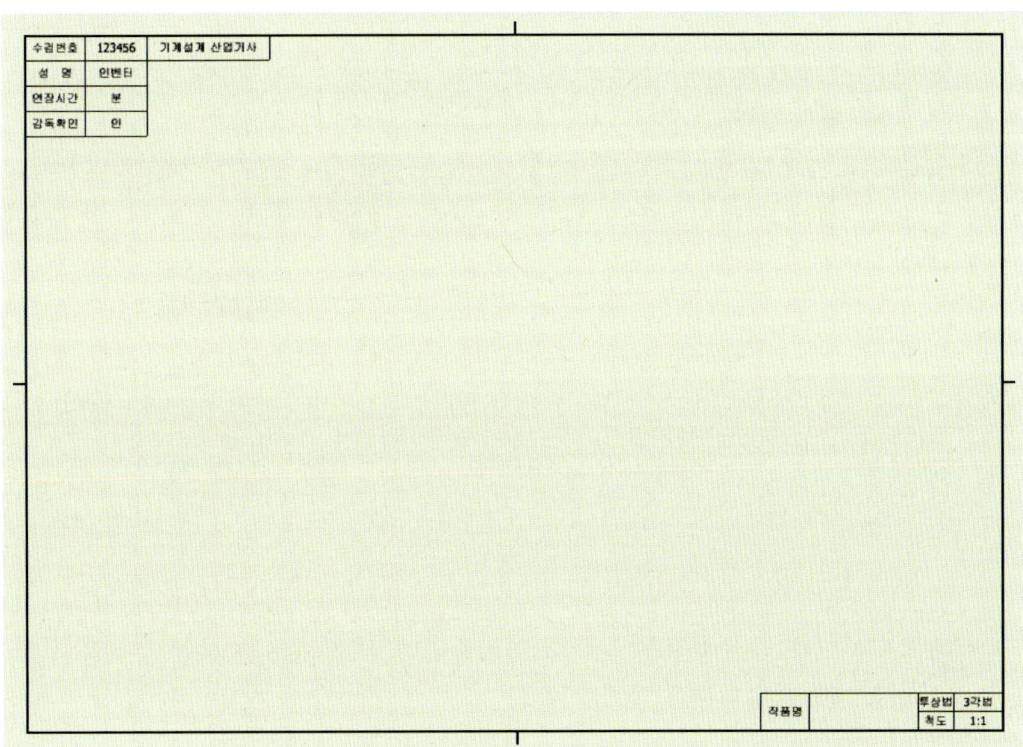

01 기준 뷰

도면에서 첫 번째 뷰를 작성할 때 사용하며, 사용에 따라 2개 이상 추가 가능합니다. 불러 온 뷰(정면도)를 통해서 측면도나 평면도를 추가할 수 있습니다.

① 다음과 같이 뷰 배치 탭의 작성 패널에서 기준을 클릭한다.

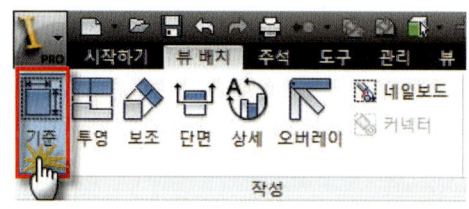

② 도면 뷰 창이 나타나면 기존파일을 열기 버튼( )을 클릭합니다.

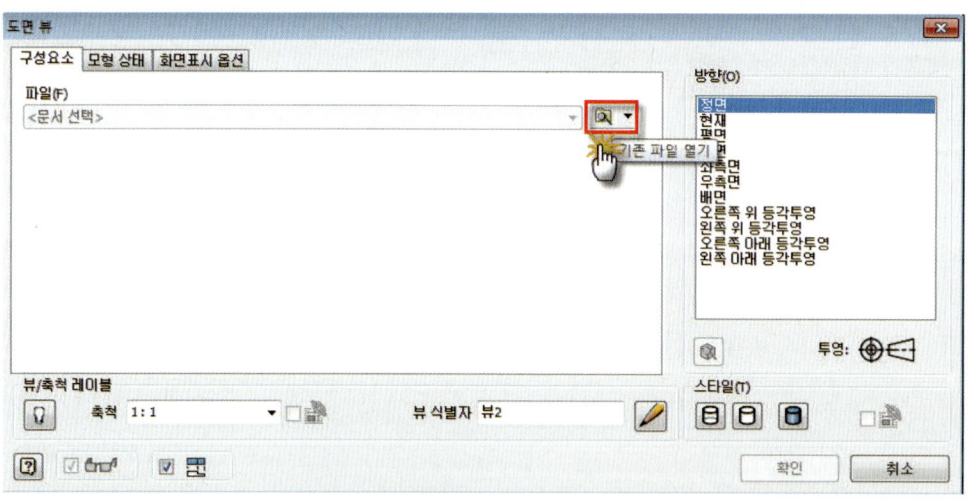

③ 작업하고자 하는 부품을 찾아서 열어줍니다. 여기서는 ❶ 본체 부품을 선택하고, ❷ 열기 버튼을 클릭합니다.

CAPTER 7. 도면 작성하기

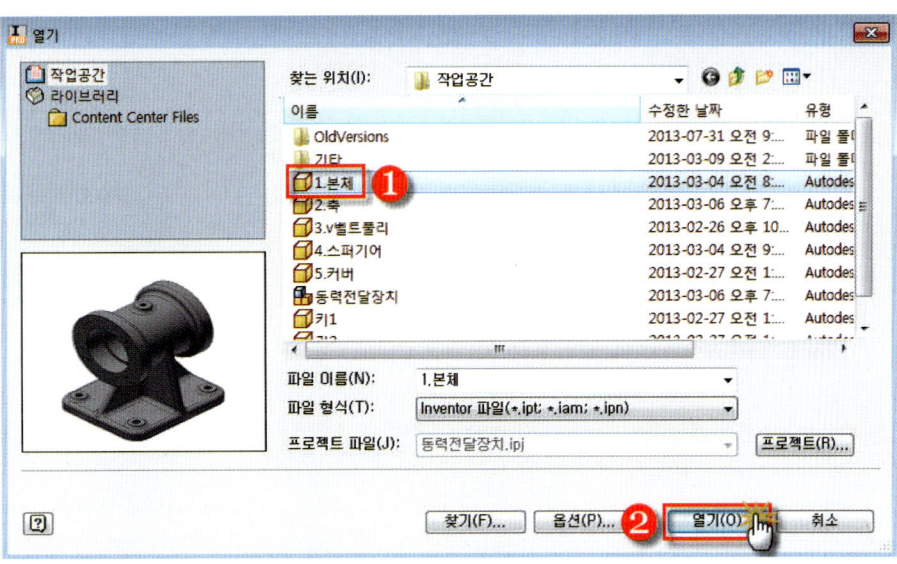

4 파일 목록에 원하는 부품리스트가 올라옵니다. 방향 및 축척, 스타일을 지정하면 됩니다. 스타일에서 ❶은 뷰의 선 제거, ❷는 뷰에 색상을 넣고 싶으면 음영처리 버튼을 클릭하면 됩니다.

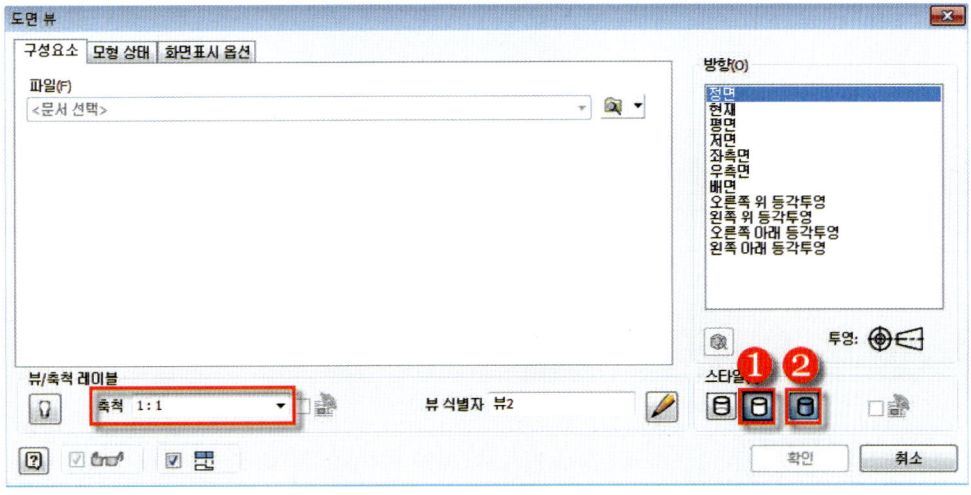

263

5 화면표시 옵션 탭으로 가서 스레드 피쳐(나사)와 접하는 모서리를 체크합니다.

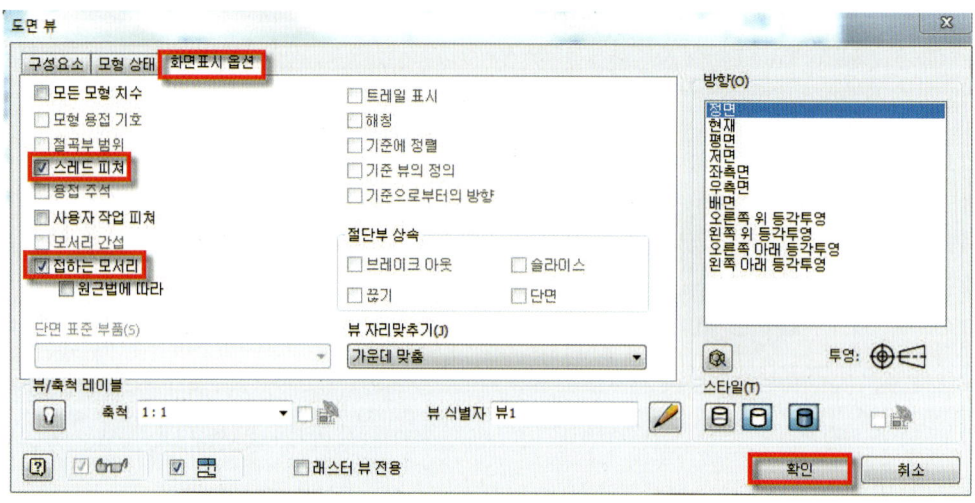

6 미리 보기되어 진 뷰를 원하는 위치에 놓고 클릭하면 다음과 같이 기준 뷰가 생성됩니다. 그리고 마우스 오른쪽 버튼을 눌러 확인 버튼(✓ 확인)을 클릭하면 템플릿에 도면이 나타납니다.

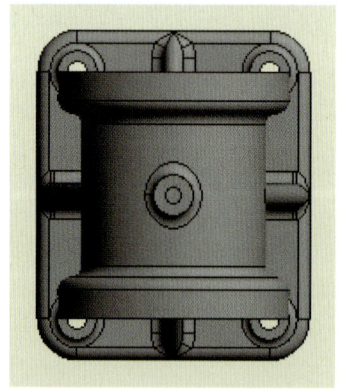

7 만약 현재의 뷰 방향이 사용자가 원하는 방향과 맞지 않으면 기준 뷰를 더블 클릭하여 도면 뷰 창을 띄운 뒤 뷰 방향 변경으로 들어가면 됩니다.

CAPTER 7. 도면 작성하기

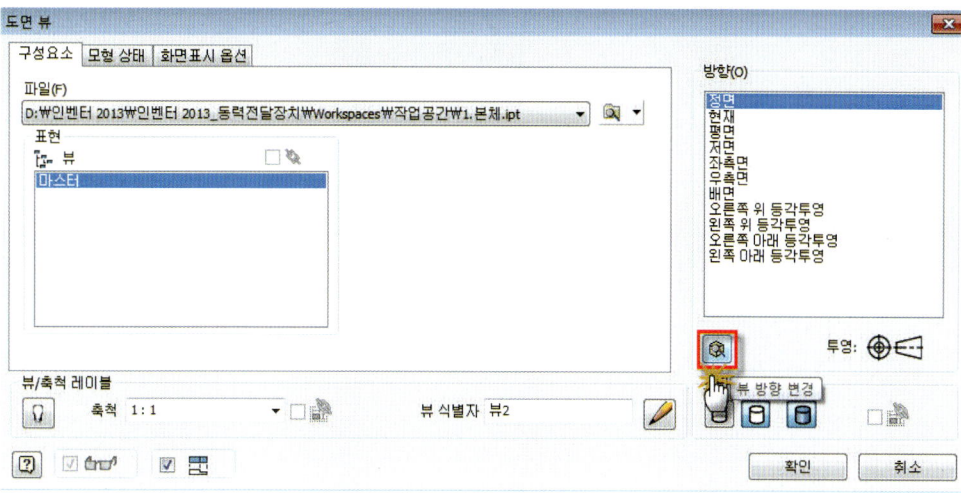

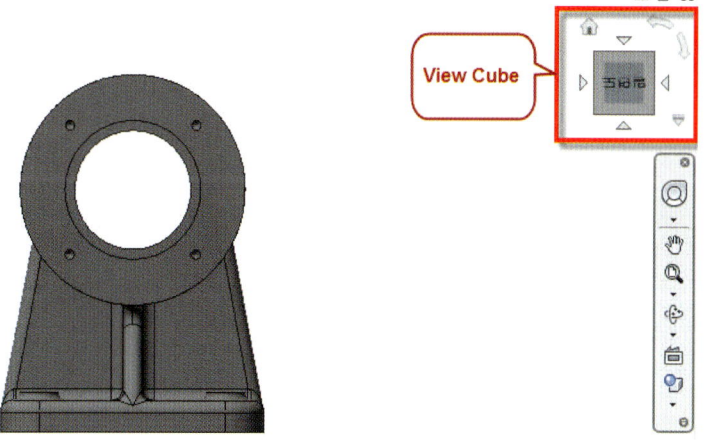

⑧ View Cube 기능을 이용해서 원하는 방향으로 변경 후 사용자 뷰 마침을 선택한 뒤 도면상에서 마우스로 클릭해주면 변경된 기준 뷰가 생성됩니다.

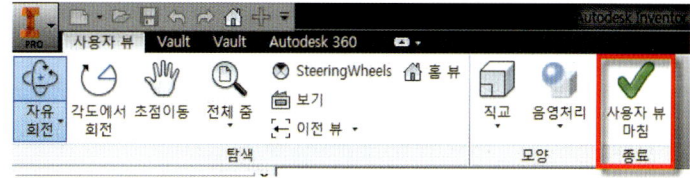

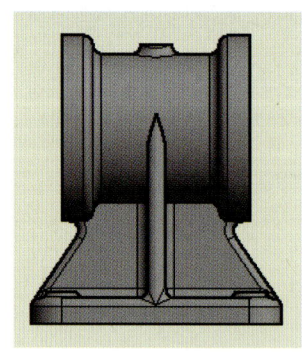

02 투영 뷰

투영 뷰는 기준 뷰를 중심으로 측면도, 평면도, 등각투영 뷰 등을 생성합니다. 투영 뷰로 생성된 뷰는 마우스 더블 클릭을 통해 언제든지 편집이 가능하며, 편집 창에서는 기준 뷰에 의해 생성된 다른 뷰의 축척과 유형 등의 수정이 가능합니다.

① 뷰 배치 패널에서 투영을 클릭합니다.

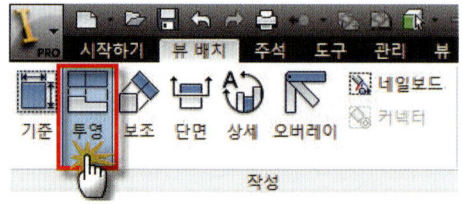

② 생성된 기준 뷰의 빨간 테두리를 먼저 클릭합니다.

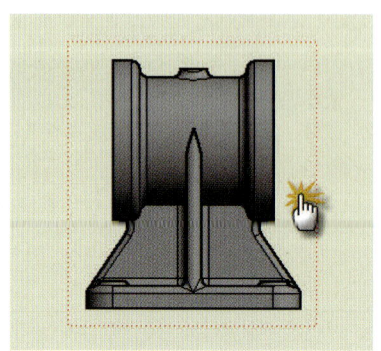

CAPTER 7. 도면 작성하기

③ 마우스를 끌면 안내 선이 표시되면서 마우스가 움직인 방향대로 직교 뷰가 미리 보기 됩니다.

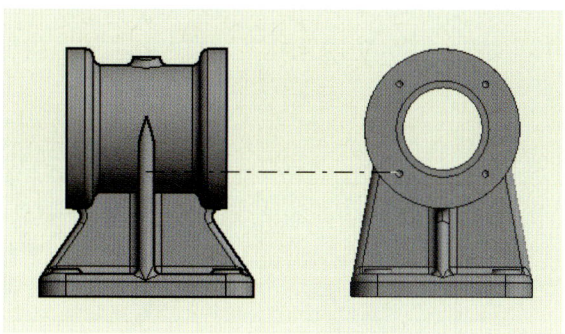

대각선 방향으로 움직이면 다음과 같이 등각투영 뷰가 미리 보기 됩니다.

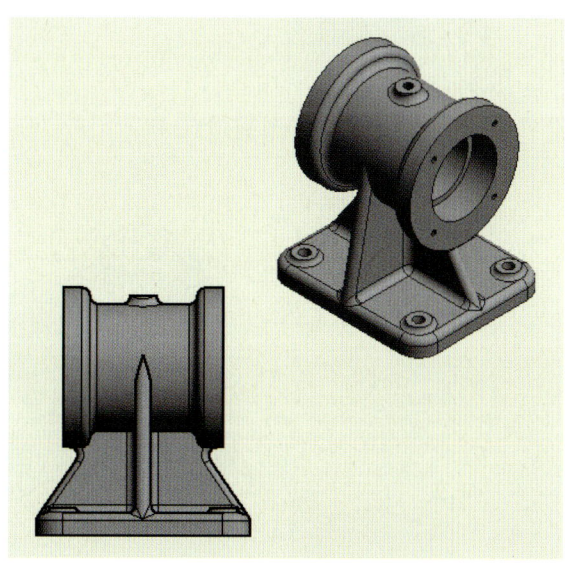

267

4 작성하려면 원하는 위치에서 클릭한 다음 마우스 오른쪽 버튼으로 팝업 메뉴를 띄워 작성을 클릭하면 됩니다.

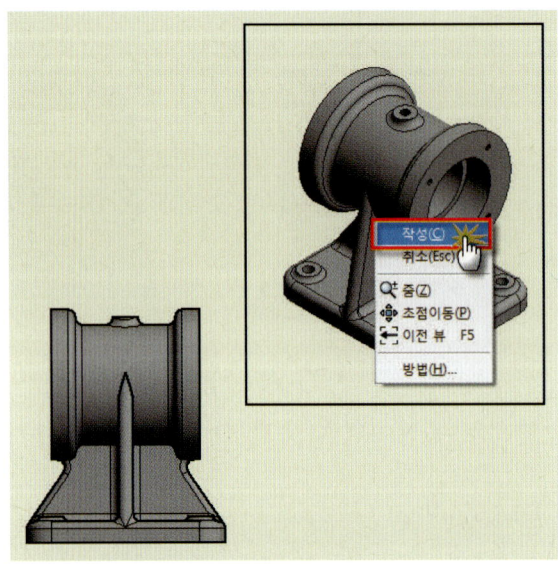

5 다음과 같이 등각 투영 뷰가 생성됩니다.

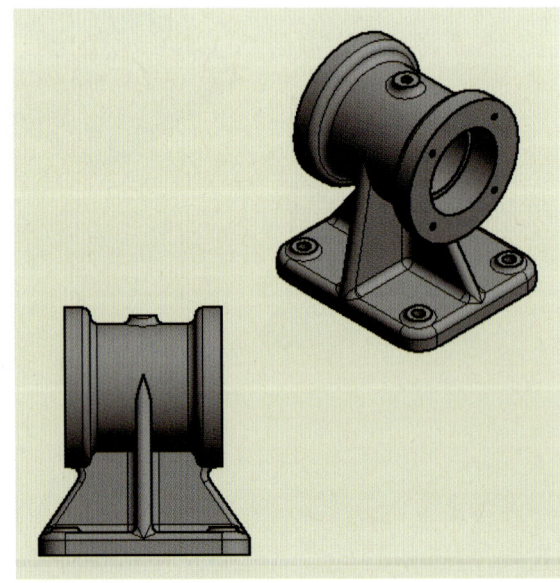

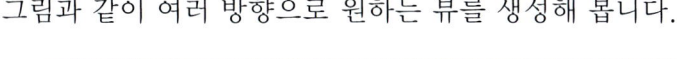

그림과 같이 여러 방향으로 원하는 뷰를 생성해 봅니다.

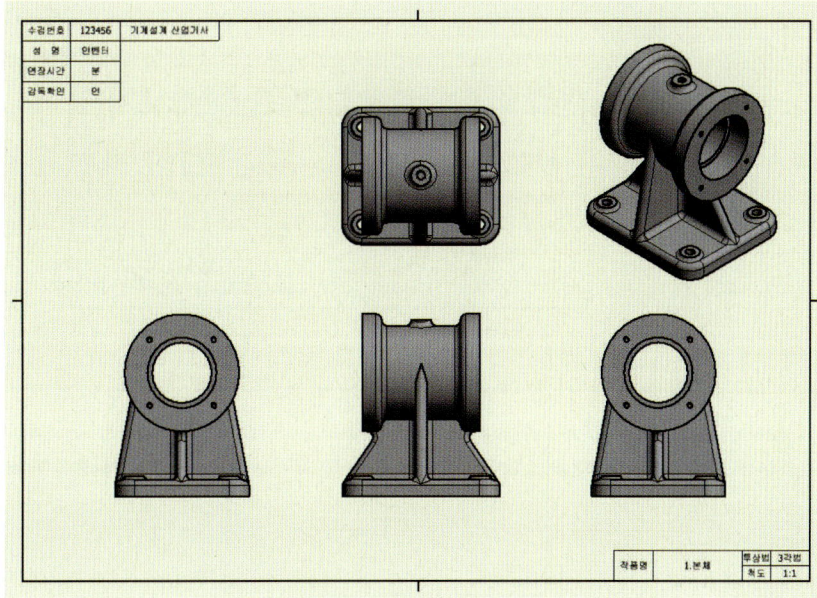

03 보조 뷰

보조 뷰는 모서리 또는 선에서 투영하여 보조 뷰를 작성합니다. 보조 뷰의 대화상자에서 축척, 스타일 및 뷰 레이블을 설정하여 미리 보기로 이동한 다음 클릭하여 뷰를 배치, 선택한 모서리나 선에 수직 또는 평행하게만 배치할 수 있습니다.

1. 뷰 배치 패널에서 보조를 클릭합니다.

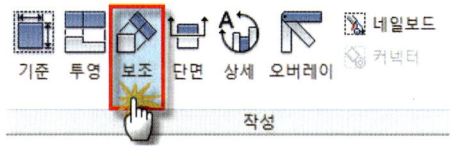

기존 뷰를 먼저 선택합니다.

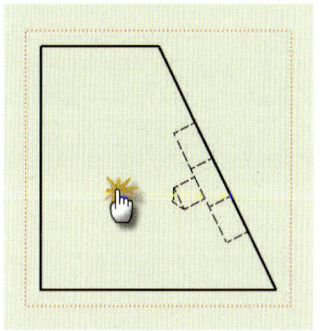

② 보조 뷰 대화상자가 뜨면 뷰 식별자, 축척, 스타일을 설정하고 경사 라인을 클릭하면 경사진 뷰가 나타납니다.

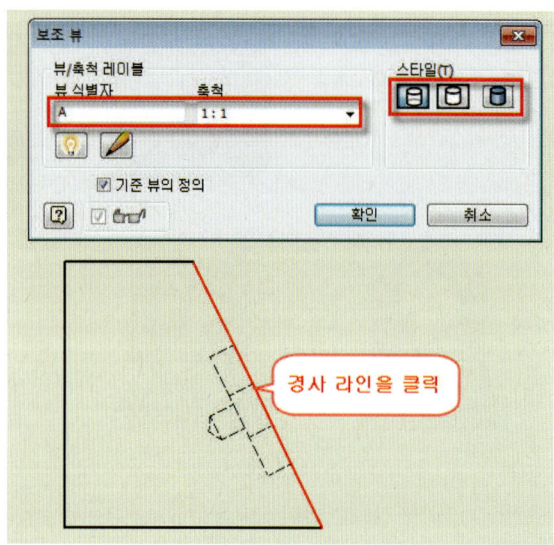

③ 마우스를 끌면 안내 선이 표시되면서 마우스가 움직인 방향대로 경사선의 직교 뷰가 미리 보기됩니다. 원하는 위치에 놓이면 마우스 왼쪽 버튼을 클릭하면 그림과 같이 보조 뷰가 나타납니다.

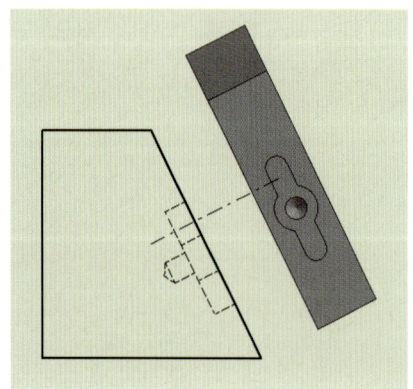 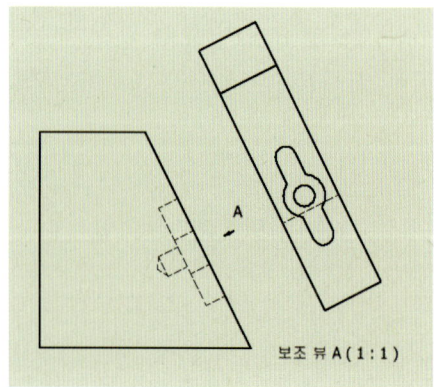

④ 보조 뷰를 다른 위치로 이동을 하고자 한다면 보조 뷰를 선택한 상태에서 마우스 오른쪽 클릭 후 정렬의 끊기를 선택하면 자유로이 이동이 가능합니다.

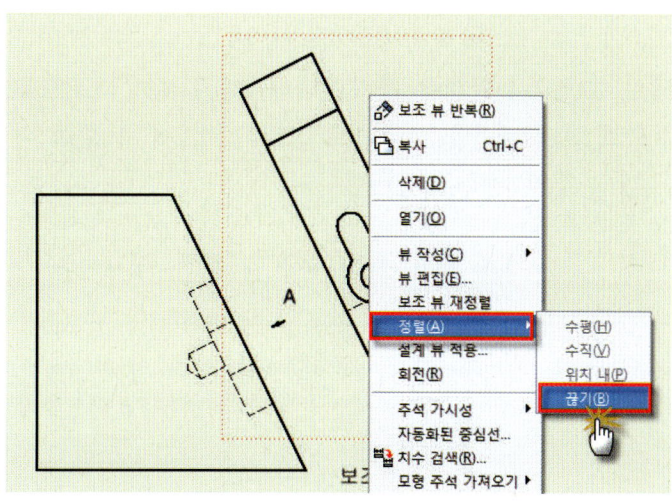

⑤ 보조 뷰를 재정렬해서 새롭게 뷰를 위치하고자 한다면 보조 뷰를 선택한 상태에서 마우스 오른쪽 클릭 후 보조 뷰 재정렬을 클릭한 뒤 새로운 모서리를 지정해주면 됩니다.

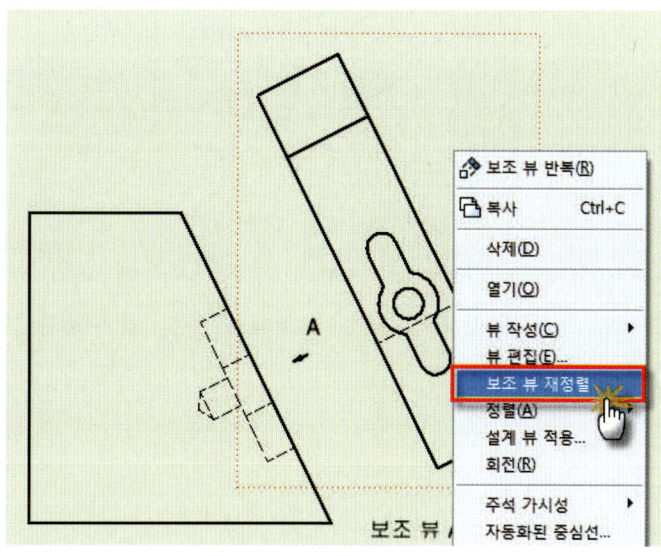

04 단면도 뷰

부품이나 조립품에서 단면선을 그려서 자동으로 단면을 형성하거나 스케치 라인을 이용하여 단면선을 그린 후 해당 단면을 생성할 수 있는 기능입니다.

① 뷰 배치 패널에서 단면을 클릭합니다. 기존 뷰를 기준으로 선택 후 중심을 기준으로 절단 라인을 수직으로 그리고 마우스 오른쪽 버튼을 클릭하여 나타난 팝업 창의 계속을 선택합니다.

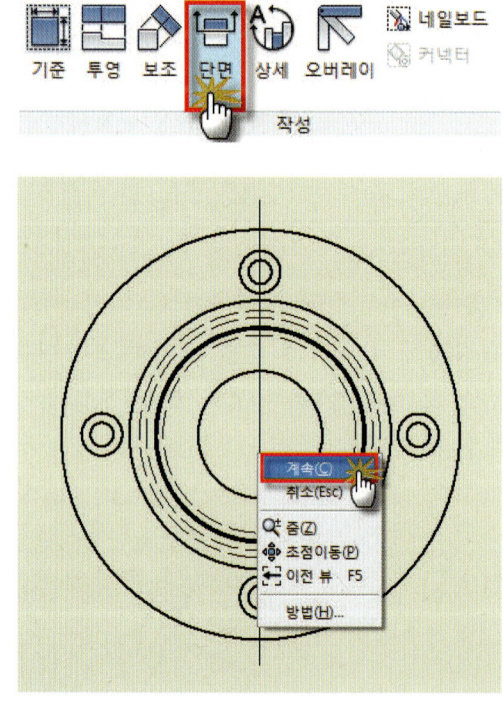

② 단면도 옵션이 나타나면 뷰 식별자, 축척, 스타일, 단면 깊이를 전체로 맞춘 뒤 단면도의 미리 보기 화면을 우측에 적당한 위치에 놓고 확인 버튼을 클릭합니다.

CAPTER 7. 도면 작성하기

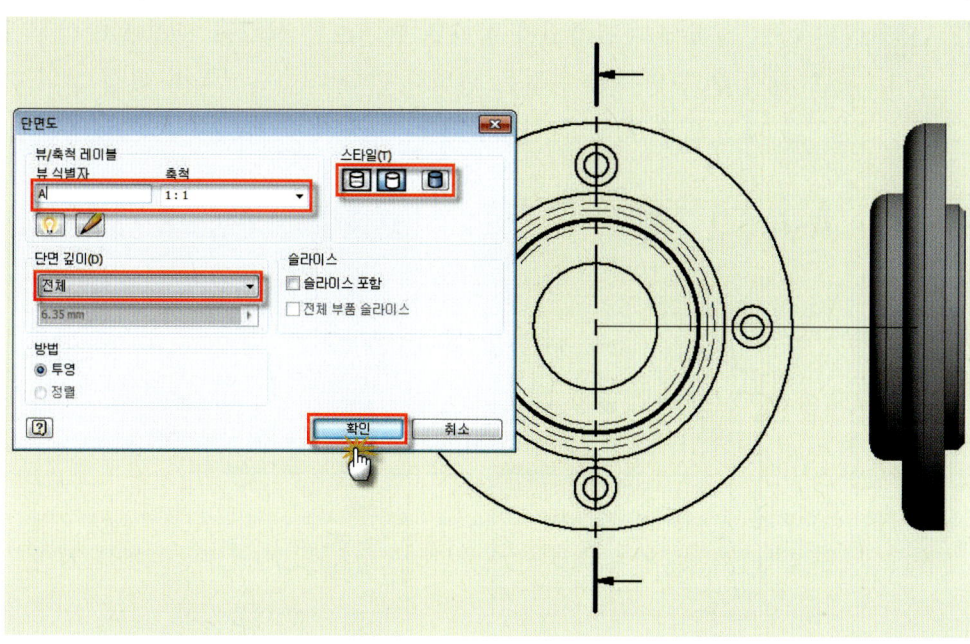

그림과 같이 우측에 단면 뷰가 자동으로 생성됩니다.

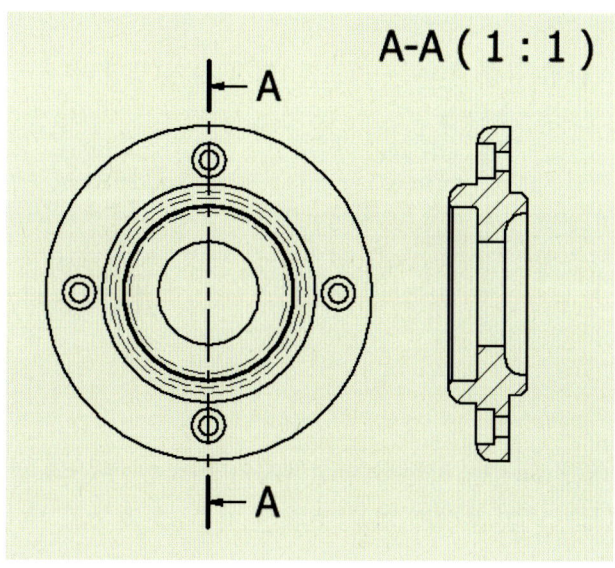

③ 단면 라인 깊이를 편집하고자 한다면 단면도를 선택한 상태에서 마우스 오른쪽 클릭 후 단면특성 편집을 선택하여 나타난 단면특성 편집 창의 단면 깊이를 재지정 후 확인을 선택합니다.

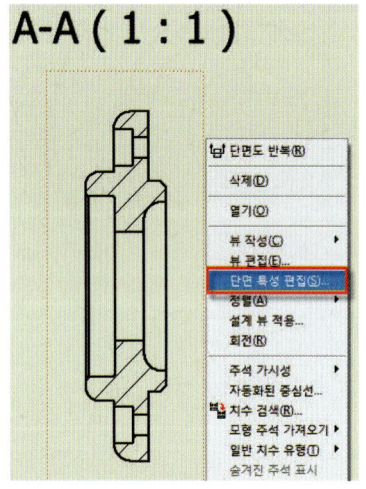
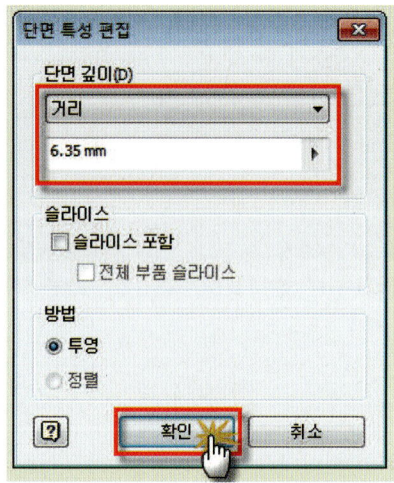

- 정렬 : 현재의 단면도의 정렬 위치를 재설정하거나 정렬 위치를 끊어서 자유로이 이동이 가능합니다.
- 회전 : 단면 뷰를 원하는 각도로 회전 시 실행합니다.

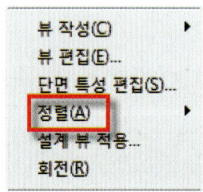
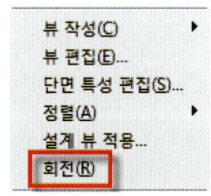

05 상세 뷰

상세 뷰는 뷰에 축척을 지정하여 설계자가 원하는 부분의 상세 도면 뷰를 만들 때 사용합니다. 기본적으로 기본 축척은 기준 뷰 축척의 두 배로 지정이 되지만 다른 축척으로도 선택이 가능하며, 울타리 쉐이프를 원형 및 직사각형으로 지정이 가능합니다.

CAPTER 7. 도면 작성하기

① 뷰 배치 패널에서 상세를 클릭합니다.

② 상세 뷰 아이콘을 클릭 후 해당 뷰를 선택합니다. 뷰를 선택하면 상세 뷰 옵션 창이 나타납니다.
아래 우측 그림과 같이 설정한 다음 원 그리기와 동일한 방법으로 영역을 선택합니다.

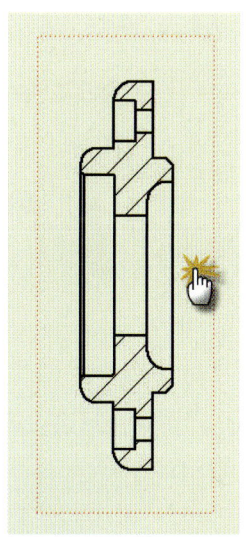
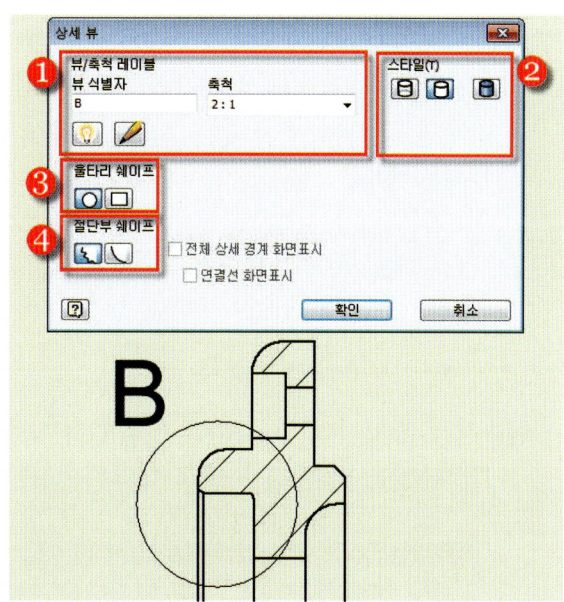

❶ 뷰/축척 레이블 : 식별자와 축척을 설정합니다.
❷ 스타일 : 뷰의 은선, 음영 스타일을 지정합니다.
❸ 울타리 쉐이프 : 뷰의 외곽 경계 모양을 설정합니다(원으로 선택).
❹ 절단부 쉐이프 : 외곽선의 모양을 설정합니다(매끄러운 선으로 선택).
영역 선택이 끝나고 마우스를 이동시키면 다음과 같이 상세 뷰의 실루엣이 생성됩니다. 원하는 위치에 실루엣을 위치시킨 후 클릭하면 상세 뷰가 생성됩니다.

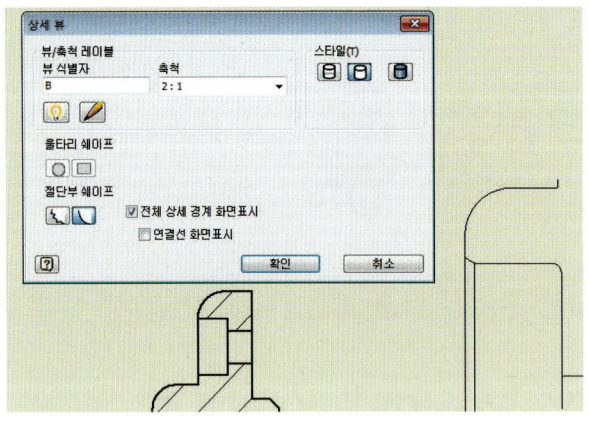
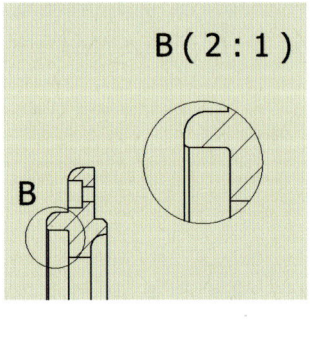

③ 만들어진 상세도는 마우스 오른쪽을 클릭하여 뷰 편집으로 해당 뷰어를 편집할 수 있습니다(또는 상세 뷰를 마우스 왼쪽 버튼을 더블 클릭하여 편집 가능).

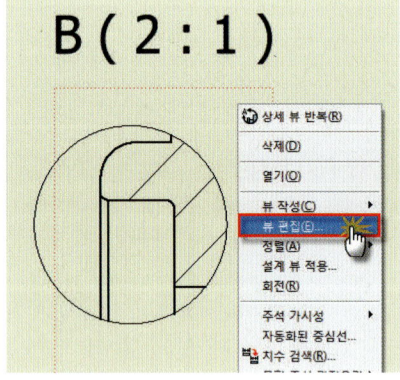

④ 편집 창에서 해당 부분을 편집합니다(스타일은 기준으로부터 준하며 다른 스타일을 만들 경우 체크 해제하여 편집하면 됩니다.).

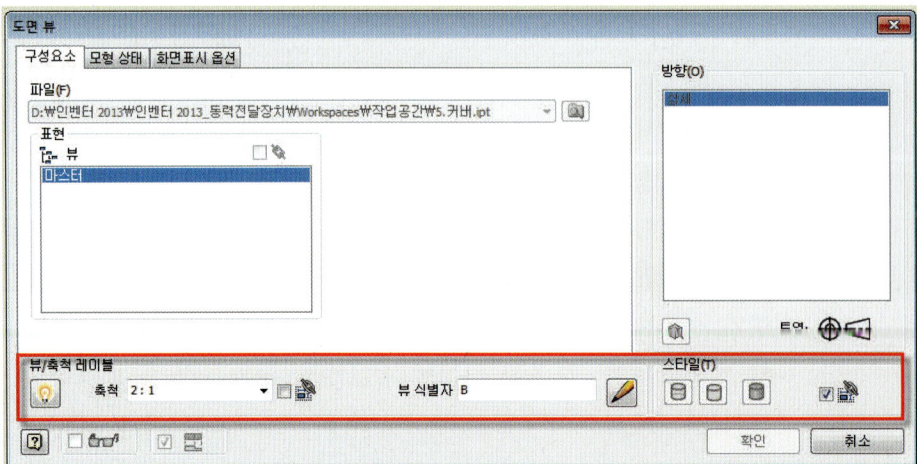

CAPTER 7. 도면 작성하기

06 끊기 뷰

도면의 길이가 너무 커서 용지를 초과하는 축척을 조정하지 않고 설정된 뷰를 끊어 뷰를 축소할 때 사용을 하는 기능입니다.

① 뷰 배치 패널에서 끊기를 클릭합니다.

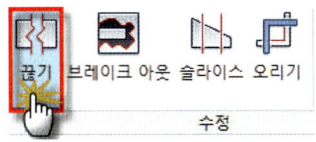

그림과 같이 Shaft가 너무 길어서 도면 영역을 벗어나서 축척을 줄여도 원하는 도면을 얻을 수 없는 경우 끊기 뷰를 사용하면 용이합니다.

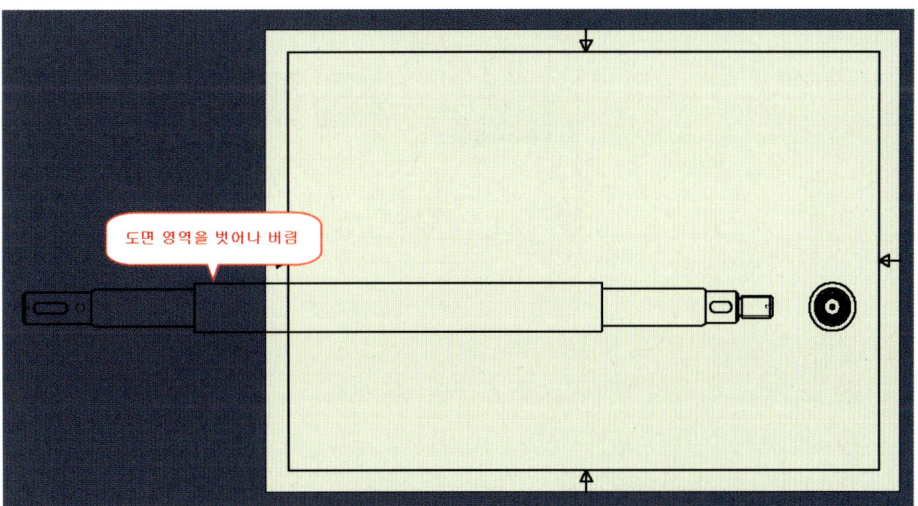

② 끊기 뷰로 해당 뷰를 클릭 한 후 끊고자 하는 위치를 선정하면 됩니다.

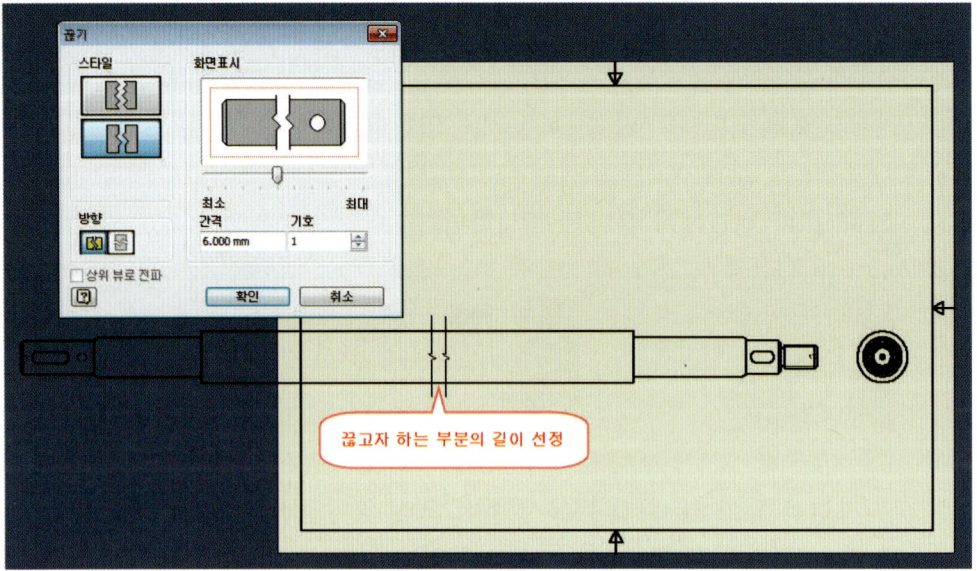

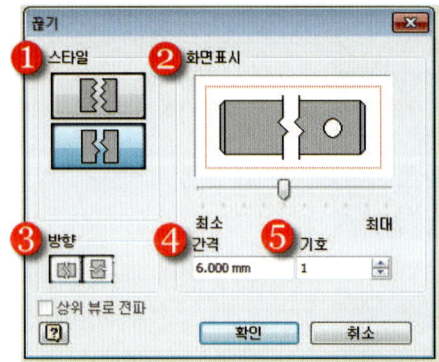

❶ 스타일 : 직사각형, 구조적 스타일 중 선택
❷ 화면표시 : 미리 보기 화면으로 기호의 크기를 선택
❸ 방향 : 끊기 방향을 가로, 세로 중 선택
❹ 간격 : 끊기 사이 간격길이 입력
❺ 기호 : 끊기 기호의 지그재그 표시 개수 입력(최대 3개까지 지원)

07 브레이크 아웃 뷰

기존 도면 뷰에서 가려진 부품 또는 내부 형상을 표시하기 위해 형상의 영역을 제거하는 작업이며, 상위 뷰는 브레이크 아웃 경계를 정의하는 프로파일을 포함하고 있는 연관된 스케치를 가져야 작업이 됩니다.

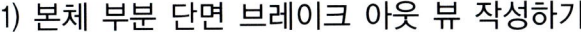

CAPTER 7. 도면 작성하기

1) 본체 부분 단면 브레이크 아웃 뷰 작성하기

① 브레이크 아웃 뷰를 적용하기 위해 뷰를 선택한 뒤 스케치 시작 아이콘을 클릭합니다. 이때 십자 무한선이 나타나야 됩니다.

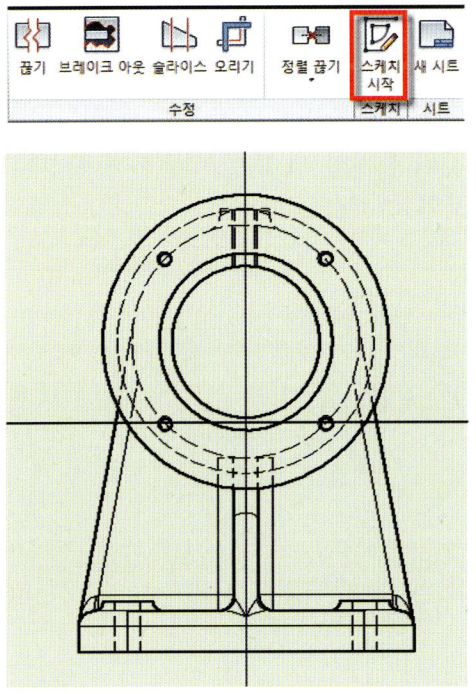

② 스케치 환경이 열리면 다음과 같이 스플라인 보간을 이용하여 잘라낼 영역을 스케치의 작업한 뒤 스케치를 마무리합니다. 이때 스케치는 닫힌 형상이어야 합니다. 그리고 스케치 마무리 아이콘을 클릭합니다.

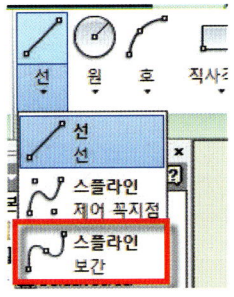 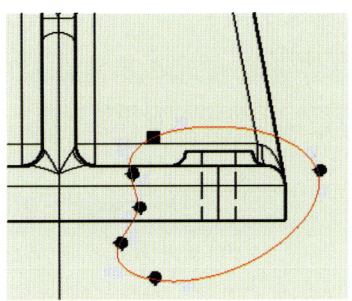

279

③ 브레이크 아웃 뷰 명령을 클릭합니다.

④ 스케치된 뷰를 선택하면 브레이크 아웃 창이 나타납니다. 경계와 깊이를 화면과 같이 설정한 뒤 확인 버튼을 클릭합니다. 우측 그림과 같이 부분 단면도가 생성이 됩니다.

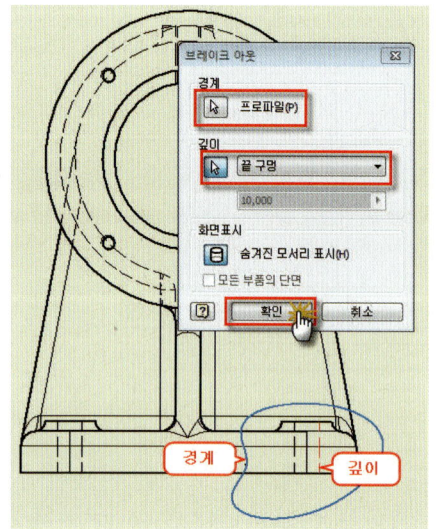
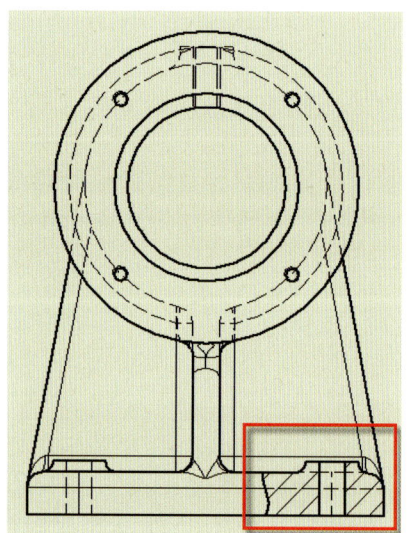

2) 축(Shaft) 특정부위에 브레이크 아웃 뷰 작성하는 방법

① 축 부품을 불러와 뷰를 위치시킵니다. 표시된 부위를 파내기 위해 스케치 시작 아이콘을 클릭합니다.

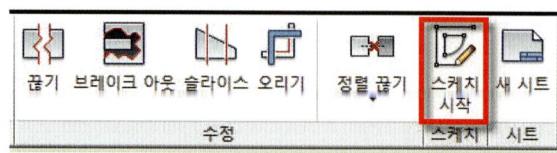

CAPTER 7. 도면 작성하기

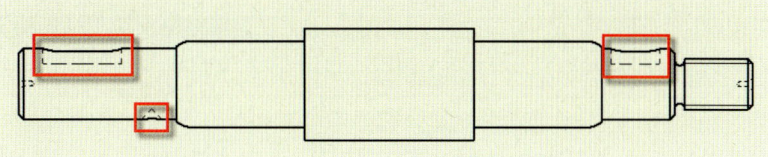

② 스플라인 보간 명령으로 파낼 부위에 아래와 같은 폐곡선 영역(닫힌 형상)을 작성합니다.

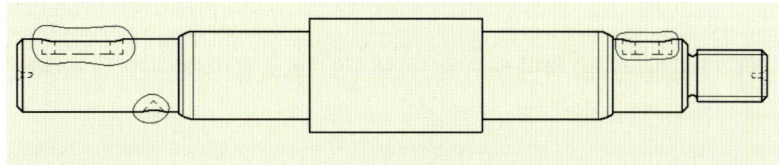

③ 브레이크 아웃 뷰 명령을 클릭해 뷰를 선택합니다.

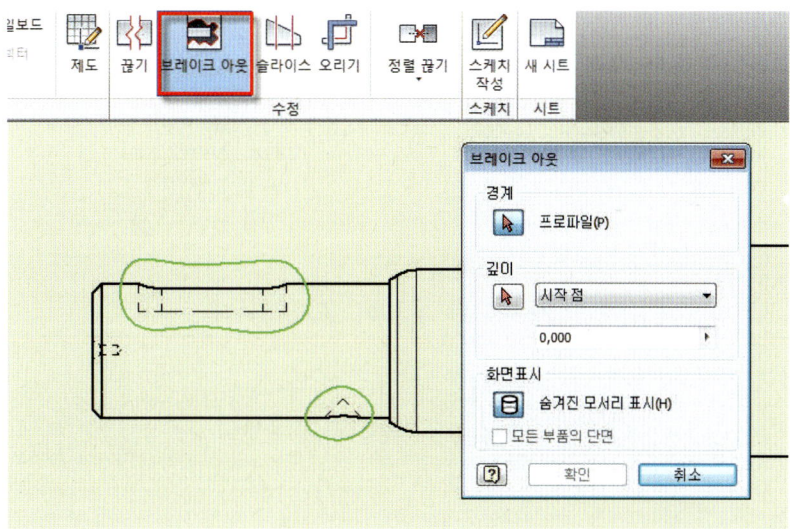

④ 경계 프로파일을 앞서 작성했던 곡선으로 된 폐곡선 영역을 선택한 다음 길이기 시작될 모서리를 클릭합니다.

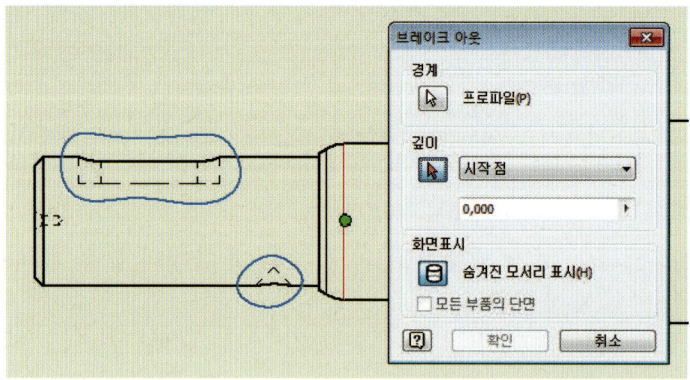

⑤ 축의 중심을 시작점으로 선택했으므로 깊이를 0으로 선택한 후 확인 버튼을 클릭합니다.

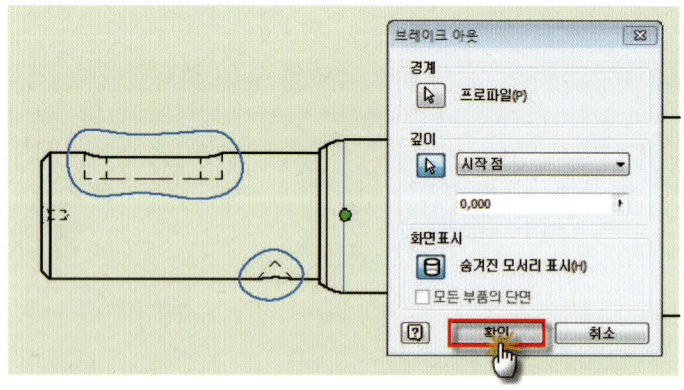

다음과 같이 스케치했던 부분이 표시됩니다.

08 오리기 뷰

기존 도면 뷰에서 필요한 부분만 남기고 불필요한 부분은 삭제하는 작업이며, 자르기 경계를 수행하는 동안 작성하는 직사각형 또는 원은 항상 닫힌 프로파일이여야 합니다.

CAPTER 7. 도면 작성하기

① 평면상 키 형상만 남기기 위해 오리기 뷰를 사용합니다. 기준 뷰를 선택하여 투영으로 평면도를 생성합니다.

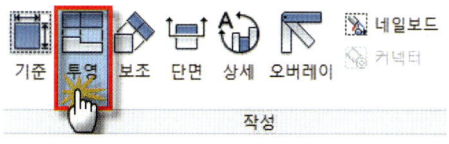

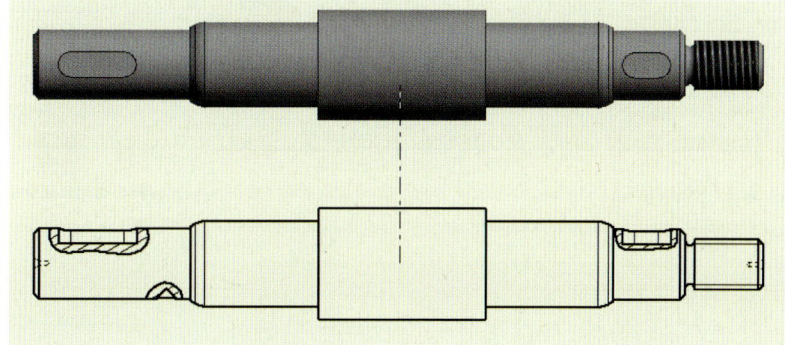

② 평면도에 빨간 테두리를 클릭하고 나서 스케치 시작 아이콘을 클릭합니다.

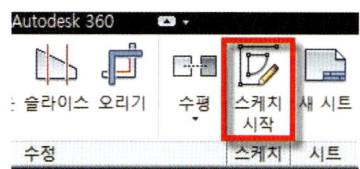

③ 잘라내고자 하는 장공 부분을 사각형 아이콘을 활용해서 아래와 같이 스케치 작업을 합니다. 그리고 스케치 마무리 버튼을 클릭합니다.

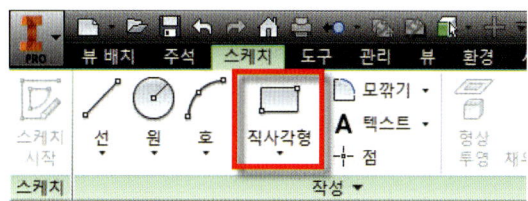

283

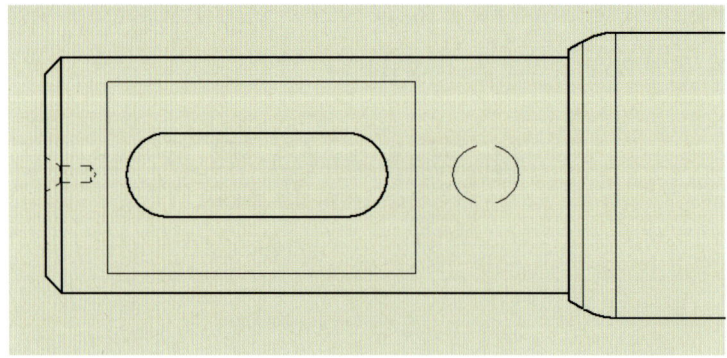

④ 뷰 배치 탭의 수정 패널에서 오리기를 클릭합니다.

앞에서 작업한 사각형을 클릭하면 선택한 부위만 남기고 나머지는 잘라내어집니다.

⑤ 뷰의 테두리를 선택한 다음(Ctrl 키로 다중 선택) 마우스 오른쪽 버튼으로 팝업 메뉴를 띄워 가시성을 체크 해제하면 오른쪽 그림과 같이 테두리도 사라지게 됩니다.

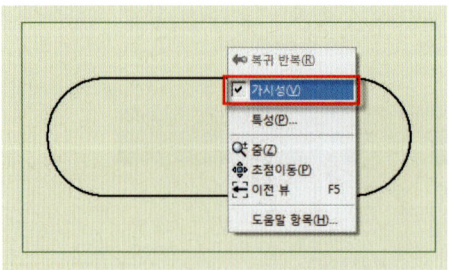
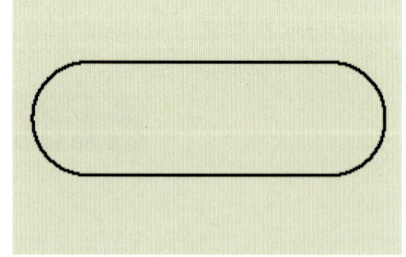

나머지 키(key)도 위와 같은 방법으로 정리하면 다음 그림처럼 됩니다.

CAPTER 7. 도면 작성하기

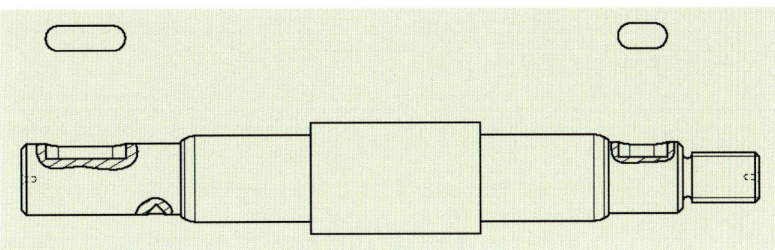

09 주석 넣기

① 부품 번호를 작성하기 위해 주석 탭에 텍스트 명령을 클릭해 원하는 위치에 클릭합니다.

② 텍스트 형식에서 한글 'ㅇ'을 타이핑한다. 스페이스 바 옆에 오른쪽에 있는 한자 키를 누르면 아래와 같이 특자문자 창이 나타납니다.

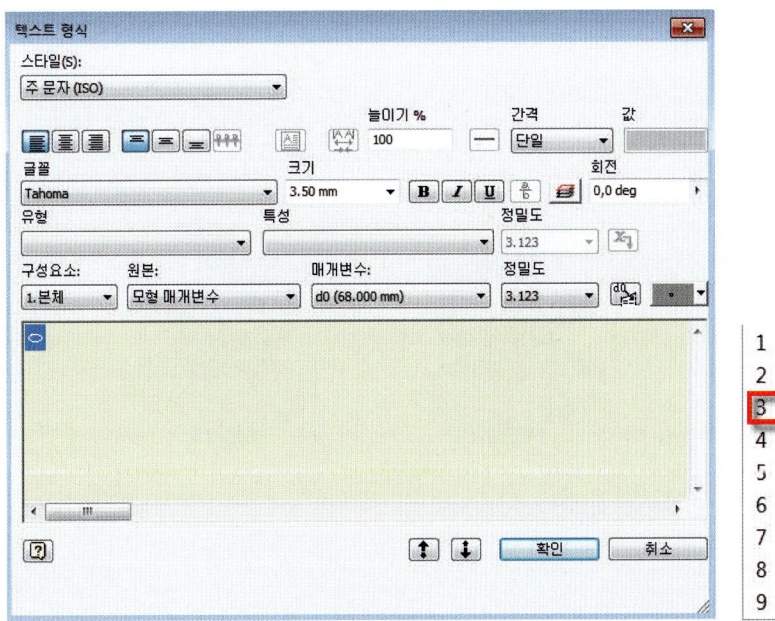
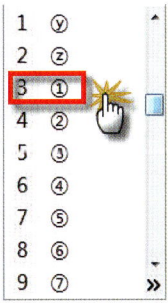

285

화면 오른쪽 하단에 특수문자를 고를 수 있는 목록이 표시되면 ① 특수문자를 선택한 뒤 클릭합니다.

편집기에 특수문자가 표시됩니다. 문자 크기는 10으로 맞춘 후 확인 버튼을 클릭합니다.

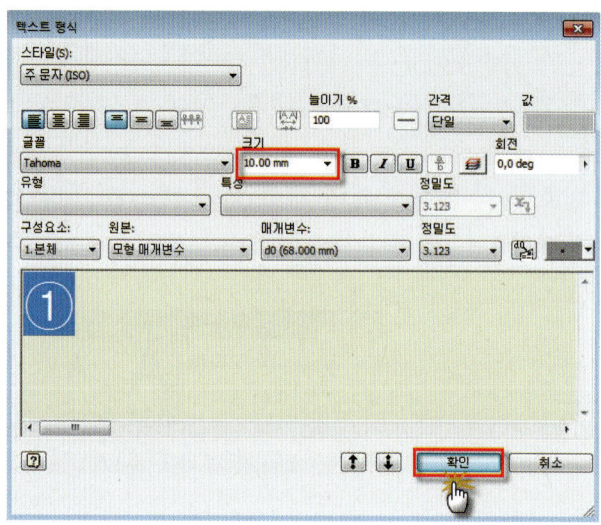

③ 다음과 같이 도면에 부품번호가 표시됩니다.

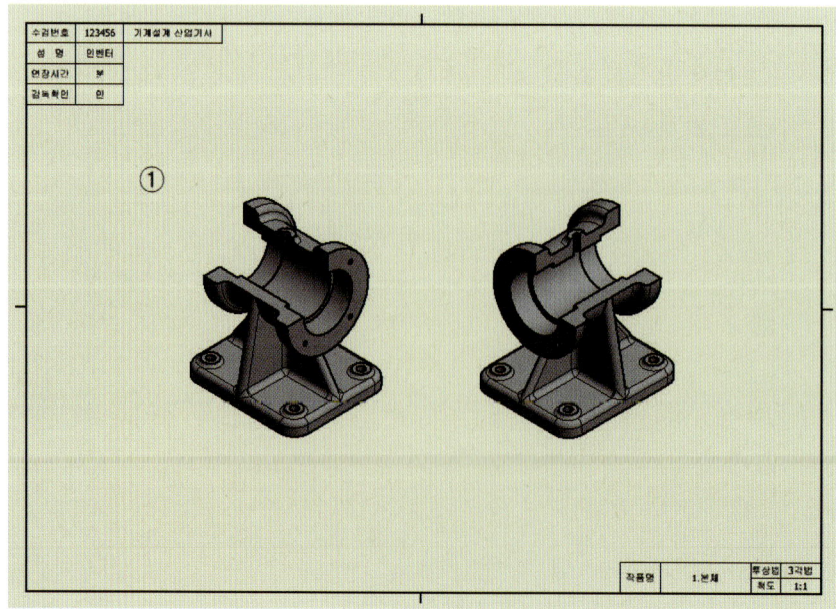

CAPTER 7. 도면 작성하기

10 편집 창 알아보기

① 뷰를 더블 클릭하면 편집 창이 나타납니다.

❶ 뷰에서 레이블을 보이게 할지의 유무를 체크하는 기능입니다.
❷ 축척의 체크 유무에 따라 기준 뷰와 다른 축척을 설정하는 기능입니다.
❸ 기준 뷰와 다른 사용자 스타일의 정의 유무를 체크하는 기능입니다.

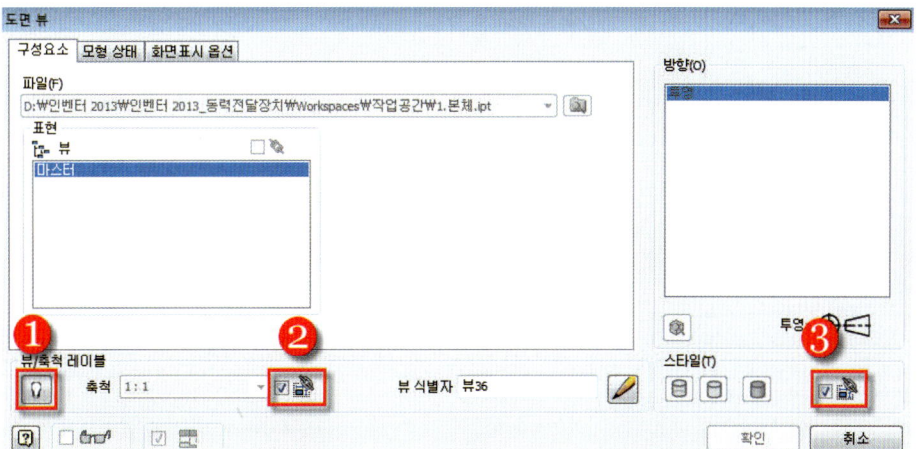

MEMO

CHAPTER 08

치수 작성하기

CHAPTER 08 치수 작성하기

AUTODESK INVENTOR 2015

PART 1 치수 스타일 편집하기

① 치수 스타일의 설정을 지정하기 위해 관리 탭에서 스타일 편집기를 클릭합니다.

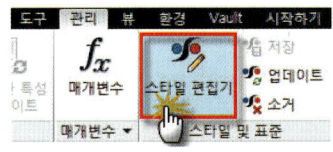

② 스타일 및 표준 편집기 창이 열리면 치수항목의 기본 값(ISO 또는 JIS) 항목을 클릭합니다.

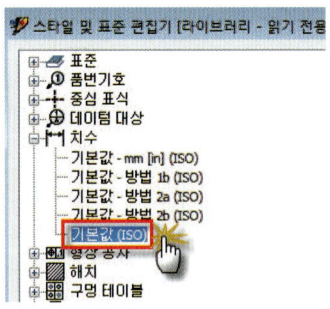

CAPTER 8. 치수 작성하기

③ 단위 탭에서 다음과 같이 설정합니다.

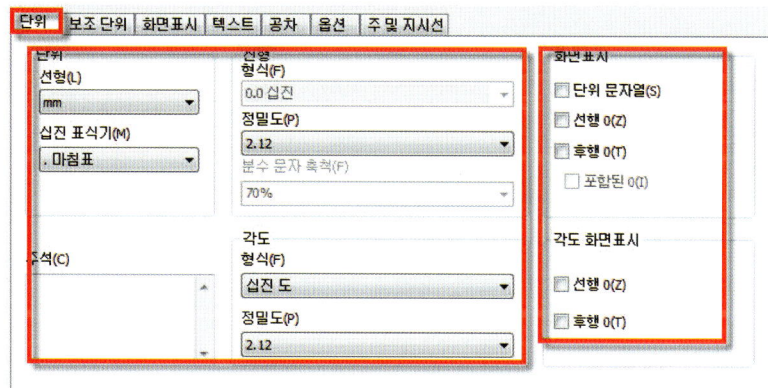

④ 화면표시 탭에서 다음과 같이 설정합니다.

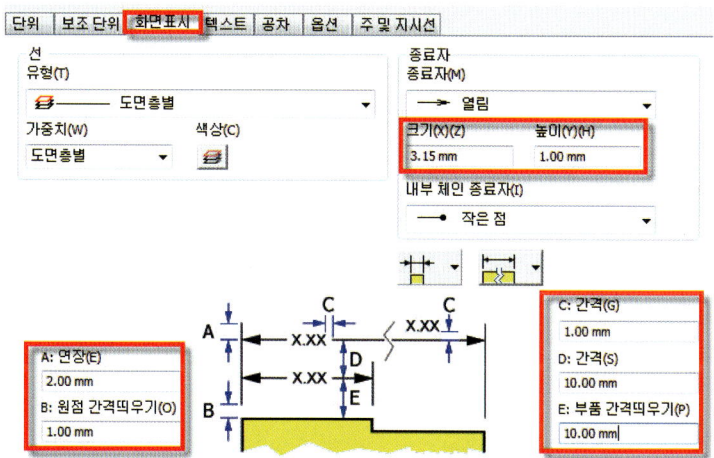

⑤ 텍스트 탭에서 다음과 같이 설정합니다.

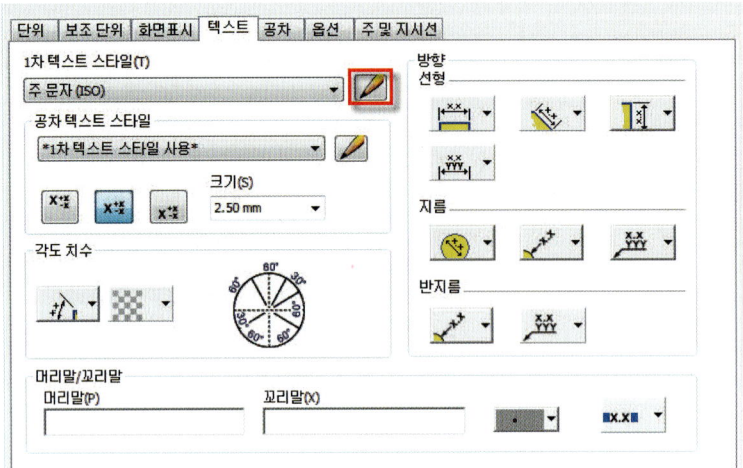

⑥ 1차 텍스트 스타일 옆의 연필 모양의 아이콘을 클릭해 다음과 같이 설정합니다.

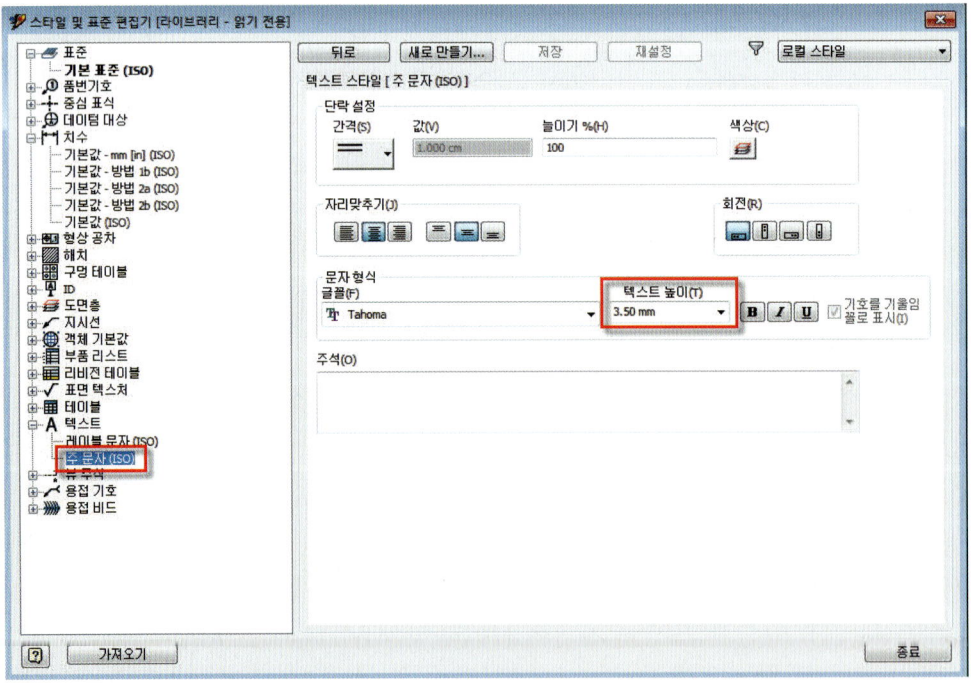

CAPTER 8. 치수 작성하기

7 주 문자 트리 위쪽에 있는 레이블 문자를 클릭해 다음과 같이 설정합니다.

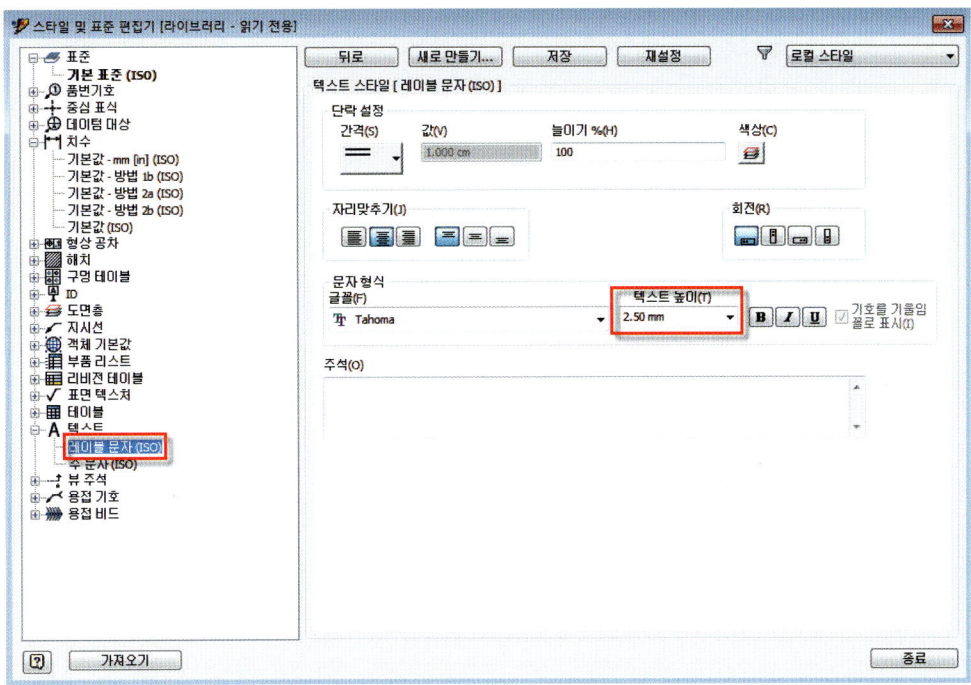

8 공차 부분도 다음과 같이 설정합니다.

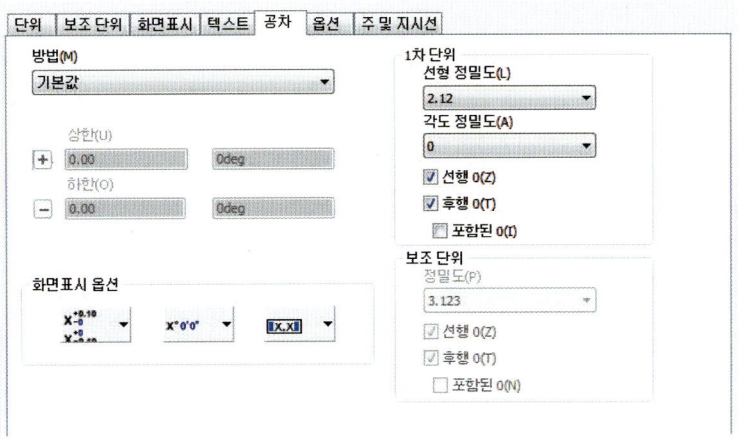

⑨ 옵션 부분을 다음과 같이 설정합니다.

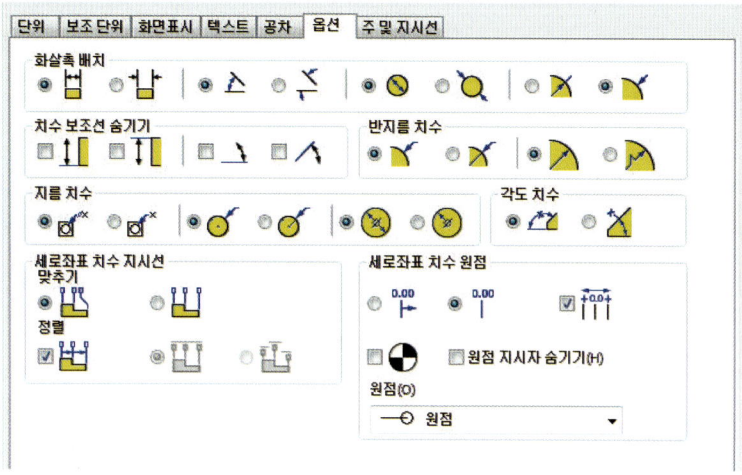

⑩ 주 및 지시선을 다음과 같이 설정합니다. 이 부분의 설정은 구멍 및 스레드 주석 넣기에서 자세히 알아보도록 합니다.

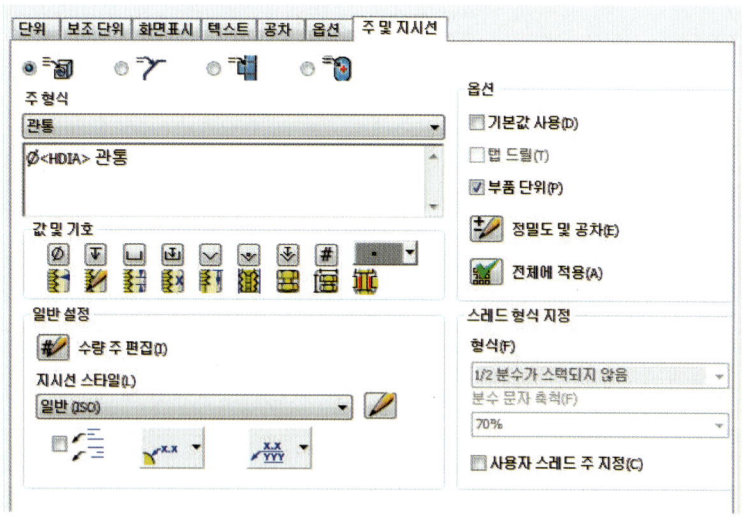

⑪ 모든 설정이 끝났으면 상단에 있는 저장 버튼을 클릭합니다.

CAPTER 8. 치수 작성하기

PART 2 치수 작성하기

01 일반치수

기본적인 치수를 넣기 위해 주석 탭을 클릭합니다.
그리고 치수 패널에서 치수를 클릭합니다.

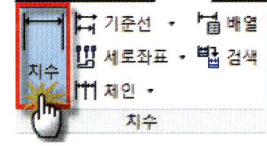

1) 수평 치수

서로 수평관계에 있는 포인트를 선택하면 다음과 같이 수평 치수를 기입할 수 있습니다.

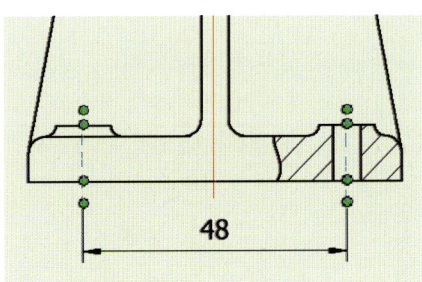 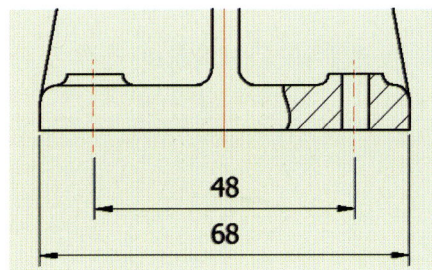

2) 수직 치수

서로 수직관계에 있는 포인트를 선택하면 다음과 같이 수직 치수를 기입할 수 있습니다.

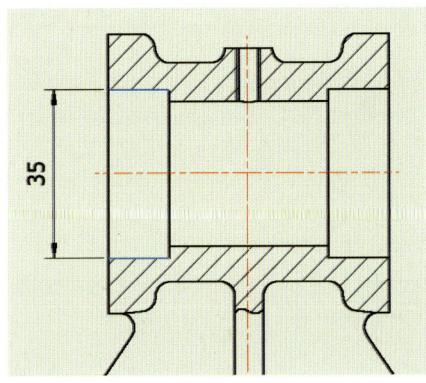 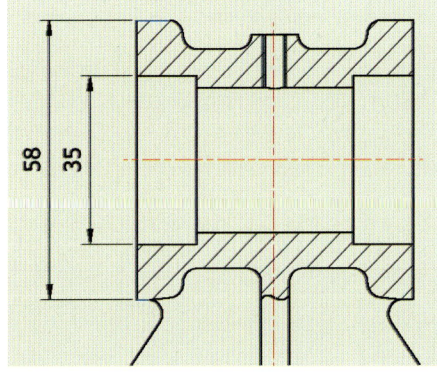

3) 원의 지름 치수 넣기

① 다음과 같이 원통 모서리를 선택하여 치수문자를 마우스로 끌어서 적당한 위치에 놓으면 자동으로 직경 값이 들어갑니다.

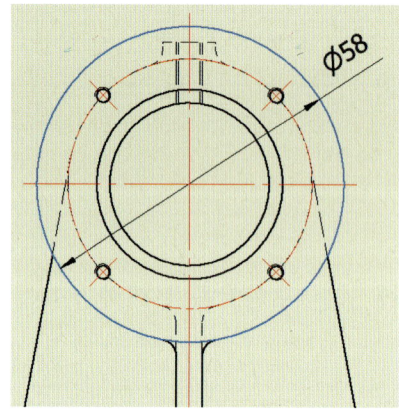

② 원 모양 피쳐의 양쪽 모서리를 선택하여 다음과 같이 원의 지름 치수가 생성이 됩니다.

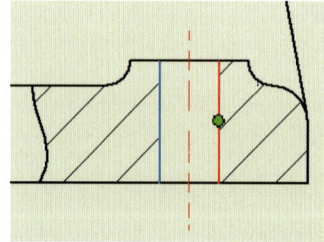 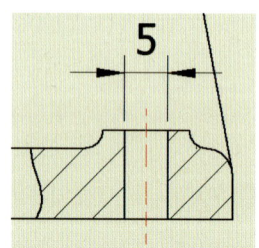

③ 치수문자를 마우스로 더블 클릭하면 치수편집 창이 나타납니다. 문자 커서를 맨 앞에 두고 오른쪽 특수문자 창에서 파이(ø)를 선택합니다.

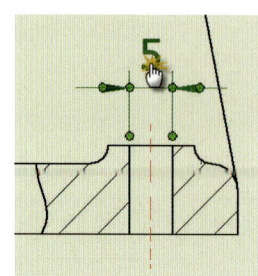

CAPTER 8. 치수 작성하기

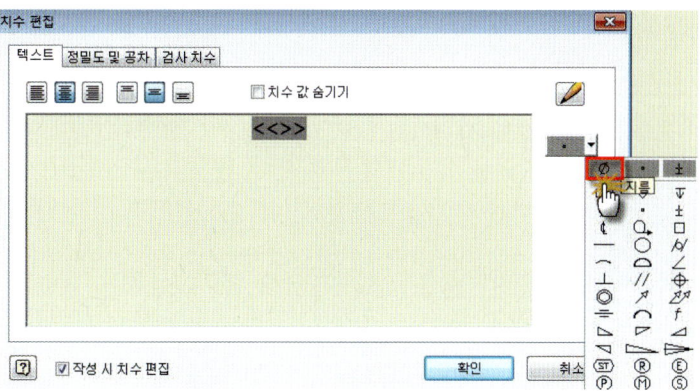

④ 다음과 같이 원의 지름 치수가 들어갑니다.

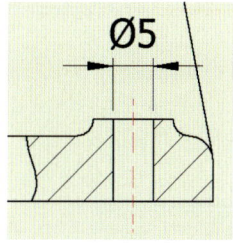

4) 치수문자에 공차 기입하기

다음과 같은 치수문자에 공차를 기입하기 위해 치수문자의 편집 패널로 들어가서 정밀도 및 공차 탭을 클릭합니다. 대칭을 선택한 다음 아래쪽에 값을 입력합니다.

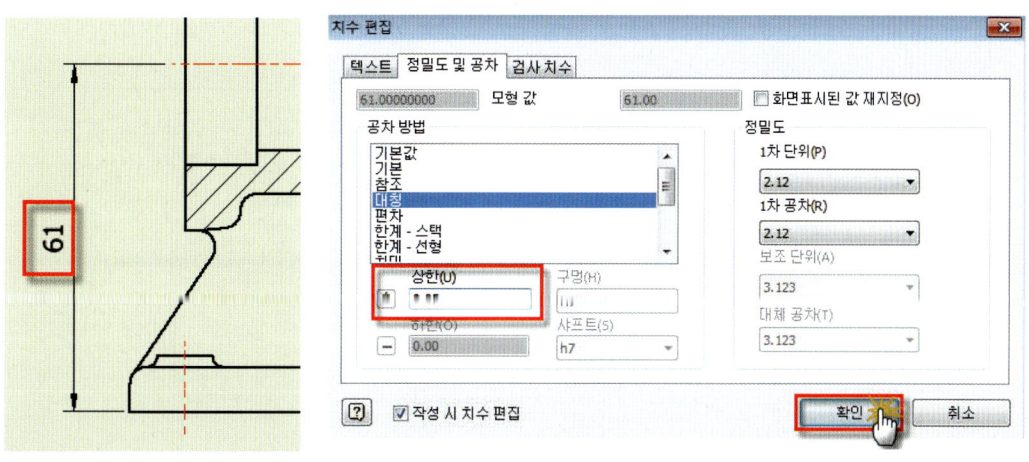

확인 버튼을 클릭하면 다음과 같이 공차가 기입됩니다.

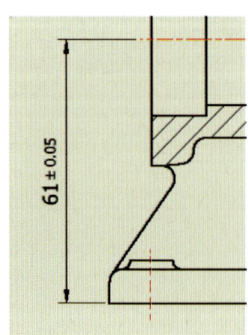

공차의 종류

① **기본 값** : 기본 치수 공차기입을 하지 않을 때 사용합니다.

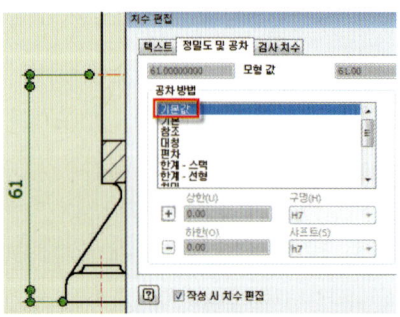

② **참조** : 해당 치수를 참조 치수로 설정할 때 사용합니다. 치수문자에 괄호( )가 씌워집니다.

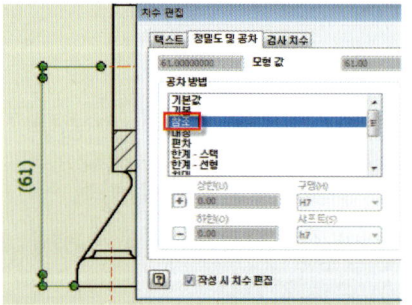

③ **대칭** : 좌우대칭 공차(±)를 기입할 때 사용합니다.

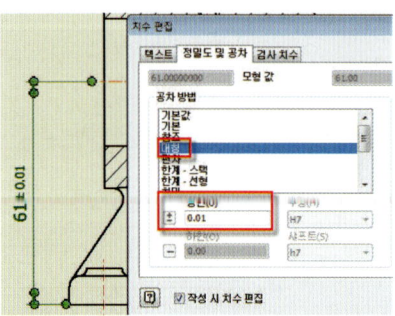

④ **편차** : 편차 공차(윗공차와 아래공차)를 기입할 때 사용합니다.

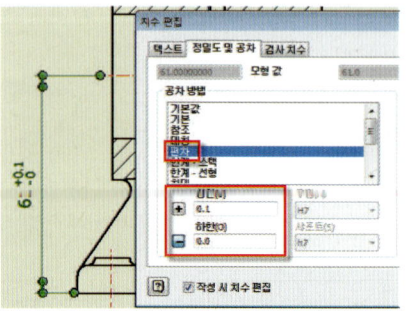

① 반지름 치수 기입하기

다음과 같이 라운드된 모서리를 선택하여 치수문자를 마우스로 끌어서 적당한 위치에 놓습니다. 다음과 같이 반지름 치수가 입력됩니다.

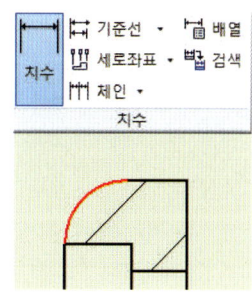 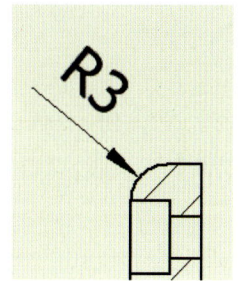

② 각도 치수 기입하기

다음과 같이 서로 평행하지 않는 두 개의 모서리를 클릭합니다. 치수문자를 마우스로 끌어서 적당한 위치에 놓습니다. 다음과 같이 각도 치수가 기입됩니다.

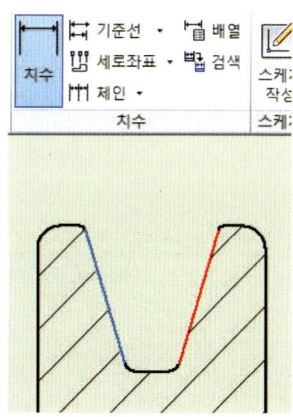 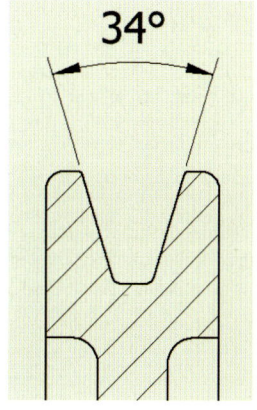

02 기준선 치수

여러 치수를 도면에 자동으로 추가하려고 할 때 사용하며, 치수를 계산할 원점을 지정하고 치수 기입할 형상을 선택하면 됩니다.

1. 기준선 치수를 선택합니다.

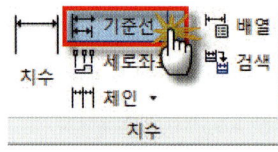

2. 그림과 같이 Shaft에 기준선 치수를 사용하여 치수를 나타낼 부분을 순차적으로 선택합니다.

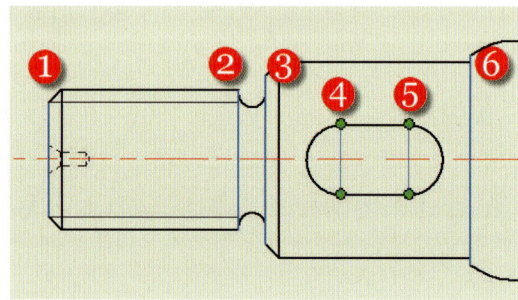

3. 마우스 오른쪽 버튼을 클릭하면 팝업 창이 뜨고, 계속이란 항목을 클릭하면 치수 미리 보기로 나타납니다.

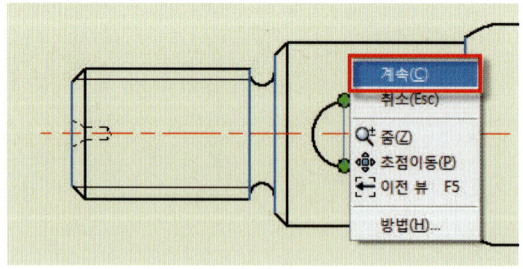

4. 미리 보기 상태에서 마우스 오른쪽 버튼을 클릭하면 팝업 창이 뜨고, 작성을 클릭하면 그림과 같이 기준선 치수가 기입됩니다.

CAPTER 8. 치수 작성하기

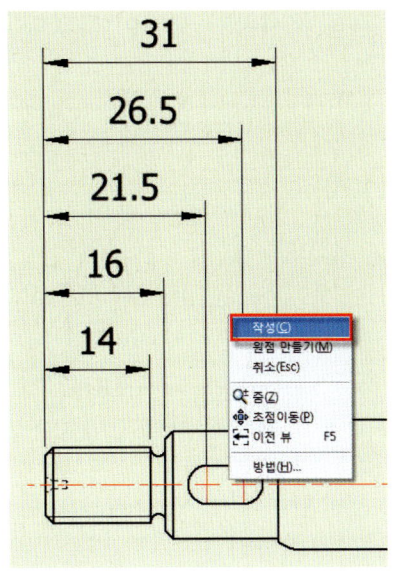 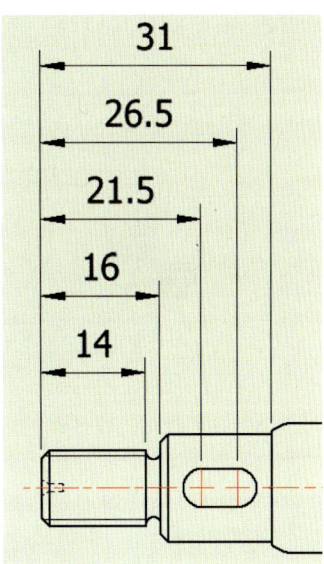

03 기준선 치수 세트

기준선 치수와 동일한 방법으로 작성하며, 기준선 치수는 개별로 치수가 정렬되지만 기준선 치수 세트는 나타나는 치수가 하나의 그룹으로 정렬이 됩니다.

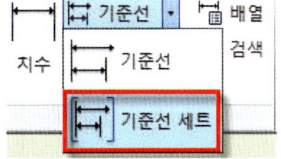

04 세로좌표 치수

여러 치수를 도면에 자동으로 추가하려고 할 때 사용하며, 원점 지시자를 만들어 치수를 표현하는 기능입니다.

① 세로좌표 치수를 선택합니다.

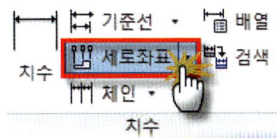

❷ 원점 지시자의 위치를 클릭하면 원점 지시자가 생성이 됩니다.

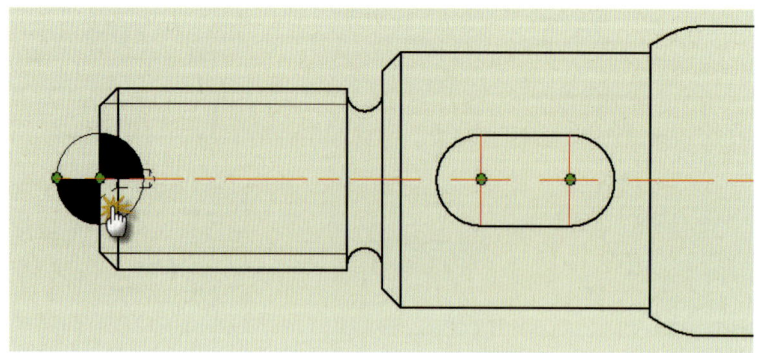

❸ 원점 지시자를 위치한 후 치수에 필요한 부분을 순차적으로 클릭하고, 마우스 오른쪽 버튼을 클릭하여 계속을 선택합니다.

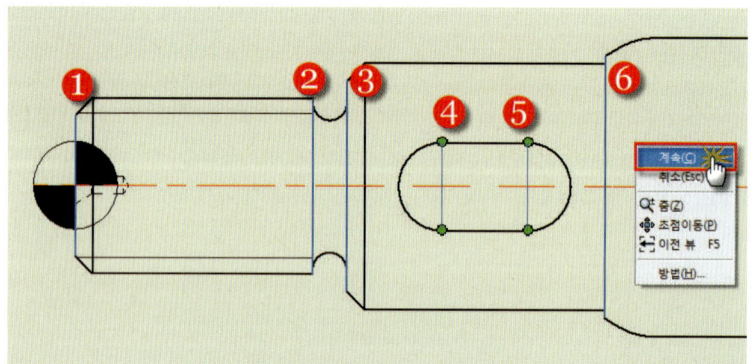

❹ 치수가 나타나면 방향을 선택 후 클릭하면 됩니다.

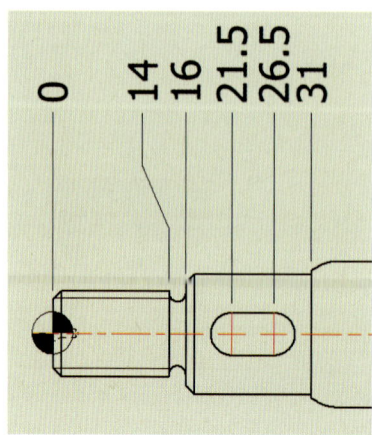

CAPTER 8. 치수 작성하기

05 세로좌표 세트 치수

세로좌표 치수와 방법은 동일하며, 기준선 치수는 개별로 치수가 정렬되지만 세로좌표 세트 치수는 나타나는 치수가 하나의 그룹으로 정렬이 됩니다.

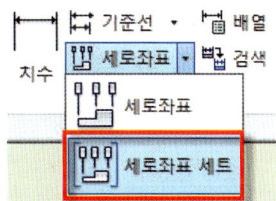

세로좌표 세트 치수가 나타나면 마우스 클릭한 뒤 마우스 오른쪽 버튼으로 팝업 창을 띄웁니다. 팝업 창에서 작성을 선택하면 세로좌표 세트 치수가 작성이 됩니다.

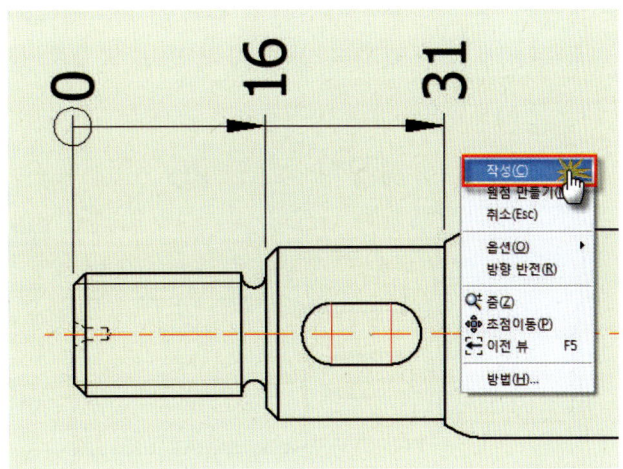

06 체인 치수

기준 치수와 같이 여러 치수를 도면에 자동으로 추가하려고 할 때 사용하며, 선택된 치수 사이 간격 치수를 나타냅니다.

① 체인 치수를 선택합니다.

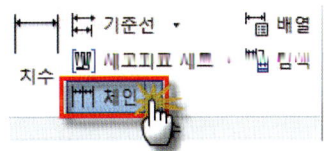

2 그림과 같이 Shaft에 체인 치수를 사용하여 치수를 나타낼 부분을 순차적으로 선택한 뒤 마우스 오른쪽 버튼을 클릭하면 팝업 창이 뜨고, 팝업 창에서 계속을 선택하면 치수 미리 보기가 됩니다.

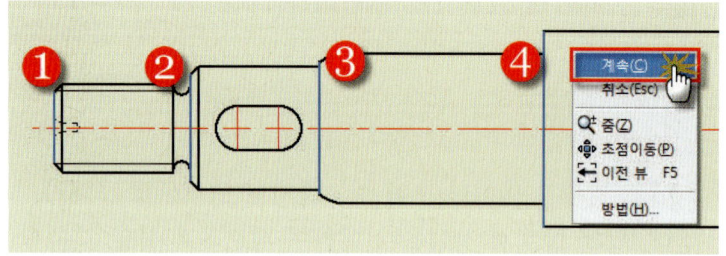

3 미리 보기 상태에서 치수를 마우스로 적당한 위치에 끌어놓고 클릭한 뒤 마우스 오른쪽 버튼을 클릭하여 팝업 창이 뜨면 작성을 클릭합니다.

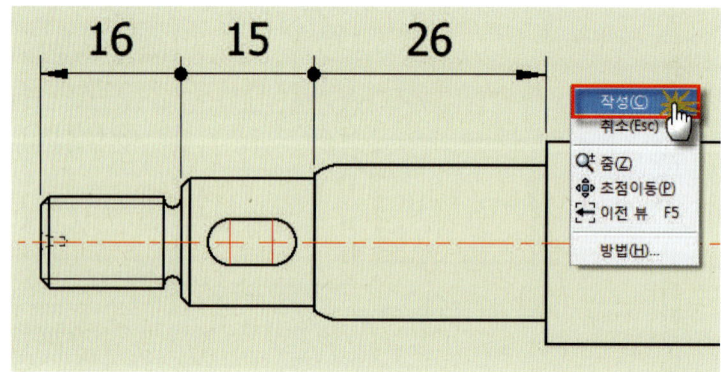

4 그림과 같이 체인 치수가 기입이 됩니다.

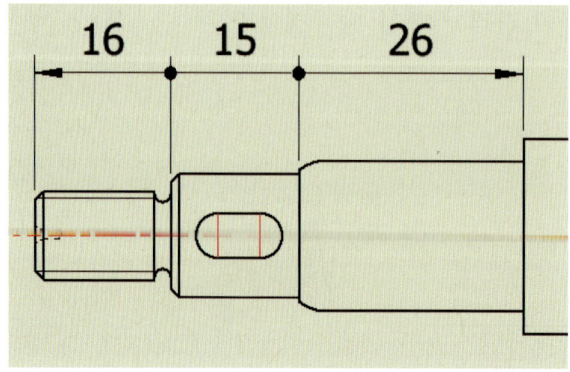

07 체인세트 치수

체인 치수와 방법은 동일하며, 체인 치수는 개별로 치수가 정렬되지만 체인세트 치수는 나타나는 치수가 하나의 그룹으로 정렬이 됩니다.

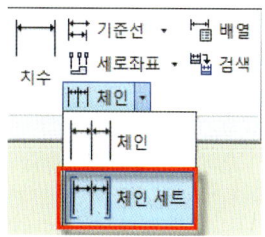

08 구멍 및 스레드 주석

구멍 및 스레드 주석을 사용하여 홀이나 스레드 부분에 대한 치수를 자동으로 기입하는 기능입니다.

① 구멍 및 스레드를 클릭합니다.

② 구멍이나 탭 구멍 피쳐를 클릭합니다.

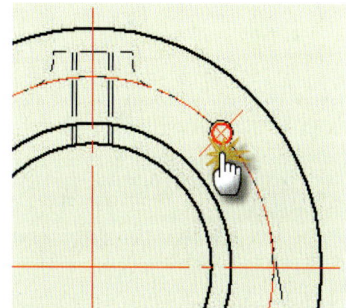

③ 다음과 같이 기본 설정된 주석이 표시가 됩니다.

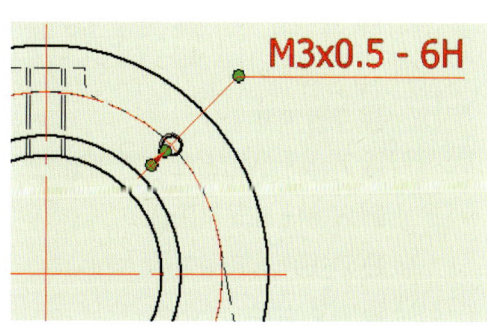

09 구멍 주석 편집하기

① 구멍 주석을 편집하기 위해 구멍 치수를 마우스 오른쪽 버튼으로 선택해 팝업 메뉴를 띄운 다음 구멍 주 편집을 클릭합니다.

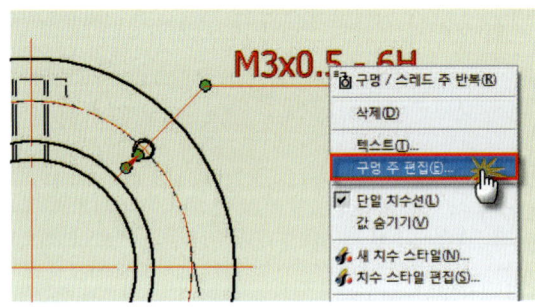

② 다음과 같이 구멍 주 편집 창이 뜨게 됩니다.

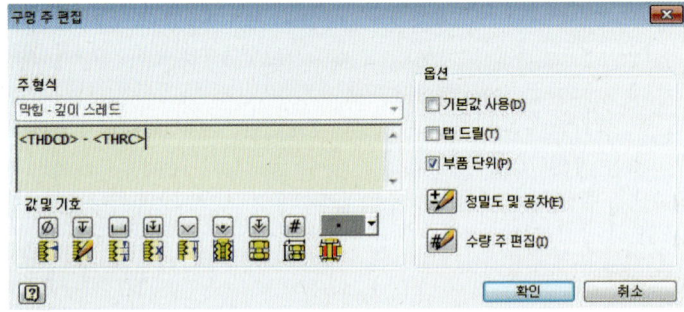

③ 주 형식과 값 및 기호는 해당 구멍 속성의 주석을 자동으로 추출해 줍니다. 클릭하면 해당 값이 주 형식기호에 포함됩니다.

❶ 구멍 지름 값
❷ 구멍 깊이 값
❸ 카운터 보어/접촉 공간 지름 값
❹ 카운터 보어/접촉 공간 깊이 값
❺ 카운터 싱크 지름 값
❻ 카운터 싱크 각도 값
❼ 카운터 싱크 깊이 값
❽ 수량 주
❾ 기호 삽입

CAPTER 8. 치수 작성하기

❶ 스레드 지정 값 ❷ 사용자 지정 값 ❸ 스레드 피치 값
❹ 스레드 클레스 값 ❺ 스레드 깊이 값 ❻ 탭 드릴 지름 값
❼ 조임쇠 유형 값 ❽ 조임쇠 크기 값 ❾ 조임쇠 맞춤 값

4. 형식기호의 사용으로 구멍 주석의 기본 값을 '수량 주에 사용자 지정 값 DP(스레드 깊이 값)'으로 수정합니다.

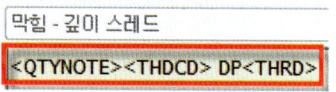

구멍의 수량은 구멍 주석과 수량 주 편집을 클릭하여 정의합니다.

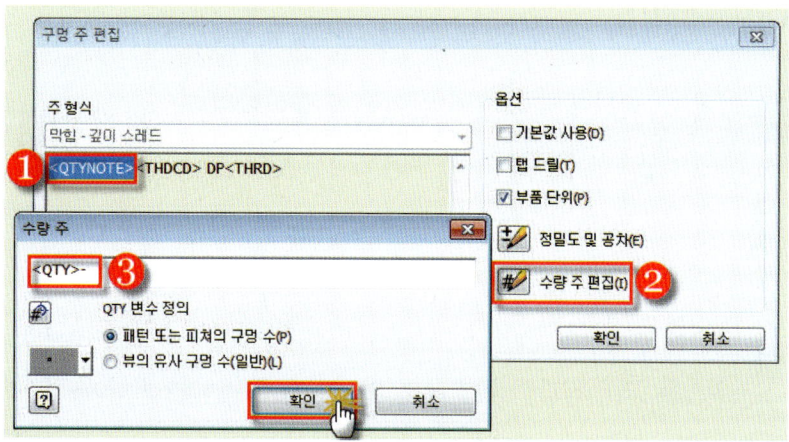

5. 다음과 같이 구멍 주석이 수정되어 작성이 됩니다.

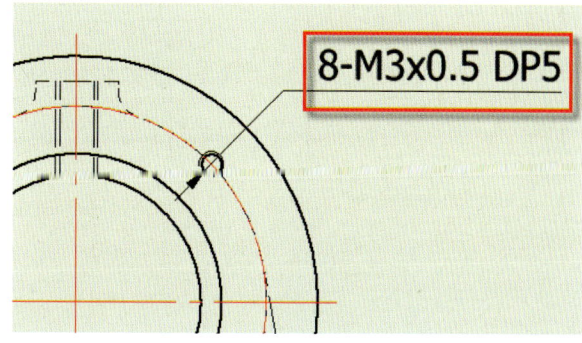

⑥ 구멍 역시 위와 같은 방법으로 수정합니다.

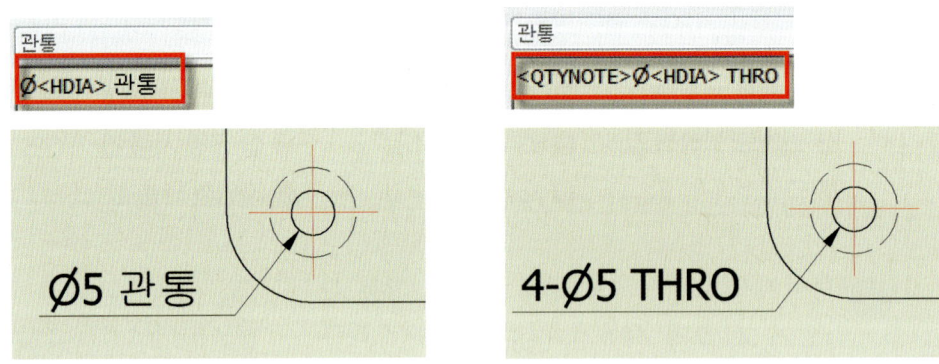

10 모따기 주

도면에 모따기 치수를 표시할 경우 클릭하여 자동으로 치수를 나올 수 있게 하는 기능입니다.

① 피쳐 주 패널에서 모따기 아이콘을 클릭합니다.

② 그림과 같이 모서리 선을 순서대로 클릭합니다. 치수가 미리 보기로 나오면 마우스를 끌어 적당한 위치에서 마우스를 클릭하면 모따기 치수가 생성됩니다.

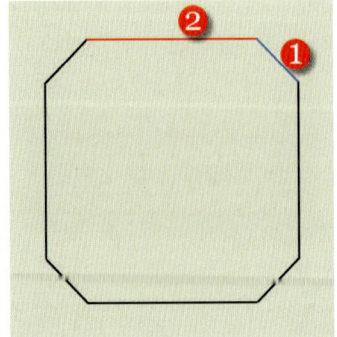
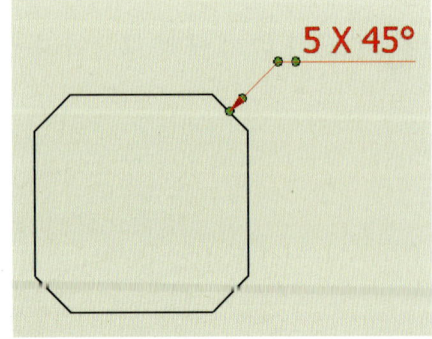

CAPTER 8. 치수 작성하기

11 모따기 치수 수정하기

① 모따기를 편집하기 위해 모따기 치수를 마우스 오른쪽 버튼으로 선택해 팝업 메뉴를 띄운 다음 모따기 주 편집을 클릭합니다.

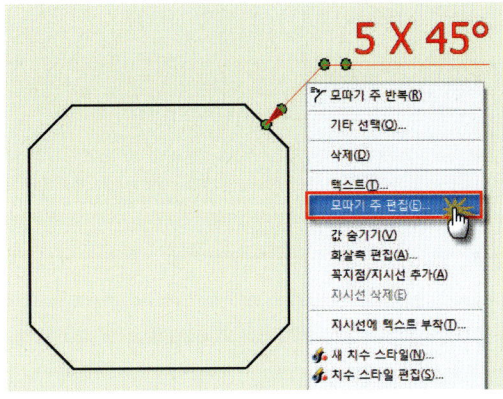

② 다음과 같이 모따기 주 편집 창이 나타나면 모따기 주석의 기본 값을 수정해줍니다.

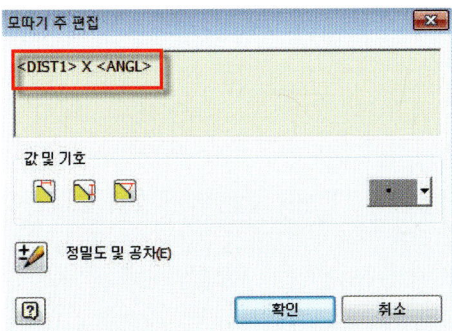 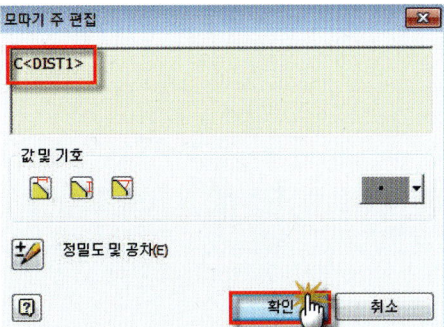

③ 다음과 같이 모따기 주석이 수정되어 작성이 됩니다.

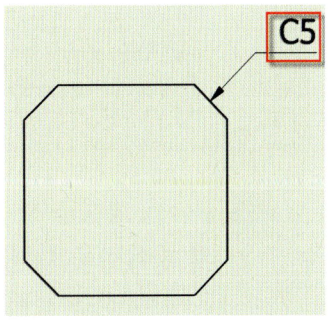

모따기 주 편집을 이용하여 원하는 타입으로 수정 변경이 가능합니다.

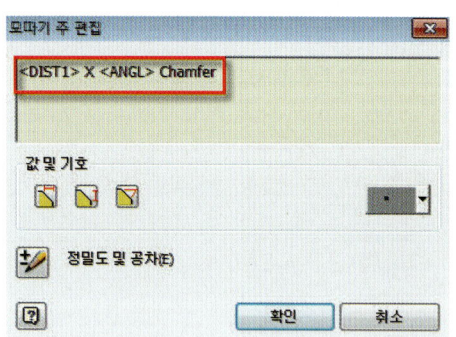
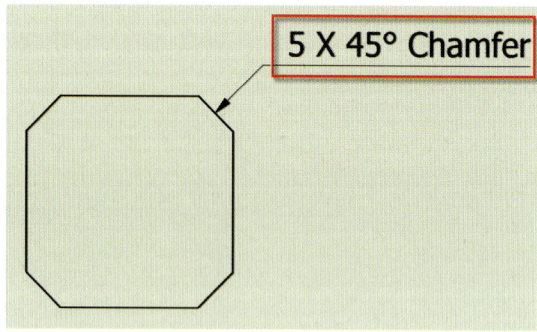

PART 3 　중심선 작성하기

01 중심선( )

① 다음 뷰에 중심선을 작성해 보도록 합니다.

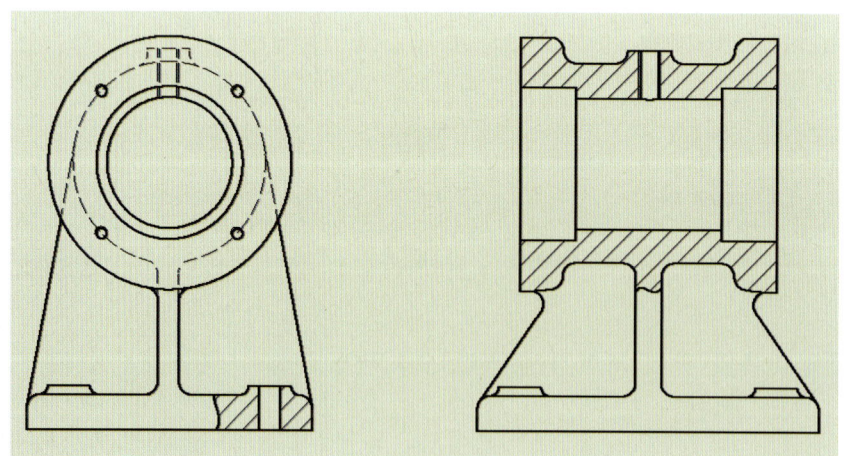

② 중심선 명령을 클릭 후 아래 그림과 같이 첫 번째 선의 중심점과 두 번째 선의 중심점을 클릭합니다.
　두 번째 점을 선택한 후 마우스 오른쪽 버튼으로 팝업 메뉴를 띄운 다음 작

성을 클릭하면 중심선이 생성이 됩니다.

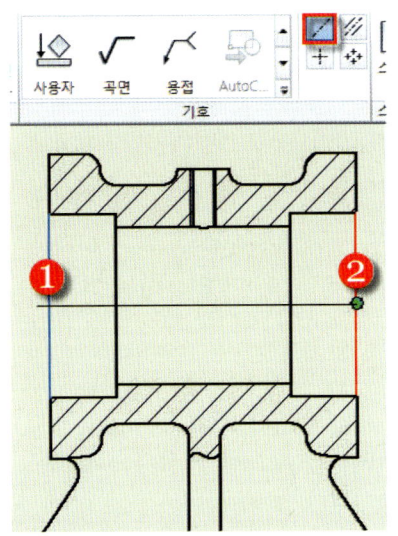 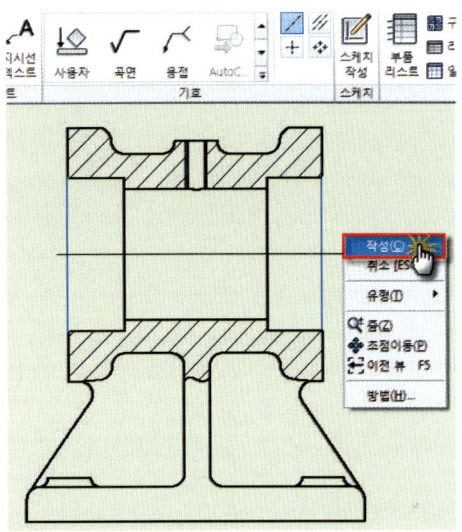

③ 다음과 같이 중심선이 작성이 됩니다.

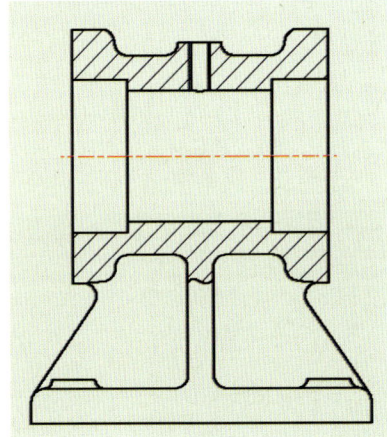

02 중심선 이등분( )

중심선 이등분 명령을 클릭해 첫 번째 모서리와 두 번째 모서리를 클릭합니다. 다음과 같이 두 개의 모서리의 중간에 중심선이 작성됩니다.

Autodesk Inventor 2015

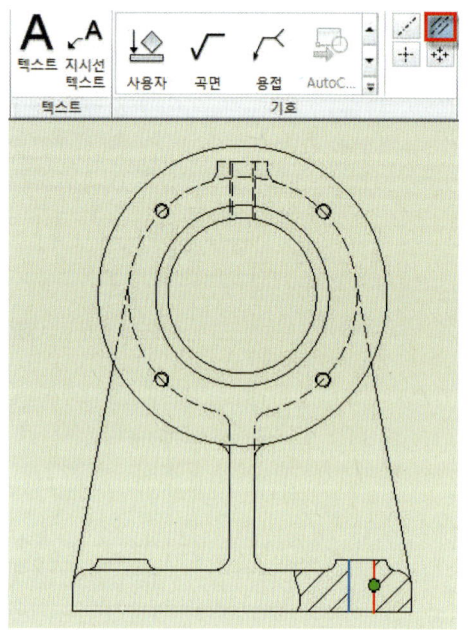
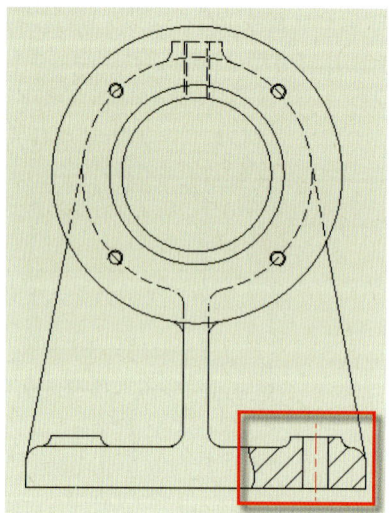

03 중심 표식(-¦-)

1. 중심 표식을 클릭해 원통 모서리를 클릭합니다. 아래 그림과 같이 중심 표식이 생성됩니다.

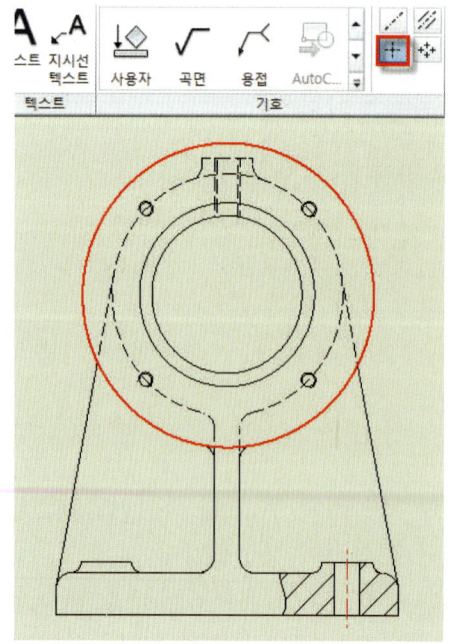
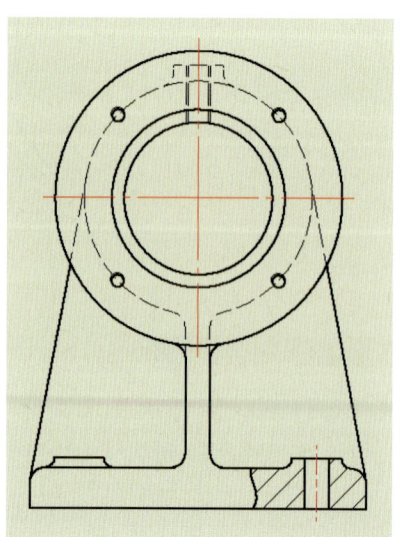

② 중심 표식은 같은 방법으로 구멍 및 라운드된 모서리에도 적용이 가능합니다. 중심 표식을 클릭해 원형 모서리를 선택합니다. 그림과 같이 원형 모서리에 중심선이 생성이 됩니다.

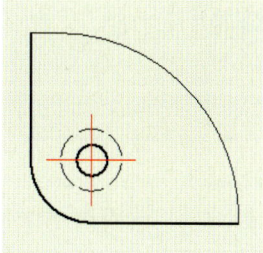

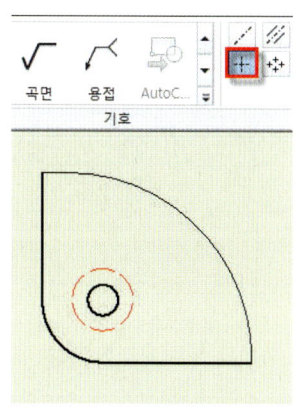

04 중심 패턴

① 하나의 원의 중심에 대해서 원형 배열된 구멍이나 탭 구멍의 중심선을 작성 시 사용하며, 다음과 같이 중심 패턴 아이콘을 클릭한 다음 원의 중심을 선택한 후 첫 번째 탭 구멍의 중심을 선택하면 됩니다.

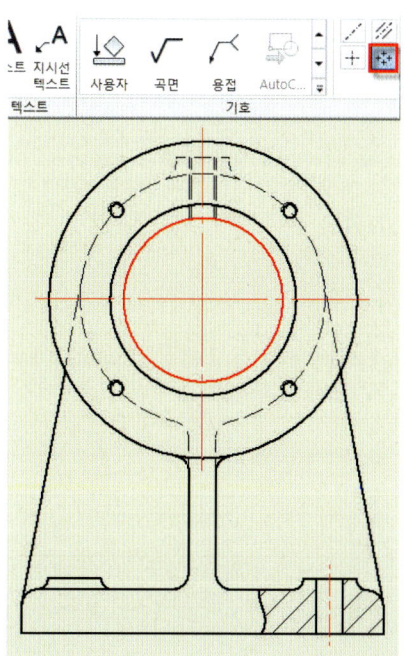
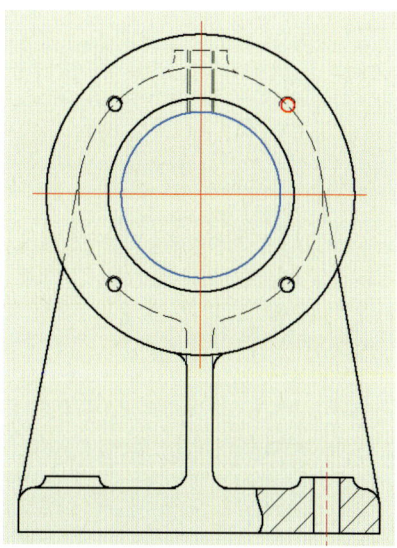

② 두 번째, 세 번째, 네 번째 탭 구멍의 중심을 선택한 후 마우스 오른쪽 버튼으로 팝업 메뉴를 띄운 다음 작성을 클릭합니다. 그림처럼 원형 배열된 탭 구멍의 중심선이 생성이 됩니다.

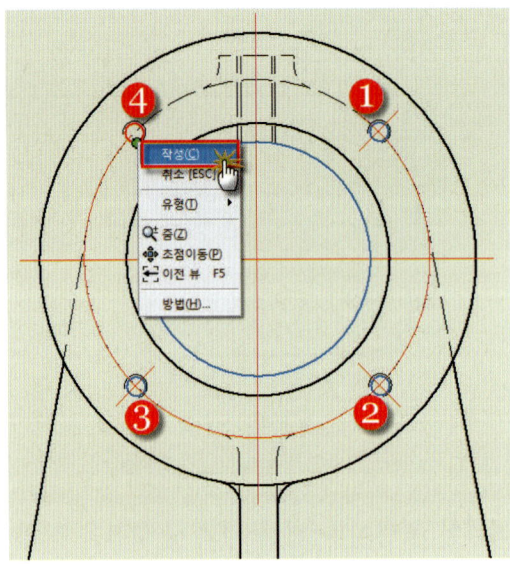 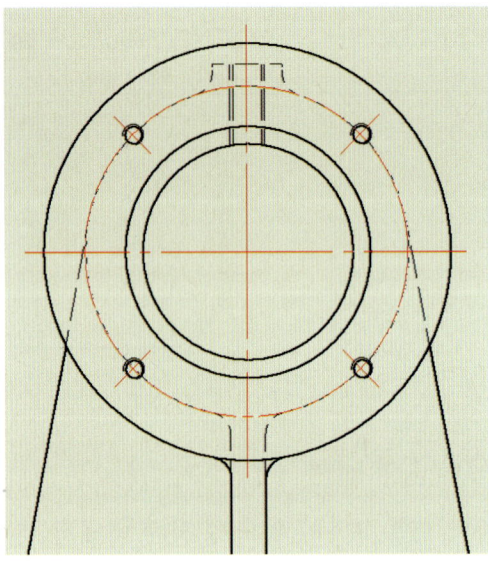

CHAPTER 09

프레젠테이션 작성하기

CHAPTER 09 프레젠테이션 작성하기

AUTODESK INVENTOR 2015

PART 1 프레젠테이션 파일 실행하기

조립된 파일을 분해 및 조립하는 동영상을 만들기 위해서 새 파일 작성 창을 띄워 프레젠테이션 탭에서 Standard(mm).ipn을 선택한 후 작성 버튼을 클릭합니다.

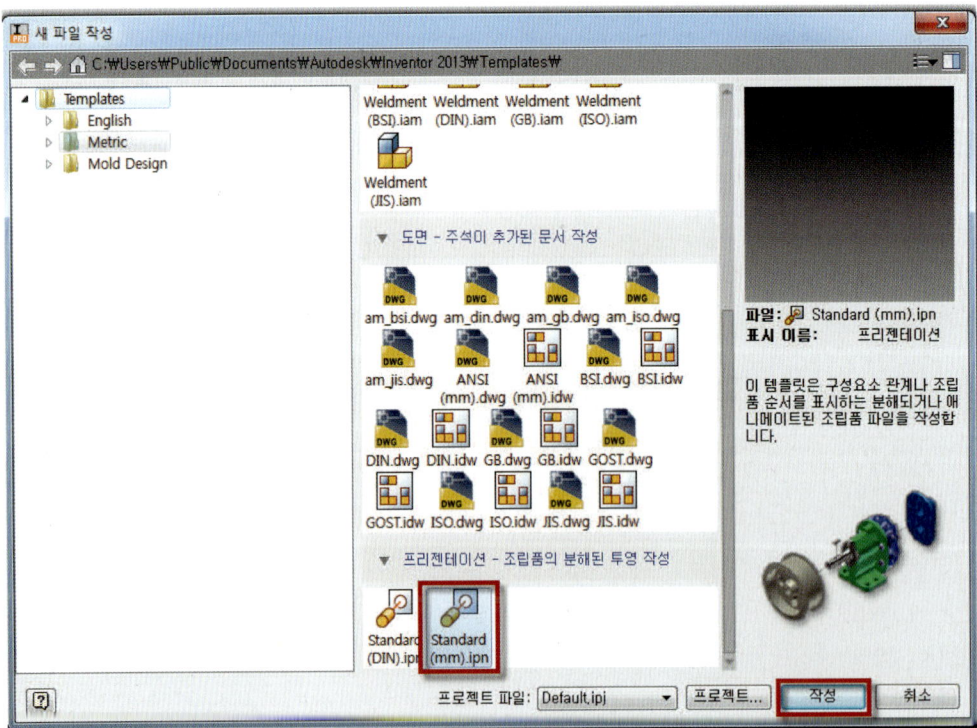

CAPTER 9. 프레젠테이션 작성하기

PART 2 뷰 작성하기

① 작성 패널에서 뷰 작성 아이콘을 선택합니다. 조립품 선택 창이 나타납니다.

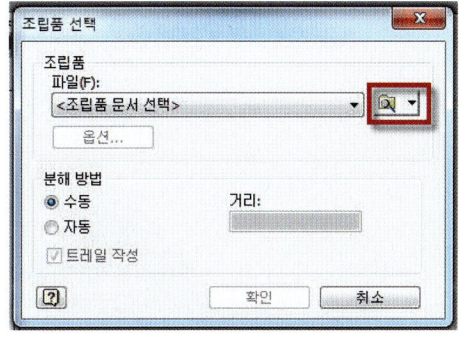

② 기존 파일열기를 클릭하여 조립품이 저장되어 있는 경로를 찾아서 조립한 조립품을 선택하여 열기합니다.

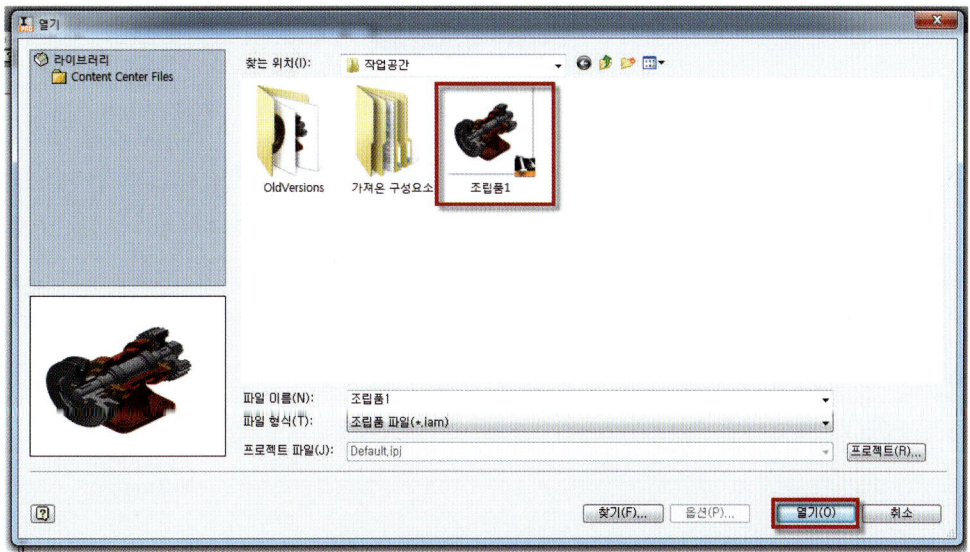

③ 다시 조립품 선택 창이 나타나며 분해 방법 중에서 수동을 선택한 다음 확인 버튼을 선택합니다.

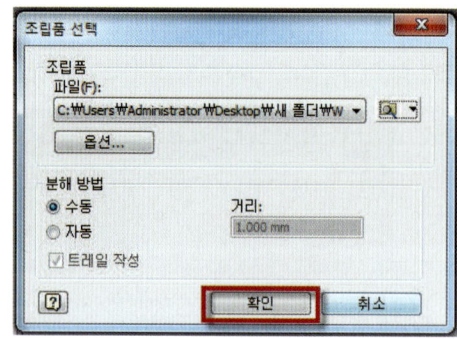

④ 조립된 파일이 불러와 집니다.

PART 3 구성요소 미세조정하기

① 작성 패널 창에서 구성요소 미세조정 아이콘을 클릭하면 구성요소 미세조정 창이 나타납니다.

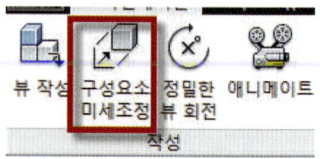

CAPTER 9. 프레젠테이션 작성하기

② 구성요소를 클릭한 다음 회전시킬 부품 베어링, 축, V벨트풀리, 스퍼기어, 키 2개, 너트 2개, 베어링 2개를 선택해 줍니다. 그 다음 방향을 클릭한 후 Z축을 선택합니다.

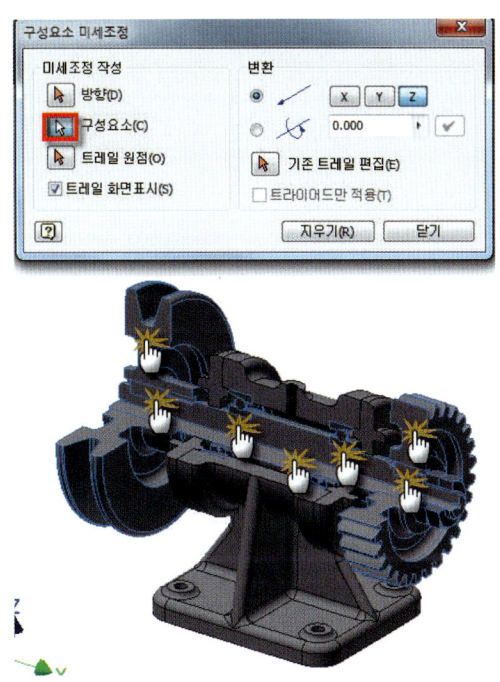

③ 그리고 회전변환 360×2=720(2회전)를 준 다음 녹색 체크표시를 클릭합니다. 그리고 닫기 버튼을 클릭합니다.

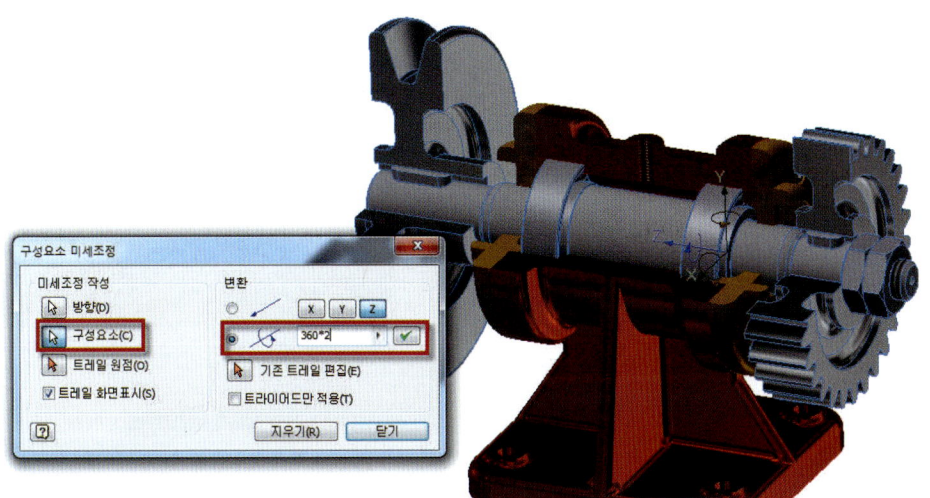

319

4. 애니메이트 아이콘을 클릭한 다음 간격은 100을 입력하고 적용 버튼을 클릭합니다.

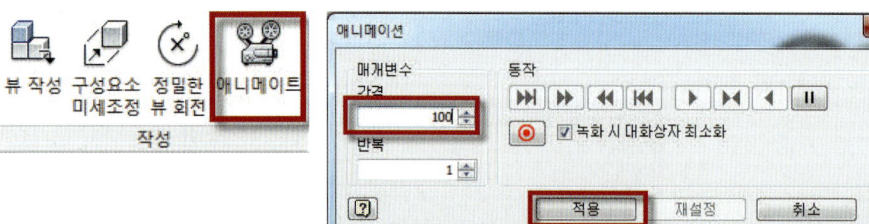

5. 동작에서 앞으로 재생 버튼을 클릭하면 앞에서 선택한 구성요소들이 회전하는 것을 볼 수 있습니다.
2회전(720°)을 하면 애니메이션은 멈춥니다.

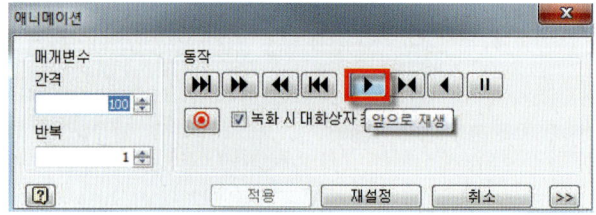

6. 구성요소 미세조정 아이콘을 클릭하여 분해할 부품 설정을 합니다. 너트 부품을 클릭하고 마우스 왼쪽 버튼을 누른 상태에서 Z축으로 적당히 위치이동을 시킨 뒤 -30을 설정합니다.

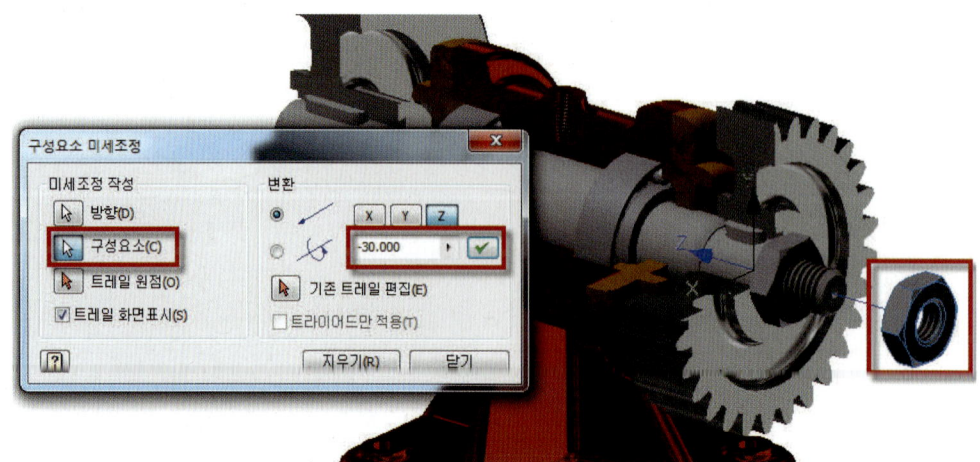

CAPTER 9. 프레젠테이션 작성하기

7 다시 나머지 너트를 선택하고 마우스 왼쪽 버튼을 누른 상태에서 Z축으로 적당히 위치이동 시킨 후 -30을 설정합니다. 이렇게 하면 너트 두 개가 함께 이동합니다.

8 그 상태에서 회전변환으로 바꿔준 후 360도를 입력합니다.

9 애니메이트 아이콘을 클릭하고 확장 버튼을 클릭합니다. 애니메이션에서 너트의 이동과 회전을 동시에 작동될 수 있도록 Shift+마우스 첫 번째 버튼을 클릭하여 그룹으로 설정하고 적용 버튼을 클릭합니다. 그 다음 재생 버튼을 클릭하여 실행을 시켜 애니메이션을 확인합니다.
너트가 회전을 하면서 조립되는 애니메이션이 만들어집니다.

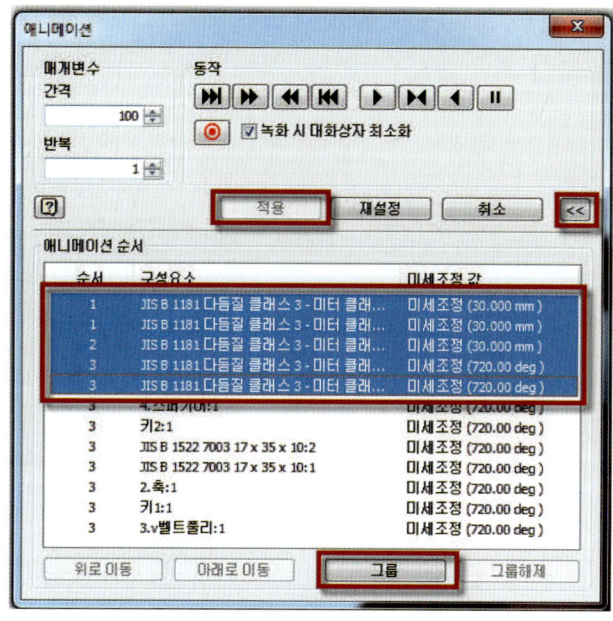

10 다시 구성요소 미세조정 아이콘을 클릭합니다. 구성요소를 클릭한 다음 너트 2개와 기어 부품을 선택하고, 방향은 Z축 기준으로 -45를 입력합니다. 체크 버튼을 클릭가면 이동됩니다.

11 같은 방법으로 볼트 3개의 미세조정을 해줍니다. 베어링 면을 클릭하여 방향을 설정한 다음 Z축 기준으로 -30 이동시키고 적용합니다.

CAPTER 9. 프레젠테이션 작성하기

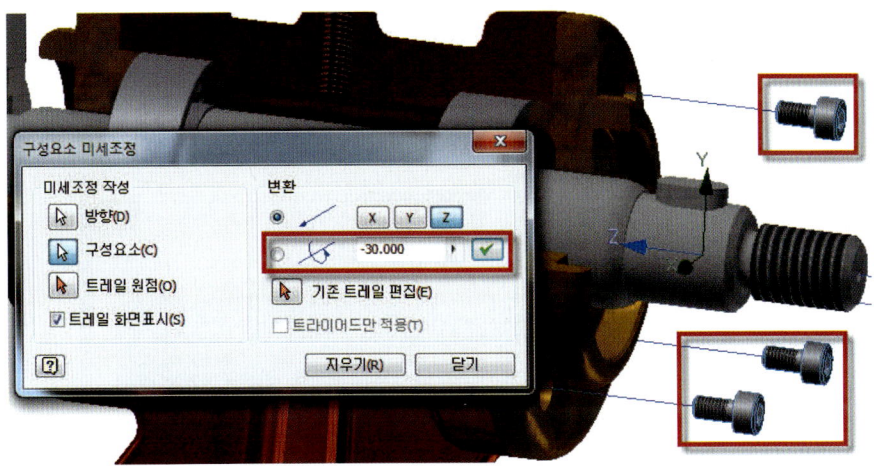

⑫ 볼트가 회전하는 애니메이션을 주기 위해 볼트 하나하나에 회전 구성요소 미세조정을 해줍니다.
그림과 같이 볼트의 원통 면을 선택하여 방향을 설정해 준 다음, 볼트를 선택하고 회전변환 360도를 설정합니다.
나머지 두 개의 볼트도 똑같이 설정해 줍니다.

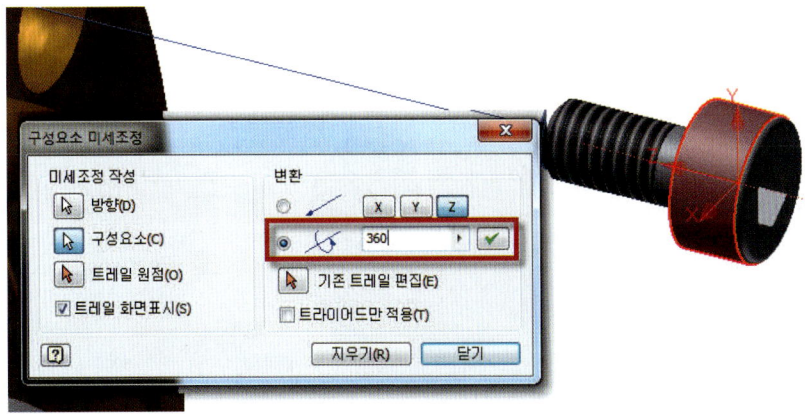

⑬ 애니메이트 아이콘을 클릭하고 확장 버튼을 클릭합니다. 애니메이션에서 볼트의 이동과 회전을 동시에 작동될 수 있도록 그림처럼 Shift+첫 번째 마우스로 클릭하여 그룹으로 설정하고 적용 버튼을 클릭합니다. 그 다음 재생 버튼을 클릭하여 실행시켜 애니메이션을 확인합니다.

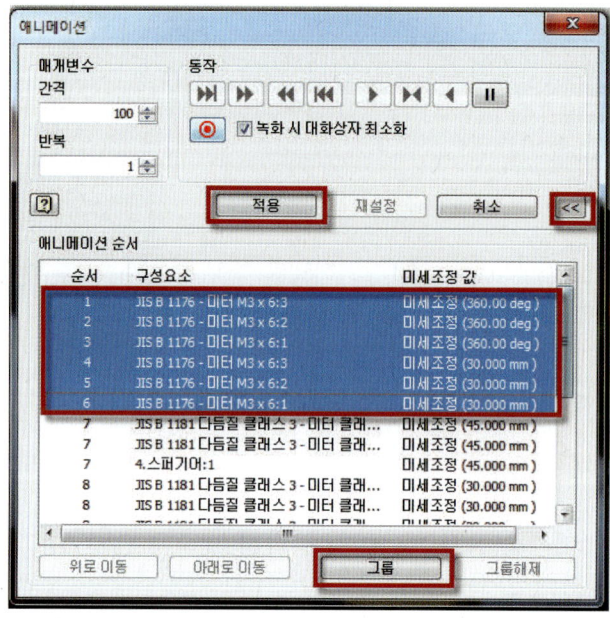

14 다시 구성요소 미세조정 아이콘을 클릭합니다. 커버와 볼트 3개, 스퍼기어와 너트 2개를 선택하여 −30만큼 이동시킵니다.

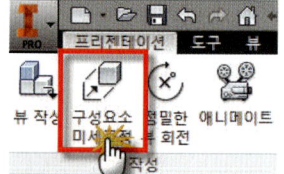

CAPTER 9. 프레젠테이션 작성하기

⑮ 다시 구성요소 미세조정 아이콘을 클릭합니다. 이번엔 베어링과 커버와 볼트 3개, 스퍼기어와 너트 2개를 선택하여 −30만큼 이동시킵니다.

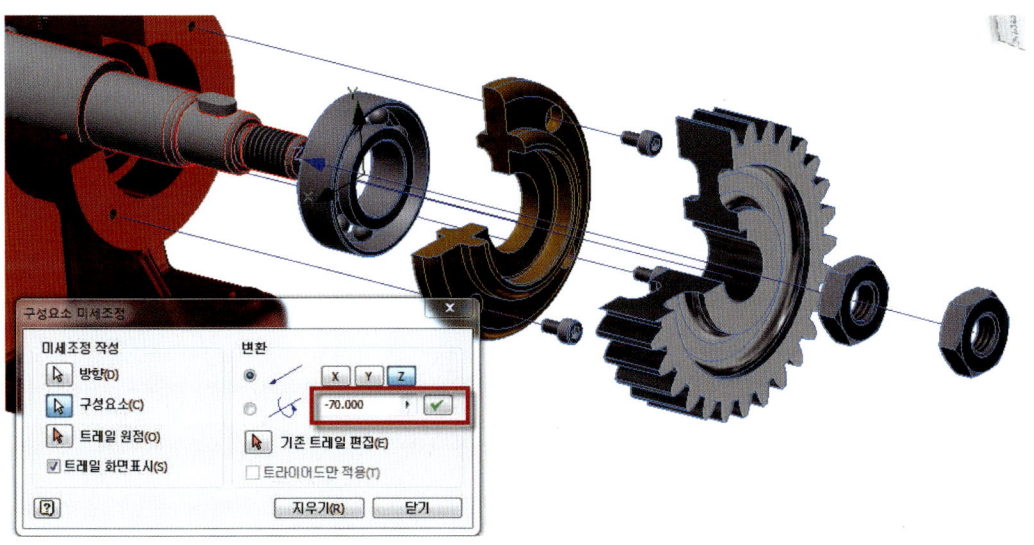

⑯ 이 상태에서 평면도가 보이게 뷰를 조절해 준 다음 x방향으로 −100만큼 이동시킵니다.

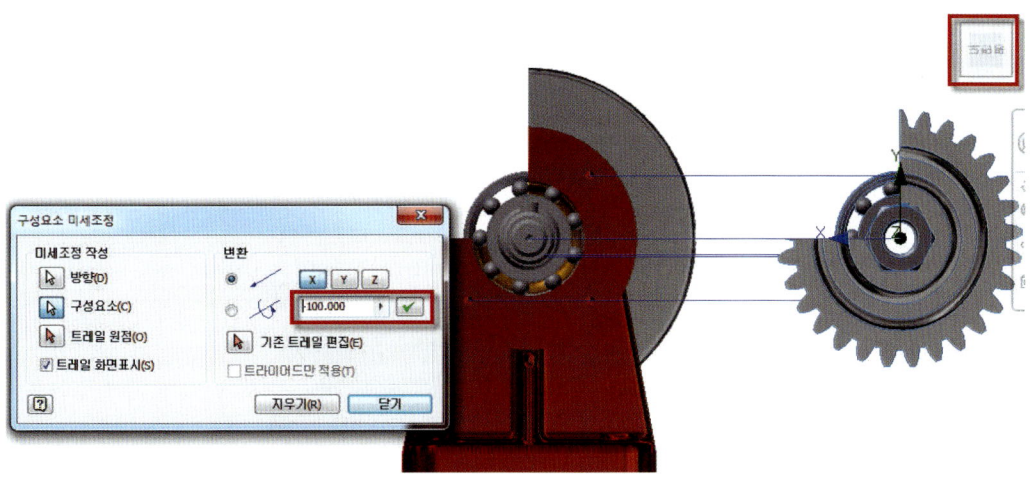

325

⑰ 그 다음 우측면도가 나오도록 뷰를 설정한 다음 Y축으로 100만큼 이동시킵니다.

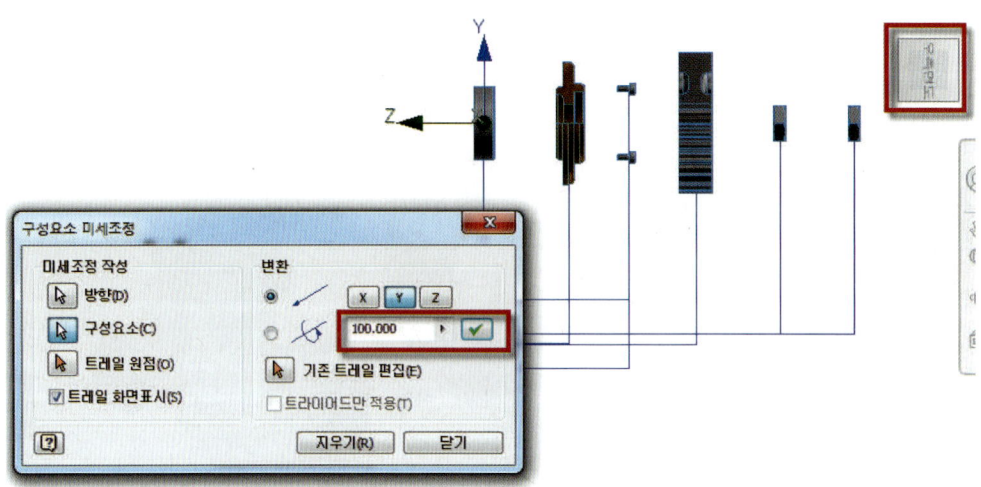

⑱ 마지막으로 전체 샷이 나오도록 홈 뷰를 선택한 다음 Z축으로 450 만큼 이동시킵니다. 배치가 잘 되었으면 지우기 버튼을 클릭합니다.

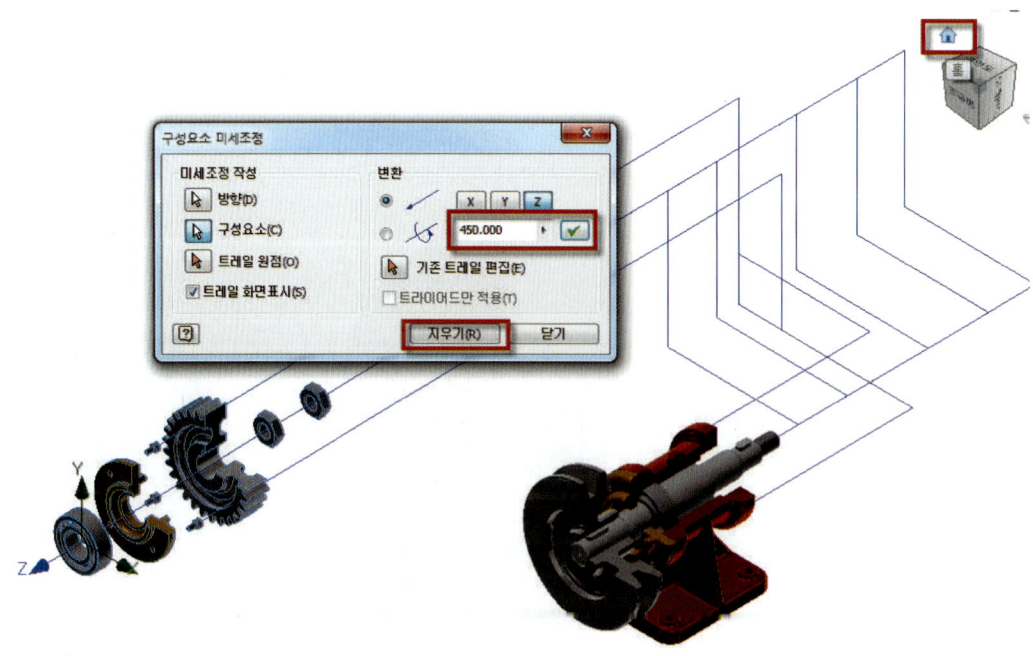

CAPTER 9. 프레젠테이션 작성하기

19 구성요소 미세조정 아이콘을 클릭합니다. V벨트풀리 부분을 선택하여 Z축으로 50만큼 이동시킵니다.

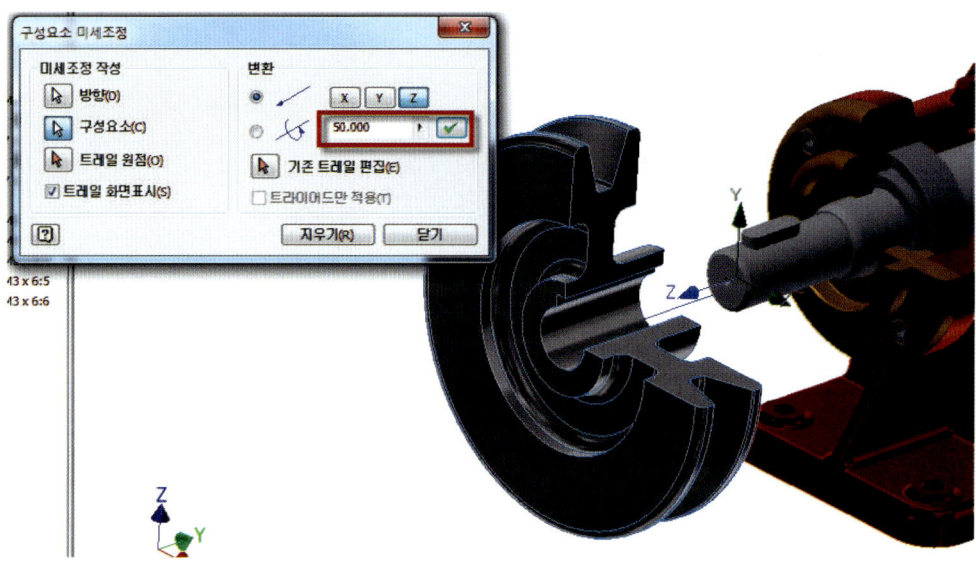

20 같은 방법으로 볼트 3개의 미세조정을 해줍니다. 방향을 설정한 다음 Z축 기준으로 40 이동시키고 적용합니다.

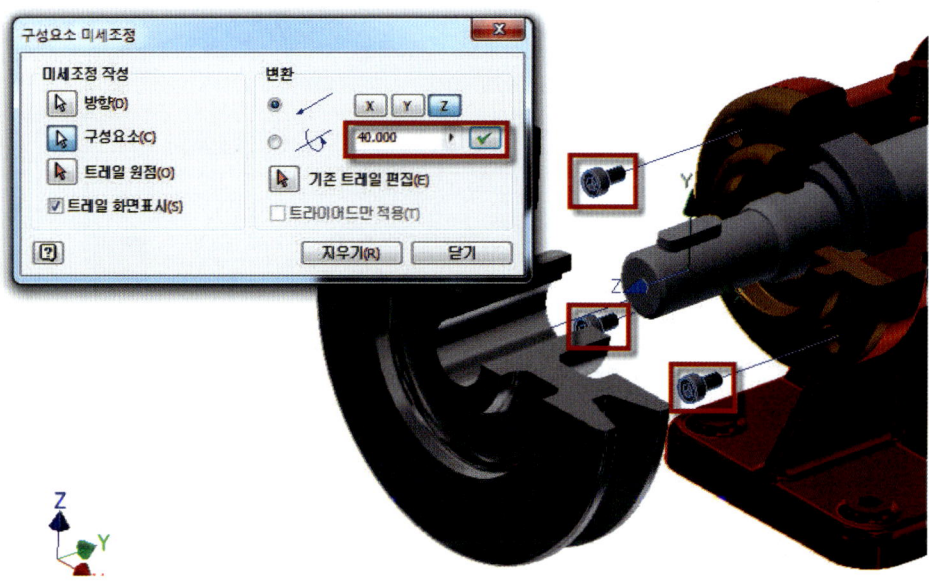

327

㉑ 볼트가 회전하는 애니메이션을 주기 위해 볼트 하나하나에 회전 구성요소 미세 조정을 해줍니다. 그림과 같이 볼트의 원통 면을 선택하여 방향을 설정해 준 다음, 볼트를 선택하고 회전변환 360도를 설정합니다. 나머지 두 개의 볼트도 똑같이 설정해 줍니다.

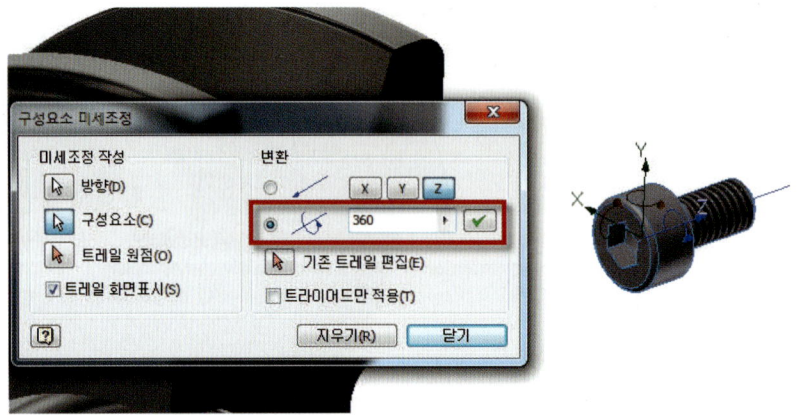

㉒ 애니메이트 아이콘을 클릭하고 확장 버튼을 클릭합니다. 애니메이션에서 볼트의 이동과 회전을 동시에 작동될 수 있도록 그림처럼 Shift+첫 번째 마우스로 클릭하여 그룹으로 설정하고 적용 버튼을 클릭합니다. 그 다음 재생 버튼을 클릭하여 실행을 시켜 애니메이션을 확인합니다.

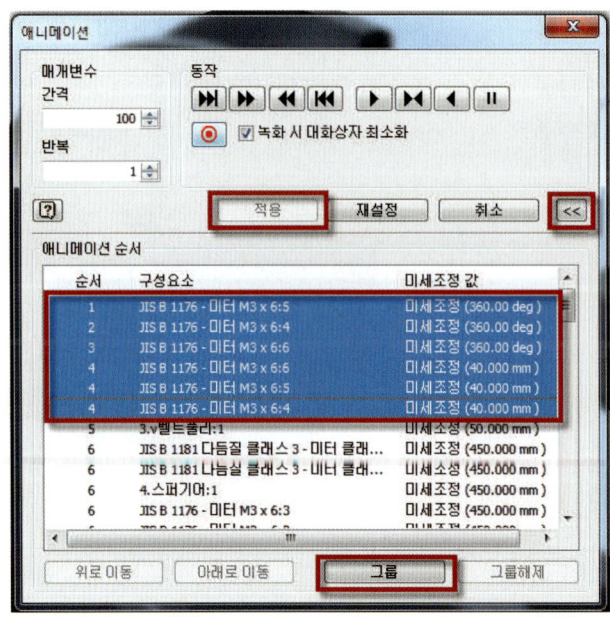

CAPTER 9. 프레젠테이션 작성하기

㉓ 구성요소 미세조정 아이콘을 클릭합니다. V벨트풀리, 볼트 3개, 커버를 선택한 다음 Z축으로 30만큼 이동시킵니다.

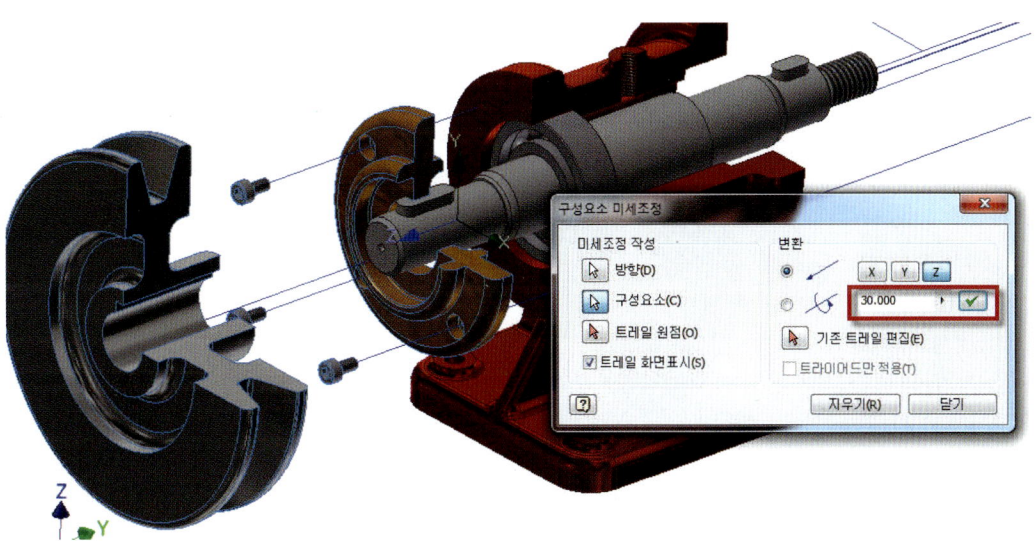

㉔ 구성요소 미세조정 아이콘을 클릭합니다. 방향을 설정해 준 다음 이번엔 V벨트풀리, 볼트 3개, 커버와 베어링을 선택한 다음 Z축으로 70만큼 이동시킵니다.

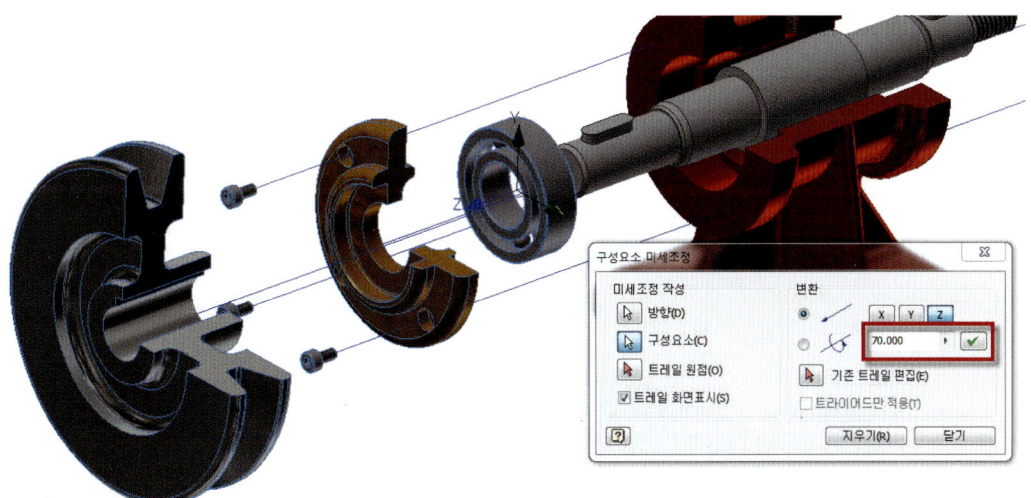

㉕ 구성요소 미세조정 아이콘을 클릭합니다. 방향을 설정해 준 다음 이번엔 V벨트 풀리, 볼트 3개, 커버와 베어링, 축과 키 2개를 선택한 다음 Z축으로 120만큼 이동시킵니다.

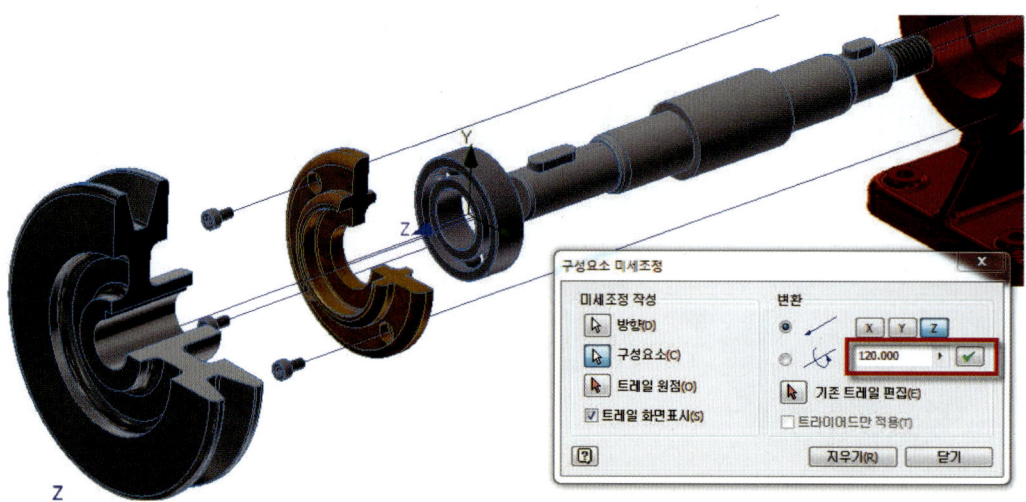

㉖ 구성요소 미세조정 아이콘을 클릭합니다. 베어링 면을 클릭하여 방향을 설정해 준 다음 마지막으로 키가 분해되는 조정을 해줍니다. Y축으로 40만큼 이동시킵니다.

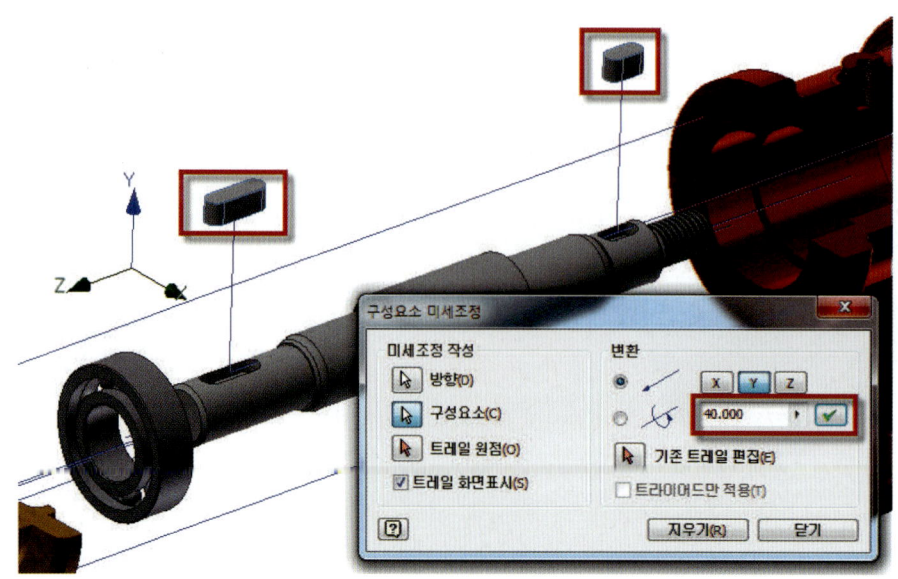

CAPTER 9. 프레젠테이션 작성하기

PART 4 동영상 재생 및 녹화하기

① 작성 패널 창의 애니메이트 아이콘을 클릭한 다음 설정한 구성요소들을 재생하고 AVI 영상 파일로 녹화를 해봅니다. 재생 버튼을 클릭하여 미세 조정한 구성요소의 재생 모습을 확인 해봅니다.

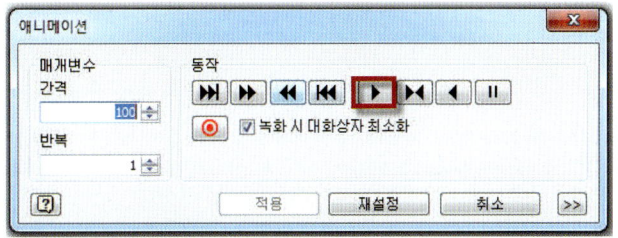

② 분해되었던 조립품이 분해한 순서의 역순으로 조립되는 영상을 확인할 수 있습니다.

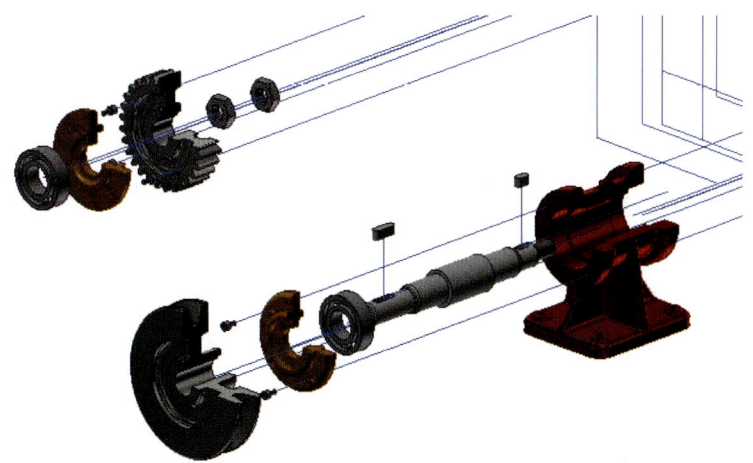

MEMO

CHAPTER 10

무게(질량) 산출 방법

CHAPTER 10
무게(질량) 산출 방법

AUTODESK INVENTOR 2015

① 부품 모델링을 완성한 다음 어플리케이션( )을 클릭하여 iProperties를 클릭하면 속성 창으로 들어갑니다.

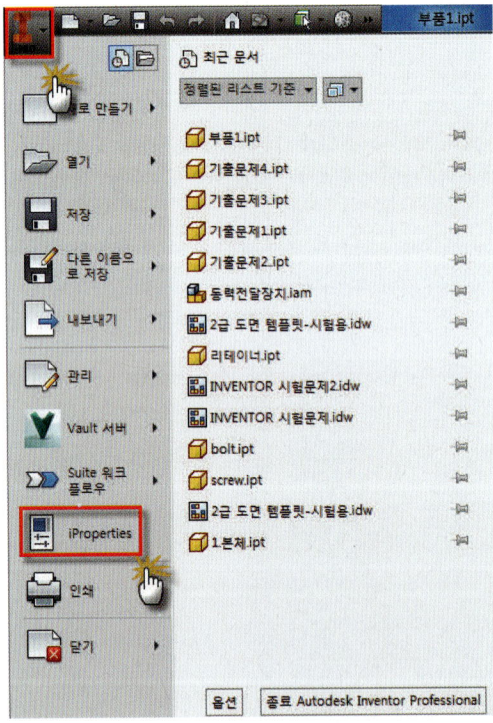

CAPTER 10. 무게(질량) 산출 방법

2 물리적 탭을 클릭합니다.

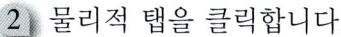

3 재질 창을 클릭하면 각종 재질에 나타납니다. 사용자가 지정하고 싶은 재질을 선택하면 됩니다.

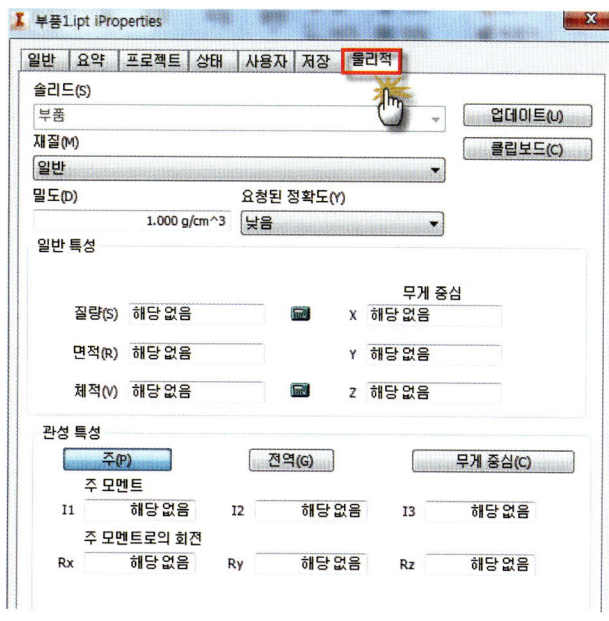

335

④ 여기서는 알루미늄 6061을 선택해 보도록 하겠습니다. 밀도와 질량 값이 바로 나타납니다.

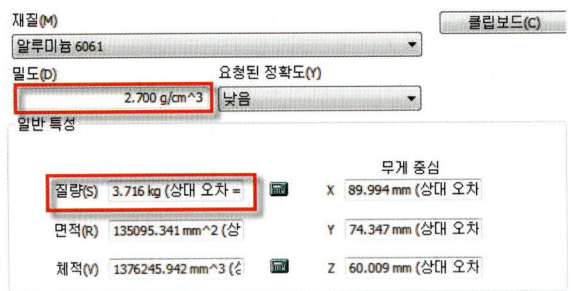

⑤ 재질을 입력하면 모델링 상에서도 알루미늄 색상으로 변경이 됩니다.

CHAPTER 11

모델링 실습 과제

CHAPTER 11
모델링 실습 과제

AUTODESK INVENTOR 2015

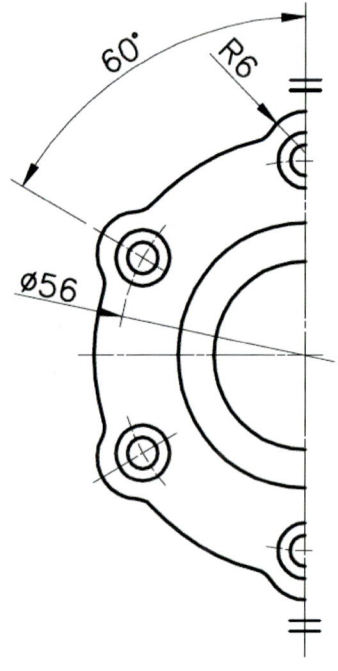
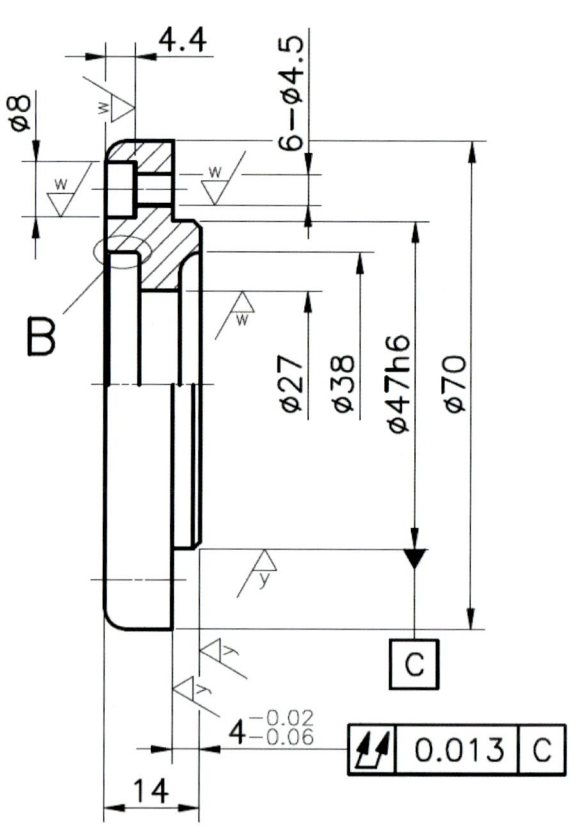

CAPTER 11. 모델링 실습 과제

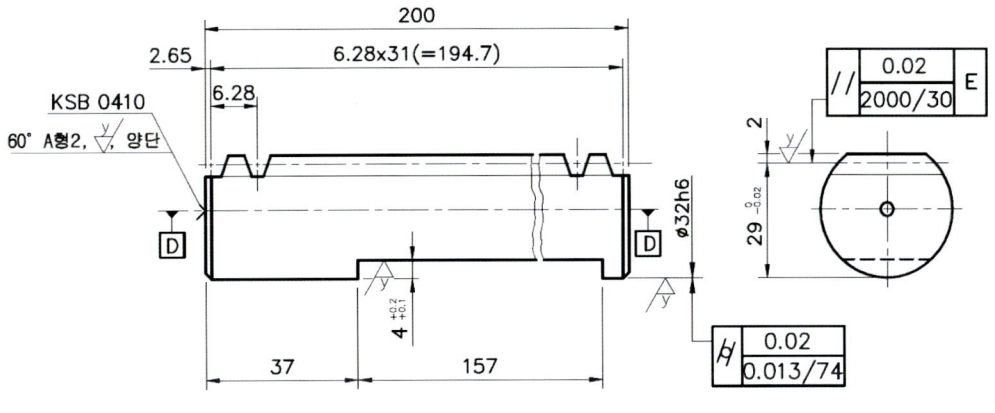

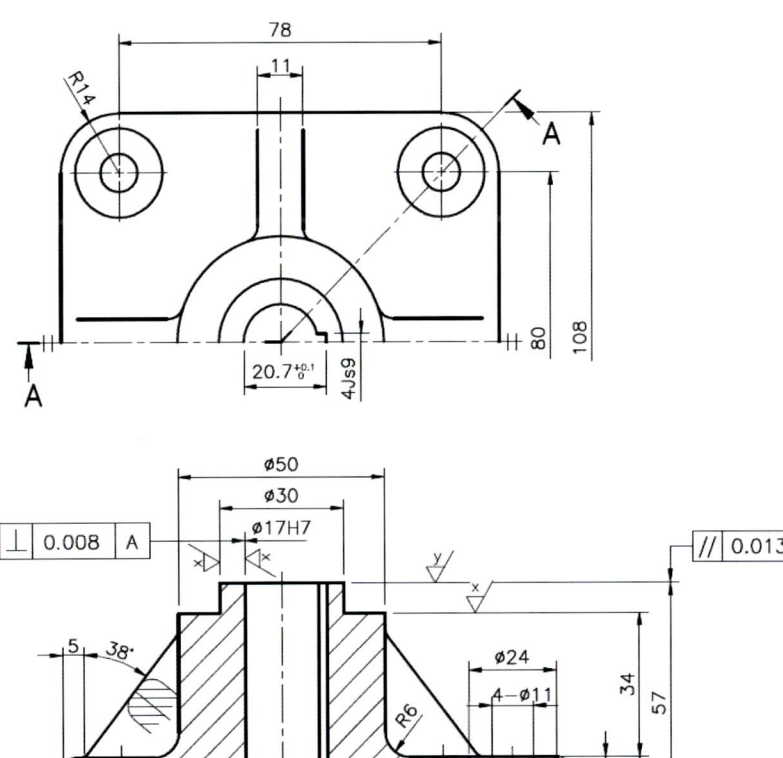

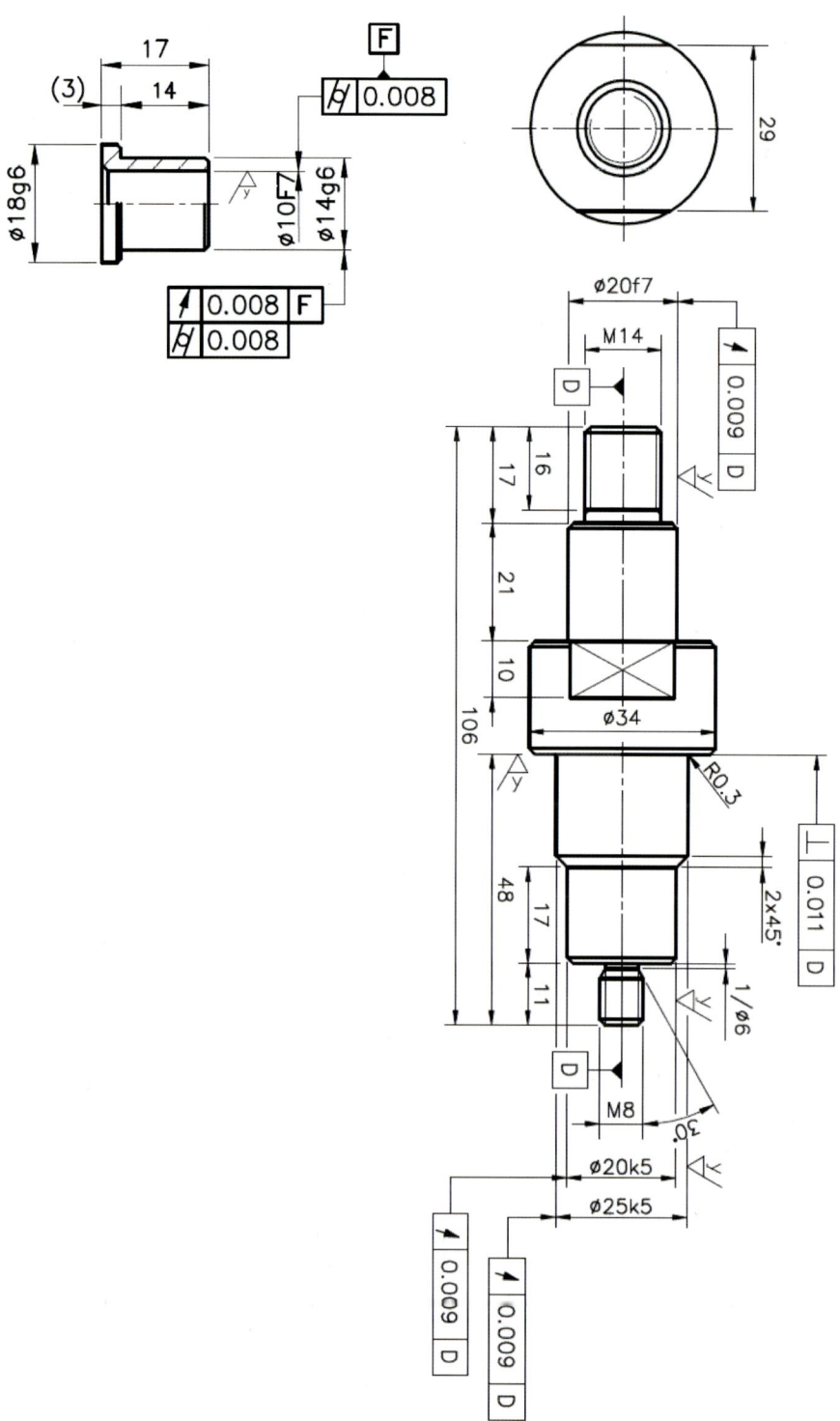

CAPTER 11. 모델링 실습 과제

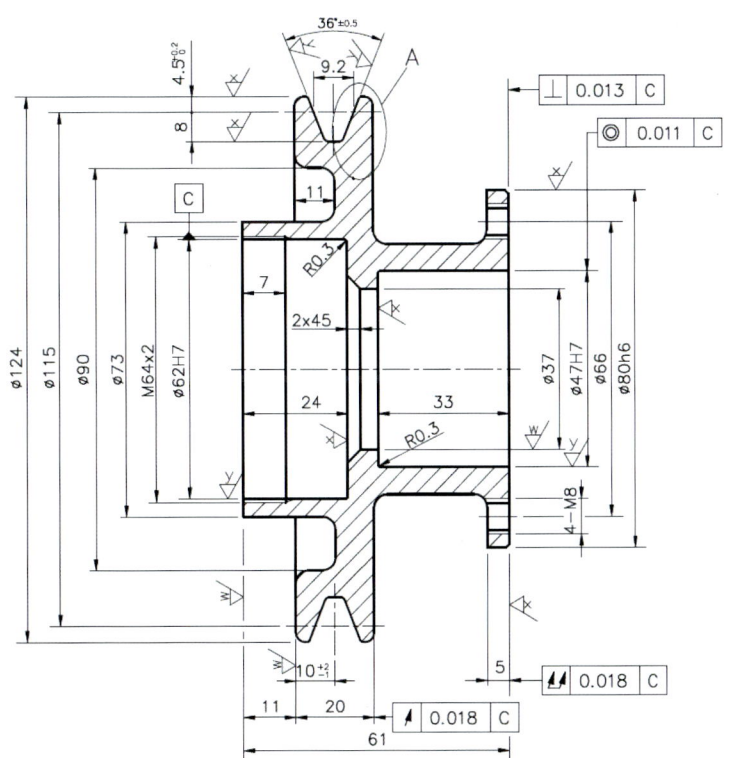
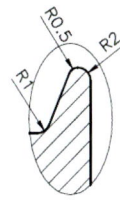

Autodesk Inventor 2015

정가 | 22,000원

지은이 | 장진석, 백용하 공저
펴낸이 | 차 승 녀
펴낸곳 | 도서출판 건기원

2016년 2월 25일 제1판 제1인쇄
2016년 2월 25일 제1판 제1발행

주소 | 경기도 파주시 산남로 141번길 59 (산남동 93-5)
전화 | (02)2662-1874~5
팩스 | (02)2665-8281
등록 | 제11-162호, 1998. 11. 24

저자 사이트 | http://cafe.naver.com/catiav5

• 건기원은 여러분을 책의 주인공으로 만들어 드리며 출판 윤리 강령을 준수합니다.
• 본서에 게재된 내용 일체의 무단복제·복사를 금하며 잘못된 책은 교환해 드립니다.

ISBN 979-11-5767-122-9　13560

본서의 구성
- 제1장 CATIA 시작하기
- 제2장 사용자 정의 및 Option 설정하기
- 제3장 스케치
- 제4장 Part Design
- 제5장 Surface Design 실기 따라하기
- 제6장 NC Data 산출
- 제7장 예제 도면

이론과 실습을 통해 배우는 CATIA V5 모델링

CATIA는 Computer-Graphics Aided Three-dimensional Interactive Application의 약자로 프랑스 Dassault사에서 항공기 설계 목적으로 개발된 프로그램이다.

본 교재는 CATIA를 처음 배우는 초보자 및 직장인이 보다 쉽게 CATIA를 접할 수 있도록 구성하였고, CATIA 기능 중에 가장 많이 사용하는 스케치 및 솔리드모델링에 대한 설명과 가장 사용도가 높은 기계디자인 및 서피스 디자인에 중점을 두어 기술하였다. 전반적인 내용 설명은 따라하기 도면을 통해 관련된 내용을 초보자도 쉽게 이해하고 따라할 수 있도록 하였고 꼭 알아야 되는 설정 부분과 옵션 부분의 내용도 함께 수록하였다.

저자 : 장진석, 백용하 공저
판형 : 4x6배판
총페이지 : 488쪽
정가 : 24,000원

Unigraphics NX9 모델링 및 CAM 가공

본서의 구성
- Chapter A NX9 환경 구성과 Sketch
- Chapter B Soild Modeling
- Chapter C Surface Modeling
- Chapter D Assembly
- Chapter E Drafting
- Chapter F Manufacturing
- Chapter G MOLD WIZARD

각종 기계 관련 기사 및 기능사 실기시험 대비
기계가공기능장 및 금형기능장 실기시험 대비
초급에서 고급 과정까지

본 교재는 기계를 전공하는 대학생들에게 3D 형상 모델링 실무 및 CAM 가공에 대하여 실무 위주의 초급에서 고급 과정까지 능력을 배양할 수 있고, 각종 기계 관련 기사 및 기능사 실기시험 대비와 산업체에 재직 중인 기술자들에게 기계가공기능장 및 금형기능장 실기시험을 준비할 수 있도록 하였으며, 누구나 쉽게 따라하면서 학습 효과를 최대한 발휘할 수 있도록 집필하였다.

예제 소스 제공(www.kkwbooks.com)

저자 : 정연택, 이승원, 박상현,
조영배, 이규송, 김윤미 공저
판형 : 4x6배판
총페이지 : 988쪽
정가 : 36,000원